新编中国哲学史（上册）

XINBIAN ZHONGGUO ZHEXUE SHI

冯达文　郭齐勇　主编

人民出版社

责任编辑:方国根
装帧设计:曹　春
版式设计:顾杰珍
责任校对:阎　宓

图书在版编目(CIP)数据

新编中国哲学史(上册)/冯达文　郭齐勇主编.—北京:
　人民出版社,2004.7(2024.10 重印)
ISBN 978-7-01-004362-3

Ⅰ.新…　Ⅱ.①冯…②郭…　Ⅲ.哲学史-中国　Ⅳ.B2

中国版本图书馆 CIP 数据核字(2004)第 049691 号

新编中国哲学史
XINBIAN ZHONGGUO ZHEXUE SHI
(上　册)

冯达文　郭齐勇　主编

人民出版社 出版发行
(100706　北京市东城区隆福寺街 99 号)

环球东方(北京)印务有限公司印刷　新华书店经销

2004 年 7 月第 1 版　2024 年 10 月北京第 14 次印刷
开本:850 毫米×1168 毫米 1/32　印张:13.625
字数:308 千字　印数:66,501-71,500 册

ISBN 978-7-01-004362-3　定价:45.00 元

邮购地址 100706　北京朝阳门内大街 166 号
人民东方图书销售中心　电话 (010)65250042　84095083

目　录

第一编

先秦时期的哲学

第二编

汉唐时期的哲学

第一编

先秦时期的哲学

绪　论

一、中国古史的传说时代

中国是世界文明的古国。中国古代文明的源头，可以通过大量史前遗迹的发掘，得到说明。然而，从思想史的角度看，包括"三皇五帝"在内的古史传说，更有可供寻绎与解释的意味。

1."三皇"传说提供的文化意蕴。

关于"三皇"的传说，古代文献所载并不一致。比较通行的说法，为有巢氏、燧人氏、神农氏。战国末年思想家韩非子曾提到：

> 上古之世，人民少而禽兽众，人民不胜禽兽虫蛇。有圣人作，构木为巢以避群害，而民悦之，使王天下，号之曰有巢氏。民食果蓏、蜯、蛤，腥臊恶臭，而伤害腹胃，民多疾病。有圣人作，钻燧取火，以化腥臊，而民悦之，使王天下，号之曰燧人氏。（《韩非子·五蠹》）

这就是说，"有巢氏"是因为发明"巢居"而被推戴为"王"的，"燧人氏"则是因为发明钻木取火而被推戴为"王"的。这二"王"（皇）体现的分别为巢居的文明与熟食的文明。

关于"神农氏"，战国晚期的著作《庄子·盗跖》篇载称：

> 神农之世，卧则居居，起则于于；民知其母，不知其父；与麋鹿共处；耕而食，织而衣，无有相害之心；此至德之隆也。

这里说的，是"神农之世"已进入"耕而食，织而衣"的农作的文明时代。然而该文并未说明“神农”为农耕之创设者。汉初陆贾所写的《新语·道基》篇称：

> 民人食肉饮血，衣皮毛，至于神农，以为行虫走兽难以养民，乃求可食之物，尝百草之实，察酸苦之味，教民食五谷。

于此才明确认定“神农”为“农耕”之始祖。

显然，无论是有巢氏、燧人氏，还是神农氏及其“王天下”，都不足以构成信史。重要的是这“三皇”的传说所提示的文化含蕴。这些传说显示：中国古人坚信，人类文明是经由人们自己的努力艰难地、一步一步地开拓出来的，此间没有神“创世”的影迹；“三皇”故事作为对人类文明与进步发生过重大影响的事件、行为被人们一代一代传颂下来了，但这种传颂也只是使这些事件与行为人格化或“人王化”，并未被“神格化”。或许，这些传说在远古时代并非如此。它们被记录整理于战国的“理性化”时期，已经过“理性”的洗礼。这就使得“三皇”传说对中国后世传统的影响始终不是神学的，而是“人文”的。

中国古史又有伏羲氏的传说。大概成书于战国年间的《周易·系辞下》称：

> 古者包牺氏之王天下也，仰则观象于天，俯则观法于地，观鸟兽之文与地之宜。近取诸身，远取诸物，于是始作八卦，以通神明之德，以类万物之情。作结绳而为网罟，以佃以渔，盖取诸离。包牺氏没，神农氏作，……神农氏没，黄帝、尧、舜氏作。

包牺氏即伏羲氏。在这一传说里，伏羲氏是被置于神农氏之前的。有的文献亦以燧人氏、伏羲氏、神农氏为“三皇”。由于均为传说，不存在孰是孰非的问题。伏羲氏是以“始作八卦”出名的。八卦作为贞问的基本方法虽因成书于西周之后的《周易》而显扬，但实际的起源可以上溯到夏代甚至更早。所以，以伏羲氏为八卦（甚至六十四卦）的创设者也不是没有根据的。伏羲氏传说所提示的意义在于：其一，伏羲作为“人王”，他创设八卦的智慧并没有被理解为来自于对神的启示的“听”，而是来自于他自己对天与地、身与物的“观”。“观”的文化传统与“听”的文化传统的区别，表征着重理性与重信仰的不同文化传统的区别。其二，他创设八卦的目的，为“以通神明之德”，此“神明”依《易传》只作“妙运万物”解，“德”作“得”解。“通神明之德”即“类万物之情”，把握万物生生不息的奇妙变化的真实情况。这也是在走向人的知识理性。这表明，伏羲氏的故事，与有巢氏、燧人氏、神农氏的故事一样，透露出的主要是作为中国文化源头的先秦时期的观念走向与西方和印度传统不同的、浓重的“人间性”。

2.“五帝”故事显示的人文价值。

西汉司马迁所著《史记》只有“五帝本纪”，没有“三皇本纪”。显然司马迁以为“三皇”故事难寻，“五帝”故事颇真。实际上至今为止，“五帝”故事亦并未获得考古资料的佐证，因而依然具有传说的色彩。

《史记》所记“五帝”为：黄帝、颛顼、帝喾、尧、舜五人。关于“五帝”的传说，较早的有《国语·鲁语上》所记：

> 黄帝能成命百物，以明民共财。颛顼能修之。帝喾能序三辰以固民。尧能单均刑法以仪民。舜勤民事而野死。

依这一说法，黄帝的贡献在于能成就百物以作万民的公共财用，颛顼则继承黄帝的事业而加以整修。帝喾的贡献在于发明历法以为万民确立生活秩序，帝尧则能统一刑法以给万民提供仪则。帝舜最悲壮，为万民的事业到处奔波致死于荒蛮之地。此“五帝”的形象亦是“人王”。

大约成书于战国时期的《礼记·祭法》篇又记称：

> 有虞氏禘黄帝而郊喾，祖颛顼而宗尧。夏后氏亦禘黄帝而郊鲧，祖颛顼而宗禹。殷人禘喾而郊冥，祖契而宗汤。周人禘喾而郊稷，祖文王而宗武王。

“禘”是祭上帝，“郊”是祭天。依这里所记的上古祭法，祭天配之以各族之共同始祖陪天享祭，祭上帝要配之以本族之始祖陪上帝享祭。舜开创的时代为“有虞氏”，禹开创的时代为“夏后氏”。依这一文献所记，舜、禹时代均禘“黄帝”，殷、周时代则禘“帝 喾 ”。然“五帝”之间有着承传关系，所以，后人视黄帝为华夏民族的始祖，是有古传说作根据的。

关于“五帝”各自的事迹，史家众说纷纭。从思想文化史的角度看，比较有意义的有以下几项：

其一是，进入“五帝”时代，已有大规模的战争。“三皇”的传说，比较地面向于自然，侧重于人在征服自然过程中人的创造与进化。“五帝”传说中的战争，包括被认为起源于山西黄土高原，后来逐渐扩展到今山西、河北、河南一带的黄帝一族及其同盟炎帝一族与东夷蚩尤部族的战争①，黄帝部族与炎帝部族之间的战争②，

① 《逸周书·尝麦》篇记述：“昔天之初，□作二后；乃设建典，命赤帝分正二卿，命蚩尤于宇少昊，以临四方，司□□上天未成之庆。蚩尤乃逐帝，争于涿鹿之河，九隅无遗。赤帝大慑，乃说于黄帝，执蚩尤，杀之于中冀，以甲兵释怒。”赤帝即炎帝。据此，黄帝曾与炎帝联合，讨伐过蚩尤。

② 贾谊《新书·益壤》篇称：“故黄帝者，炎帝之兄也。炎帝无道，黄帝伐之涿鹿之野，血流漂杵，诛炎帝而兼其地，天下乃治。”

尧、舜时代征讨南方三苗部族的战争①，这些战争，都凸显了部族与部族之间在社会层面上作大规模的整合的趋势。这种整合实已预示着统一国家与同一文化的诞生。

其二是，在“帝位”的承传上，“五帝”传说宣扬“禅让”的制度。据《史记·五帝本纪》记述：帝尧因为嗣子丹朱“顽凶”而不用，便由“四岳”（各方长老）推荐“在民间”然对父、母、弟“能和以孝”的舜。尧“命舜摄行天子之政”三年，以为可以信任且极具才干，“卒授舜以天下”。而舜曾经避位让给丹朱，但诸侯都不去朝拜丹朱只拥戴舜。经过如此一番转折，舜才终于“之中国”，“践天子位”。舜年老体衰之后，觉得自己的儿子商均“亦不肖”，于是推荐禹继位。禹亦曾让于舜子，然终受诸侯拥戴而称帝。尧、舜、禹这种“禅让”故事，曾为历代大儒所赞颂。“禅让”故事所隐含的社会学意义也许是当时的部族联盟的权力还没有完全进入“私有化”过程；儒家在权力被私有化后对“禅让”制的赞赏，则出自于对掌政君王的道德诉求。1993 年在湖北荆门出土的一批楚简，其中有一篇被题名为《唐虞之道》。内文称：

> 唐虞之道，（禅）而不传。尧舜之王，利天下而弗利也。（禅）而不传，圣之盛也。利天下而弗利也，仁之至也。（《郭店楚墓竹简》，第 157 页，文物出版社 1998 年）

这里所谓尧舜禅让处于“利天下而弗利（自己一族）”，即寄寓有儒家的道德理想。

---

① 《荀子·议兵》篇记称：“是以尧伐驩兜，舜伐有苗，禹伐共工，汤伐有夏，文王伐崇，武王伐纣。此四帝两王皆以仁义之兵行于天下也。”《淮南子·兵略训》又记：“黄帝尝与炎帝战矣，颛顼尝与共工争矣。故黄帝战于涿鹿之野，尧战于丹水之浦，舜伐三苗，启攻有扈。自五帝而弗能偃也，又况衰世乎！”

其三是，与权力未被完全“私有化”相联系，显然在“五帝”时代财产的“私有化”程度也还不突出。由之才有后来托名孔子的关于“大同社会”与“小康社会”的分际的传说。《礼记·礼运》篇记述：

> 孔子曰：大道之行也，天下为公，选贤与能，讲信修睦。故人不独亲其亲，不独子其子。使老有所终，壮有所用，幼有所长，矜寡孤独废疾者皆有所养。男有分，女有归。货恶其弃于地也，不必藏于己；力恶其不出于身也，不必为己。是故谋闭而不兴，盗窃乱贼而不作，故外户而不闭，是谓大同。

> 今大道既隐，天下为家。各亲其亲，各子其子，货力为己。大人世及以为礼，城郭沟池以为固，礼义以为纪，以正君臣，以笃父子，以睦兄弟，以和夫妇，以设制度，以立田里。以贤勇知，以功为己。故谋用是作，而兵由此起，禹、汤、文、武、成王、周公，由此其选也。此六君子者，未有不谨于礼者也，以著其义，以考其信，著有过，刑仁讲让，示民有常。如有不由此者，在执者去，众以为殃，是为小康。

这段话所区分的“大同”与“小康”的不同特点是，前者“天下为公”，后者“天下为家”。“天下为公”既指财货为天下公养，又指权力为天下公器。“天下为家”则是“货力为己”，“大人世及”，视天下为一人或一家之私物。只是因为有圣君贤相以礼义维系着，故乃得以称为“小康”。这段话对“大同”与“小康”的区分和对“大同社会”的描绘，无疑有原始社会的投影，然而却更多地表达了一种高远的社会理想。自始以后，一代又一代的知识分子都曾为绘制这一理想社会的蓝图付出过汗水与鲜血，直至近现代。

非常有意思的是，这段话对"大同"与"小康"作的区分，正是以舜与禹二者为界的。舜为传说中"五帝"的最后一帝，禹则为"三王"（夏、商、周三代）之最初一王。禹实被看做为使人类社会降为"小康"的第一位人物。

3. 夏朝——远古中国的第一个王朝。

禹之所以被认定为划时代的重要人物，是因为禹在晚年没有把国君的位置传给贤者，他的儿子凭借武力，夺取了王位。从此建立了以父子兄弟相传为特征的中国古代第一个有明确承传关系的朝代——夏王朝。

司马迁《史记·夏本纪》载有夏朝历代帝王之名及承传世系，然未记录在位年限。依史家推算，夏朝自禹至桀共 17 君 14 世，历时当有四百多年乃至五百年。年代约略为公元前 21 世纪至前 17 世纪之间。

由于至今仍然未发现直接出自于夏朝的文字资料，所以对夏朝的社会状况与历史变迁的了解，人们还只可依靠有限的传说。但许多传说在思想史上没有太大意义，本书不予赘述。

倒是考古资料提供的若干信息值得注意。考古发现的二里头文化，碳十四测定为公元前 2080—前 1620 年之间，与传说中的夏代切近。其分布以豫西的伊川、洛水、颍水、汝河四河流域为中心，边缘所及，西至陕东，南至鄂东，东至皖西，也与传说中的夏代疆域颇符合。因而，考古学者多认为属夏文化遗址。

二里头文化最重要的发现之一，是在偃师遗址的第三期出土了一座大型宫殿基址。殿堂面积达 30.4 ×11.4 平方公尺，坐落在方形夯土基础上，夯土台高出地面 0.8 公尺，夯土土方有二万立方公尺之多，须十万个工作日始能完工。堂前大庭，面积约五六千平方公尺，足可以容纳万人。如此宏大的建筑，必须有一个强势的权力机构，才可以动用巨大的劳动予以完成。这表明夏朝君主已不是一般的部落联盟的首领，而是拥有巨大权力的国王。出土的陶器上往往刻上符号，有的符号与甲骨文字相似。相信二里头文化已使用文字传递信息。如果二里头文化属夏文化，我们不妨可以认为，夏朝已向古代文明迈出了最初的一步。当然，坚实的判断还有待考古资料，特别是文字资料的进一步发掘。

二、殷商西周的社会结构与思想信仰

据传，夏朝最后一个君王桀荒淫无道，为成汤所讨伐。由之，夏朝灭亡，成汤建国为商朝。商朝由汤至最末一个君主纣，经历了31帝17世，政权维系约五百年。相当于公元前17世纪至前12世纪的年代。

由于早期的商朝国都不断迁徙，考古学者亦未能通过挖掘找出早商的文字资料。因而早商实际上仍处于传说时代。及至商朝中期，商王盘庚迁都于殷地，才使国都长久固定下来。商朝由此又称为殷朝或殷商朝。对殷商史的研究，也因19世纪末、20世纪初殷墟甲骨文的出土，而由对传说及其象征意义的解释，进入具有实证意义的科学分析的范畴。

1. 氏族制的社会组构方式。

从甲骨文、钟鼎文和《尚书》等有关文献资料中可以看到，殷商的社会结构是以氏族制为基础、为纽带的。

所谓以氏族制为基础，一方面是指作为统治阶级的殷人，是以整个氏族的方式组成与面对被统治阶级的，族内甚至还没有嫡庶之别、亲疏远迩之分；另一方面又是指作为被统治阶级的人们，也以血缘亲族的方式生存着、被管制着。《尚书·盘庚》篇记述殷王盘庚训示被统治的人群的一段话清楚地说明了这一点。盘庚称：

古我先后，既劳乃祖乃父，汝共作我畜民。汝有戕则在乃心。我先后绥乃祖乃父，乃祖乃父乃断弃汝，不救乃死。兹予有乱政同位，具乃贝玉。乃祖乃父丕乃告我高后，曰："作丕刑于朕孙！"迪高后，丕乃崇降弗祥。

盘庚训斥他的下民说，如果你们有叛逆之心，我将会告诉我（在天上）的祖先，我的祖先必将告诫你们的祖先。你们的祖先就会不再保护你们，而且会请求我的祖先惩处你们。显然，盘庚把自己面对的下民的关系诉诸于祖先与祖先关系的做法，即表明统治与被统治的关系，是由一种氏族与氏族之间的关系构成。

甲骨文资料有"王大令众人曰劦田"（《殷墟书契前编》7，30，2）的提法，表明殷代农业是以大群劳动力（众人）协（劦）作的方式进行的。考古发掘殷墟晚期的一个地窖中藏有古镰440把，足以证明农耕的这种群体协同性。群体的组织，无疑即以氏族为基础。甲骨文又有"会多子族从犬侯璞周载王事"（《续5，2，2》）、"令三族从沚盛伐土方"（甲948）、"王令五族戍申"（《粹1149》）等记述。显而易见，勤王事、出兵征讨、戍边，也以族为单位组织队伍。以血缘氏族为纽带建构社会与国家体制的做法表明，殷商在一定意义上还笼罩在自然生殖的氛围中。

约于公元前12世纪末至前11世纪之际，殷商被兴起于今陕西一带的"小邦周"攻灭。姬姓的周人建立起中国古代的第三个王朝——周朝。周朝在平王东迁前，史称西周。

西周的社会结构，与殷商一样地，仍以氏族的方式组成。周王击败殷商后，就曾把被击败的殷商及其附属的诸族，以整族的方式分派给自己的子弟和有功之臣。不过，与殷商有别的是，周朝在统治者氏族内部建立起严格的宗法制度。这套制度包括：区分了嫡庶的关系，实行嫡长子继承制；分派子弟到各地管制臣民，推行在历史上有名的“封建制”与“世袭制”；明确远近亲疏以及上下等级的不同，创设了许多细致的礼仪规范；等等。依托于一套一套的礼仪规范，周人得以逐步摆脱蒙昧与野蛮而受到驯化并变得有教养。因而，亦有史学家认为，中国古代社会发展到西周才步入真正的文明。

2. 殷人的“帝”所表征的信仰。

甲骨文资料表明，殷人在思想信仰上敬祈“帝”或“上帝”。殷人凡事都要贞问“帝”。“帝”具有至上神的意义。“帝”作为至上神的信仰的形成，显然经历了一个漫长的历史过程。“三皇”、“五帝”的传说，尽管被后人作了理性的加工，然而这些皇、帝既以教民掌握某种生产生活技能的形象出现，则仍然透显着他们主要的面向是自然界。及至殷人的“帝”，固然仍保存有浓重的自然的成分，却还是担负起社会的与国家政治的许多功能了。

看殷人之卜问。卜问最频密的，首先是祭祀，其次是渔猎，然后是风雨、征伐等。如：

> 辛巳卜豊贞埋三犬，尞五犬五彘，卯四牛，一月。（《前V1,3,3》）

这是于一月的辛己日卜问，祭祀的礼物，是不是要埋三只犬，又焚五只犬、五头猪和杀死四头牛？

> 帝令雨。（《乙1894,6256,6666》）
>
> 帝不令雨。（《乙2740,5497,6406》）
>
> 羽癸卯帝其令风——羽癸卯帝不令风。（《乙2452,3094》）

前两项是卜问帝命令下雨还是不下雨。后一项是卜问，明天（羽，即翌）的癸卯日，帝命令刮风还是不刮风。风雨关涉到渔猎，殷人特重之，表明殷人的生活还处于农耕与渔猎并重的水平上。

伐邛方，帝受我又。(《林1,11,13》)

勿伐邛，帝不我其受又。(《前5,58,4》)

讨伐邛方，帝接受并保佑(又)我吗？不讨伐邛方，帝便不接受与不保佑(又)我吗？这是卜问征战的。这表明，殷人与四周的方国，还不时有争夺之事发生。“帝”在这里即已担负有国家政治的功能。

值得注意的是，殷人虽然确信“帝”具有最高的权力，但却不具“创世者”的身份，“帝”不是以“创世者”的身份获得支配世界的最高权力的。何以殷人未着意赋予“帝”以“创世者”的位格呢？

本书比较地认同于一种说法：殷人崇敬的“帝”具有祖先神的性质；殷人是在打败敌国获得中土的最高权力后，将自己的祖先神升格为至上神的。殷人虽然支配了世界，但并不以为自己创造了世界。① 殷人按照自己在人间的管理方式认信“上帝”时，“上帝”亦主要地被看做是最高的支配者。

还值得注意的，是殷人的卜问方式：首先由贞问者向上帝作祷告，然后用火烧烤龟甲骨或猪牛等的肩胛骨，再由巫师通过辨认骨面的裂纹判认上帝的意旨。这里，领受上帝意旨的途径是占卜者的“观”与“看”，而不是“听”。

显然，没有“创世”的观念，没有“听”的观念，都预示着中国文化的源头开启的实为一“理性”走向。

然而，就殷人贞卜所取的一正一反的简单的询问方式而言，显然殷人所表现出来的认知水平还是很低下的。殷人凡事贞问上帝

---

① 有关这方面的不同见解，可参阅许绰云著《西周史》第三章《克商与天命》，三联1994年版。

所表露的对上帝的直接依赖性则显示,在殷人的意念中并未顾及到如何由自己去协调与别的部族的关系问题,亦即是说殷人虽然已有社会与国家的意念,尚未触及“社会道义”的问题,这一点恰恰又是与殷人所取的氏族制的社会结构相适应的。氏族制的社会结构所提示的,主要是自然生殖的首要意义。“帝”作为至上神仍然保留其某一族的祖先神的身份,即显示了这一点。

3. 周人的“祈天”意识与“敬德”观念。

周人承接殷人关于至上神的思想信仰,在立国之初亦敬祈“帝”。然而后来却更多地祭祀“天”。如《尚书·多方》称:

> 诰告尔多方,非天庸释有夏,非天庸释有殷。乃惟尔辟以尔多方,大淫图天之命,屑有辞。……天惟降时丧。

这段话为周初摄行王事的周公所说。周公告诫包括夏、殷各族及各方国的首领们,不是“天”放弃了你们,而是你们糟蹋了“天”对你们的信任,犯了罪(屑有辞)。由之“天”才取消你们的统治权力。这里,至上神即被称为“天”。

按甲骨文提供的资料,殷人并不祭“天”。“天”在甲骨文中只用以指称在上的、广大的天空。以“天”称至上神,显然已凸显了至上神在被赋予“上”、“大”意义后所获得的超越意义。

然而,更能使至上神摆脱祖先神的身份走向超越的,还在于周人提出的“德”的观念。周人在解释他们何以为“天(帝)”所眷顾的时候常称:

> 惟乃丕显考文王,克明德慎罚,……惟时怙冒,闻于上帝,帝休。天乃大命文王,殪戎殷,诞受厥命,越厥邦厥民。(《尚书·康诰》)

这就是说,周朝显赫的文王,能够“明德慎罚”,被上天(帝)知道了,上天(帝)喜欢他,因而命令他去攻灭殷,接受原先由天赐与殷的权力、邦土和人民。由此可见："皇天无亲，惟德是辅。民心无常，惟惠之怀。"（《尚书·蔡仲之命》）"德"（惠）的重要性在此被周人发现了。

"德"的发现意味着什么呢？

这首先就意味着，周人正式地思考并提出了一个关于统治权力在道义上的正当性问题。在殷人把自己的权力看做是祖先神的直接恩赐的情况下，道义的问题是不可能提出来的。周人以自己的"明德"，获得天的恩惠与方国的拥戴而夺取了政权。这在周与殷对峙之际也许是出于策略上的考虑。然而自夺得政权后，作为成功的经验，惟有德——承认他人、他族生存的权利与给予一定的位置——才能有人有土，即才能确保本族的统治权力而不失，终于成为中国传统政治的一条重要古训。

与此相联系的是，在周人把对他族、他人在德行、道义上的正当性看做即是"天"的本意（《尚书·泰誓》）篇所谓"天视自我民视，天听自我民听"的时候，"天"的自然生殖的色彩、人格神的身份也被淡化了。"天"被赋予了一种价值理性的品格。"帝"向"天"的转换，即隐含着这种品格的转变。在此后的中国传统里，"天"成为终极性的价值源头，周人实启其端。

4.《尚书》与《易经》——中国最古老的经典。

值得指出的是，殷周之际思想观念的这种变化，在中国最古老的两部著作——《尚书》和《周易》中，有集中的反映。这两部著作，连同后来出现的《诗经》、《礼经》（三礼中的《仪礼》）、《乐经》和《春秋》，被看做为儒家的"六经"。但因为《乐经》于汉代已佚，实只有"五经"。这"五经"对中国文化产生过深远的影响。《礼记·经解》记称：

孔子曰："入其国，其教可知也。其为人也，温柔敦

> 厚，《诗》教也；疏通知远，《书》教也；广博易良，《乐》教也；絜静精微，《易》教也；恭俭庄敬，《礼》教也；属辞比事，《春秋》教也。”

在“六经”中，《诗》、《乐》、《礼》三经之教侧重于性情与品德，《书》、《易》、《春秋》三经之教侧重于知识与智慧。这“六经”（或“五经”）对中国文化的影响，无疑主要地是为价值理性的营造提供了最重要的思想资源。

“六经”中的《尚书》之所以被认作为“疏通知远”之教，是因为它是记述虞、夏、商、周四代重要君王或先圣先贤言论与行事的一本典籍，其中收录有《虞夏书》4 篇，《商书》5 篇，《周书》19 篇。但实际上《夏书》、《周书》中盘庚以前的文献，多为夏、商后代的伪托。《商书》中盘庚以后的著作较真实，但也经过后人的加工。《周书》一般认为比较可靠。①《尚书·周书》19 篇，从思想史上看，其记述最有价值的，就是“德”的观念的提出，及由之引发的古代信仰由自然生殖向理性价值的一种转变。这一点上节已提及。此外，对中国传统观念产生过深刻影响的，还有《尚书》的《洪范》篇。

《洪范》篇记述了周武王攻灭殷商之后，向原殷商的贤臣箕子讨教治理国家的方略。箕子在回答中提供了九大方略，为“洪范九畴”。其中第一方略即为“五行”。箕子称：

> 五行：一曰水，二曰火，三曰木，四曰金，五曰土。水

① 这里所谓《周书》比较可靠，也仅指所记事迹而言。实际上，先秦时期流传的《尚书》文本，在秦始皇焚书时多已散失。汉初通行的《尚书》，为秦博士伏生口授，由晁错用当时的文体隶书记录而成，为今文《尚书》。汉景帝时，于孔子旧宅中发现了一批用先秦时期的文字书写的文献，其中亦有《尚书》，人们称其为古文《尚书》。古文《尚书》比今文《尚书》多出 16 篇。及至西晋朝，由于祸乱，今古文《尚书》均佚。今传《尚书》为东晋梅赜所献，实为伪作。

曰润下,火曰炎上,木曰曲直,金曰从革,土爰稼穑。润下作咸,炎上作苦,曲直作酸,从革作辛,稼穑作甘。

在箕子这番话语里,水、火、金、木、土等"五物"被从万事万物中提取出来专称为"五行",似乎是出于农耕对巩固政权的重要性的考虑。对"五行"的特性的界说,无疑也是经验性的。然而,在往后,"五行"说及其生克关系,却构成为中国古典宇宙论的重要组成部分,成为用以描述与把捉宇宙生化的、混合知识与信仰为一的基本框架。

《周易》分"经"与"传"两大部分。"传"为后人所作,"经"依古文献所说为伏羲所创,由文王演绎。这一说法不一定信实。然而经文即卜辞有不少文字涉及殷商西周之际的事,是史家公认的。至于《易经》在何时系统成书,则难有定论。

《易经》原本是用以占卦的。《易经》之教之所以被看做是"精微"的,是因为它的贞问吉凶的方法与龟卜那种只问"是"与"不是"的简单做法已经不同,它需要选用 50 根蓍草才能进行操作。贞问时,先将其中一根蓍草抽取出来,置之不用(是谓太极);然后任意把其余 49 根蓍草分成两份,这叫做"第一营";继而从右边的部分取出一根夹在左手小指间,这叫做第二营;接下来是以每 4 根为一组,把两部分蓍草再予拆分,这叫做第三营;再后,把两部分中剩下的(4 根或仅有的 4 根以下)合在一起,放在一边,这叫做第四营。总四营为一变。经三变而成一爻,合六爻成一卦。然则,要经过 18 变才能求得一卦。贞卜者再根据卦象显示,而判定吉凶。后出的《易传 · 系辞上》称:"是故《易》有太极,是生两仪。两仪生四象,四象生八卦。八卦定吉凶,吉凶生大业。"这里说的就是贞卜所取的复杂过程。

然而《易传》的这一说法毕竟是后人借宇宙论作出的一种解

释。实际上关于《易经》的研究,许多问题尚待深入。如,为什么要用50根蓍草去占卦呢?为什么又要将其中一根置之不用呢?为什么要分为两份,然后又以4再分呢?为什么要四营才成一变,三变才成一爻,六爻才成一卦呢?易占最初求出的都是数字卦,后来为什么又会演变为以"—"、"- -"两爻组合成卦的呢?这些问题,至今仍然是一个谜。依《易传·系辞上》指示的方向,"易与天地准",想必《易经》贞问的方法隐含有古人对天与地的某种重要征象及其变化规则的认知与信仰。以往人们习惯于把《易经》作抽象概念的逻辑分析,其实《易经》并不具有系统的概念架构。就《易经》本身而言,它涉及的许多问题不是概念化的哲学问题,而是借象数表露信仰的人类学问题。

然而这样说并不否认《易经》在思想史上的重要意义。从思想史上看,《易经》作为古人求知的一种方式,它提供的认识价值在于:

其一,它以繁杂的筮法取代只问一正一反的龟卜,这一变化本身即意味着古人对宇宙人生的复杂多样性已有丰富的感受。如,《否》卦"六二"之贞:"包承,小人吉,大人否,亨";《恒》卦"六五"之辞:"恒其德,贞,妇人吉,夫子凶";这些卦所显示的,即是古人对同一做法之于不同人有不同的效果的复杂认识。又如,《否》卦"上九"之贞:"顷否,先否后喜";《同人》卦"九五"之辞:"同人,先号咷而后笑,大师克相遇";这些卦占所显示的,则是古人对同一事件之于不同时间有不同效果的复杂认识。

其二,《易经》以"易"为名,这一事情本身即体现着古人对事物的变化性的认识。《易经》本以《乾》卦为至尊,然而该卦之"上九"为"亢龙有悔",这即意味着"物极必反",必将发生变化。《易经》六十四卦最后一卦为"未济",这甚至意味着,变易是永远不会终结的。

其三,《易经》成书时,将原先以数字组成的卦象改变为以“--”、“—”两爻表征之,由这两爻的不同组合展示了“乾”与“坤”、“泰”与“否”、“剥”与“复”、“损”与“益”等等的分立对置关系,则体现了对经验事物矛盾运动的深刻了解。及至“--”、“—”二爻被释为阴阳二气之后,《易经》进一步获得了宇宙论的支撑。由此,《易经》的“变易”,便不仅是占筮之象数变化及其象征的某类事物的特殊变化,而是宇宙生生不息的普遍原则。后来的儒家学者借体认宇宙生生不息的原则而成就人的“生生之德”,更使《易经》获得了中国传统中又一重要的价值源头的意义。

三、春秋战国之际的社会变迁与思想转向

西周政权维系约三百年,西周最后一位君王幽王遭犬戎部族(方国)之乱,被杀于骊山之下。部分封国拥立平王继位,并迁都于东方的成周(今洛阳),是为东周。东周已有明确的编年史资料可考。东周平王东迁为公元前770年,至公元前256年被秦国攻灭,历时共五百二十多年。

1. 春秋时代的社会变迁。

东周前期的二百九十多年,史称“春秋”。“春秋”之称,源出于以编年的方式记载中国古史的最早一部文献——《春秋》。该书为鲁国史官所修,经孔子删定。记事之时间始于鲁隐公元年,为周平王四十九年,相当于公元前722年,止于公元前481年,为鲁哀公十四年,周敬王三十九年。这段时期虽属东周时期,但其史迹因《春秋》而显,故史家更乐于称之为春秋时代,然时间则以周平王元年始,周敬王三十九年终。周元王元年即公元前475年以后,至秦始皇统一中国,即公元前221年,史称战国年代。

春秋时期为中国古代社会结构发生重大变动的一个时期。这一变动的起因,无疑与平王东迁有关。平王东迁意味着周王室的分裂与诸侯国的离心。逐渐地,周王室作为“共主”的地位削弱,出现一些大的封国“挟天子以令诸侯”肆行兼并弱国的局面,齐桓公、晋文公等相继主盟,成为春秋“五霸”。“五霸”霸业的开拓,得力于一批能干的臣属。因而又渐次地,诸侯国国君的权力亦旁落,“政令自大夫出”,终至发生“三家分晋”(西周的古封国晋国裂变为韩、赵、魏三强),“田氏代齐”(齐国原为西周开国元勋姜尚之封地,至战国初期亦为大夫陈田氏所取代)等事。春秋的混乱局面,可谓越演越烈。

然而,导致东周社会变动的,还有一层更深刻的原因,就是生产力发展的需要与可能。据史家考证,殷商朝仍处在半渔猎半农耕的时代。殷末周初,转入以农耕为主,但是主要的生产工具还是石器。由于生产力低下,耕作的方式仍为集体协作。全国土地归王族所有,国王以一定规则逐层分给臣属,臣属取井田制方式划分土地。耕作过程是先治“公田”,后治“私田”。臣属对于公地只有使用权,不得将其买卖与转让。然而,西周末年,春秋时期,铁器作为生产工具被发现了,牛耕技术被使用了。由之带出的状况是,个体经营的方式出现了,井田以外的大量土地被开发并被私有化了,原先的贫富格局被打破了,公田被用做买卖的事情也发生了。《诗经·大雅·瞻卬》篇曾对这种状况发出抱怨:

> 瞻卬昊天,则不我惠;孔填不宁,降此大厉。……人有土田,女反有之;人有民人,女复夺之。此宜无罪,女反收之;彼宜有罪,女复说之。……

原先有土地的,现在失去了;原先有罪的,现在受到了信宠。这的确是世道变了!

如上所说,春秋时期的社会变局,与从王室的衰落到诸侯的争霸、再到大夫的专权有关。这里揭示的深层的原因,则是由财产关系的变化带来的阶级的变动。春秋末期晋国大夫叔向谈及晋国公室与贵族的状况时曾称道:

> 虽吾公室,今亦季世也。戎马不驾,卿无军行,公乘无人,卒列无长,庶民罢敝,……栾、郤、胥、原、狐、续、庆、伯,降在皂隶。(《左传·昭公三年》)

栾、郤等八姓,原为晋朝的贵族。至春秋末叶,已降为贱官贱民。从中可见阶级变动的严重性。这种阶级变动所显示出来的重要特点,是贵族阶级的衰落和战国之际平民阶级地位的上升。

2. 战国年间的变法潮流。

贵族阶级的衰落意味着氏族制和在贵族阶级内部通行的世袭制的解体,而平民阶级采取个体经营的方式发展也打破了依血缘族居的界限,由此提出了公共管治系统乃至国家体制的变更问题。经过春秋时期的兼并战争,踏入战国,只有韩、赵、魏、齐、秦、燕、楚七强可以相互较量。七强面对各自的劲敌,也有一个如何通过变革以图强的问题。于是,变法被提到议事日程上来了。

其实,远在春秋末期,晋国已经率先实行变革。晋献公尽诛群贵胄公子,大夫多用异姓,无疑即放弃了世卿世袭制。晋国制定成文法铸于鼎上,又开启了依法治国的先河。后来的法家人物多出于三晋(韩、赵、魏),正缘于此。及于战国中叶,商鞅入秦,吴起入楚,孙膑、田忌入齐,更把变法图强的思潮推向高潮。这些变法的要点可归为:

废弃氏族制的管理方式,转向区域制,郡县制的设置与推行即体现了这种转向;

废弃世卿世袭制,选贤与能担任各级官员,这一措施既适应了

贵族衰败、平民上升的趋势,又进一步加速了不同阶级的上下流动;

打破"刑不上大夫,礼不下庶人"的传统做法,制定公开而严明的各种法律,贫民由之获得了与贵族平等的权利;

推行耕战政策,凡为国家提供一定数量的粮食,即可被赐予爵位;抗敌则以斩首为勇,杀敌越多,爵位越高。这一措施甚至在战国末年培植了一个功利意识极强的军功阶层。

在各国的变法中,以秦国最为彻底,故秦国成为最强国。公元前3世纪,秦国终于在短时期内打败了其他六国,于公元前221年统一了中国。

3.《诗经》的"忧患"意识与先秦思想史的理性走向。

春秋战国时期社会结构的这种变化,表现在思想观念上,便经历着由宗教信仰走向理性,又由价值理性走向工具理性的演变过程。

由宗教信仰走向理性的过程,在中国另一部古典文献《诗经》中有鲜明的反映。

《诗经》分"风"、"雅"、"颂"三大类。其中"周颂"是周王室在祭天、祭祖时唱的诗。借音乐和诗歌,人们可以体察到周人敬祈神灵的庄严性和重德守业的使命感。"雅"分"大雅"、"小雅",也属周人的作品,大多写于东西周之交。《大雅·蒸民》称:"天生蒸民,有物有则。民之秉彝,好是懿德。"这里倡导以继承天的创生精神与法则来成就人的好的德行,依然表现了周人的基本的宗教信念。然而,诗"大雅"、"小雅"毕竟出现了一批具有浓厚的"忧患"意识的作品。如:

> 天降丧乱,灭我立王。降此蟊贼,稼穑卒痒。哀恫中国,具赘卒荒。靡有旅力,以念穹苍。(《诗·大雅·桑柔》)

这是埋怨天何以降下如此严重的灾害于中国，使君民无法生存。又如：

> 昊天疾威，天笃降丧，瘨我饥馑，民卒流亡。……维昔之富不如时；维今之疚不如兹。彼疏斯粺，胡不自替。……昔先王受命，有如召公，日辟国百里。今也日蹙国百里。于乎哀哉！维今之人，不尚有旧！(《诗·大雅·召旻》)

这是诉说以往的富者都具有善的美德，何以当今的富人变得如此贪暴？老天爷何以忍心让有德的人只有粗茶淡饭，而贪暴的人却过着奢靡的生活？

在《诗经》这些带有“忧怨”情绪的作品里，一方面，我们可以觉察到，“天”作为有灵性、有人格的神的意识进一步消退了，人们的思想进入了理性化的过程；另一方面，人们又还是持守着传统中的“德”，持守着对良好秩序(礼)和良好教养的一种理想与一份信念。这仍然是超越的，仍然具有宗教性。《诗经》在这些篇章里所表现的这样一种精神气质，正是贵族性的精神气质。

降及战国，各国内部的社会构成渐次由平民取代贵族，国与国的交往渐次功利化、权谋化，社会精神风貌遂亦渐次由价值理性转向工具理性。商鞅入秦，既可以为秦孝公陈述“帝道”，又可以陈述“王道”，还可以陈述“霸道”，一任国君选择，个人毫无坚执。七国之间的“连横”、“合纵”之争，亦只以“权谋”、“智诈”和实力为较量。据《史记·李斯列传》所记载，李斯将要入秦求职时所说的一番话清楚地表现了这种转向。李斯对他的老师荀卿表白心迹称：

> 斯闻得时无怠。今万方争时，游者主事。今秦王欲吞天下，称帝而治，此布衣驰骛之时而游说者之秋也。

……故诟莫大于卑贱，而悲莫甚于穷困。久处卑贱之位，困苦之地，非世而恶利，自托于无为，此非士之情也。

李斯认为，一个人最大的耻辱与悲哀莫如贫与贱。处在贫贱的地位，去批评社会污浊与非难利欲追求，且自称为"无为"，这不是"本心话"。当今之世，最重要的是要懂得窥测动向，抓住时机。在这里，李斯断然否弃任何宗教信仰与道德操守，而将一切思想与行为仅付诸个人的利害计度。时值秦始皇为了吞并天下，急需用人。李斯以急功近利之心，与秦王君臣"互市"之意（相互之间为一种买卖关系）甚为投合。由是，李斯成为秦王身边第一人，终于帮助秦国成就霸业，自己则贵为丞相。功利性、工具性的精神风貌至此被推向极至。

四、"士"阶层的活跃与"百家争鸣"的格局

春秋战国时期社会思潮这种风云变幻的承载者，便是"士"——中国古代的知识阶层。

1. "士"阶层的发生和发展。

"士"在西周时期为贵族的最低阶层。他们有机会接受以"礼、乐、射、御、书、数"为内容的贵族式教育，但又是有着具体的职责，以操持各种具体事务为生的。由于他们得以接受贵族式的教育，所以他们在精神气质上近于"大夫"（贵族之主体）；又由于他们是致力于各种具体事务的，所以他们在技艺训习上、在生活水准上又近于"庶人"（一般老百姓）。《国语·晋语四》记载晋文公对阶层的划分称：

公食贡，大夫食邑，士食田，庶人食力，工商食官，皂隶食职，官宰食加，政平民阜，财用不匮。

可见即便至春秋世仍然明确确认"士"的地位在作为贵族的大夫

与作为平民的庶人之间。由于“士”所从事的职事和所“食”之“田”,都是由上层贵族分派的,所以在西周时期,“士”并不构成为独立的阶层。

逮及春秋,原先的贵族阶层纷纷衰败,降为皂隶,与士庶为伍;原先的庶民阶层则正在上升,加入到士甚至大夫的行列。“士”的队伍扩大了。又因,既然贵族自身的地位已不能保,士人无法再以之为靠,由此他们反而得以更自由地扩展自己的生存空间,发展成为在社会上独立的阶层。而春秋后期由孔子开创的、私人办学授徒的风气的盛行,则使“士”这一阶层终于成为既有教养、学识,又有才干的士人,而为社会所看重。

由于“士”作为独立阶层的兴起并极具影响力,战国时各国君主纷纷招揽贤士。《淮南子·修务训》篇记称:

> 段干木辞禄而处家,魏文侯过其闾而轼之。其仆曰:君何为轼?文侯曰:段干木在,是以轼。其仆曰:段干木布衣之士,君轼其闾,不已甚乎?文侯曰:段干木不趋势利,怀君子之道。隐处穷巷,声施千里。寡人敢勿轼乎?段干木光于德,寡人光于势;段干木富于义,寡人富于财。势不若德尊,财不若义高。干木虽以己易寡人不为。吾日悠悠惭于影,子何以轻之哉!

魏国国君文侯每经过段干木居所,必扶轼敬礼。段干木以布衣之身,受如此礼遇,即表明“士”阶层的声望在战国初年已甚高涨。战国中晚期,齐国为吸纳贤士,在都城临淄设置稷下学宫。史称,先后受学宫礼遇的士人达三千多人。著名学者如宋钘、尹文、慎到、田骈、接子、环渊、孟轲、邹衍、淳于髡等,都曾在那里讲学,荀况还曾三任学宫“祭酒”(学宫主持人)。卿大夫甚至也时兴私家养士。战国末年的“四公子”均以养士成名,其权力与地位也因士而得以确保与扩充。

“士”的阶层既受如此器重，“士”的队伍亦必膨胀。不同境遇、不同价值取向的士人都有志于建构自己的一套理论以立世，于是出现了一种“百家争鸣”的格局。

2.“百家争鸣”与上古时期的学术繁荣。

《庄子·天下》篇在描述“百家争鸣”的局面的形成时写道：

> 古之人其备乎！配神明，醇天地，育万物，和天下，泽及百姓。明于本数，系于末度，六通四辟，小大精粗，其运无乎不在。其明而在数度者，旧法世传之史，尚多有之。其在于诗、书、礼、乐者，邹鲁之士、缙绅先生多能明之。……其数散于天下而设于中国者，百家之学时或称而道之。天下大乱，圣贤不明，道德不一，天下多得一察焉以自好。譬如耳目鼻口，皆有所明，不能相通。犹百家众技也，皆有所长，时有所用。虽然，不该不遍，一曲之士也。……天下之人各为其所欲焉以自为方。悲夫！百家往而不返，必不合矣！后世之学者，不幸不见天地之纯，古人之大体，道术将为天下裂。

《天下》篇把先秦思想演变的历程区分为三个时期：沐浴在神明的临照的时期，人们依一定的术数了达天意，生活在纯一与和谐之中；浸润于诗、书、礼、乐之教的时期，人们都显得十分有理性与教养；逮变为百家之学的时期，“天下多得一察焉以自好”，“天下之人，各为其所欲焉以自方”，即个人只把捉事物的一个片面却自以为是，各人只顾及一己之私欲而自以为得。由之，“百家往而不返”，“道术将为天下裂”，这是多么不幸！

《天下》篇对古代思想的这种演变，其感受是悲怆的。然而，现代学者依比较文化的视野，却以为百家之学的出现与百家争鸣的局面，正标志着一种如美国当代社会学家帕森斯所说的“哲学的突破”，或思想家雅斯贝尔斯所说的进入了文明发展的“轴心时代”。惟踏入这一时代，人们才开始自觉地思考宇宙的起源与人在宇宙中的位置问题，人与他人、与社会的关系问题，人生存的价值与意义问题，并借这种思考建构起种种理论形态来。也就是说，正是透过百家之学这些不同理论形态及其争辩，人的理性才得到了极大的张扬，心灵与思想的自由得到了巨大的拓展。由此可见，这才是思想史上的收获季节、黄金时代！

当然，战国之际这种“百家之学”，依汉代人的说法，其实也不过就是儒、墨、道、法、名、纵横、农、阴阳、小说、杂等十家。在哲学思想史上具重要意义的，又主要是儒、墨、道、法、名、阴阳诸家。其中儒、墨二家曾经在春秋末年、战国初年产生巨大影响，成为“显学”，二家的基本倾向，是怀着崇高的价值理想，作入世拯救的工作的，他们的淑世精神赢得了后人永久的尊敬；道家、名家一度流播于战国中期，这些学者的立场是批判性的、解构性的，他们借对社会与文化及其“进步”的深刻反省，至今仍然震撼读者的心灵；法家、阴阳家则受宠于战国中后期，他们的努力是“重新建构”的，当阴阳（五行）家热衷于对宇宙发生发展蓝图的玄想时，法家却依功利的与工具的原则，为消解氏族贵族统治之后的、具平民化色彩的新的国家与社会运作体制提出了方案，他们的这种务实态度在中国历史上也曾留下深刻的影响。由此，中国哲学思想史拉开了帷幕，翻开了绚丽的一页又一页！

第一章

孔子创立的儒家哲学

孔子，名丘（公元前551—前479年），字仲尼，“子”为尊敬的称呼，春秋时期鲁国陬邑（今山东曲阜东南）人，儒家学派的创始者，我国历史上最著名的思想家、教育家，中华民族文化传统的奠基者之一，也是具有深远影响的世界文化名人。由其学生记录整理的《论语》一书，是研究孔子思想的主要材料。

孔子生活在春秋末年。当时，周王室已名存实亡，诸侯纷争，“礼崩乐坏”，社会动荡。孔子的高祖是殷商遗民宋国的贵族，本人出生并主要生活在周朝礼仪制度保存得比较完整的鲁国。他一生学习周礼，传播周礼，以恢复周礼作为自己的志向。他在对于周礼的研究和思考中，发展出一套独特的哲学思想体系。

在孔子看来，周礼是夏、商、周“三代之治”的总结，是国家和社会管理的典范，人们只有奉行周礼，才能得以成就为有教养的“君子”；国家只要按照周礼去做，就会永享太平。但面对当时“礼崩乐坏”的现实，他不得不做更深层次的思考。“人而不仁，如礼何？人而不仁，如乐何？”（《论语·八佾》，以下凡引《论语》只注篇目）人如果没有仁爱之心，礼乐制度又从何谈起呢？由此，孔子创造性地提出“仁”的范畴，并借“仁”与“命”的分立，凸显了人的价值主体性;进而把“仁”同“德”相联系,建立起自己的道德学说;再进而把“德”同“治”相联系,阐发出自己的治国理想。“命”—“仁”—“德”—“治”四者的特殊联结,构成了孔子哲学的基本进路。

第一节 “与命与仁”的观念结构

孔子的观念结构集中体现在下面这句话中:

子罕言利,与命与仁。(《子罕》)

这里,“与”字作“从”字解。这番话表明,孔子不太谈及利,而信从、认可“命”与“仁”。那么,“命”是什么?“仁”又是什么?

一、从“天”到“命”的观念变化

在孔子以前的夏、商、周三代,人们对世界的主宰力量的认识有一个逐渐演变的过程。殷商人心目中的最高主宰者是“帝”,西周人心目中的最高主宰者为“天”。及至春秋时期,“天”的主宰地位遭到了怀疑,其人格神色彩日渐淡化。在孔子之前的郑国执政大夫子产已说到:“天道远,人道迩,非所及也。”(《左传·昭公十八年》)至于孔子,虽然也提及“天”,但有的时候是用以指称客观世界的存在与变动状况的,如孔子称“天何言哉?四时行焉,百物生焉,天何言哉”(《阳货》)即是。这里的天为“自然之天”。有的时候是用以凸显道德价值的终极来源与终极意义的,如孔子自称“天生德于予”(《述而》)即是。这里的天为“价值之天”。显然,无论是哪一种说法,“天”的人格神形象都已经被淡化。

与这一点相关,是孔子对鬼神的存疑态度。孔子曾说:“未能事人,焉能事鬼!”(《先进》)在当时的社会仍然普遍信仰鬼神的时代,孔子却不肯随俗。对于民间的鬼神祭祀,他甚至主张“敬鬼神而远之”(《雍也》)。至于他本人,他的学生称:“子不语怪、力、乱、神。”(《述而》)无疑,孔子作为中国儒家哲学传统的开创者,从一开始就使儒学远离宗教信仰而奠基在人文理性的基础上。

“天”作为人格神的形象淡化了,那么孔子还承认不承认在人之外的主宰力量,怎样看待这种主宰力量呢?孔子承认这种力量,并以“命”的概念界说之。他认为:“不知命,无以为君子也。”(《尧曰》)这说明他还十分看重这个“命”。那么,“命”是什么呢?

《论语》记述,有个叫公伯寮的人毁谤孔子的主张,有人将这件事告诉孔子。孔子坦然地说:

> 道之将行也与,命也;道之将废也与,命也。公伯寮其如命何!(《宪问》)

从这段话中,我们可以把握到孔子所说的“命”的基本含义。依孔子的说法,自己的主张(“道”)能否实现,既不取决于自己,也不取决于公伯寮,而是取决于“命”。孔子当然相信自己的主张是确当的,然而确当的主张之能否实现仍然受制于“命”。“命”对确当的主张没有同情感、认同感。显见,它只是一种盲目的客观必然性,即“时命”,由时势、时运决定的“命”。孔子和后来的儒家学者都承认“时命”的存在,承认有时命不济的状况。孔子所面对的就是这种状况,故孔子不时有不遇之叹。如周游列国在魏国未被重用,渡河去晋国欲有所为未成,孔子即叹:“美哉水,洋洋乎!丘之不济此,命也夫!”(《史记·孔子世家》)晚年更常叹:“凤鸟不至,河不出图,吾已矣夫”(《子罕》);“甚矣吾衰也,久矣吾不复梦见周公!”(《述而》)这种叹息透露了孔子面对时命不济状况的悲怆感。然而,孔子认为这种状况的出现是暂时的、偶然的。他坚信天道是公正的,具终极支配意义的。而且,暂时的、偶然的变化,刚好使人从中得到了磨炼,因而,它还是成就人的,而非坑害人的。在“天道”

被认信为成就人的意义上，"天道"即被赋予了道德的、价值的品格；作为公正的"天道"，其终极的支配地位不可逆转，这也是"命"、"天命"。在这种意义上的"命"、"天命"，不同于"时命"："时命"为盲目的，"天命"却是有目的指向的；"时命"构成为人的一种外在限制，"天命"却成为人的价值信念的终极源头。孔子之后的儒家学者大多视"天命"为价值的源头，故讲"天命之谓性"。但是在《论语》中我们看到，孔子所说的"命"，主要还是"时命"。孔子还没有明确将"时命"转为"天命"。在孔子看来，生活在时命不济的年代，是不可以不承认、不接受外在条件的限制的。这是一种理智的态度，也就是"君子"的态度。孔子称"不知命，无以为君子也"（《尧曰》），说的就是这个意思。

然而，承认"时命"，并不意味着消极等待，放弃努力。孔子甚至是要"知其不可而为之"（《宪问》）的。那么，努力于什么呢？这种努力的根据何在呢？孔子认为要"从仁"，努力于行"仁之道"，由之建构了他的"仁学"体系。

二、"仁"的凸显与"仁学"体系

孔子的学生曾子在表述其师徒的基本信念时曾经说：

> 士不可以不弘毅，任重而道远。仁以为己任，不亦重乎？死而后已，不亦远乎？（《泰伯》）

孔子师徒强调要以行"仁"为己任，至于"死而后已"。可见"仁"在他的观念中的核心意义。

"仁"在先秦的一些典籍中写作"𢙆"，为"身"、"心"问题。写作"仁"当为后出，由"人"与"二"两个部分构成。东汉古文字学家许慎在《说文解字》中解释此字称："仁，亲也，从人二"。清代文字学家段玉裁注释："亲者，密至也。从人二，相人偶也。人偶犹言尔我亲密之词。独则无偶,偶则相亲,故其字从人二。"这是说,从字源看,"仁"是用以指称人与人之间亲密无间的范畴。

在《论语》中,"仁"字涉及五十八章,计出现109处,基本上是孔子在与学生的问答中提出来的。其中,对一个叫樊迟的学生的回答最具概括性:

樊迟问仁,子曰:"爱人"。(《颜渊》)

"爱人"可以被看做是孔子的"仁"的基本含义。

从"爱人"的角度看,孔子的"仁学"展示有如下特征:

其一是"仁"的情感性。有子说:"孝悌也者,其为仁之本与。"(《学而》)"仁"从孝悌引发,以孝悌为本,这表明孔子立足于亲亲之情论"仁"。在孔子看来,人人都有父母兄弟,都接受过父母的关爱,感受到兄弟的友好;反过来,对父母的关爱报之以关爱,对兄弟的友好报之以友好,这是每一个感情正常的人发自内心的抉择,是人类社会最显浅、也是最深沉的"爱"。孔子说:"今之孝者,是为能养。至于犬马,皆能有养。不敬,何以别乎?"(《为政》)在孔子看来,对父母长辈是否有敬爱之情甚至是人与犬、马等动物的一个根本区别。"爱"作为一种价值信念,在孔子这里被赋予了人之所以为人的"类本质"的意义。

其二是"仁"的普遍性。在孔子看来,人不仅都有亲亲之情,都爱自己的父母兄弟;而且人又都有可能将这种亲亲之情向外推开。孔子称:"弟子入则孝,出则悌,谨而信,泛爱众,而亲仁。"(《学而》)这是说,一个人在家里做到孝与悌,对社会之他人也必然会给予爱与仁。从爱父母兄弟到爱天下大众,"爱"的对象从近到远地推开,仁爱获得了普遍意义。

其三是"仁"的族群本位性。在孔子那里,"仁"与"爱"既被赋予体现人的"类本质"的意义,而"仁"之为"仁"其本身又是在自我与他人、个人与族群的良好关系中证成的。这表明,在孔子的人学思想中,个人的本质是被放置在族群关系中予以定位的,因此,个人生存的意义与价值亦只有依托于特定的族群关系才可以实现。这就是说,孔子"仁学"给出的传统,不是个体本位的,而是群体本位的。

其四是"仁"的践行。在孔子看来,"仁"不是一个抽象概念,"仁学"不是一套抽象理论。在《论语》中,除仁者"爱人"的提法之外,孔子还有关于"仁"的许多提法。这并不表示孔子的思想是零散的。这恰恰说明,孔子所推重的是"仁"的践行,关注的是在人的日常具体行事中,在在处处指点为"仁"。因此,在孔子的"仁学"思想中,关于如何成"仁"的道德修养方法,比之于"仁学"何以成立的理论建构,具有更重要的意义。

第二节　"为仁由己"的道德哲学

人何以成"仁"? 孔子亦有一个稍具概括性的说法:

为仁由己,而由人乎哉?(《颜渊》)

在孔子看来,"仁"是从人对人的良好情感中引申出来的,如一个人对于父母兄弟有"情",便会对他们行以孝悌,对邻里、乡亲以至社会他人有"情",便会对他们行以信义,这便是"为仁"。由于"为仁"(或不"为仁")完全取决于自己,所以孔子说"为仁由己",而非"由人"。孔子在这里明确地肯定了道德行为、道德实践的主体性原则。这是孔子为其道德修养方法论和作为这种方法论的哲学基础确定的基本原则。

一、"仁"作为道德的基本意识

孔子说:"仁者安仁,智者利仁。"(《里仁》)就是说,仁者要把

"仁"作为自己的安身立命之本，智者要把"仁"作为自己的事业成就之方，他们都具有或应该具有自觉的道德意识。这包括：

道德义务的意识。"仁"的精神是"爱人"。凡有人群的地方，人们都必须相亲相爱，和睦相处，社会才会安定与和谐，人类群体才能得到繁衍和发展。离开了"爱人"，人就不成其为人，社会也就不成其为社会。因此，对于每一个个体来说，"爱人"就是一道"绝对的命令"，是人人都应该承担的道德义务。

道德责任的意识。"仁"的体现是"忠恕"。"忠"者，"己欲立而立人，己欲达而达人"(《雍也》)；"恕"者，"己所不欲，勿施于人"(《卫灵公》)。生活自立，事业发达，是每一个人都会有的希望和追求。而孔子认为，一个人无论是"立"还是"达"，都不是单方面可以实现的。有仁德的人自己要自立，就必须使他人也自立；自己要有成就，就必须使他人也有成就。在这里，成就自己与成全他人是统一的。退一步说，即使不能成全他人，起码也应该对他人采取宽容的态度。自己所不愿意做的事情不要强求他人去做，自己所不愿意得到的(不好境遇)也不要强加给他人。总之，"成全他人"与"宽容他人"，在个体的生存与发展中，有一种不可推卸的道德责任。

道德自律的意识。"仁"的实施方式是"克己"。《论语·颜渊》篇记载：颜渊问仁，孔子回答："克己复礼"；请问行动的要点，孔子回答："非礼勿视，非礼勿听，非礼勿言，非礼勿动。"孔子这里，就非常强调人的道德自律意识。其中，克制物欲是"克己"的基本内容。孔丘并不一般地反对人们的物质欲望，但他主张对这种欲望要有必要的控制，控制的标准就是"仁道"。以违反"仁道"去换取富贵，君子不应该接受；以违反"仁道"来摆脱贫穷，君子也应该拒绝。为"仁道"而牺牲自我则是"克己"的更高层次的要求。

孔子说:“志士仁人,无求生以害仁,有杀身以成仁。”(《卫灵公》)为了实现“仁道”,君子决不能贪生怕死,必要时还应该勇敢献身。孔子的这一道德要求,对于后世的志士仁人具有极强的感召力。

二、“仁”作为道德的基本要求

孔子的“仁”是一种道德的精神境界,又是处理人际关系的基本原则。它贯彻在具体的实践之中,在随处指点“为仁”的过程中,就形成为各种各样的道德要求与道德规范。依据对象的不同,我们可以把孔子的道德要求与道德规范区分为以下三类:

处理亲属人际关系的道德要求与道德规范。孔子十分重视“孝悌”的作用。他所理解的“孝”,包含了子女对父母的赡养,但又不仅仅是赡养;与赡养相比,子女对父母的尊重(“敬”)更为重要。与此同时,孔子也指出,尊重父母并不是对父母绝对服从;子女应该“事父母几谏”(《里仁》),即对父母的过错委婉规劝,使其改正。“悌”则是指弟弟对兄长的敬爱之情。无论是“孝”还是“悌”,都不是单方面的。“父慈子孝”,“兄友弟恭”,双方都有义务和责任。

处理一般人际关系的道德要求与道德规范。除上述所说以“忠恕”待人之外,孔子还提出“恭、宽、信、敏、惠”等道德条目。“恭”即恭敬,恭敬地对待他人,就不会遭受侮辱。“宽”即宽厚,待人宽厚,就会得到大众的拥护。“信”即诚信,诚实不欺、言行一致,就能得到他人的信任。“敏”即快捷,勤勤恳恳,做事干练,就会取得好效果。“惠”即慈惠,给人予好处,就能使用人。另外,孔子还认为:“刚、毅、木、讷近仁”(《子路》),他的学生则称赞“夫子温、良、恭、俭、让”(《学而》)地待人处事,如此等等,都是在随处指点“为仁”中阐发出来的道德要求与道德规范。

最高的道德要求与道德规范。从“仁”衍生出来的道德要求与道德规范，处理的都是人与人之间的关系，这当中存在着一个如何把握的“度”的问题。有鉴于此，孔子提出“中庸”概念，作为最高的道德要求：

中庸之为德也，其至矣乎！（《雍也》）

所谓“中庸”，指的是不偏不倚的日用常行之理，其基本内容就是：待人处事，既不要过分，也不要不及，“过犹不及”（《先进》）。符合“中庸”精神的行为，孔子称之为“中行”。中行者善于协调各方面的关系，勇于进取而又考虑全局，为人耿直而又善于与人合作，这就达到了“中庸之道”的要求。

“中庸”的实质是寻求人际关系的高度和谐。“礼之用，和为贵”（《学而》）。“和”是人际关系的理想状态。“君子和而不同，小人同而不和。”（《子路》）孔子所主张的“和”不是后世所误解的没有矛盾不讲斗争的“一团和气”，而是在承认对立差异的基础上，寻求双方都可以接受的解决方案，从而使相关的双方共生、共存、共发展。这一“和谐”的思想不仅可以用于处理人与人的关系，而且可以用于处理人与自然的关系。“致中和，天地位焉，万物育焉。”（《礼记·中庸》）人际和谐，天人和谐，万物和谐，这是儒家所追求的最高境界。

三、“仁”与道德修养的基本方法

在孔子以“仁”为核心的道德哲学中，包含着一整套道德修养的方法。孔子说：

能近取譬，可谓仁之方也已。（《雍也》）

这是说，道德修养要从自己做起，这里体现的正是道德修养的主体性原则；要从身边做起，则体现了道德修养的践行性特征。其具体做法包括以下三点：

“求之于己”。如上所说，孔子十分强调人作为主体的内心自觉和主观努力。在他看来，“为仁”本来就是个人的道德追求，其动力应该来自于自己而不是来自于别人，其对象应该是要求自己而不是去要求别人。孔子说：“君子求诸己，小人求诸人。”（《卫灵公》）这里即确认道德修养主要依靠个人的努力。孔子提倡“躬自厚而薄责于人”（《卫灵公》）。这里更强调要严于律己，宽以待人。孔子又提倡“内省不疚”（《颜渊》），认为只要内心反省而问心无悔，就没有什么可以忧愁和恐惧的了。

“笃信好学”。孔子很强调学习。他说：“我非生而知之者，好古，敏以求之者也。”（《述而》）他孜孜不倦地追求学问，但又不是为了学问而学问。在他看来，学问提高的同时也应该是道德的提高。他对当时学习与修养相脱节的风气很不以为然，批评道：“古之学者为己，今之学者为人。”（《宪问》）这里所谓“为己”就是说做学问成就自己，“为人”是指读书只为装饰自己以便向别人炫耀。孔子主张“为己之学”，强调“笃信好学，守死善道”（《泰伯》），把做人与做学问紧密结合起来。

“躬行实践”。道德修养的关键是身体力行，即孔子所说的“躬行”。书本上的学问，是比较容易学到的；但要按照道德的要求去做，那就不容易了。因此，孔子很强调学了就要做，说了就要行，十分重视“言行一致”。他主张：“先行其言而后从之。”（《为政》）这是说你要先实行了，再说出来；做得到的就说，做不到的就不要说。这才是真正的“君子”，否则就是“伪君子”。孔子对“伪君子”深恶痛绝，是因为“耻其言而过其行”（《宪问》）。他主张“听其言而观其行”（《公冶长》），以是否身体力行来作为检验道德修养的试金石。

孔子“为仁”的道德哲学,其最终目标是“成圣”。“何事于仁!必也圣乎!”(《雍也》)“成圣”构成为他的最高的道德理想,而由之推动统治者以“圣人之道”治国,则构成他的最高的社会理想。

第三节 “为政以德”的治国之道

孔子以他的“仁”为核心的道德哲学教育弟子,其目的是要培养一批有道德有教养的“君子”,让这些君子“学而优则仕”,成为社会与国家的管理阶层。尔后,凭借他们的管制,使社会与国家道德理想化。孔子说:“君子之德风,小人之德草。草上之风,必偃。”(《颜渊》)又说:“为政以德,譬如北辰居其所而众星共之。”(《为政》)在孔子看来,治国者的道德行为对于老百姓具有巨大的影响;治国者推行“德治”,老百姓就会受到“德风”的熏染,会像“众星绕北辰”一样紧密地团结在自己的周围。在这里,“德”既是管理的手段,又是领导的方式,贯穿管理的全过程。由之,“为仁”的道德哲学化为“为政”的治国之道。

一、“道之以德”的治国方针

在孔子看来,治国就是治民,治民就要把握民心。孔子对当时的各种治国方法进行了比较,认为只有实行“德治”和“礼治”才能真正赢得民心。他说:

> 道之以政,齐之以刑,民免而无耻;道之以德,齐之以礼,有耻且格。(《为政》)

“道之以德”是指以内在化的道德教化为基本导向。孔子主张为政要以道德教化为根本,而不应该片面强调刑罚杀戮。据《论语·颜渊》记载，当时有的统治者主张“杀无道以就有道”，孔子反驳道：“子为政，焉用杀？子欲善而民善矣。”他认为企图用刑罚杀戮的高压手段使人民“守道向善”，结果只能适得其反。治国者如果真想把国家搞好，首先自己就要谨守善道，搞好个人的道德修养，然后推行道德教化，提高人民的道德水准，上下“同德”而“同心”，国家自然兴旺。

“齐之以礼”则是指以礼仪规范为外在的调节手段。孔子所说的“礼”即“周礼”，“周礼”起源于祭神的程序法式，后来逐渐演变为用以治理国家的政治制度和行为规范。(《左传·隐公十一年》)记称：“礼，经国家，定社稷，序人民，利后嗣者也”即是。孔子主张“为国以礼”(《先进》)，就是把“礼”当做治理国家的礼仪规范。

对于个体来说，礼仪规范带有某种强制性的色彩，对人们的行为具有某种规限性的作用。孔子主“克己复礼”(《颜渊》)——认为只有克制自己，才可以使自己的行为合乎于作为外在规范的礼。但是，在孔子那里，“礼”的规范与“德”的修养实际上是统一的。克制自己服从礼仪规范，不仅出于维系公共秩序的要求，也出于个人道德修养的需要。一个有道德修养的人，他的理性精神即体现于一种有序生活之中。

至于“道之以政”和“齐之以刑”二者，孔子虽然认为它们不能控制人心，但也没有完全否定它们的作用。道德教化和礼仪规范都不是宽大无边的，该用刑罚的时候还是要用刑罚。孔子认为：“政宽则民慢，慢则纠之以猛；猛则民残，残则施之以宽。宽以济猛，猛以济宽，政是以和。”(《左传·昭公二十年》)治国者任何时候都要有“软硬两手”，在这个问题上，孔子并不是后人所描述的那种“迂夫子”。

二、“无为而治”的领导方式

孔子希望治国者通过“为政以德”而取得“众星共之”的效果，这是在提倡一种“无为而治”的领导方式。提起“无为而治”，一般人都认为这仅仅是老子及其道家学派的主张，实际上这是一种误解。孔子不仅具有“无为而治”的思想，而且在先秦诸子百家中还第一个在字面上明确提出了“无为而治”的概念。他说：

> 无为而治者其舜也与？夫何为哉，恭己正南面而已矣。(《卫灵公》)

所谓“无为而治”，其实就是现代管理中的“最小—最大原则”，即如何以最小的领导行为取得最大的管理效果。孔子所理解的“最小的领导行为”，一是“修己”，二是“用人”。“修己”是管理者的自我管理。在孔子看来，治国者通过“修己”，提高自己的道德修养，就能起到上行下效的作用，从而带动整个社会道德水平的提高。这样，最高管理者就不必费尽心机地指挥人们去做什么，而只要集中精力制定和带头实行礼仪规范，就可以把国家治理好了。这是一种以道德为导向的“无为而治”。

治国者要真正做到“无为而治”，还必须注意“用人”。《论语》称述：“舜有臣五人而天下治。”(《泰伯》)朱熹注：“五人：禹、稷、契、皋陶、伯益。”舜积极选拔、放手使用这五位著名的贤臣，收到了良好的治国效果，而自己又免除了具体治国事务的辛劳。在这里，访求、考察、选拔、任用、考核官员，治国者是要劳神费力的；但如果任用的官员得当，具体的治国事务有人负责，治国者就安逸了。

三、“修己以安百姓”的治国目的

孔子的“为政以德”的治国方针贯彻在治国的过程中，其最终目的是“修己安人”。这当中又可以区分为三个步骤:“修己以敬”、“修己以安人”、“修己以安百姓”(《宪问》)。所谓“修己以敬”,说的是治国者的自我管理。孔子说:“苟正其身矣,于从政乎何有?不能正其身,如正人何?”(《子路》)这就是说,“正”是“政”的前提。惟“正身”,才可以“从政”;“从政”即是以道德教化去“正人”。

所谓“修己以安人”,说的是对各级官吏的管理。孔子要求治国者“先有司,赦小过,举贤才”(《子路》),就是说上司要给下属作榜样,不计较下属的小错误,提拔优秀的人才。

所谓“修己以安百姓”,说的是对老百姓的管理。据《论语·子路》篇记载:孔子到卫国去,看到稠密的人口,感叹道:“庶矣哉!”冉有问:“既庶矣,又何加焉?”孔子回答:“富之。”冉有再问:“既富矣,又何加焉?”孔子再回答:“教之。”这里的“庶—富—教”,是孔子安民的三部曲。“庶之”,就是要“使民以时”(《学而》),让老百姓繁衍生息。“富之”,就是要“因民之所利而利之”(《尧曰》),让老百姓富裕起来。“教之”,就是要“道之以德,齐之以礼”(《为政》),对富裕起来的人民进行道德教化。让人民过上富足而文明的生活。这就是孔子的社会理想。

第四节　孔子哲学的思想史价值

孔子生活在周朝式微、“礼崩乐坏”的年代,显然,由客观时势给出的“命”对他来说是不幸的。然而,对夏、商、西周三代发展起来的文明与秩序有着深情眷恋的他并不因此而沮丧。他怀着强烈的使命感,以“知其不可而为之”(《宪问》)的精神做入世拯救的事业。在这一过程中,他创设了对中国思想文化产生极其深远影响的"仁学"。

如上所说,"仁学"的基本构想,是要通过道德教化,培养一批有道德理想、有人文教养的"君子",然后,借"君子"的治理,使国家与社会重新走向文明与秩序。培养有道德理想的"君子",体现为"理想人格"的追求,后来被称为"内圣"学;使国家与社会重新走向文明与秩序,体现为"理想社会"的追求,后来被称为"外王"学。由是,孔子创立的"仁学",即是由"内圣"开出"外王"的学问。"仁学"作为"内圣外王"之学深深影响于中国传统知识分子的原因在于,这正好体现了知识分子作为一个阶层的基本的社会功能与社会价值:它总是在依照道德的应然性编织理想世界,并借此理想世界来观照、批判现实世界,力图把理想世界对象化为现实世界。孔子开创的学派为儒家。后来"儒者"、"儒士"经常被用以指称知识分子,即是根自于二者在功能上的一致性。

然而,"仁学"作为"由内圣开出外王"的一种学问所表征的对理想社会的追求,这只是孔子"仁学"深深影响于后世的一个方面。孔子"仁学"影响于后世的,还有另一个重要方面。

孔子也清醒地意识到,理想社会的实现,受制于一种客观时势("命"),并不是仅靠"君子"、"贤君"的努力就一定会成功的。如果把人生的目标仅仅指定在追求理想社会的实现,并且把"修己"、"克己"看做是手段,那么,在目标不能实现的情况下,手段便会被放弃。孔子的伟大之处就在于,他不仅把"外王"——追求理想社会看做是崇高目标,而且同时把"内圣"——追求理想人格视为崇高目标;由于理想社会的实现常常受制于"时命",理想人格的追求却完全取决于个人自己,因此,成就理想人格,甚至有更优先的意义。孔子在30岁以后,不间断地从事授徒讲学活动;讲学内容,即诗、书、礼、乐;晚年,更删定《诗》、《书》、《礼》、《乐》,使之成为塑造学者精神生命、精神教养的经典文本;这一切,用意无疑都在营造理想人格。这种理想人格,在孔子看来,一方面便表现为是具有崇高的道德操守的。孔子说:"笃信好学,守死善道,危邦不入,乱邦不居"(《泰伯》),这里所显示的,即是这种操守的宗教般的庄严性。另一方面则又表现为是有教养、有节制的。孔子说:"天下有道则见,无道则隐"(《泰伯》),这里所透露的,便是在"时命"不济的情况下的理性的冷静。及至孔子盛赞弟子颜回说:

> 贤哉,回也!一箪食,一瓢饮,在陋巷,人不堪其忧,回也不改其乐。贤哉,回也!(《雍也》)

这种被后人称为"孔颜乐处"的精神风貌,则无疑导源于坚执宗教性操守特有的乐观性和理性冷静面对世事变迁而显呈的洒脱性。孔子此间塑造的理想人格,诚然构成了中国传统知识分子的最高追求。

孔子以后,儒家学者分别从不同方面展开了孔子的思想。最著名的,如战国中叶的孟子和宋明诸儒,他们致力于深化孔子的"内圣"之学,而战国末叶的荀子和汉代董仲舒诸儒,则致力于推开孔子的"外王"之学。但他们都毫无例外地"奉孔子为宗"。他们的努力使儒学获得了多维向度,丰富了儒学的生命力,培植出了在中国乃至世界思想史上时间跨度最长的一个学术思想派别。

第二章 老子奠基的道家哲学

道家和儒家一样,是先秦时期最重要的哲学流派之一。由于文献记载的混乱与缺失,这一学派的早期历史存在着许多疑团。特别是老子其人和《老子》一书,更是各种争论的焦点。

一般认为,老子是道家学派的创始人。但老子是谁,早在汉代就已弄不清楚。司马迁在《史记·老子韩非列传》中提到三个人:一是较孔子年长的老聃;二是与孔子同时的老莱子;三是后孔子129年的周太史儋。这三个人都有可能是老子。司马迁本人似乎比较倾向于老聃,所以对老聃的介绍最为详尽。据《史记·老子韩非列传》的记载,老聃,姓李名耳,楚国苦县(今河南鹿邑)厉乡曲仁里人,曾做过周守藏史,是东周王朝掌管图书的史官。孔子曾经向他请教过周礼的问题。晚年因有感于周王室的衰落,乃辞官隐居,并著述言道德之意五千余言。对于老莱子和太史儋,司马迁的介绍就比较简单:“或曰,老莱子亦楚人也,著书十五篇,言道家之用,与孔子同时云。”“或曰,儋即老子,或曰非也,世莫知其然否。”

由于老子的身份未能完全确定,《老子》一书的著者和年代也因而成为问题。有人认为《老子》是老聃所著,成书于春秋晚期;

有人认为它包含着战国时期才可能有的思想内容,因此是战国前期或者后期的作品;还有人认为《老子》成书于秦汉之间。各种说法均没有充分的根据,直到最近考古学的发现才使这一问题有望获得解决。1973年,长沙马王堆汉墓出土了两种帛书本《老子》,它们被称为甲本和乙本。历史学家认定这两种本子均抄写于汉初。1993年,湖北郭店楚墓又发现竹简《老子》,考古学家推断它写定的时间为战国中期,至迟不晚于公元前300年。尽管准确的时间仍然无法判定,但《老子》成书于春秋晚期、战国前期这一段时间,看来是无可怀疑的了。依此,则以老聃为老子,亦或可从。

竹简本《老子》与通行本相比,字数较少,仅有后者的五分之二(简本可能已不完整)。但比较两者的内容,就会获得一个有趣的发现:简本《老子》所讨论的主要是人生问题、政治问题,对宇宙论和形上学的关注并不多;通行本《老子》则包含大量抽象、玄虚的成分。两种本子内容上的差别提示我们,该书和先秦时期的许多著作一样,可能并非一人所著,亦非一时所成。当我们说《老子》是春秋晚期那位老子所著时,并不排除其中包含有他的弟子或后学们的内容。本书在行文的次序上把老子置于孔子之后,主要亦是考虑到,《老子》一书的成书特别是老子思想在社会中的影响,晚于孔子和儒家。另,本书在介绍老子的思想时,主要征引曹魏时期的学者王弼的《老子》注本(又称通行本),那是因为老子思想借以影响于中国思想文化的,毕竟是这一种文本。

第一节 以"道"为终极本源的宇宙论

老子思想的核心范畴是"道",他的整个思想系统均围绕着"道"而展开。

一、“道”作为概念的变迁

什么是“道”呢?

“道”的本义指道路,后来被引申为规律或规范。与天相应的就叫做“天道”,与人相关的就叫做“人道”。春秋时期,这两个词已经频繁地出现在一些文献中。如:“盈而荡,天之道也”(《左传·庄公四年》)、“天道远,人道迩,非所及也,何以知之?”(《左传·昭公十八年》)、“天道赏善而罚淫”(《国语·周语》)、“天道盈而不溢,盛而不骄,劳而不矜其功”(《国语·越语》)。这里的“天道”意指日、月、星辰等天象运行的规律;“人道”指人类社会的一些行为规范。最初,受原始宗教的影响,“天道”含有占星术的成分,它可以影响甚至决定人世的吉凶祸福。到春秋后期,随着人智的开启,天人交感说受到批评和怀疑,日月星辰的运行变成一种纯粹的自然现象,“天道”也就基本丧失了神秘的色彩,成为自然规律或价值信念的代名词。

在天道观的这种变革过程中,老子所作的杰出贡献就是首次把“道”抽离出来,作为一个哲学形上学范畴予以系统化的论证。中国哲学的形上学,早期往往以宇宙论的形态出现,宇宙论的特点是确认宇宙万物出于同一本源,并由同一本源的生化来说明宇宙万物的现存状况与变化法则。可以说,老子所建立的以“道”为最高本源的宇宙论就是中国哲学史上第一个比较完整系统的宇宙论。

二、以“道”为本源的宇宙论

在老子看来,“道”首先就是天地万物的最初本源,天地万物均为“道”所生:

> 有物混成,先天地生。寂兮寥兮,独立而不改,周行

而不殆，可以为天地母。吾不知其名，字之曰道，强为之名曰大。（《老子》第二十五章①，以下只注章数）

“道”创生万物，为万物之母，但它自己却无形无象，不为任何事物所生。具体的事物都是有限的、可变的，需要依赖他物才能存在，而“道”则是独立的、无对待的，不会因外在的力量有所改变。如果“道”也要依赖他物的话，那么它就变成一种有限之物，而有限之物总是有形有象、有生有灭的，因而根本无法作为万物之本。

由于“道”无形无象，便不能为我们的感官所直接把握：

视之不见名曰微，听之不闻名曰希，搏之不得名曰夷。此三者不可致诘，故混而为一。其上不皦，其下不昧，绳绳不可名，复归于无物。是谓无状之状，无物之象，是谓惚恍。迎之不见其首，随之不见其后。（第十四章）

“微”是无形，“希”是无声，“夷”是无迹。用这三个词语来描述道，旨在强调“道”看不见、听不到、摸不着，完全超出感觉的范围。这样的东西当然没有名字，也不可能给它起名字（“不可名”），因为任何的名字均不足以尽其实。称之为“道”也是一种不得已的做法，只是为了表述的方便。《老子》第一章就把这一点说得很清楚：“道可道，非常道。名可名，非常名。”

但是，这绝不意味着说“道”是绝对的空无。“道”有自己的实存性：

道之为物，惟恍惟惚。惚兮恍兮，其中有象；恍兮惚兮，其中有物。窈兮冥兮，其中有精；其精甚真，其中有信。（第二十一章）

① 本章引用《老子》原文，以王弼本为主，个别词句参酌竹简本和帛书本。

“道”虽然恍恍惚惚，幽深玄妙，难以用语言来形容，但“其中有象”、“其中有物”、“其中有精”、“其中有信”这种一层进一层的强调足以说明，在老子的思想深处，他是确信“道”是真实存在着的。王弼的注解很能把老子讲“道”时的这种隐微难言之处揭示出来：“欲言无邪，而物由以成；欲言有邪，而不见其形。”

从感觉经验的角度看，“道”的这种似有若无、实有而无形的特点确实显得很玄妙，甚至很乖谬。但从老子自己的系统来说，这一点并非不可理解。本源当然不是某种具体的物，所以“道”必须是无限的，而无限的东西必定是无形无象的，更不可以名言指称；但本源同样不能是绝对的无，“道”要创生万物，就必须是实有的。更何况，“道”本来就不是由经验来发现，也不能由经验来发现，它实际上是老子超越经验，从有形的世界突围而进入到无形的领域才体悟到的。

明白了这一点，也就比较容易理解老子的下面这句名言：

> 天下万物生于有，有生于无。（第四十章）

这句话讲的是万物生成的过程。常见的解释是说，老子主张天下万物从绝对的虚无中产生。这实属误解。从老子对道体的描述看，他不可能认为“无”是绝对的虚无（空无或什么也没有）。这里的“无”实际上是无名的缩略语，“无名”是对道体的另一种表述。整句话的意思无非是说，天下万物是由有名的天地所化生，天地又是由“道”所化生。

对于“道”创生万物的过程，老子还有一个更详细的说明：

> 道生一，一生二，二生三，三生万物。万物负阴而抱阳，冲气以为和。（第四十二章）

其中，“一”、“二”、“三”是形容“道”创生万物的历程，“一”大概是指混沌未分之气，“二”是指分化了的阴阳二气，“三”是指阴阳二气结合所成的和气。这句话要表述的意思很清楚,那就是万物是由“道”一层层地从无形质到有形质的落实、下贯而成的。

值得注意的是,在老子所描述的这种宇宙生成模式中并没有春秋时期盛行的“天”或“神”的位置。在老子看来,“道”创生万物的历程完全是一个自然的过程,其间既无意志,亦无目的,一切自然而然:

> 大道氾兮,其可左右。万物恃之而生而不辞,功成不名有,衣养万物而不为主。常无欲,可名于小。万物归焉而不为主,可名于大。(第三十四章)

> 道生之,德畜之,物形之,势成之。是以万物莫不尊道而贵德。道之尊,德之贵,夫莫之命而常自然。(第五十一章)

不但“道”创生万物的活动本身是自然而然的,在“道”生养了万物之后,也不给万物以任何干涉,而是让它们依其本性自由发展。

这样的创生历程自然无法容纳有情感、有目的并能赏善罚暴的天命、鬼神的存在。《老子》一书中提到“天”的地方并不少,但基本上都是指自然之天,并没有神圣的含义。涉及到鬼神之处,老子讲得更妙:

> 以道莅天下,其鬼不神。(第六十章)

> 道冲而用之或不盈,渊兮似万物之宗,湛兮似或存,吾不知谁之子,象帝之先。(第四章)

“道”不仅在帝之先,而且若用它来治理天下的话,连鬼神都不再灵验。用“道”来取代天命、鬼神的权威,使老子成为春秋晚期人文精神觉醒过程中又一重要奠基者。

当然,不能说老子的宇宙论已经彻底摆脱了神秘主义的影迹。老子为了凸显“道”的本始性,把“道”设置于混沌未分的气之前。“道”又可以被称为“太一”。后来的《庄子·天下》篇就曾把老子哲学的要义概括为:“建之以常无有,而主之以太一。”“道”、“太一”不仅为有形、有质之前的一种存在状态,还是一种有气之前的存在状态,由之,它免不了被视为神秘的。“太一”后来被奉为神,老子被看做道教供奉的“太上老君”,也不是没有原因的。

第二节 “反者道之动”与经验世界的辩证展示

在老子那里,“道”不仅是创生万物的本源,而且还是事物运动和变化的动力。

对于“道”所蕴含的这种能动力量,老子曾经作过一个生动的比喻:

> 谷、神、不死,是谓玄牝。玄牝之门,是谓天地根。绵绵若存,用之不勤。(第六章)

“玄牝”喻道,“谷”指中虚,“神”指妙用,“不死”指恒存。意思是说,“道”正如女性生殖器一样,虽然中间是空虚的,但却包含无尽的生机,天地万物可以由此源源不断地产生。

那么,“道”是如何创生天地万物的呢?

一、“反者道之动”揭示的生化规则

在老子看来,从“道”到万物的生化就意味着“道”的运动。但需要注意的是,“道”的运动不是单向的、直线式的运动。“道”创生天地万物,天地万物最终还要复归于“道”。这是一个循环往复、永不停息的过程。老子把“道”运动的这种特征概括为:

反者道之动。(第四十章)

“反”有两种含义:一是相反;二是反复。依前者,“道”之动是向自己的反面转化;依后者,“道”之动是一个周而复始的过程。这两种含义在老子的思想中均能找到:“道”生万物的过程即由无限落实到有限、从没有形质转化到有形质,这是朝相反方面的运动。“道”生万物,但万物最后又复归于“道”,这是一种循环反复的运动。

在“相反”和“反复”之间,老子显然更重视“反复”:

吾不知其名,字之曰道。强为之名曰大。大曰逝,逝曰远,远曰反。(第二十五章)

夫物芸芸,各复归其根。归根曰静,是谓复命。复命曰常。(第十六章)

“道”广大无边,万物均由“道”而生(“大”)。万物从“道”分离出来后,周流不息地运动着(“逝”)。万物的这种运动离“道”越来越远(“远”)。远到极处,物极必反,万物又回到了“道”的本根(“反”)。对万物而言,向本源的重新回归,实际上是一种复命的过程,也是万物的最终归宿。

二、经验事物相反相成的辩证展示

“反者道之动”在老子的思想系统中是非常重要的观念。它不但决定了老子整个思想的基调,而且成了他观察纷纭的现象世界和处理人生问题、政治问题的法宝。老子是如何借助“反者道之动”来处理人生和社会问题的,后面我们将会详细介绍。这里先简单叙述一下老子以此观察现象世界所获得的一些洞见:

飘风不终朝,骤雨不终日。孰为此者?天地。天地

尚不能久，而况于人乎？（第二十三章）

这是说一切事物均处于不停的变动之中。按照老子的看法，作为本源的道体尚且运动不止，那么它的产物如天地、万物包括人在内哪里还会有什么恒常性！无论天地也好，人也好，现象的世界都像那飘风骤雨一样瞬间万变，没有什么能够持久长存。

《老子》中说：

天下皆知美之为美，斯恶矣；皆知善之为善，斯不善矣。故有无相生，难易相成，长短相形，高下相倾，音声相和，前后相随，恒也。（第二章）

这是说一切事物都有其对立面。变动的前提就是事物之间有区别、有对立。“道”自身即包含着自我分化的潜能，天地、万物就更不用说了。因此，在经验的世界里，任何事物都是一个矛盾的统一体。没有美，也就不会有恶；没有善，也就不会有不善；有与无、难与易、长与短、高与低无不如此。

老子又说：

祸兮，福之所倚；福兮，祸之所伏。（第五十八章）

正复为奇，善复为妖。（同上）

这是说事物的对立面经常相互转化。本源之“道”能够从无形质落实到有形质，再从有形质恢复到无形质，充分说明对立面相转化是一个非常普遍的规律。譬如，祸患是不幸的，但其中未必没有导致幸福的因素；而正面的东西，从另一角度看，也可能是反面。

老子还说：

合抱之木，生于毫末；九层之台，起于累土；千里之行，始于脚下。（第六十四章）

> 图难于其易，为大于其细。天下难事，必作于易；天下大事，必作于细。（第六十三章）

这是说事物向对立面的转化有一个渐进的过程。合抱之木是由毫末逐渐成长起来的，九层高台是由一点一点的泥土堆积起来的。很容易的事，如果不加注意，就会变成难事；很小的事，如果忽略的话，也会变成大事。

类似的例子还有许多。从上面的介绍已可看出，老子无论是对“道体”还是对各种具体的事物均抱有一种相当深邃的辩证观念。他不但认识到事物之间充满各种各样的相对性，而且还发现对立的双方可以相互转化。当他用这套辩证观念来分析现实的社会和人生问题时，常常能够触及到问题的症结，并因此而受到后人的推重。老子的辩证观念对后来的许多学派产生过深远的影响。

第三节　由宇宙论开出的人生观和政治论

尽管老子具有系统而独特的宇宙观，但从认知的层面探求世界的本源及其规律并非他的初衷。和大多数中国哲学家一样，人生问题、社会政治问题才是他关注的核心。从理论的层次看，老子的思想系统是由宇宙论向下落实到人生论，再由人生论延伸到政治论；但从立论的宗旨看，其宇宙论却是为了解决政治和人生问题而建立的。

一、“道法自然”的人生哲学与政治诉求

讲得更直截一点，老子借宇宙论所要解决的，其实根本就不是一个事实问题或自然哲学的问题，而是一个与价值的源泉和标准

有关的问题。他对本源之“道”及其特征的种种描述，目的非常明确，就是要为处于大变动时期的社会和人生寻找一条应当遵循的普遍的准则。

《老子》书中的许多话都可以印证这一点，如：

人法地，地法天，天法道。道法自然。(第二十五章)

意思是说，“道”是人类应当效法的对象，依“道”而行，才是正当的行为。

又如：

道恒无名，朴虽小，而天下弗敢臣。侯王若能守之，万物将自宾。(第三十二章)

“道”虽然质朴无名，但却是人世间最重要的(没有什么东西在它之上)。君主如果能够依“道”而行，万物将自生自化。结果，天下不但可以垂手而治，个人生命亦因此得以长保。

老子哲学的这一特点使得宇宙论和人生哲学很难区分。本源之“道”的所有特征都是人的价值准则的一种投射。一切与“道”相关的问题，最后指向的其实都是人生的问题。老子的“道”之所以看上去很像是一个预设，很像是老子为了表述其人生和政治理想所虚拟出来的东西，原因就在于此。

甚至，人生哲学和政治哲学的区分也成多余。凡是与人的活动相关的，标准就只有一个，即“归根”、“复命”，与“道”合一。治身与治国并无二致。老子说：

修之于身，其德乃真。修之于家，其德乃余。修之于乡，其德乃长。修之于国，其德乃丰。修之于天下，其德乃普。(第五十四章)

用什么修身？用什么治家、治乡、治国、治天下？其本一也，都是“道”。把“道”落实在个人身上，成就的是具有常德、孔德或玄德的人格;把"道"落实到社会中去,成就的将是没有矛盾和纷争的至德之世。从"道"的高度看,并不存在只适用于个人而不适用于社会的原则,同样也不存在只适用于社会而不适用于个人的原则。

那么,这种既修身亦治国的原则是什么呢?在老子看来最重要的有以下几条,这几条都是根源于"道"的要求:

第一,"自然无为"。

"自然"、"无为"讲的其实是一回事。"自然"从肯定面讲,意思是自然而然,依其本性来发展。"无为"从否定面讲,意思是不妄为,不包含任何人为的成分。两者合起来构成老子人生哲学和政治哲学的一个最基本的观念,也是后来道家各派所共同追求的理想。

"自然无为"原是"道"的特征。老子云:"道法自然"。(第二十五章)又云:"道常无为而无不为。"(第三十七章)"道"对天地万物并不妄加干涉,只是让他们按其本性自由发展,其结果显示的则是"道"的妙用的无所不在。

人效法"道",首先效法的,当然就是其"自然无为"的精神。老子称:

> 是以圣人欲不欲,不贵难得之货;学不学,复众人之所过,以辅万物之自然而不敢为。(第六十四章)

> 悠兮其贵言。功成事遂,百姓皆谓我自然。(第十七章)

> 为无为则无不治。(第三章)

圣人或君主以无欲为欲,以不学为学,以不言为教,一切因顺自然,对事情不加任何干涉,在老百姓还没有弄明白所以然,事情就已完成了。在老子看来,依“自然无为”治国,并不需要复杂的制度、规范,国家却能得到很好的治理。

第二,“柔弱不争”。

“柔弱”、“不争”的意思很接近,“不争”实际上是“柔弱”的一种表现。

老子非常重视柔弱的作用,他曾提出“柔弱胜刚强”的著名主张。后人也常常以“守柔”来概括老子思想的特征。《吕氏春秋·不二》篇称:“老聃贵柔”。《庄子·天下》篇也说老子:“以濡弱谦下为表。”

老子尚柔同样以“道”为根据。他曾经说:“弱者道之用。”(第四十章)柔弱是“道”创生作用的特点。这种作用虽然很微弱(因为“道”纯任自然,让万物自生自长,以至于万物就根本感觉不到“道”的作用),但却持续不断:“绵绵若存,用之不勤。”(第六章)

具体事物亦复如此:

> 天下莫柔弱于水,而攻坚强者莫之能胜。(第七十八章)

> 人之生也柔弱,其死也坚强。草木之生也柔脆,其死也枯槁。坚强者死之徒,柔弱者生之徒。(第七十六章)

水性至柔,却可以攻坚;人活着的时候,身体是柔软的,死后尸体却变得很僵硬;草木生长时,枝叶飘摇,但死后却成为枯槁。这一切均说明,柔弱代表着生机,弱之胜强是宇宙间普遍的规律。

因此,在人的生活中,同样应当以“柔弱”为原则。其具体表现就是:其一,谦下:“善用人者为之下”(第六十八章),“是以欲上民,必以言下之。欲先民,必以身后之。是以圣人处上而民不重,处前而民不害”(第六十六章)。其二,守雌:“知其雄,守其雌,为天下溪。”(第二十八章)其三,不争:“圣人之道,为而不争”(第八十一章);“夫惟不争,故无尤”(第八章)。

只要能够做到这几点,最终总能够由下变上、由后成先、由不争到天下莫能与之争。老子认为,这其实是很简单的道理,只是没有人能够认真实行而已:“柔之胜刚,弱之胜强,天下莫不知,莫能行。”(第七十八章)

第三,“致虚守静”。

“虚”、“静”也是“道”特征。老子曾用“谷”、“橐籥”、“冲”等形容道体,其目的都是为了强调“道”的这种“空虚”不实的特点。老子认为,“道”正因为“空虚”不实,所以才潜藏着无限的生机,不断地创生万物。如果没有“虚”,“道”的创生功能就无法发挥出来。“静”是“虚”的表现。“虚”状之物必呈现“静”的状态。因此,“静”也是“道”体的一个重要特点。①

在修身治国中,依“道”而行,自然也就应当遵循“虚”、“静”的原则:

> 致虚极,守静笃,万物并作,吾以观复。夫物芸芸,各复归其根。归根曰静,是谓复命。复命曰常,知常曰明。不知常,妄作,凶。(第十六章)

万物虽然纷繁复杂,但最终都逃不脱向“道”回归的命运,这是一条永恒的法则。了解并因顺这条法则,就叫做明;相反,不了解这条法则,并且胡作妄为,那就变得很凶险。而了解并因顺这条法则

① 把“静”作为“道”的特征与“反者道之动”并不矛盾。前者讲的是“道”之体,后者讲的是“道”之用。道体由于自然无为,对万物并不横加干涉,因此处于虚静的状态。但道同时还包含着创生的力量,有种种的功用。把这种功用发挥出来,即为道之运动。

的惟一途径就是“致虚极，守静笃”，即让内心清静、虚寂到极点。只有这样，心灵才能在不受任何干扰和污染的情况下，达到与“道”玄同合一的境地。因此，“致虚”、“守静”实际上成了个人接近、通达“道”的必要前提。

另外，“虚静”对于实际的政治亦有其重要的作用。老子云：“清静为天下正”(第四十五章)、“不欲以静，天下将自定”(第三十七章)、“我好静，而民自定”(第五十七章)。由于“虚静”必表现为无为、无欲，那么以“虚静”治国，就不需要各种繁琐的法令制度去约束、干扰百姓的生活，百姓依其质朴的本性自由自在地生存，社会也因此而走向安定。

二、“小国寡民”的社会理想

老子提倡的这些原则，显然是针对着现实社会中的种种问题的。老子所面对的现实社会的状况是：随着文明的发展、智慧的开启，不仅在生活中出现了许多“不自然”的现象，而且由于过分膨胀的欲望所带来的人与人、国与国之间的冲突，由于过分严酷苛刻的社会制度所带来的人性的压迫与扭曲，已经对人的生存处境、对人的身心造成了严重的伤害。老子说：

> 五色使人目盲，驰骋田猎使人心发狂，难得之货使人行妨，五味使人口爽，五音使人耳聋。(第十二章)

> 天下多忌讳，而民弥贫；民多利器，国家滋昏；人多伎巧，奇物滋起；法令滋章，盗贼多有。(第五十七章)

> 民之饥，以其上食税之多，是以饥；民之难治，以其上之“有为”，是以难治。(第七十五章)

欲望的膨胀导致声色之娱的泛滥，心智的发达带来各种巧诈、伪善，各种法令、禁忌让人无所措其手足，繁重的税收导致民不聊生，甚至沦为盗贼。老子相信，所有这一切并非出于人性之本然，而是由于过分“有为”的结果。因此，只有按照“道”的要求，用“自然无为”来化解各种心智诈巧，用“柔弱不争”来削弱各种逞强好胜，用“致虚守静”来消解各种欲望冲动，人才有望恢复到其本真的状态，社会也才有望回归稳定与和谐。

老子这样描述他的社会理想：

> 小国寡民，使有什伯人之器而不用，使民重死而不远徙。虽有舟舆，无所乘之；虽有甲兵，无所陈之；使人复结绳而用之。甘其食，美其服，安其居，乐其俗。邻国相望，鸡犬之声相闻，民至老死不相往来。（第八十章）

在这样的社会里，国小、人少，兵器、舟车、文字这些文明的产物全派不上用场。人们永远定居在一个地方，彼此孤立，互不来往，过着一种自给自足、既没有矛盾也没有纷争的自由自在的生活。

很显然，这是与孔子设想的截然不同的社会。孔子设想的社会，是浸润于文明与秩序、道德与礼仪之中的社会；老子设想的社会，却是更自然主义的、更具本色性的社会。然而，不管是孔子还是老子，他们的追求都带有空想的性质。在老子那里，他的本意并非要求人们真的回复到结绳而治的原始时代，正如他把体道之人比喻成无知无欲、天真质朴的婴儿一样，并非要求人们真的再回到婴儿状态。老子真实的意图是悬设一个理想，以之作为标准，凸显现实社会和现实人生的种种病态和不足，并促使人们在享受文明带来的好处的同时，认真地反省由文明和智巧所引发的种种浮躁或弊端。

这大概是老子人生哲学和政治哲学最具批判意义之处，也是一切社会乌托邦的价值所在。

第四节 老子哲学的历史地位

老子是中国历史上最重要的哲学家之一。他不但开创了一个学派,成为又一影响深远的思想传统的创始人,而且还建构了一套思想系统,提出了许多重要的观念,从而对道家之外的各种思想流派均产生了极大的影响。

老子对道体的沉思直接刺激了人们对万物本根的理性思考。他所创立的宇宙论是中国哲学史上第一个排除了神话因素的系统的宇宙论。在老子的影响下,战国时期的许多哲学家如稷下道家、庄子和荀子等对天道观的探索均采取一种自然主义的立场。

老子思想中包含有丰富的辩证观念。他对事物对立面之间相互依存、相互转化关系的深刻领悟,一方面来源于他作为史官"历记成败、存亡、祸福、古今之道"(《汉书·艺文志》)的实际经验,另一方面也可能受到过《易经》中辩证思想的影响。无论如何,经过老子本人的总结和整理,辩证观念变得更加深入人心。从《易传》、《韩非子》等著作中均能找到深受老子辩证思想影响的痕迹。甚至,"祸福相倚"、"难易相成"、"柔弱胜刚强"这些充满辩证智慧的说法早已变成中国人习用的成语。可以说,老子哲学对中国辩证思维的形成起着至关重要的作用。

老子是一位史官,他对朝代兴亡、社会变迁有着深入细微的观察。这使得它的人生哲学和政治哲学饱含睿智。他对自然无为的追求,对弱者的同情,对战争的谴责,对小国寡民的赞赏,无不体现他的人道情怀以及对污浊的现实政治的厌恶。他对暴政的批评深深地影响了庄子的哲学,他的无为而治的主张被黄老道家所继承,他的"道法自然"的主张成了道家各派共同追求的理想。

在个人修养方面，老子曾提出过“为学者日益，为道者日损”的说法。这虽然是有感而发，主要在表达对文明和智巧的消极影响的不满，但它对中国哲学基本精神的形成却有着不可忽视的价值。“为学”追求的是知识，“为道”追求的是境界。老子认为知识是越累积越多，而境界却要尽量舍弃各种知识和欲望的牵累。知识需要与外物接触，境界却要靠内心的观照和反省才可以成就。老子以后的许多哲学家均有轻外物而重内心、轻知识而重境界的倾向，以至于追求精神境界的提升成了中国哲学的一个显著特点。之所以如此，原因固然很复杂，但老子哲学的影响恐怕是其中一个极重要的因素。

第 三 章

墨子建构的墨家哲学

墨子,名翟(约公元前480—前393年),鲁国人,一说宋国人。他生活与活动在战国初年。

墨子的生平早在汉代就已经不详。从一些文献的记载可以知道,他早年受过良好的教育,对《诗》、《书》等古代文化典籍相当熟悉。据说,有一个时期他还学习过儒家之业(《淮南子·要略》),只是后来由于不满孔门礼乐的烦琐和浪费,他才从儒学中独立出来。和孔子一样,墨子成年后也曾四处游历,宣传自己的主张,以冀救世济危,足迹所至计有齐、鲁、宋、卫、楚等国。不过由于墨子主张本身不甚切合实际,其始终未被当权者所重用。晚年,墨子主要从事授徒讲学的活动,并以自己的声望向各国统治者举荐弟子出仕,借以推行他的政治理想。在墨子人格力量的感召下,其身边聚集了一批有才华的弟子,并形成了一个实力强大的学派。该学派和儒家一起在战国时期被并称为"世之显学"(《韩非子·显学》)。

和其他各家相比,墨家学派有一个显著的特点,那就是组织纪律性特别强。学派内部各成员不仅有相互帮助相互照顾的义务,而且还必须服从巨子的领导,切实奉行"墨者之法"。战国中后期,墨家内部发生分裂,严重削弱了整个学派的实力。到了秦汉之交,墨家作为一个学派,就已经彻底中断了。在思想史上,通常把战国前期的墨家称之"前期墨家",把分裂后的墨家称为"后期墨家"。

《墨子》一书,现存53篇,是墨家的一部著作总集。该书明显区分为三组,其中,《经上》、《经下》、《经说上》、《经说下》、《大取》和《小取》等6篇为一组,主要讨论逻辑和科学问题,属后期墨家的作品;《备城门》以下11篇为一组,是对墨家的防御技术和守城器械的记载和说明;其余36篇则直接与墨子本人的言论和活动有关,是我们研究墨子思想的主要依据。

第一节 "兼以易别"的社会政治理论

墨子生活的时代,传统的宗法制度逐渐解体,旧有的宗法伦理已无法维系人心,社会正面临着巨变。在这样的时代,社会变革时期通常发生的灾难和罪恶如战争、暴力、苛政、饥荒等都会应有尽有。因此,如何恢复社会的稳定,如何协调人与人之间的关系,如何重建社会的伦理原则,成了思想家们共同关注的普遍问题。孔子、老子的解决办法已如上述。墨子的解决办法则见于他的十大主张:兼爱,非攻,尚贤,尚同,节用,节葬,天志,明鬼,非乐,非命。这十大主张同时也构成了墨家社会政治理论的基本纲领。

一、"兼爱"与"非攻"之说

"兼爱"是墨子十大主张的核心,也是墨家区别于其他各家的标志。"兼爱"的基本涵义是视人如己,不分亲疏远近、贫富贵贱,同等程度地爱一切人。它和儒家的"仁爱"学说有以下几点显著的不同:

首先，在爱的范围和程度上，儒家依据宗法伦理，承认有亲疏远近之别、贵贱差等之分。墨子则坚决反对宗法伦理，主张爱无差等："视人之国若视其国，视人之家若视其家，视人之身若视其身。"（《墨子·兼爱中》，下引该书只注篇名。）

其次，在先后顺序上，儒家主张先爱自己之"亲"，然后再推及别人之"亲"，是谓"推己及人"。墨子则相反，要求人们首先去爱利别人的父母："必吾先从事于爱利人之亲，然后人报我以爱利吾亲也。"（《兼爱下》）如果人人都能做到这一点，那么自己的父母也就会得到相应的回报。

最后，在爱与被爱的关系上，儒家主张尽心，不言回报，只求尽职尽伦，不过问自己的权利。墨子则站在功利的角度，提出了对等互报的原则："子自爱不爱父，故亏父而自利；弟自爱不爱兄，故亏兄而自利；臣自爱不爱君，故亏君而自利。此所谓乱也。虽父之不慈子，兄之不慈弟，君之不慈臣，此亦天下之所谓乱也。"（《兼爱上》）就性质而言，儒家的仁爱学说是一种彻底的义务论，墨子的兼爱论因对实际利益和后果的重视而呈现出功利主义的色彩。

墨子认为，儒家"差等之爱"的出发点其实是自私自利，因而在最终结果上和极端的利己主义并无不同；社会中的许多罪恶和不平等现象如王公大人的骨肉之亲无故获得富贵，也都是由这种"差等之爱"引起的。墨子相信，把这种"差等之爱"推到极致，必然会出现"处大国攻小国，处大家乱小家，强劫弱，众暴寡，诈欺愚，贵傲贱"（《天志中》）的结局，因此，他坚决主张"兼以易别"，即用平等的无差别的爱来代替那种有差等的爱。

就对"差等之爱"的批判而言，墨子的"兼爱"论显然有其积极意义，它有力地揭露了传统宗法等级制度的不合理，同时也暴露了儒家伦理的局限。儒家以亲族为起点的推及之爱，注入了贵族性的“恩泽”成分，无法突破此族与彼族、贵族与平民在经济利益上的分隔与界限。但另一方面，墨子抹去人我之别，把人与人的关系设想成包括在经济利益上的无差别无对立的境界，又使他的“兼爱”学说蒙上了一层具平民性的空想色彩。

“非攻”是“兼爱”的延伸。“兼爱”要求所有的人互爱、互利和互惠。依“兼爱”的要求去爱人利人即为“义”，相反，依“兼爱”的反面去害人杀人，就叫“不义”。“不义”的形式多种多样，如偷窃、抢劫和杀人，但最大的“不义”却是攻国。所以，要行义，要“兼爱”，就不能不非攻。

先秦诸子中，除法家外，其他各家大都反对战争。如孔子曰：“俎豆之事，则尝闻之矣。军旅之事，未之学也。”（《论语·卫灵公》）老子亦云：“夫兵者，不祥之器，物或恶之，故有道者不处。”（《老子》第三十一章）孟子则称：“善战者服上刑，连诸侯者次之，辟草莱、任土地者次之。”（《孟子·离娄上》）墨子比较独特之处在于，他更偏重于从战争的实际后果来分析其危害。他认为，攻伐对于战争双方来说，都是一件有百害而无一利的行为。被侵略者经过战争的蹂躏之后，其惨状自然令人目不忍睹。但侵略者同样也得付出死伤士卒、耗费粮草辎重的沉重代价。这种分析也体现了墨子的功利主义色彩。

二、“尚贤”与“尚同”之议

“尚贤”和“尚同”是墨子在政治方面的主张。“尚贤”的意思是任用贤才，不计出身贵贱，一依能力为准。“尚同”的意思是一切有关善恶、是非的意见都必须统一、服从于上级。“尚贤”和“尚同”的结合，反映了墨子独特的治国理念。

墨子认为,“尚贤”是政治的根本,判断一个国家政治是否清明,其最基本的标准就在于看这个国家贤良之士是否众多:“是故国有贤良之士众,则国家之治厚。贤良之士寡,则国家之治薄。故大人之务将在于众贤而已。”(《尚贤上》)

“贤良之士”从何增加,墨子称:

> 故古者圣王之为政,列德而尚贤,虽在农与工肆之人,有能则举之,高予之爵,重予之禄,任之以事,断予之令……故当是时,以德就列,以官服事,以劳殿(定)赏,量功而分禄。故官无常贵,而民无终贱,有能则举之,无能则下之。举公义,辟私怨,此若言之谓也。(《尚贤上》)

这里实际上提出了一个选拔和任用官吏的组织原则,那就是不别亲疏贵贱,只讲能力与品德。在这种组织原则之下,传统的贵族世袭制度就再也无法维持下去了,决定一个人是否可以任用,不再是血统,不再是身份,不再是地位,而是他的才能和德行。无论农夫也好,还是百工、商人也好,只要德才兼备,就都有机会成为官长。“以劳殿(定)赏,量功而分禄”更是涉及到财富的分配制度。既然一切都依个人的“劳”和“功”来定,那种“不与其劳而获其实”的不合理现象也就没有立足之地了。

重贤、礼贤之风并非始于墨子,早在春秋时期,一些开明的政治家如管仲等已认识到贤能的重要性,孔子亦有“举贤才”的主张。墨子的独特之处在于,他把“尚贤使能”的范围扩展到了“农与工肆之人”,从而打破了血缘和阶级的界限,这正好为战国时期平民阶层的广泛崛起奠定了理论基础。墨子之后,尚贤成为一种社会潮流,而为各诸侯国所普遍推行。

“尚贤”之外,墨子还主张“尚同”。“尚同”,按照墨子,大体上有两方面的涵义:一是思想的统一;一是政治的集中。思想统一

要求人们在思想上采纳一个标准,不能一人一义。政治集中则要求人们在行动上和上级保持完全的一致,不准自行其是:

> 凡闻见善者,必以告其上;闻见不善者,亦必以告其上。上之所是,必亦是之;上之所非,必亦非之。己有善,傍荐之;上有过,规谏之。尚同义其上,而毋有下比之心。(《尚同中》)

意思是说,凡是听到善事或不善的事,都要报告上司。上司认为对的,大家也必须都认为是对的;上司认为错的,大家也必须都认为是错的。自己有善策,就献给上司;上司有过失,就加以劝谏。一切都要服从上司,而不能附和下面。

墨子提出的这种政治主张隐含的社会背景是,一家一户式的、独立而分散的经济格局正在形成。面对这种变局,社会的管理体制,必须由氏族血缘制转向区域郡县制,管理官吏的任用,亦由世袭制转向选举制。墨子的"尚贤"主张,即顺应了这种转变。及至国家的治理,由于氏族制的解体,国王不再是"天下共主",国家大事也不再诉诸于氏族长老。由此,国家的统治走向中央集权制。墨子又主"尚同",或有见于此。墨子显然率先揭示了国家制度的这种变化的客观必然性。这是墨子的独到处。

然而,墨子的"尚同"说的专制色彩毕竟太浓。它把个人的自由和权利剥夺净尽,不容许个人思想、没有自决权、更没有独立的人格,一切皆出于上司的意志,个人仅仅成为执行命令的工具。因而,尽管墨子本人所设想的各级官长都是贤人,尽管他立说的目的在实现政治稳定,但"尚同"的结果却只能是极权和暴政,中国后来的历代王朝政治充分证明了这一点。所以,墨子的"尚同"论经过法家的吸收和改造,也就成了中国古代极为盛行的专制主义思想的理论源头之一。

三、“节用”、“节葬”与“非乐”之论

除伦理、政治之外，墨子对当时的经济生活也给予了极大的关注。他在这一领域的重要主张有三条，即“节用”、“节葬”和“非乐”。三者之中，又以“节用”为本，“节葬”和“非乐”只是“节用”的两个方面。

墨子之所以提倡“节用”，主要目的在限制统治者铺张浪费。他认为，统治者的过分奢侈已经严重威胁到了普通民众的生存：

> 当今之主，其为宫室则与异矣。必厚作敛于百姓，暴夺民衣食之财，以为宫室台榭曲直之望，青黄刻镂之饰。为宫室若此，故左右皆法象之，是以其财不足以待凶饥，振孤寡，故国贫而民难治也。(《辞过》)

“当今之主”为了建造华丽的宫室，就去横征暴敛，抢夺百姓的衣食之财，大臣、贵族群起仿效，变本加厉，百姓的衣食几乎都被抢劫一空，因此一旦遇到饥荒，人们的生活便没有了着落，孤寡者也得不到救济，结果只能是：“民财不足，冻饿死者，不可胜数也。”(《节用上》)

为了限制或制止统治者的奢侈浪费行径，墨子制订了一系列的“节用之法”。其中，带有总结性质的说法为：“凡足以奉给民用则止，诸加费不利于民利者弗为。”(《节用中》)意思是说，一切用度，凡是能够满足民众的基本生活需要就行了，如果超过这个限度而不利于人民，那就决不能做。

具体的细目则更多，几乎涵盖了日常生活的各主要方面。其中，“节葬之法”是这样的：

> 古者圣王制为节葬之法曰：“衣三领，足以朽肉，棺三寸，足以朽骸。堀穴深不通于泉，流不发泄，则止。死者既葬，生者毋久丧用哀。”(《节用中》)

这是主张，三层衣裳，即足够使死者的尸体朽烂在里面；三寸厚的棺材，即足够使死者的骸骨朽烂在里面。掘的墓穴，深不可通到泉，以免污染到地下水源；也不能太浅，以免尸体的臭味发泄出来。把死者埋葬完毕，不需要长期服丧和哀悼，而应当赶紧去劳作。

墨子之所以特别提出“节葬之法”，大概是专门针对儒家的“厚葬久丧”论。按照儒家的理论，随葬品的厚薄、丧期的长短最能体现贵贱等级、亲疏远近的差别。墨子则从实际功利的角度思虑，认为“厚葬”是多埋赋财，“久丧”是久禁从事，两者均属于对人力财力的浪费，因而都是必须废除的陋习。按照墨子所制订的“节葬之法”，贵族与平民之间的身份性等级差别，由氏族血缘决定的亲疏之别，也都被打掉了。

“节葬”之外，墨子还主张“非乐”。墨子主张“非乐”的理由，与“节用”的理由大体相同，那就是因为音乐“亏夺民衣食之财”。其具体表现在：第一，在制造乐器时，王公大人必“厚措敛乎万民”。第二，在演奏音乐时，王公大人必占用强壮的劳动力，影响百姓的正常生产。第三，在欣赏音乐时，王公大人必与人同听，因而影响到君子的听治和百姓的从事。正因为音乐有这么多的危害，所以墨子主张干脆把它取消掉：“今天下士君子请（诚）欲将求兴天下之利，除天下之害，当在乐之为物，将不可不禁而止也。”（《非乐上》）

就否定音乐和艺术的价值而言，墨子的思想显然有其褊狭处。人毕竟不是动物，除了生理需要之外，还有感情和意义等问题，这些问题仅从实用的角度是根本无法回答的。但是，另一方面，我们也决不能忽略墨子“节用”论的积极意义。它不仅对统治者生活奢侈腐化的状况作出了有力的批判之外，同时也充分肯定了平民劳作阶层崇尚节约的美德。司马谈曾说:“墨者俭而难遵,是以其事不可遍循,然其强本节用,不可废也。”(《论六家要旨》)这种评价是比较中肯的。

第二节　二元分立的世界观构成

墨子十大主张的最后三条为“天志”、“明鬼”和“非命”。其中,“天志”和“明鬼”主要论证天、鬼的实有以及它们对现世生活的干预,意在借助民间信仰,通过改造传统的天命观,为人的行为制订一外在的标准;“非命”则极力反对命定论,目的是为了高扬人的能动精神。此三者之立论,也就是要从内外两个方面为他的社会政治理想寻求某种正当性依据。

把“天志”“明鬼”和“非命”结合起来讨论,有助于我们把握墨子世界观的内在矛盾。

一、崇尚“天志”:重塑宗教信仰

在中国哲学史中,“天”的含义相当复杂。有物质之天、主宰之天、命运之天、自然之天和义理之天等多种差别。从文化史的角度看,“天”的主宰义最原始,出现得最早,物质、自然、命运和义理等含义要到人类的文化和智力发展到一定程度时才会出现。早在孔子生活的时代,“天”的主宰意味已经逐步淡化,传统的天命观正经历着一场变革。在这种情况下,墨子却重新肯定了“主宰之天”。而且,就形式而言,墨子所谓“天志”和传统的天命论似乎并没有什么实质的区别:

首先,在墨子看来,“天”有意志、有欲恶,为万事万物的主宰。《天志上》云:“然则天亦何欲何恶?天欲义而恶不义。”《天志中》

又云:"天子为善,天能赏之。天子为暴,天能罚之。"这都是确认天的主宰性。

其次,在墨子看来,"天"全知全能,无所不在。《天志下》云:"今人皆处天下而事天,得罪于天,将无所避逃之者矣。"这是说,由于整个天下都是"天"掌管的范围,所以如果得罪了"天",那就再也无处藏身了。

最后,墨子还认为,天对人的行为能够赏赐和惩罚。《尚同中》云:"天下既尚同乎天子,而未尚同乎天者,则天灾将犹未止也。故当若天降寒热不节,雪霜雨露不时,五谷不孰,六畜不遂,疾灾戾疫,飘风苦雨,荐臻而至者,此天之降罚也,将以罚下人之不尚同乎天者也。"这是说,赏罚完全看人是否服从了天的意愿,如果顺从了天的意愿,那么就会得赏,否则,惩罚就会接踵而至。

那么,"天意"的内容是什么呢?在这个问题上,墨子的说法是:

> 顺天意者,兼相爱,交相利,必得赏。反天意者,别相恶,交相贼,必得罚。(《天志上》)
>
> 天之意,不欲大国之攻小国也。(《天志中》)
>
> 天亦不辩贫富、贵贱、远迩、亲疏,贤者举而尚之,不肖者抑而废之。(《尚贤中》)

原来,天意实际上就是墨子反复宣讲的"兼爱"、"非攻"、"尚贤"、"尚同"等主张。他是通过"置天志以为仪法,若轮人之有规,匠人之有矩"(《天志下》)的方式,强使统治者推行这些主张的。

墨子把自己的主张诉诸于天意,这就转换了传统天命论的内容,由此,他在确保自己的主张具有终极的正当性意义的同时,也对传统的天命论作了改造和发展。这一点其实是与春秋战国之交天命论中以民意代替天意的演进趋向相吻合的。

除了尊天之外,墨子还承认鬼神的存在。鬼神的特征、作用与"天"大致相仿:

> 鬼神之明智于圣人,犹聪耳明目之与聋瞽也。(《耕柱》)
>
> 鬼神之明,不可为幽间广泽、山林深谷,鬼神之明必知之。鬼神之罚,不可为富贵众强、勇力强武、坚甲利兵,鬼神之罚必胜之。(《明鬼下》)

鬼神和天一样,有意欲有目的,全知全能且可以赏善罚暴。如果说它们和天有什么不同的话,那就是天是最高的主宰,鬼神则是天的辅佐。天、鬼一起承担劝善惩恶的功能。

墨子确认天意、鬼神的存在,还有一层意思是:天子也必须依天意行事。墨子说:"天子为善,天能赏之;天子为恶,天能罚之。"(《天志中》)这就是强调了天志对人君的监察作用。墨子突出这一点很重要:一方面,分散的独立的经济构成,在以国家统一为目标的前提下,不可避免地要走向中央集权;另一方面,作为中央集权的最高主宰却又是具有限性的个人。那么,由谁来确保、指引与监督人君个人统治行为的正义性呢?墨子只可以回归于"天志"。由是,我们可以看到了古代思想史的奇妙现象:孔子思想被看做是贵族性与保守性的,然而倾向于理性与文明;墨子思想被认定为平民性与革新性的,然而却重新认同了信仰与服从。

二、提倡"非命":高扬力作精神

墨子在提出尊天明鬼的同时,又力主"非命"。

有"命"论是墨子生活时代仍然广泛流行的一种世界观。从内容上讲,这种世界观可以分为两类:一类是"天命论";一类是"定命论"或"时命论"。"天命论"是说天有赏善罚暴的能力,它根据人们行为的善恶来决定具体的赏罚,所以,统治者必须修德以配天命,西周以来所形成的传统的天命思想,即是如此。“定命论”或“时命论”是说在人力之外还有一种无法把握的盲目的支配力量存在,人的吉凶祸福、寿夭贵贱,社会的安危治乱,常常都由这种外在的盲目的力量所支配,这是春秋晚期新出现的命运说,其中,尤以儒家的主张最力。像孔子所说“道之将行也与,命也;道之将废也与,命也”(《论语·宪问》)、“不知命,无以为君子也”(《论语·尧曰》),子夏所说“死生有命,富贵在天”(《论语·颜渊》),均属于“定命论”的范畴。

在“天命论”和“定命论”二者之间,如上所说,墨子显然并不反对“天命论”。但是,墨子对“定命论”却非常厌恶,因此对之进行了猛烈的攻击:

> 执“有命”者不仁。(《非命上》)
>
> 执“有命”者,此天下之厚害也。(《非命中》)

不仅如此,墨子甚至认为“定命论”是“暴王所作,穷人所述”。这里,墨子在观念上显然有一个模糊之处,那就是把三代暴王所作的“命”和春秋战国之交流行的“命”混而为一。其实,三代暴王时所流行的“命”是天命,春秋战国之交流行的“命”为定命、时命。墨子主要反对的是春秋战国以来所流行的“定命论”,他把三代“暴王”和“不肖之民”合在一起予以批评,只不过是为了借古讽今而已。

大体上讲,墨子反对“定命论”,主要是出于以下两种考虑:第一,定命说使人相信命运而不强力从事,因而使赏罚失去作用,人伦遭受破坏,社会出现混乱。第二,定命说宣传天、鬼之外还有另一种力量存在,这与天、鬼的绝对权威相矛盾。依墨子看来,天鬼是宇宙的主宰,它们有意志,可以赏善罚暴。其赏善罚暴的根据在人的行为:行善者得赏,作恶者受罚。只要人的行为改变了,天意也就会跟着变动。但“命”(定命)的观念就不同了。“命”是人力无法预见的力量,与人的行为并无直接的关联,因此,经常会出现这种结果,即行善者未必得福,作恶者未必受报。这样,一旦承认有“命”的存在,那么不但人力无法发挥作用,就连天、鬼的权威也会受到动摇。人力无法发挥作用,自然会使人陷于消极怠惰;天、鬼的权威受到动摇,则会使墨子失去推行自己主张的一个重要支柱。因此,仅从推行自己学说的角度考虑,墨子亦不得不坚决反对有“命”说。

从哲学史的角度看,墨子的非命论值得我们予以重视的地方在于,它是继孔子之后又一次把人的主体性的另一面以系统的理论形式表达了出来。在墨子的观念里,虽然还有天意笼罩着,可是决定人最终命运的已是人自身:贤愚依靠个人的努力,祸福由于自召,人们只要努力从事,最终就能获得富足、安宁和幸福。这里显示的人的主体性,有别于孔子那种向内求善的价值主体性,而是向外求知并付诸于力作的行动主体性。墨子的这种理念,充分反映了墨家及其所代表的阶层积极向上、乐观进取的人生态度。

第三节 “三表法”与经验主义的认知主张

在先秦诸子中,墨子是较早意识到方法作用的思想家之一。在他之前,有邓析好“刑名之学”、“操两可之说”。孔子也提出过“正名”主张。但是,邓析的“刑名之学”主要与法律条文的解释有关,“两可之说”大概是诉讼实践中所应用的具体手段,并不具备独立的方法或逻辑意义。孔子的“正名”主张同样和实际问题纠缠不清,名正的结果只是为了更好地解决现实的等级、礼制的区分和伦理问题。只是到了墨子,方法才作为一种论辩的手段得到自觉和系统的论述,这使得墨子成了中国哲学史上明确建立起系统方法论的第一人。

粗略地讲,墨子的方法论原则大致有两条:一为"三表法";二为"察类明故法"。"三表法"比较偏重于经验的证实或证伪,"察类明故法"则比较偏重于理性的分析和推导,它们结合起来,共同体现了墨子在经验和理性两个方面为建立系统方法论所做的努力。

一、"三表法"的经验主义取向

"三表法"是墨子正面论证自己思想观点的基本方法。其内容,按照《非命上》的记载是:

> 何谓三表?子墨子言曰:"有本之者,有原之者,有用之者。于何本之?上本之古者圣王之事。于何原之?下原察百姓耳目之实。于何用之?废(发)以为刑政,观其中国家百姓人们之利。此所谓言有三表也。"

"表"有时又叫"法"、"仪"或"法仪",含义大体相同,都是指标准和方法。墨子认为,言论必须设定一些标准和仪法,这些标准和仪法是判断该言论是否正确的基本依据。这里,墨子实际上已经提出了一个认识论领域的重大问题,那就是真理的标准问题。这个问题至今依然是哲学界争论最多的问题之一。

按照墨子的意见,判断一种言论是否正确的标准一共有三个,即"本之"、"原之"和"用之"。所谓"本之",主要是根据前人的经验教训。由于前人的经验教训主要记载在书籍之中,所以"本之"的依据也就常常求之于古代的典籍。《墨子》书中《尚贤》以下各篇对记载于诗书中古圣先王事迹的征引都可看做是对这一表的应用。

所谓“原之”，是“诉诸百姓耳目之实”，也就是说，从普通百姓的感觉经验中寻求立论的根据，所以这种“原之”仍然属于归纳法的范围。它和第一表的不同只在于，一属直接经验，一属间接经验。不过，墨子对此似乎并未有自觉的意识，他把历史上的传说和记载全部看做真实可靠的东西，这样，间接经验和直接经验也就没有什么实质的差别了。另外，墨子也未免太过于相信直接经验了，以至于他根本没有区分直接经验中的真实感觉和错觉、幻觉等，所以在论证鬼神的实有和“定命”的不存在时，他才会一律以眼见耳听为准。这就不能不说是墨子狭隘经验主义的局限性了。

所谓“用之”，是将言论应用于实际政治，看其是否符合国家百姓人民的利益，符合者即为真，可以接受，不符合者即为假，必须抛弃。这一表大约相当于现在所说的验证方法。

总之，“三表法”中既有作为直接经验的百姓耳目之实，又有作为间接经验的历史传说或故事，还有作为验证效果的万民利益，三者结合起来，大致涵盖了日常生活经验中的各主要领域。就此而言，“三表法”是一个相当完备的彻底经验主义的方法论系统。尽管这个系统相对忽视了理性的作用，可是作为一种方法，它在论证许多问题上依然具有说服力。

二、“察类”与“明故”：形式规则的最早表述

“三表法”代表了墨子方法论中的经验主义一面。在墨子的思想中，还有另外一面值得注意，那就是理性主义倾向。体现这种倾向的典型说法为“察类”和“明故”。

“类”字在《论语》中仅一见（“有教无类”），其意义为“族”，所以并无方法的意义。只是到了墨子，“类”才成为一个方法论的概

念。例如：

子未察吾言之类(《非攻下》)。

义不杀少而杀众，不可为知类(《公输》)。

所谓“察类”和“知类”，就是说在论战中要注意概念在内涵外延上的确定性，保持意义的一贯，从而避免出现把表面相似而实质不同的事物混为一谈的现象。根据这种“察类”和“知类”原则，墨子曾对许多对概念进行了严格的分辨，如“攻”与“诛”、“毁”与“告”、“好”与“恶”等，这使得墨子的思想呈现出相当犀利的论辩锋芒。

按照《非攻下》篇的记载，当时的“好攻伐之君”针对墨子的“以攻伐为不义”之说曾提出责难：“昔者禹征有苗，汤伐桀，武王伐纣，此皆立为圣王，是何故也?”墨子的回答是：“子未察吾言之类，未明其故也。彼非所谓攻，所谓诛也。”“攻”是一种不正义的侵略战争，“诛”则是一种正义的讨伐战争。以正义去讨伐不正义者是可以允许的，但以不正义去侵犯正义者则是不正当的。禹、汤、武王的征讨都属于正义的战争，所以说“若以此三圣王者观之，则非所谓攻也，所谓诛也”。也就是说，他们所进行的战争均是“诛”而不是“攻”。把“攻”和“诛”明确地划归两类，这就有效地反驳了批评者的责难。

除了“察类”之外，墨翟还进一步提出了“明故”原则。所谓“故”，即原因。“明故”就是追问一个为什么，以便探寻所论问题的原因、根据和理由。“察类”是为了“明故”，“明故”则是获得正确认识的必要前提。

据统计，“故”字在《论语》中仅出现十余次。其中，有的作“旧”讲，有的作“故意”讲，有的作“是以”讲，主要是起一种文法上的功能，逻辑或方法意味并不强。但到了墨子这里，情况就不同了。属于前期墨家的材料中“故”字一共出现了三百余次，作“旧”

讲的仅剩一处，作“故意”讲的根本没有，其他则全是作“是以”、“原因”和“理由”讲。“故”成了墨子方法论中的一个极重要的概念，遇到什么问题，墨子总喜欢追问出一个所以然来。据《公孟》篇记载：

> 子墨子问于儒者曰：“何故为乐？”曰：“乐以为乐也。”子墨子曰：“子未我应也。今我问曰何故为室？曰冬避寒焉，夏避暑焉，室以别男女之别也，则子告我为室之故矣。今我问曰何故为乐？曰乐以为乐也。是犹曰何故为室？曰室以为室也。”

这是指责儒者只停留于现象领域，只讲所然，不问所以然；而墨子则深入到现象背后，进一步追问出一个所以然来。这个所以然就是《耕柱》篇中所说的“所以为之若之何”：

> 叶公子高问政于仲尼曰：“善为政者若之何？”仲尼对曰：“善为政者，远者近之而旧者新之。”子墨子闻之曰：“叶公子高未得其问也，仲尼未得其所以对也。叶公子高岂不知善为政者之远者近之而旧者新之哉？问所以为之若之何。”

叶公子高想问的是如何才能善于治政，孔子的回答是对处于远方的人要亲近，对故旧要不厌弃。依墨子的看法，“远者近之而旧者新之”是“善为政”的实际后果，并非是“善为政”的方法或途径，所以，墨子认为孔子这里实际上答非所问。墨子认为，对这个问题，关键是要给出一个“所以为之若之何”来，也就是说，要给出一个切实有效的实施方法来。实际上，孔子的言说方式是启示性的，这意味着它的有效性主要地是诉诸在价值上的一种思想通感。而墨子却更愿意赋予自己的言说以论理的方式，更喜欢进一步追问一个“所以为之若之何”的因果关系来。就墨子在这一方面的成就与影响而言,墨子体现了先秦思想逐渐走向知识理性的过程。

在“察类”、“明故”的基础上,墨子也初步触及到了推理问题。《鲁问》篇记载说:“彭轻生子曰:‘往者可知,来者不可知。’子墨子曰:‘籍设而亲在百里之外,则遇难焉。期以一日也,及之则生,不及则死。今有固车良马于此,又有双马四隅之轮于此,使子择焉,子将何乘?’对曰:‘乘良马固车,可以速至。’子墨子曰:‘焉在不知来?’”这是墨子承认预见的可能和推理之重要的典型例子。《非攻中》篇把这种推理的过程概括为“谋而不得,则以往知来,以见知隐”的过程。

总之,“察类”、“明故”、“以见知隐”,大致代表了墨子在理性分析和推导方面的基本主张。它们既是墨子及其弟子们同其他各家辩论的基本方法,同时也是后期墨家建构逻辑系统的必要前提。《大取》篇中明确提出了类、故、理三说,可以看做是对墨子“察类明故”论的进一步发挥和完善。

不过,需要注意的是,在墨子的方法论系统中,“三表法”和“察类明故”论并未实现有机的结合,经验和理性的矛盾依然存在。在反驳别人的意见时,墨子应用“察类明故”之法极为机智,足以从逻辑上摧毁对方的依据;可是当墨子利用“三表法”论证自己的正面主张时,结果就不那么理想了,经验主义的狭隘性使他无法分辨真正的感觉和幻觉、错觉,所以无论是“明鬼”还是“非命”,其论证均缺乏说服力。到后期墨家那里,墨子方法论中的这种矛盾才得以基本上被消除。

第四章

早期儒家的性命说与孟子对儒学的深化

孔子去世后,他的弟子们分别从不同层面、不同向度阐发孔子的思想。战国初年,儒家成为“显学”,在社会上产生很大影响,即得力于孔子弟子不遗余力的传播。孔子的许多弟子在讲学传道过程中,都曾写下自己的著作。然而,这些著作后来多已不存。因而学界对儒学的早期传播甚为茫然。及至 1993 年在湖北荆门出土了一批楚简,学界得以对这段时期儒学的状况有所了解。楚简中被认为属于儒家的著作有 11 种 14 篇。大多数属于孔子弟子或再传弟子的作品。通过分析这些作品,我们可以初步了解到儒学自孔子创始以来至孟子之间的发展状况与孟子对儒学的深化所作的贡献。

我们知道,孔子创设儒家学派,更重视的是道德践行,重视于日常的意念与行为中随处指点为“仁”。孔子很少谈及天道与心性问题,很少就如何为“仁”、何以为“仁”的形上学依据作出理论上的探究。他甚至把人道与天命看做是分立的。从出土的楚简可以看到,孔子的弟子与再传弟子,这些“早期儒家”人物则已开始致力于为“仁学”建构形上学。他们把“仁学”与天道、性命贯通起来,即体现了这一努力方向。被认为属于公孙尼子或世子一派的作品《性自命出》[①]和属于曾子、子思子一派的作品《缁衣》、《五行》等诸篇，与《礼记》中《大学》、《中庸》诸篇，分别从两个不同的向度为孔子的"仁学"提供了形上学建构。

第一节　"性自命出"与早期儒家的"情性"说

有关文献记载，孔门诸弟子世硕、公孙尼子、宓子贱、漆雕开等人，业已经常谈论性情问题。他们的倾向性的看法是，性有善有恶，或可以为善，可以为恶。善恶是由情欲引发的。性有善有恶，即以"性"为"情"，由"情"驱使而有善有恶、可善可恶。《性自命出》所持的即是这种观点。故这篇文章被视为这些人的作品是有根据的。

一、"情生于性"与"性自命出"

《性自命出》篇称：

> 好恶，性也。所好所恶，物也。
>
> 喜怒哀悲之气，性也。及其见于外，则物取之也。

好恶，喜怒哀悲，均为情，在这里都被指为"性"。这正是"情生于性"。

相似的说法又见于郭店楚简的《语丛二》中。《语丛二》分别指谓"爱生于性"、"欲生于性"、"智生于性"、"恶生于性"、"喜生于性"、"愠生于性"、"懼生于性"等等。这是说，凡属于"情"，均

---

① 《性自命出》篇名从《郭店楚墓竹简》，文物出版社 1998 年版。马承源主编的《战国楚竹书》（一）（上海古籍出版社 2001 年版）所收《性情论》当为同一文本的不同抄本。本书引文仅依《性自命出》。

被视为“性”。

这是儒家学者最早提出的“情性”说。这里所说的“情”生于“性”,就是说“情”是人生而有之,本性如此的。“情”作为人生而有之的一种本性,当然也是内在于每个个人的。只是,它需要在接触外界,受外物的牵引下才表现出来而已。“情”是主体的,“物”是外在的。孔子多讲“仁”、“为仁”,属主体内在之事。《性自命出》开始涉及主体与外界的关系。它把这种关系理解为“情”(“性”)与“物”的关系。

《性自命出》把“情”看做是人生而有之的本性,无疑也就是说“情”是天然如此的。因而它又称:

性自命出,命自天降。

这里,“自命出”、“自天降”的“性”与“情”,既被看做“喜怒哀悲之气”,然则“天命”即是“气禀”。它是自然的,而非道德的、义理的。显然,“性情”属主体个人的。《性自命出》把主体“性情”归于“天命”禀赋,“天命”与“性情”不再分立,而是贯通了。“天命”既指自然气化,“性情”则为喜怒哀悲,亦为自然生发的。因此,《性自命出》所实现的贯通,具有浓厚的自然主义色彩。

《性自命出》等篇以“情”指“性”,归“性”于“天”(自然气禀),从而走向自然主义,无疑已在一定意义上偏离了孔子的道德理想主义的价值指向。然而,自然主义的精神追求在孔子那里其实也可以找到影迹。孔子晚年曾让他的学生各自讲述自己的志向,他表示最赞赏的是曾皙的追求:

莫(暮)春者,春服既成,冠者五六人,童子六七人,浴乎沂,风乎舞雩,咏而归。(《论语·先进》)

这种追求即有回归自然的色彩。

值得注意的是,《性自命出》的一个重要主题是讨论音乐的。

它特别推重“情”显然与此有关。它称道：

> 凡人情为可悦也。苟以其情，虽过不恶。不以其情，虽难不贵。苟有其情，虽未之为，斯人信之矣。未言而信，有美情者也。

如果是情感的自然流露，虽然有过分之处亦不以为恶，即便尚未付诸行动，甚至未说出来都已可信。在这里，自然情感被赋予了本真的意义。这一点也与孔子有关。孔子的“仁”，就以亲亲之情为起点。上海博物馆整理发表的《战国楚竹书》（一）中收有孔子《诗论》。孔子称述，“诗亡离志，乐亡离情”（页123），此即重“情”。孔子取“以色喻于礼，情爱也”（页139—141）评点《诗经》中的《关雎》一诗，又以“《杕杜》之情，以其笃也”（页145）赞誉该诗，亦见其重“情”。可见，《性自命出》的情性说，亦还是孔子思想的引申。

二、“道始于情”与“长性者道”

然而，毕竟在孔子那里，“情”主要还是指“亲亲之情”和由亲情推开与放大的对社会他人的关爱之情。这种“情”显然是善的。而在《性自命出》中，“情”已广涉于喜怒哀悲之一切情感，其对象也越出亲亲、社会他人而下逮于“物”。因而，“情”也可能被指为恶的情欲。由此，就有如何引导、控制情欲的问题。《性自命出》称：

> 性自命出，命自天降，道始于情，情生于性。

这里所谓“道始于情”，即指“道”是从引导、调适“情”的过程中发展出来的。

那么，道是什么呢？《性自命出》称：

> 养性者，习也；长性者，道也。凡见者之谓物，快于己者之谓悦，物之势者之谓势，有为也者之谓故。义也者，

> 群善之蕝也。习也者,有以习其性也。道也者,群物之道。凡道,心术为主。道四术,惟人道为可道也。其三术者,道之而已。

这段文字有些地方尚有不明处。但若干说法却非常有意思。其一是"长性者,道也"。依《性自命出》的看法,"性"即"情";"道"产生于对"情"的引导、调适,便具有"理"或"理性"的意义。"道"之于"情"的关系,《性自命出》以"长"以"养"称述之。显见,在那个时代的儒学,"情"与"理"的关系并不像后来那样具有一种紧张性。其二是"道四术也,惟人道为可道也",这里的"四术"是什么,其义不明。有学者认为是指《诗》、《书》、《礼》、《乐》四教。因为四教都属"人道"范围。这种说法或近是。特别有意思的是,《性自命出》把对"情"与"性"的"教"与"道(导)"归之于"人",而把"情"与"性"本身归之于"天"。就是说,早期儒家甚至把"情"摆在更高的位置上。

早期儒家指"情"为"性",把"性"与"道"、"情"与"理"的关系看做为一种相融性的关系。这里显示的,是这批儒士依然固守着贵族精神的格调:在信仰与理性之间,在理性与情感之间保持一种平衡。在信仰与理性之间保持平衡,使他们既是理想主义的,但又不是狂迷的。在理性与情感之间保持平衡,则使他们既是用情的,但不至堕于"淫";既是守礼的,但不至于仅成为一种装饰。孔子所谓"文质彬彬",大概即是指的这样一种精神风貌。

三、"其性一也"与"其心各异"

《性自命出》篇主要讨论"性"、"情"、"天"、"命"。但也已涉及"心"。该篇称道:

> 四海之内,其性一也。其用心各异,教使然也。

这是说,人的天然本性是一样的,都禀赋有喜怒哀悲之情。但是后来人与人之间却有了差别,有的成为君子,有的变为小人。那是什么原因?那是因为"用心各异"造成的。何以会出现"用心各异"的情况?"教使然也",是由于所受的"教育"的不同导致的。不同的"教"可以使人获得不同的知识、涵养,从而影响于人的情性。故《性自命出》又说:

养性者,习也。

习也者,有以习其性也。

"习"即通过教育、学习而得以积累的意思。孔子曾说过:"性相近,习相远"。显然,《性自命出》这一见解即源出孔子。

《性自命出》视"心"出于"教"、"习",此"心"无疑为后天的、经验知识性的"心"。《性自命出》这种"心性"说,显然为后来的荀子所承接。下面我们会看到,在子思、孟子一派儒者那里,"心"与"性"却都是被赋予先验意义的。

第二节 《大学》、《中庸》的"性命"观

郭店出土的楚简,属于儒家类的还有《缁衣》、《鲁穆公问子思》等篇。这些文章的思想倾向与《性自命出》有别。它们不仅关切"心"、"性"、"命"这类属于内圣的问题,而且亦非常关切如何以德治国等所谓"外王"的问题。古史曾记称,汉代收入《礼记》中的《中庸》、《缁衣》等文章均为孔子之孙孔伋的作品。孔伋字子思,受业于曾子,后来曾出任过鲁穆公的师父。这批新出土的古籍记录了子思的史迹且思想倾向与《中庸》相近,因而它们与子思之学关系密切,这是可信的。《礼记》中还有《大学》一文,相传为子思之师曾子所作。《大学》、《中庸》于宋以后被列为"四书"中的

两种。因此,研究《大学》、《中庸》和这批楚简不仅有助于弄清早期儒家发展的另一路向,而且还有助于了解宋明儒学。

一、《大学》的“修齐治平”思想

古代教育有“小学”、“大学”之分。“大学”原指“大人(青年男子)之学”,包含有使青年男子得以成为“大人(君子、大丈夫)”的意味。《大学》一文即以此为主题,把“大人之学”展开为系统的“修齐治平”之道,此亦即后人所讲的“内圣外王”的大学问。

《大学》首章便开宗明义地提出三大纲领:“大学之道,在明明德,在亲民,在止于至善”(以下引文均出自《大学》)。所谓“明明德”,是指发扬光明的道德,这是在个人修养的层面上说的;所谓“亲民”,按郭店楚简,“亲”均作“新”。而所谓“新民”,即德化万民,使之在精神面貌上焕然一新。这是就社会理想的层面上说的。前即为“修齐”,属“内圣”事,后即为“外王”,属“治平”事,二者的完美结合就达到了“至善”的最高境界。随后,《大学》通篇就围绕着如何实现这三大纲领进行分析论证。《大学》称:

> 古之欲明明德于天下者,先治其国;欲治其国者,先齐其家;欲齐其家者,先修其身;欲修其身者,先正其心;欲正其心者,先诚其意;欲诚其意者,先致其知;致知在格物。物格而后知至,知至而后意诚,意诚而后心正,心正而后身修,身修而后家齐,家齐而后国治,国治而后天下平。

这就是为实现“三纲”而设定的八个条目。在对“三纲八目”的全面论述中,《大学》文本多次提到“知本”。什么是“大学之道”的“本”呢?在《大学》的思想体系中,不同的层次显然有不同的“本”。就“三纲”追求“至善”这一点来说,“本”是自新。书中引

《诗》云:“邦畿千里,维民所止”来说明人应该“知其所止”,那就是要“止于至善”。但首先要从个人做起,“苟日新,日日新,又日新”,永无停止。为了臻于至善,甚至要“无所不用其极”。而个人的“自新”又是“新民”的基础,如果全社会都能“于缉熙敬止”,恭恭敬敬地归止在所应归止之处,即“为人君止于仁,为人臣止于敬,为人子止于孝,为人父止于慈,与国人交止于信”,那就能营造一个“无讼”的社会,“此谓知本”。

然而,“三纲”的实现是要以“八目”为步骤的,它们是“内圣”、“外王”的具体化。就“八目”的指向来说,它包含着“身”、“家”、“国”、“天下”四个层级和“修”、“齐”、“治”、“平”四个次第。显然,“修身”应该是“治国平天下”之本,而“齐家”则是二者的中间环节。没有“修身”这个根本,家、国、天下的理想追求即无从谈起,因为“本乱而末治者,否矣”,所以“自天子以至于庶人,壹是皆以修身为本”。但对“修身”自身而言,“本”又在于“格物”,不去格物,就不明为人之理、治道之要,知何以致,身何以修,所以后来的朱熹认为本在格物。由此可见,《大学》的作者是深明认识的重要性、认识对于行动的指导意义的。可惜的是,《大学》关于如何去做“格物致知”的功夫语焉不详,或者是由缺失导致的。然而,《大学》在整体结构上分为物、身(个人)、家国天下(社会)三个大的层次,这是很清楚的。依《大学》文本,对上一个层次来说,基础性的东西就是“本”;但每一层次的“本”都是相对的,它们中间贯穿着一个从下到上的“大本”,那就是“仁德”。首先,“格物”就是以“德”为本的。儒家所说的“格致”并不是指探索自然之物,而是指体悟社会之理、圣人之道,所以朱熹把“格致”称之为“明善之要”(《大学章句》)。其次,“修身”也是以仁德为依归的,君子就是通过“如切如磋”、“如琢如磨”的修养过程来追求“盛德”的,所以《大学》又说："富润屋，德润身"，"修身"即是以德润身。最后，天下"止于至善"也是由"德"来实现的，"君仁"、"臣敬"、"父慈"、"子孝"、"夫唱"、"妇随"这些纲常伦理其实都是"德"的具体落实。因此，从"格致"出发，最后到达"至善"的境界，这个过程始终贯彻着以道德理想提升个人与转变社会的诚挚追求。这也就是由"内圣"开出"外王"的追求。显然，像《大学》那样把这一追求表述得如此系统，在先秦儒学文献中实不多见。

二、《中庸》"致中和"的体用论

"中"的思想起源甚早，《尚书》中已有"作稽中德"、"设中于乃心"、"允执厥中"等论述，但只是把它当做一种不偏不倚的方法来强调。"中庸"一词最早见于《论语》，孔子曰："中庸之为德也，其至矣乎！"(《论语·雍也》)这是进一步把"中庸"提高到"至德"的地位，而"无过无不及"则是"中庸"的具体表现。《中庸》的作者继承和发展了孔子的"中庸之道"：一方面，它仍然肯定"中"的方法意义，把智者、贤者"过之"，愚者、不肖者"不及"看做是"道之不行"、"道之不明"的主要原因；另一方面，又把作为价值理念的"中"赋予本体论的意义，并由此构造了一个源于天道达于人道、"诚致中和"、天人合一的思想体系。

《中庸》首章称：

> 天命之谓性，率性之谓道，修道之谓教。

这一提法与《性自命出》"性自命出，命自天降"的提法十分相似，都以为"人性"由"天命"给定。然而，二者之间实际上有重要区别。依《中庸》的提法："喜怒哀乐之未发谓之中，发而皆中节谓之和"。显然，它并不是笼统地认可喜怒哀乐以为"性"，而只认可能够使喜怒哀乐表现出来皆"中节"(合适、适度)的内在本有的根底的“中”为“性”。在这里，“中节”、“中和”及其内在本有根底“中”，都是一种主体的价值认定。因而，以喜怒哀乐未发之“中”为“性”，实即以“善”（或“善之情感”）为“性”。但“性”为一指称客观存在的概念，由此我们可以看到了《性自命出》与《中庸》的区别：在《性自命出》把“情”视为“天性”的时候，它使孔子开创的儒学转向了自然主义；而在《中庸》把“中”、“中和”、“中庸”等价值信念视为“天命之性”的时候，却使原先在孔子那里仅属于主体的道德理想的追求获得了存在论的支撑而进一步被强化了。

正因为《中庸》“天命之谓性”句认定人之“性”是“善”的，下两句“率性之谓道，修道之谓教”这种道德修养的功夫论才是顺理成章的。所谓“率性”，就是遵循、因顺人的本有之性；“道”即道路、方法。因顺人的本有之性去做，即是使人成为有道德的人的基本方法。这里隐含的意思是，道德本来是先天禀赋的，成就道德并不需要经过后天刻意的学习与训练。当然，《中庸》并不完全排斥后天的学习与训练，所以才说“修道之谓教”。由“教”而成德也乃是一种方法。《中庸》称：

> 自诚明，谓之性；自明诚，谓之教。诚则明矣，明则诚矣。

这里说的就是以上两种方法。所谓“自诚明”的“自诚”，即谓先天道德禀赋，“明”即“觉知”。有了这种道德禀赋，真心实意地敬守这种道德禀赋，自然就是觉知的，就有很好的分别是非善恶的能力，而不需经过后天的训习；所谓“自明诚”则是需要经过后天的教育、点拨，才得以明白、觉醒，而进行道德修养。《中庸》论述了两种方法，但更赞赏第一种。所以有学者认为，《中庸》主“自诚明”，是先验主义的路向；《大学》讲“格物致知”，是经验主义的路向。

《中庸》在道德境界上,既讲"中"、"中和",也讲"诚"。所谓"诚",从字面上看是精诚、纯正之义,但《中庸》的作者却把它说成是贯通天人的绝对精神:"诚者,天之道也;诚之者,人之道也。""诚"也是"中庸"精神的体现:"诚者,不勉而中,不思而得,从容中道。"从这里出发,《中庸》围绕着"诚达天道"和"诚致中和"展开了全面的论证。首先,"惟天下之至诚为能化",这是说惟诚才可以化育人德,化成人道。《中庸》说"惟天下之至诚为能尽其性"即是。其次,"诚"也是由"内圣"而"外王"的必由之路:一方面,"诚之者,择善而固执者也","故君子诚之为贵";另一方面,"惟天下至诚,为能经纶天下之大经,立天下之大本,知天地之化育",因此,"知所以修身,则知所以治人;知所以治人,则知所以治天下国家矣"。最后,在《中庸》的思想体系中,"存诚尽性"还是贯通天人的关键:

诚者非自成己而已也,所以成物也。成己,仁也;成物,知也。性之德也,合内外之道也。

我们知道,孔子的核心观念是"仁","仁"关切每个个人成就其自己为一有道德有教养的人,这就是"成己,仁也"。孔子不谈"成物",是因为他还没有能够贯通天道性命。《中庸》以"诚"为贯通天与人、内与外的合一之道,自可以说"诚者非自成己而已也,所以成物也"。故《中庸》又称:

能尽其性,则能尽人之性;能尽人之性,则能尽物之性;能尽物之性,则可以赞天地之化育;可以赞天地之化育,则可以与天地参矣。

这是说,通过"存诚致性",就可以进达于"天人合一"的最高境界。显然,《中庸》借贯通天道与性命,进一步拓展与提升了孔子"仁学"开显的境界。

第三节 孟子依“不忍人之心”确立的性善论

早期儒家中子思一派的思想，由孟子承传并得到了弘扬。

孟子（公元前372—前289年），名轲，战国中期邹（今山东邹县东南）人。相传他是鲁国贵族孟孙氏的后代，少年时代受到母亲的严格管教。后拜子思的门人为师，深契儒学的基本精神。孟子一生对孔子十分敬仰，自称“乃所愿，则学孔子也”（《孟子·公孙丑上》，以下凡引《孟子》，只注篇名）。这是自觉以学习和传播孔子创建的儒学为己任。学成后亦如孔子一面授徒讲学，一面周游列国，以求实现自己的社会理想。但终因与当时的政治走势格格不入而未能一展抱负。晚年乃“退而与万章之徒序《诗》、《书》，述仲尼之意，作《孟子》七篇”（《史记·孟荀列传》）。凭借此七篇，孟子奠定了他在儒学传统中的“亚圣”地位。

孟子承续了孔子、子思一脉的思想并使之得以深化与发展的突出之点，是把孔子提出的“仁”的观点诉诸“不忍人之心”，由“不忍人之心”论“性善”，由“性善”论“天”与“命”。

一、以“不忍人之心”论“本心”

“心”字在甲骨文中已见，本指人的心脏。然古人以为人的思维功能、精神活动均源于“心”。所以实际上直至早期儒家，仍以“心”指称人的思维功能与认知活动。孟子说：“心之官则思，思则得之，不思则不得也。”（《告子上》）这就是以“心”为认知器官。孟子认为，心同耳朵、眼睛一样，都是人类与生俱来的。但耳朵、眼睛这类感觉器官不会思考，容易为外界所蒙蔽。心则不同，它能够作理性思考，可以分辨真伪，作出正确判断。在认知的范围内，在感性与理性的比较中，孟子显然更认同于理性。

然而，孟子之重视“心”，决不只在于它在认知方面的理性功能。孟子更看重“心”的道德本性。也就是说，在孟子那里，“心”不仅是一个认识心，更重要的是，它是一个道德“本心”。

人的“心”，为什么是个道德“本心”呢？依孟子的看法，就是因为人都有一种“不忍人之心”、“恻隐之心”。如突然看到一个小孩将要跌落井里，任何人都会立即生起一种惊骇而同情的心理情感，从而想办法去救那个小孩。在这一瞬间，人们既不会想到那样做可以获得小孩的父母的感恩，也不会想到由此可以博取邻里乡亲的赞誉，更不会是出于厌恶那个小孩的可怕的哭喊声。人们在这一瞬间产生的这种惊骇而同情的心理情感，就是“恻隐之心”、“不忍人之心”。这是人人都有的。孟子说：

> 人皆有所不忍，达之于其所忍，仁也；人皆有所不为，达之于其所为，义也。（《尽心下》）

> 恻隐之心，人皆有之；羞恶之心，人皆有之；恭敬之心，人皆有之；是非之心，人皆有之。恻隐之心，仁也；羞恶之心，义也；恭敬之心，礼也；是非之心，智也。（《告子上》）

很明显，孟子这里就是将“不忍人之心”、“恻隐之心”视为人的“本心”，而以人的这种“本心”来确证孔子的“仁学”的。

我们知道，孔子创设“仁学”，主要是诉诸一种“亲亲之情”及其推达。这其实也是从人的正面的心理情感引申出来的。孔子在批评其学生宰予反对于父母去世后为之行三年之丧的孝礼时，也谈及做子女的“不安”之心的问题。然孔子毕竟还没有从人人本有的角度谈这种“不安”之心。孟子把孔子所谈及的“不安”之心概括为人皆有之的“不忍人之心”、“恻隐之心”，就使“仁学”得以立足于人之为人的自我内在精神心理的一种检视与反省的基础上。如果说《大学》的贡献在于将内圣外王之道系统化,《中庸》的贡献在于将"人道"与"天道"接通而使"人道"获得一种客观的意义,那么孟子则由于把"仁"注入人的内在精神结构中而从主体的方面予以深化了。

二、由"本心"论"本性"

"不忍人之心"、"恻隐之心",虽然被认为是"人皆有之"的,然而其实还是一种情感性的心理活动。"情"依《性自命出》的看法,是无所谓善与不善,或亦可为善,亦可为不善的。《中庸》显然已经注意到"情"的这种不确定性,它将"情"作了"未发"、"已发"的区分,以"喜怒哀乐未发之中"论"性",实即是将"性"、"情"作了区分,而以"性"之本善,确保"情"之必善。只不过,《中庸》并未明确提出"性善论"。

孟子则直接从"不忍人之心"、"恻隐之心"的道德"本心"确证人的"本性"的道德性,而明确主张"性善论"。孟子说:

> 人皆有不忍人之心。……,由是观之,无恻隐之心,非人也;无羞恶之心,非人也;无辞让之心,非人也;无是非之心,非人也。恻隐之心,仁之端也;羞恶之心,义之端也;辞让之心,礼之端也;是非之心,智之端也。人之有是四端也,犹其有四体也。(《公孙丑上》)

"恻隐之心"等四心,还是指已发的情感心。问题是人何以有此心,由何而发此情感心。孟子认为这种已发的情感心产生于人之为人的一种内在的普遍本性:因为人之为人的内在普遍根性已然地具足"恻隐"、"羞恶"、"辞让"、"是非"等"四心",所以,人才得以发此为"仁"、"义"、"礼"、"智"的"四德"。"四德"既已然地具足于每个个人的内在本性之中,这正说明人性本善。在孟子看来,是因为人性本善,所以,人接触外物发为喜怒哀乐才得以为善。《孟子·告子上》记述孟子关于人性问题的讨论时称:

> 公都子曰:告子曰:"性无善无不善也。"或曰:"性可以为善,可以为不善。是故,文武兴,则民好善;幽厉兴,则民好暴。"或曰:"有性善,有性不善。是故以尧为君而有象;以瞽瞍为父而有舜;以纣为兄之子,且以为君,而有微子启、王子比干。"今曰性善,然则彼皆非与?
>
> 孟子曰:乃若其情,则可以为善矣,乃所谓善也。若夫为不善,非才之罪也。……仁、义、礼、智,非由外铄我也,我固有之也,弗思耳矣。故曰:求则得之,舍则失之,或相倍蓰而无算者,不能尽其才者也。

这里,"仁、义、礼、智,非由外铄我也",说的即是"善"不是从外面加给人的,而是每个个人本心本性具足的;"乃若其情,则可以为善矣",说的则是"情"在发动时,因为有"善"之本性作根底,故也应该是"为善"的;然而为什么会出现"情"之发而有不"为善"的情况?那是因为不思不求,不能尽本身固有的材质(善性)所导致的。

孟子认为仁、义、礼、智之"善性"是每个个人生而有之的,本质上是指的这种"善性"的先验性。因而,在孟子这里,"性"(道德本心)与"情"的关系,不同于《性自命出》。《性自命出》视"情"为"天",视"心"为"用",显然以"情"为先验的,"心"为"经验"的。孟子有别。孟子一般地是以"本心"("不忍人之心")为"本性",把"心"、"性"看做是先验的,而把"情"(感性心)看做是经验的。孟子说:

> 人之所不学而能者,其良能也;所不虑而知者,其良

知也。孩提之童,无不知爱其亲者,及其长也,无不知敬其兄也。亲亲,仁也;敬长,义也。(《尽心上》)

这里,孟子视亲亲之仁、敬长之义为“不学而能”、“不虑而知”的“良知”、“良能”,谓此“良知”、“良能”属“孩提之童”生而俱足的,即以“本心”为“本性”而视之为先验的。显然,孟子把外显(已发)的“情”(感性心)安立于“本心”且将“本心”内在为“本性”,又把“善”的这种“本性”看做是生而有之的即先验的,就使“善”之为“性”获得了绝对的意义。这正体现了孟子的道德理想主义的价值取向。

三、从“尽心”、“知性”到“知天”

孟子不仅使“情”依托于“心”,将“心”内化为“性”,且又把“性”与“天”联系起来。孟子说:

尽其心者,知其性也。知其性则知天矣。存其心,养其性,所以事天也。夭寿不贰,修身以俟之,所以立命也。(《尽心上》)

前一段话的意思是,只要尽自己的道德本心去行事,就可以认识、了解到自己的本性是善的。亦可以说尽自己的道德本心行事,在内心上不会有抗争,由此知本性与“本心”、乃至与外发之“情”是同一的,故而知本性是善的。而认识、了解到自己的本性是善的,也就是“知天”了。中间一段话的意思与前一段相衔接,因为“心”与“性”是同一的,所以“存心”与“养性”也是同一的,那就是好好珍惜、存养、敬奉自己本有的好的品质、德性。这样做也就是“事(敬奉)天”了。

那么孟子这里说的“知天”、“事天”的“天”是什么?它与“性”、“心”有什么关系?一种看法认为,孟子的“天”与《中庸》的

"天命"一样,具有"存在"的意义;孟子确认人的善来自于"天",是把人的价值源头客观存在化了;孟子借把人的价值源头客观化而使"天"与"人"、"命"与"性"获得了贯通。因而,孟子所谓"知天",就是知"天"所予我者,"事天"就是敬奉"天"所予我者并使之勿失。

另一种看法认为,孟子的"天"是"境界"意义的"天";孟子并没有把人的价值源头安立于客观存在的世界上,而只安立于主体的内在本性中,"天"只是借以显示主体内在本心本性的善的价值取向的先验性与绝对性的范畴;因而,孟子所谓"知天"、"事天"之"天",只是表述"天然如此"的,而非"天"下贯予人的;"天然如此"所确认的即是善性的先验性,"天"下贯予人的说法则认肯了超验的、实存的"天"的存在。

这两种不同的看法在《孟子》一书中都可以找到一定的根据。但本书较倾向于认同第二种。本书认为,在儒学传统中,"天"、"天命"与"性"、"心"的贯通,主要是由《中庸》、《易传》开启的。孟子的主要贡献特别是他对后人影响至深的,是他的以性善论为特征的心性论。他的形上学,还是境界形上学。孟子和孔子一样,毕竟生活在他们看来是逆境的年代,"时命"作为一种客观存在对他们的道德理想的践踏给他们带来的不遇之感毕竟太强烈了。孟子说,现在可以做的,就是"修身以俟之",所"俟"的,即是"时命"。所谓要"立命",就是说不可以没有"时命"的观念。而所谓"时命"的观念,在一方面无疑要承认一种外在时势的限制,在另一方面,则又必须坚信实现道德理想的时机一定会到来。孟子说:

> 若夫成功,则天也,君如彼何哉?强为善而已矣。(《梁惠王下》)
>
> 君子行法,以俟命而已矣!(《尽心上》)

孟子这里透露的对“天”、“命”奈何不得的悲怆,但又始终坚守“为善”不已的信念,所显示的,无疑是“天”、“命”作为“时命”的外在限制性。就孟子本人而言,正是借“天命”与“心性”的分立,得以更好地深化孔子道德修养意识,强化“仁学”作为“为己”之学的价值,更且得以依理想的道德追求编织理想社会,又以理想社会为参照批判丑陋的现实政治。可以说,孟子正是在这些方面给了后人以深刻影响。

第四节　孟子“存心养性”的道德修养学说

孟子深化孔子的道德修养意识,强化“仁学”作为“为己”之学、“成人”之学的价值表现在哪里呢?主要表现在他提出的“存其心、养其性”的修养方法和培养浩然之气的高尚人格追求中。

一、“仁义礼智”的道德诉求和道德规范

按被认为属于子思、孟子一派的作品的《五行》篇的提法,人的道德修养要求主要包括“五德”。“五行”在思孟学派那里就是指的“五德”。孟子曾说:

> 仁之于父子也,义之于君臣也,礼之于宾主也,智之于贤者也,圣人之于天道也,命也,有性焉,君子不谓命也。(《尽心下》)

孟子这也是讲“五德”——仁、义、礼、智、圣,不过,“圣人,人伦之至也”(《离娄上》),要求太高了,一般人显然做不到,所以孟子在道德要求与相应的规范上,多讲“仁、义、礼、智”四德,又以“仁义”二德为主。

“仁”的一般要求关涉着人之所以为人的内在本质。孟子说:

“仁也者，人也；合而言之，道也。”(《告子上》)在孟子看来，人与禽兽的最大差别，就在于人具有恻隐之心、仁义之性；人们通过内心的修养而认识到这一点，达到道德的自觉，从而实现人之为人的本质，那就是“仁”了。

“仁”的切近要求关涉着人从哪里做起。孟子和孔子一样地认为要从“亲亲”做起。孟子说：“亲亲，仁也。”(《尽心上》)所谓“亲亲”，就是关心和爱护与自己有血缘关系的亲属，用于处理家庭伦理关系。然而孟子的“仁”却不仅限于“亲亲”，其对象还扩展到与自己没有亲属关系的人。他重申孔子所讲的“仁者爱人”(《离娄下》)说，以用于处理社会伦理关系。孟子还提出了“推爱”的方法：“老吾老，以及人之老；幼吾幼，以及人之幼。”(《梁惠王上》)人人都从尊敬自己的父母，推广到尊敬别人的父母；都从爱护自己的子女，推广到爱护别人的子女——这就是“仁”了。

“义”的一般含义是指人之所以为人的实现途径。孟子说：“仁，人心也；义，人路也。”(《告子上》)如果说“仁”是道德规范的集中概括，那么“义”则是通向于“仁”的道德行为的总称。孟子主张人们“居仁由义”，要求人们严格遵守伦理道德规范，必要时甚至可以“舍生取义”。

“义”的切近要求是“敬长”。“敬长，义也。”(《尽心上》)所谓“敬长”，在家庭内部是指尊敬“兄长”，在社会上则是指尊敬“君长”。关于后者，孟子十分强调君臣之间的对应关系：“君之视臣如手足，则臣视君如腹心；君之视臣如犬马，则臣视君如国人；君之视臣如土芥，则臣视君如寇雠。”(《离娄下》)君主只有把臣下当成自己的手足兄弟，臣下才有可能由衷地产生“事君如事兄”的尊敬之情，这就是孟子所强调的“君臣之义”。

“礼”和“智”则是从属于“仁义”的道德规范。“仁之实，事亲是也；义之实，从兄是也；智之实，知斯二者弗去是也；礼之实，节文斯二者是也。”（《离娄上》）这是说，所谓“智”，就是了解“仁义”的道理而付诸行动，并坚持下去；所谓“礼”，就是对“仁义”的内容通过一套仪式或程序表显出来并使之具有典雅性。由此看来，“礼智”虽与“仁义”并提，但二者的地位是不同的。

二、“反求诸己”的道德自律意识

孟子主张，道德修养要从自己做起。他指出：“君子之守，修其身而天下平。”（《尽心下》）他批评有的人对别人的要求很高而对自己的要求很低，要求别人承担的责任很重而自己愿意承担的责任很轻。孟子形象地说，这就好比种田的人放弃自己的田地，而去耕耘别人的田地，那叫本末倒置。

孟子认为，道德修养既不能由别人代替，也不能抱怨别人。《礼记·中庸》引孔子的话说：“射有似君子。失诸正鹄，反求诸其身。”孟子进一步发挥道：“仁者如射：射者正己而后发；发而不中，不怨胜己者，反求诸己而已矣。”（《公孙丑上》）就是说有道德修养的人就像射箭比赛中的射手：射箭时关键是端正自己的姿势而后放箭；如果没有射中，他不会去埋怨那些胜过自己的人，而只会反躬自问，自己的姿态是否正确，技巧是否娴熟。

道德修养同样如此：“爱人不亲，反其仁；治人不治，反其智；礼人不答，反其敬——行有不得者皆反求诸己，其身正而天下归之。”（《离娄上》）这是说，我爱别人，可是别人不亲近我，那就得反问自己，我的仁爱是不是做得还不够？我管理别人，可是别人不听从我的管理，那就得反问自己，我的智慧是不是还有所不足？我礼貌地对待别人，可是得不到相应的回答，那就得反问自己，我对别人的恭敬是不是还有所欠缺？总之，任何行为如果达不到预期的效果，那都要反过来追寻自己的责任，并加以改进。只有自己的行为确确实实端正了，天下的人才会跟着你走。

孟子如此强调道德修养的个人责任，同他的“心性”论有着密切的联系。在孟子看来，仁、义、礼、智“四德”既已成为本心本性的内在禀赋，则道德修养自然需要“反求诸己”。孟子说：“万物皆备于我矣。反身而诚，乐莫大焉。强恕而行，求仁莫近焉。”（《尽心上》）孟子的意思就是说，对于一个通过自己的努力成就最高德行的人而言，他什么都不缺了，因为他已经拥有宇宙中最珍贵的东西，这也就是拥有了一切；他的快乐与满足，并不取决于向外求得什么，求得多少，而在于反躬自问：我做得怎样？我是不是以诚待人了？在孟子看来，一个人只要能够严以律己，宽以待人（恕），那就找到了通向“仁”的最切近的道路。很显然，孟子强调道德修养的个人责任，也就是凸显了这种修养作为“成己”的要求的自律性。

三、“养吾浩然之气”的崇高人格追求

道德修养的目的是形成理想的人格，用孟子的话来说，就是“养吾浩然之气”（《公孙丑上》）。

孟子描绘了这种“浩然之气”的状态：那一种气，是最伟大、最刚强的，用正义去培养它，一点不加伤害，它就会充满上下四方，无所不在；那一种气，必须与道义相配合，否则就没有力量；那一种气，是正义的长期积累，不是靠偶然的行为就能获得的；相反，只要做一件问心有愧的事情，那种气就会疲软了。由此看来，孟子所谓“浩然之气”，指的是人的一种精神状态，一种气概，一种风度，一种高尚人格。

按照孟子的论述，由“浩然之气”体现的高尚人格，主要靠内心的培养，但同时也不排除外界的磨炼。孟子说：“天将降大任于是人也，必先苦其心志，劳其筋骨，饿其体肤，空乏其身，行拂乱其所为，所以动心忍性，曾益其所不能。”(《告子下》)这即是强调磨炼对培养人格的意义。孟子列举历史上的“圣君贤相”说明这一点：舜从田野的劳动中被推举出来，傅说从筑墙的苦役中被推举出来，胶鬲从贩卖鱼盐的行业中被推举出来，管仲从监狱释放后被推举出来，孙叔敖从海边被推举出来，百里奚从被贩卖的奴隶中被推举出来。这些历史上的杰出人物，在艰难困苦的条件下，不怨天尤人，不随波逐流，不沉沦没落，反而锻炼自己的身体，磨炼自己的意志，修炼自己的人格，锤炼自己的能力，被委以重任后，终于成就了历史的大事业，成为高尚人格的典范。

总结历史人物的光辉之处，孟子得出结论：

> 居天下之广居，立天下之正位，行天下之大道；得志，与民由之；不得志，独行其道。富贵不能淫，贫贱不能移，威武不能屈，此之谓大丈夫。(《滕文公下》)

这里所谓“大丈夫”，本来是当时人们对那些纵横天下、叱咤风云的人物的赞誉之词。而孟子认为，严格地说，这些人算不上什么“大丈夫”，因为他们没有高尚的人格。真正的“大丈夫”，他住在天下最宽广的“住宅”——“仁”之中，站在天下最正确的位置——“礼”之上，走在天下最光明的大路——“义”之上。这样的人，得志的时候，偕同老百姓遵循着正道前进；不得志的时候，也独自坚持自己的原则。富贵不能扰乱他的心性，贫贱不能改变他的志向，威武不能屈服他的气节——只有这样的人，才称得上真正的“大丈夫”，即具有高尚人格的人。

第五节 孟子以“仁心”行“仁政”的治国理想

孟子依理想的道德追求编织理想社会,以理想社会为参照批判丑陋的现实政治,集中表现在他的“仁政”学说里。孟子说:“人皆有不忍人之心。先王有不忍人之心,斯有不忍人之政矣。以不忍人之心,行不忍人之政,治天下可运之掌上。”(《公孙丑上》)“不忍人之心”为“仁心”,“不忍人之政”即“仁政”。以“仁心”行“仁政”,其贯彻的依然是孔子提倡的以道德理想转换与提升现实社会政治的治国理念。

一、“民贵君轻”的治国理念

为什么要以“仁心”行“仁政”?这关涉到治国的目的论。我们不一定要给孟子带上“为民谋福利”那样一种现代光环。然而,儒家确实有一种“民惟邦本”(《尚书·五子之歌》)的思想传统。孔子即曾说过“因民之所利而利之”(《论语·尧曰》)的话。《大学》则发挥为“民之所好好之,民之所恶恶之”。相传为子思作品的楚简《缁衣》篇更称:“民以君为心,君以民为体。心好则体安之,君好则民欲之。故心以体废,君以民离亡。”及至孟子,则概括为:

> 民为贵,社稷次之,君为轻。(《尽心下》)

这就是影响深远的“民贵君轻”的思想。

由“民惟邦本”发展至“民贵君轻”的这一思想传统,实质上仍表现着氏族贵族政权架构的基本特色:在这种政权架构里,国君作为“天下共主”并没有绝对至上的权力,它的权力来自于贵族阶层的共同拥戴;国君的选定虽亦以血缘为依据,但他还是必须以自己的德行赢得推重;因而,在这种权力架构下,君与臣、民的关系,还保持着一种互相依存的亲和性,而不像在战国以后的社会里,政权为国君一人独揽,君臣关系为雇佣关系,君民关系为役使与被役使的单一性关系。显而易见,"民惟邦本"、"民贵君轻"的思想,从治国目的论的意义上说,在上古社会,有一定的现实依据,及至战国之后,则只有社会政治批判的意义了。

二、"得民得心"的王道学说

以"不忍人之心"之"仁心"行"不忍人之政"之"仁政",在治国目的论上不具现实性。然而在作为治国的手段与方法上却具有重要的意义。在孟子生活的战国时期,诸侯纷争,兼并激烈,民心的向背成为一个国家生死存亡的关键。孟子敏锐地看到了这一点,他以历史上的暴君夏桀和商纣王作为例子,指出:桀和纣的之所以丧失天下,是由于失去了老百姓的支持;之所以失去老百姓的支持,又是由于他们失去了民心。由此,孟子得出结论:"得天下有道:得其民,斯得天下矣;得其民有道:得其心,斯得民矣。"(《离娄上》)孟子从如何才可以"得天下"的角度宣传他的"仁政"学说,无疑有一定的号召力。

如何才能获取民心?孟子提出一个基本原则:"所欲与之聚之,所恶勿施尔也"(《离娄上》)。即一切从民众的需要出发,他们所希望的,为他们聚积起来;他们所厌恶的,不要加在他们头上。在此原则下,孟子提出获取各个阶层的"民心"的具体措施,其中包括对士人的"尊贤使能",对商人的"廛而不征",对农人的"助而不税",等等。由此,孟子发展出一套"王道"政治论。孟子对梁惠王说:

> 地方百里而可以王。王如施仁政于民,省刑罚,薄税敛,深耕易耨;壮者以暇日修其孝、悌、忠、信,入以事其父

> 兄，出以事其长上，可使制梃以挞秦楚之坚甲利兵矣。彼夺其民时，使不得耕耨以养其父母，父母冻饿，兄弟妻子离散。彼陷溺其民，王往而征之，夫谁与王敌？故曰仁者无敌，王请勿疑。(《梁惠王上》)

依孟子的这套"王道"政治论，做国王的，只有行仁政，确保百姓起码的物质生活条件与正常的生活秩序，才可以赢得"民心"，而无敌于天下。

孟子甚至认为，"民心"、"民意"关涉"天意"。历史传说有"尧舜禅让"的故事。有人认为，这是尧把天下让给了舜。孟子断然指出，"天子不能以天下与人"，尧向舜传位，那是"尧荐舜于天，而天受之；暴之于民，而民受之"(《万章上》)，才得以实现的。在这里，孟子把"天意"与"民意"看做是同一的。正因为"民意"具有如"天意"般的重要意义，所以孟子在提出"民为贵，社稷次之，君为轻"的理念之后继续说："是故得乎丘民而为天子，得乎天子为诸侯，得乎诸侯为大夫。"(《尽心下》)由此，孟子甚至把一个国家政权的正当性诉诸"民心"、"民意"了。

三、"先义后利"的价值取向

"王道"政治关系到一个政权的正当性问题，"义"与"利"的问题则是涉及到一个国家管理者的价值观问题，所以孟子亦非常重视"义"、"利"之辨。

据《孟子·梁惠王上》记载，梁惠王曾问及孟子，他的到来是不是将有利于梁国。孟子回答：

> 王何必曰利，亦有仁义而已矣。王曰何以利吾国，大夫曰何以利吾家，士庶人曰何以利吾身，上下交征利而国危矣。

这里,孟子似乎是只讲“义”而不讲“利”,实际上他有着更深层次的考虑。孟子认为,这当中有一个上行下效的问题:如果最高统治者带头讲利,就会刺激整个统治阶层乃至所有的统治者和被统治者,人人开口都讲利,由此就会引起相互争夺,“上下交征利而国危矣”。这里面还有一个实际效果的问题:如果先讲利而后讲义,义难以规范利,人们的贪欲就得不到抑制;反之,如果先讲义而后讲利,用义来规范利,利益的追求就会纳入正确的轨道,这样统治者最终也会得到利益。因为从来没有讲仁的人会遗弃他的父母,讲义的人会怠慢他的君主的。由此可见,孟子所谓的“王何必曰利”,并不是真的不要利,而是从国家的根本利益出发,强调统治者要带头讲义,从而取得先义后利的实际效果。

孟子一方面强调统治阶层需要先义后利;另一方面,对老百姓言则需先利后义。《孟子·梁惠王上》记载,齐宣王向孟子请教如何才能“保民而王”的大道理,孟子则对之以“制民之产”的著名主张。他说:“无恒产而有恒心者,惟士为能。若民则无恒产,因无恒心。”(《梁惠王上》)当时的“士”属于知识阶层,孟子认为这个阶层可以做到没有自己的产业收入却仍然坚守自己的道德信念与价值理想;至于一般老百姓,如果没有固定的产业收入,就不可能固守好的道德观念和行为准则。他们无“恒产”即无“恒心”。所以高明的治国者一定会给百姓以一定的产业,使他们上足以赡养父母,下足以抚养妻儿;好年头丰衣足食,坏年头也不至于饿死。这样,再引导他们走上善良的道路,老百姓也就很容易听从了。否则,一个人连活命都成问题,哪还有闲功夫讲礼学义呢?

孟子的论述,涉及到物质利益同精神价值的关系问题。依孟子的看法,对于老百姓来说,首先有物质利益然后才有可能去追求精神的价值;而对于统治者来说,则必先讲精神价值然后才有可能获得物质的利益。孟子的这一说法，作为对当时忙于兼并的统治者的规劝似乎带有“实用”的色彩，即便如此，统治者也无法接受。然而，把精神价值置于人生追求的首位，却成为此后传统知识阶层的基本信念。

四、“劳心劳力”的分工主张

与“义”、“利”先后之分辨相联系，还有一个“劳心”、“劳力”的分工问题。

孟子曾经说过：“或劳心，或劳力；劳心者治人，劳力者治于人；治于人者食人，治人者食于人，天下之通义也。”（《滕文公上》）这就是说，在现实社会组织中，有的人从事脑力劳动，有的人从事体力劳动；脑力劳动管理别人，体力劳动者接受别人的管理；被管理者养活别人，管理者靠别人养活。——孟子认为，这是通行于天下的原则。

孟子对“劳心劳力”二者分工的论证，主要有两个方面：一方面是指的劳动分工的必要性，即所谓“有大人之事，有小人之事”。在孟子看来，从事耕田劳作的一般老百姓，不可能同时既耕田又治理国家；同样道理，治理国家的管理者，也不可能同时既治理国家又耕田劳作。这就必须进行必要的社会分工。另一方面是指的劳动成果交换的必要性，即所谓“且一人之身，而百工所为备”。依孟子的见解，在文明社会里，一个人维持生存所必需的物品，来自成千上万人的劳动；如果每一种生活必需品都要本人亲自制造才能使用，那就会让人们疲于奔命也不一定可以做到。因此，为了维持正常的生活，人们就必须交换自己的劳动成果，而其中治国者就是用自己的管理成果参与交换。

从现代的观点看，孟子的“劳心劳力说”包含着一定的真理，这就是它认识到并且充分肯定了管理分工的必要性和合理性。恩格斯指出："当人的劳动的生产率还非常低，除了必要生活资料只能提供很少的剩余的时候，生产力的提高、交往的扩大、国家和法律的发展、艺术和科学的创立，都只有通过更大的分工才有可能，这种分工的基础是从事单纯体力劳动的群众同管理劳动、经营商业和掌管国事以及后来从事艺术和科学的少数特权分子之间的大分工。"①恩格斯这里所说的社会大分工主要就是指管理者与被管理者之间的分工，恩格斯肯定这种分工对人类文明的发展，具有不可估量的影响和不可替代的作用。

在孟子关于"劳心"、"劳力"的功能区分中，除了涉及知识、技能的区分之外，还隐含有在教养上的区分。孟子的"劳心者"无疑又指有教养者。在孔孟看来，惟有由"劳心者"这种有教养的阶层管理社会与国家，才可以贯彻儒家的道德理想。然而孟子毕竟过分强调了精神追求的意义而鄙视平民的地位及其实利追求的社会历史价值。在面对社会走向平民化、功利化的时代，孟子的价值理想不可避免要遭到冷遇。

五、孟子对现实政治的批判精神

孟子的社会理想虽然无法实现，但孟子借此理想审视、批判现实的丑恶政治走向，却对后世产生了深远的影响。

孟子的批判锋芒首先指向当时的暴政与暴君。他毫不客气地指责梁惠王的为政之道说：

> 庖有肥肉，厩有肥马，民有饥色，野有饿莩，此率兽而食人也。兽相食，且人恶之；为民父母，行政，不免于率兽

① 《马克思恩格斯选集》第3卷，人民出版社1995年版，第525页。

而食人,恶在其为民父母也!(《梁惠王上》)

梁惠王为政,一方面是让王公大臣大发其财,另一方面则把老百姓弄得活不下去。孟子认为,这无异于"率兽而食人",怎么称得上是"为民父母"呢?

孟子的批判锋芒同时又指向各诸侯为争霸业而发动的战争。孟子直称:

不仁哉,梁惠王也!仁者以其所爱,及其所不爱,不仁者以其所不爱,及其所爱。……梁惠王以土地之故,糜烂其民而战之,大败,将复之,恐不能胜,故驱其所爱子弟以殉之,是之谓以其所不爱及其所爱也。(《尽心下》)

梁惠王为了争夺土地,把自己所爱的子弟都赶到战场上送命去,这当然是极不仁的举措。孟子又谓:

五霸者,三王之罪人也。……五霸者,搂诸侯以伐诸侯者也。故曰:五霸者,三王之罪人也。(《告子下》)

春秋时代之"五霸",经常带领、挟持一批诸侯国讨伐另一批诸侯国,这是极不正义的举措,故孟子指为"罪人"。

孟子的批判矛头,还指向一批失去道德操守,专为暴君推行暴政与发动兼并战争出谋献策的士人。孟子说:

今之事君者皆曰:"我能为君辟土地,充府库。"今之所谓良臣,古之所谓民贼也。君不向道,不志于仁,而求富之,是富桀也。"我能为君约与国,战必克。"今之所谓良臣,古之所谓民贼也。君不向道,不志于仁,而求为之强战,是辅桀也。(《告子下》)

就是说,当今的所谓"良臣",只知道迎合君王求富强、争霸主的功利追求,助桀为虐。他们丧失了正义感,这实在是可悲的。

孟子透过对现实丑恶政治的批判,成为"社会良心"的代言人。

第五章
道家思想的弘扬与庄子的精神追求

老子之后，道家思想大体沿着两个方向展开：一是以个人生命为中心，关切的是自我、自由与本真；一是以社会政治为中心，最终落实而为君人南面之术。

前者以杨朱、庄周为代表。杨子讲"全生葆真，不以物累形"(《淮南子·氾论训》)，在战国初年影响很大。孟子说他所处的时代，"天下之言，不归杨则归墨"(《孟子·滕文公下》)。可见，杨子之学也曾成为一时之"显学"。可惜杨子的著作今已不存，无法作深入的讨论。我们只能通过分析庄子的思想，了解这一路向的发展状况。

后者主要指稷下学派的一批人物。这批人物力图把老子的思想与齐国本土流传下来的管子（名仲）的思想予以贯通，从而使道家得以由形上追求下落下来转向形下操作，以为统治者提供一套御国役民的手段或策略。

下面我们会看到，道家在这两个方向上的发展，都对中国往后的思想史产生过深刻的影响。前者无疑属内在精神生命追求，后者则属外在事功建构，因而在形式上近似儒家所讲的"内圣"与"外王（霸）"之学，不过在内容上却极不相同罢了。

按老子的思想，其实还包含有一个宇宙论的架构。这种宇宙论架构对两汉思想亦甚有影响并直接导出了道教的神仙追求。但在以往流传的文献里，看不到老子的宇宙论在先秦时期有更多的开展。直至最近考古发现了一篇道家文献——《太一生水》篇，我们才得以知道，其实老子的宇宙论也早已为人们所发扬。

第一节 《太一生水》所展现的宇宙生成过程

《太一生水》是1993年湖北郭店楚墓出土的大量竹书中之一种。根据考古学家对墓葬年代的推断，这篇文字的写作时间最晚不迟于战国中期。同时出土的还有三组《老子》，《太一生水》就与其中的一组合抄。再加上《太一生水》的内容与通行本《老子》颇多相近之处，所以可以基本断定，它是属于早期道家的一篇佚文。

一、"太一生水"说对老子宇宙论的展开

"太一生水"篇竹简已有残缺，但叙述宇宙生成过程的那部分还是比较完整地保留了下来：

> 太一生水。水反辅太一，是以成天。天反辅太一，是以成地。天地[复相辅]也，是以成神明。神明复相辅也，是以成阴阳。阴阳复相辅也，是以成四时。四时[复]相辅也，是以成寒热。寒热复相辅也，是以成湿燥。湿燥复相辅也，成岁而止。故岁者，湿燥之所生也。湿燥者，寒热之所生也。寒热者，[四时之所生也]。四时者，阴阳之所生[也]。阴阳者，神明之所生也。神明者，天地之所生也。天地者，太一之所生也。是故太一藏于水，行于时，周而又[始，以己为]万物母；一缺一盈，以己为

万物经。[1]

整段话的大意是说，"太一"是天地万物的本源，"太一"最先产生出水；水生成后又反过来辅助"太一"，产生了天；天生成后反过来辅助太一，从而产生了地。天地形成之后，情况有所变化，被辅助的对象已经不再是"太一"，而是天地自身。结果由天地的相互辅助，便一步步地生成了神明、阴阳、四时、寒热、湿燥，最后完成了一个岁时的周期。也许是为了强化读者的印象，这段话按正、逆之序把"太一"到岁的生成过程讲了两遍。它最后还特别强调说，"太一"在生成水、天地之后并没有消失，它同时就内在于("藏")水、天地以及由天地所产生的万物之中，并且随万物的变化而变化("行于时")。因此，"太一"一方面是万物的本源("母")，另一方面也是万物运动变化所依据的准则或规律("经")。

《太一生水》对本源与万物关系的看法显然深受老子的影响。《庄子·天下》篇曾说到，老子的学说是"建之以常无有，主之以太一"。这表明，老子的"道"早已被认为是等同于"太一"的。《太一生水》认为"太一"生成水和万物之后，就内在于水和万物之中("藏")，这也正是老子"道生之，德畜之"所表达的意思。《太一生水》说"太一""周而又始"，老子同样认为，"道""周行不殆"(第二十五章)。《太一生水》把"太一"称作"万物之母"，老子则说"道""可以为天下母"(第二十五章)。

两者的承继关系从《太一生水》下面这段话亦可得到印证：

天道贵弱，削成者以益生者，伐于强，责于……。下，土也，而谓之地。上，气也，而谓之天。道亦其字也，青昏

---

① 这里的文字经李零校补，见李零著《郭店楚简校读记》第32—33页，北京大学出版社2002年版。

其名。以道从事者必托其名,故事成而身长。圣人之从事也,亦托其名,故功成而身不伤。

这段话残损比较严重,内容已不大联贯。但非常明显的是,它沿袭了老子的许多观念。像"天道贵弱"、"削成者以益生者"、"功成而身不伤"、"道亦其字也"等提法,在老子书中均能找到相同或相近的说法。

二、"太一生水"说与老子宇宙论的差别

不过,《太一生水》也有许多不同于老子之处。比较而言,这些不同之处对于我们把握道家的早期历史显得更为重要:

首先,《太一生水》提供了比老子更具体、更系统的宇宙生成论。

道家重视本源问题,这是众所周知的事实。但在道家的文献中,重点常常落在本源对万物的引导或示范作用上,至于从本源如何产生万物这种生成论方面的问题却讲得并不多。老子曾经说:"天下万物生于有,有生于无。"(第四十章)又说:"道生一,一生二,二生三,三生万物。"(第四十二章)可是,这种说法太过抽象,"一"、"二"、"三"究竟是实指还是虚指,后人根本无法弄清楚。论者一般相信,道家的宇宙生成论直到汉初的《淮南子》才算有比较具体和系统的表述。

《太一生水》篇发现后,这种说法已不能成立。从《太一生水》对"太一"到万物之间各个生成环节的细致说明看,我们有理由相信,早在庄子之前,道家的宇宙生成论已经获得了相当系统和完善的形式。

其次,《太一生水》在"尚气"说之外,提出了"尚水"说。

中国古代的宇宙论大多属于"气本论"或"气化论"的范畴,各

家对“气”的解释虽有不同（或称“精气”、或称“一气”、或称“元气”），但大家都承认，在万物生灭变化的过程中，“气”是最重要最基本的动力或因素。《管子》书中曾提到“水”而称：“水者何也？万物之本原也，诸生之宗室也。”但这种观点仅见于《水地》篇，所以通常被当做思想史上的一个特例。《太一生水》篇的发现，使我们认识到，除了“尚气说”之外，中国古代的宇宙论可能还有一个“尚水说”的传统。

《太一生水》对“水”的重视大概也得自于老子的影响。老子曾经说过：“上善若水。水善利万物而不争，居众人之所恶，故几于道矣。”（第八章）意思是说，从柔弱、不争、处下等特征来看，水的性质和作用与“道”最为接近。《太一生水》与老子所不同的是：老子讲“水”只是为了比喻道，《太一生水》则把“水”当成了宇宙演化过程中最重要的一环。

再次，《太一生水》的宇宙论有一个术数的背景。

把宇宙论从原始信仰中解救出来，是老子的重要贡献之一。但是，老子之后的道家各派是否也都像老子一样，割断了宇宙论与原始信仰、各类术数的关系，则是另外一个问题。

《太一生水》就是一个典型的例子。

一方面，《太一生水》描述的是一种宇宙生成图式，这当然无可怀疑；另一方面，《太一生水》又和当时的一些技术性知识有关。考古学家已经指出，“四时成岁”的框架是古代术数的基本要素之一，“太一藏于水，行于时”即是后来术数中“太一行九宫”的雏形。《太一生水》用“太一”而不用“道”来标示宇宙万物的本源，很可能就与它的这种术数背景有关。

最后，《太一生水》与易学传统亦有相互影响的痕迹。

和《老子》书相比，《太一生水》的宇宙论有两点显然非常特别:一是主张生成物对本源有一种"反辅"的作用;二是非常强调天地、神明、阴阳、四时、寒热、湿燥等许多对范畴之间的相反相成。

就前者而言,我们从《中庸》中可以找到某些近似的说法。譬如:"惟天下至诚,为能尽其性;能尽其性,则能尽人之性;能尽人之性,则能尽物之性;能尽物之性,则可以赞天地之化育"。意思是说,人虽是天地的造物,但只要按至诚的要求去做,就可以反过来帮助天地化育万物。

就后者而论,它同时也正是易学传统的灵魂所在。《系辞传》云:"是故易有太极,是生两仪。两仪生四象,四象生八卦。"又云:"一阴一阳谓之道"、"刚柔相推而生变化"。《易传》与《太一生水》一样,把天地、阴阳这些相反力量的相互作用看成是万物运动变化的源泉和动力。

由于文献不足,我们尚不能确定《太一生水》与《易传》之创作孰先孰后。考虑到易学的悠久历史,《太一生水》受《易传》影响的可能性更大些。

总的来说,在道家发展史中,《太一生水》代表了一种努力方向,那就是把老子学说与民间信仰和民间数术结合起来。这种尝试虽游离于先秦道家的主流,但却成了后来道教的思想源头之一。

第二节　庄子的"齐物论"

把老子思想发展到以个人本我、本真与自由为价值取向的一种内在精神生命的追求,并对中国传统文化人的心理性格产生过重大影响的,为庄子。

关于庄子的生平,《史记·老庄申韩列传》有一段简略的记载:

> 庄子者,蒙人也,名周。周尝为蒙漆园吏,与梁惠王、齐宣王同时。其学无所不窥,然其要本归于老子之言。故其著书十余万言,大抵皆寓言也。作《渔父》、《盗跖》、《胠箧》,以诋訾孔子之徒,以明老子之术。畏累虚、亢桑子之属,皆空语无事实。然善属书离辞,指事类情,用剽剥儒墨,虽当世宿学,不能自解免也。其言洸洋自恣以适己,故自王公大人不能器之。楚威王闻庄周贤,使使厚币迎之,许以为相。庄周笑谓楚使曰:"千金,重利也;卿相,尊位也。子独不见郊祭之牺牛乎?养食之数岁,衣以文绣,以入太庙。当是之时,虽欲为孤豚,其可得乎?子亟去,无污我。我宁游戏污渎之中以自快,无为有国者所羁,终身不仕,以快吾志焉。"

从这段话中,我们基本可以了解庄子的思想渊源及精神风貌。

《庄子》一书,《汉书·艺文志》著录52篇,现存33篇,计内篇7,外篇15,杂篇11。学术界一般认为,该书是庄周学派的著作总集,在内、外、杂三部分中,最有可能出于庄周之手的是内7篇。下面对庄子思想的介绍,就以内篇为主,同时参考外、杂篇的部分内容。

一、经验事物的相对性、不确定性辩证

庄子之学之所以被认为"其要本归于老子之言",固因为他也如老子一样,以"道"为最高范畴,同时还因为他亦如老子一样,大量地接触到经验世界、经验事物存在的矛盾性问题。所不同的是,老子捕捉到事物的矛盾性,许多时候会被转化为人生处世的一种智巧。如老子所说:"将欲歙之,必固张之。将欲弱之,必固强之。将欲废之,必固兴之。将欲夺之,必固与之。"(《老子·三十章》)此

间歙与张、弱与强、废与兴、夺与与,就是矛盾。老子认为只有首先处于矛盾的被动、次要、柔弱的一方,最终才能转为矛盾的主动、主导、刚强的另一方,这就是智巧。庄子不然。庄子暴露事物的矛盾,是为的暴露事物存在的相对性、不确定性,引出"万物一齐"的"齐物"之论。庄子称:

> 梁丽可以冲城,而不可以窒穴,言殊器也。骐骥骝骅,一日而驰千里,捕鼠不如狸狌,言殊技也。鸱鸺夜撮蚤,察毫末,昼出,瞋目而不见丘山,言殊性也。(《庄子·秋水》,下凡引《庄子》,只注篇目)

大木被称作栋梁之才,是相对于建造城楼而言的,用之于堵塞小洞,就只不过是废料一根;骐骥骝骅被视为良马,是相对于赶路而言的,用之于捉老鼠,则远不如野猫子;猫头鹰的双目被认为可以"察秋毫",是相对于夜间才发生的,要是在白天,它即使睁眼而不见丘山;这表明,一切事物,其属性、其功能,都是在相与对待的状况下才出现、才获得的,亦都会随着相与对待的状况的变化而变化。这里说的就是事物及其存在的相对性、不确定性。

《庄子·齐物论》以更加概括的说法说明了这一点:

> 物无非彼,物无非是。自彼则不见,自知则知之。故曰:彼出于是 ,是亦因彼。彼是方生之说也。虽然,方生方死,方死方生;方可方不可,方不可方可;因是因非,因非因是。……果且有彼是乎哉?果且无彼是乎哉?彼是莫得其偶,谓之道枢。

从此物看,对方为"彼";然而从彼物自己一方面看,它即是"此"。此即表明,物与物之间这种彼此(是)的区分,是极其相对的、极不确定的。

经验事物在性质、功能上的种种区分,既然都是在相与对待的情况下才出现的,是极不确定与极可变动的,那么,在本然的意义上,在未落入对待的情况下,它们实际上是"齐同"、"齐一"的。《庄子》一书中的《齐物论》,无疑首先即是以"齐同万物"为论的。

二、经验知识的人为性、主观性判认

然而,庄子的"齐物论",不仅致力于暴露经验事物的相对性、不确定性以引出"齐物"之论,更且致力于暴露经验知识的相对性、不确定性而引出齐同种种之"物论"。

庄子《齐物论》称:

> 吾尝试问乎汝:民湿寝则腰疾偏死,鳅然乎哉?木处则惴栗恂惧,猿猴然乎哉?三者孰知正处?民食刍豢,麋鹿食荐,蝍蛆甘带,鸱鸦耆鼠,四者孰知正味?……毛嫱丽姬,人之所美也;鱼见之深入 ,鸟见之高飞,麋鹿见之决骤,四者孰知天下之正色哉?

什么是好的居所("正处")?人、猴子、泥鳅,其看法会相同吗?什么是美味食物("正味")?人、麋鹿、蝍蛆之虫、乌鸦之鸟,其感觉会一样吗?什么是美丽的容貌("正色")?人、鱼类、鸟儿、麋鹿,其判定会无别吗?显然不是的。这里所揭示的,即是由不同认知主体所引发的认知的相对性、不确定性。

《庄子·齐物论》又写道:

> 狙公赋芧,曰:"朝三而暮四。"众狙皆怒。曰:"然则朝四而暮三。"众狙皆悦。名实未亏而喜怒为用,亦因是也。

狙公给猴子们分果子,让他们早上吃三个晚上吃四个,猴子们都很恼怒。狙公改让他们早上吃四个晚上吃三个,猴子们都高兴起来。这个寓言所揭示的,则是同一认知主体由于主观诉求上的原因亦会引发出认知的相对性、不确定性。

在庄子看来，人们惯常认定的经验世界、经验事物在性质、功能、价值上的种种差别，实际上都来自于人的认知上的判定，都是人的心智强加给外界的。庄子说：

> 以道观之，物无贵贱；以物观之，自贵而相贱；以俗观之，贵贱不在己；以差观之，因其所大而大之，则万物莫不大；因其所小而小之，则万物莫不小。知天地之为稊米也，知毫末之为丘山也，则差数睹矣。以功观之，因其所有而有之，则万物莫不有；因其所无而无之，则万物莫不无。知东西之相反而不可以相无，则功分定矣。以趣观之，因其所然而然之，则万物莫不然；因其所非而非之，则万物莫不非。……(《秋水》)

这就是说，物的贵贱、大小、有无、是非等的种种区别，都依缘于不同的认知主体或主体的不同认知角度、不同认知情境而出现的。显然，经验知识和由经验知识加给外界的种种性质、功能的判别，不仅是极其相对的、极不确定的，而且还是极其人为、极为主观、极不可靠的。

既然人的认知及其分辨纯为主观、极不可靠，是“随其成心而师之”造成的，则人的这种认知与分辨完全没有意义。正因如此，庄子写作《齐物论》，才不仅要齐同万物，而且要齐同种种对物的认知与论说，即齐同种种“物论”。

值得注意的是，庄子何以那么强调经验世界、经验事物的相对性、不确定性？这显然是有感于社会的急剧变动而发。从社会变动的角度看，人们以往拥有的知识、特别是价值性的认知判定，便不得不失却事实的依据。庄子由此出发而暴露人的认知的相对性、不确定性，这诚然是他的洞见。然而，庄子的讨论不限于此。

庄子的讨论实际上已涉及到认知的一般特点：认知总是从人的特定角度、特定需要出发，抽取客观事物的某一片面、片断而形成的，这无疑是“主观的”；在人把这种主观认识加给客观外界、对象化为外界时，外部世界无疑也成为“人为的”。庄子对认知的这种一般特点、一般功能的揭露，无疑又是十分睿智的。只不过，庄子对主观、人为的东西取否弃态度，却表现了他的独特的立场、独特的人生态度而已。

第三节　庄子的“道通为一”说

“齐物”之论与齐同“物论”，表现了庄子对经验世界与经验知识的否定性看法。那么，庄子从何建立其形而上学呢？

一、“道”从消解经验事物的分判而确立

《齐物论》中，庄子有“道通为一”的提法。显然，庄子是借“道通为一”的途径建构自己的形上学的。庄子称：

> 物固有所然，物固有所可。无物不然，无物不可。故为是举莛与楹，厉与西施，恢诡谲怪，道通为一。其分也，成也；其成也，毁也。凡物无成与毁，复通为一。（《齐物论》）

在这里，庄子与老子一样地，以“道”为形而上的最高范畴。“道”从何给出？从“道通为一”中给出。“道通为一”者，即在“道”的层面上，在“道”的审视下，万物在经验世界、经验事物范围内的分判都是没有本真意义、没有真确价值的，都可以化去。在庄子看来，把它们的分判化去，将它们看做是齐同、齐一的，就合于“道”，进达于“道”。

万物在经验世界层面上的差别,包括有在性质、功能、时间、空间和价值上的种种差别。“道”由化解这种种差别而获得,故又可被视为:

夫道有情有信,无为无形;可传而不可受,可得而不可见;自本自根,未有天地,自古以固存;神鬼神帝,生天生地;在太极之先而不为高,在六极之下而不为深,先天地生而不为久,长于上古而不为老。(《大宗师》)

这里,“为”、“形”、“可见”、“高”、“深”、“先”、“后”等概念,都是用以描述经验事物的种种性质、功能的。庄子认为,“道”没有这些特性,不能用这些概念来描述。“道”既不能用这些知性概念来描述,自然显得神秘。然它越被置于神秘的地位,却恰恰越凸显了它对经验事物在性质、功能上的差别的化解功能。

又,“道”既然化去、超越经验事物的种种区分,不再具有经验事物的种种特质,那么,从经验的立场看“道”,“道”也可被视为“无”、“无有”。《庄子·知北游》以寓言记述:

光曜问乎无有曰:“夫子有乎?其无有乎?”光曜不得问而孰视其状貌:窅然空然。终日视之而不见,听之而不闻,搏之而不得也。光曜曰:“至矣,其孰能至此乎!予能有无矣,而未能无无也。及为无有矣,何从至此哉!”

“光曜”无形无色,可谓有所“无”了,然而毕竟有“问”,还未至于“无无”。惟至于“无无”,没有任何经验事物的性质、特点,才可称之为“道”。

我们知道,老子曾说:“天下万物生于有,有生于无。”(《老子·四十章》)这也是把“道”归之于“无”。然而老子主宇宙生成说。依老子,“道”如果被视为能够化生宇宙万物的最初本源,则它不可

能完全被虚无化。它必须是实存的,然后才可以化生出种种实存物。然而,庄子对"道"的本源本始性也是取怀疑态度的。庄子称:

> 有始也者,有未始有始也者,有未始有夫未始有始也者;有有也者,有无也者,有未始有无也者,有未始有夫未始有无也者。俄而有无矣,而未知有无之果孰有孰无也。

就是说,"道"怎么可能是本源本始呢?如果确认宇宙有本源本始,那么本始的本始、本始的本始的本始又是什么呢?世界又怎么可能被确认为由"无"还是由"有"开始呢?如果确认由"无"或者由"有"开始,那么在"无"与"有"之前又是由什么作为开始?显然一旦确认"道"为万物的本源本始,"道"就无法逃避这种实存性的追问,且最终被归为实存物。

庄子的"道",一方面借化去经验世界、经验事物的对待性及由对待性引发的种种差别与区分而建立;另一面亦借拒斥作为宇宙本源本始的实存性而证成。显而易见,它不是作为本源的实存论意义上的"道",而是形上境界之道。

二、"道"借剥离经验知识的不真而凸显

在庄子那里,"道"不仅借消解、化去经验事物的种种差别、区分而建立,同时亦借消解、超越经验知识及其给出的种种判定而建立。《庄子·齐物论》称:

> 以指喻指之非指,不若以非指喻指之非指也;以马喻马之非马,不若以非马喻马之非马也。天地一指也,万物一马也。

说"马是马",这是肯定性判定;说"马非马",这是否定性判断。两者似乎相反,然都还是经验知识的分判。惟有说"马非马而

非马是马”,才可以超越经验分判,而升进于“道”。在“道”的境界上,天地无非一指,万物无非一马,岂有彼与此、是与非之区别?

《庄子·齐物论》又以三问三不知的方式消解认知分判的意义:

啮缺问乎王倪曰:“子知物之所同是乎?”曰:“吾恶乎知之!”“子知子之所不知邪?”曰:“吾恶乎知之!”“然则物无知邪?”曰:“吾恶乎知之!虽然,尝试言之:庸讵知吾所谓知之非不知邪?庸讵知吾所谓不知之非知邪?

此间“吾所谓知之非不知邪”、“吾所谓不知之非知邪”,既指认知因人而异、因情境而别的人为性与主观性。认知分判作为人为的与主观的,不具本真意义,因而“吾恶乎知之”。

如上所述,庄子甚至认为,存在界的种种差别,其实即出自人认知上的分判,是人的认知加给世界的。因而,消解经验知识凸显的“道”,实即以未落入经验分判之前的一种自然—本然性的存在状况为“道”。在庄子那里,未落入经验分判之前的存在状况,并不是像老子那样指称为实存性的本源,而纯属于一种精神境界。就是说,庄子的“道”与老子不同,它是境界性的。庄子建构的形上学为境界形上学。庄子以未落入经验分判之前的自然本然性的存在状况为“道”,所显示的境界追求,为以回归自然为特征的一种精神追求。

第四节　庄子的“逍遥游”

那么,回归自然—本然的精神追求是怎样的呢?如何可以达到这样一种精神境界呢?

一、“独与天地精神相往来”的出世追求

如上说,庄子的“道”,首先是借化去经验世界、经验事物的差别与对待而确立的,“道”作为一种精神意境也必由超越经验世界的对待关系中求取。因此,庄子的精神追求首先就表现为出世追求。《庄子·天下》篇称庄子“独与天地精神相往来”,称它只求“上与造物者游,而下与外死生、无终始者为友”。在《庄子·应帝王》篇里,庄子又借“无名人”之口说:

> 予方将与造物者为人,厌则又乘夫莽眇之鸟,以出六极之外,而游无何有之乡,以处圹埌之野。

这里表达的庄子的意愿,无疑都是极其出世的。

如何可以出世呢?依《庄子·逍遥游》所说,人之所以在世而为世所拘限,是因为人处于与他人、他物的对待关系中,并且,人把在与他人、他物的对待关系中的“己”执定为己我。人一旦有己、有待,则无法摆脱有限性而求得逍遥游。庄子说:

> 故夫知效一官,行比一乡,德合一君,而徵一国者,其自视也,亦若此矣。而宋荣子犹然笑之。且举世而誉之而不加劝,举世而非之而不加沮,定乎内外之分,辩乎荣辱之境,斯已矣。彼其于世,未数数然也。虽然,犹有未树也。夫列子御风而行,泠然善也,旬有五日而后反。彼于致福者,未数数然也。此虽免乎行,犹有所待者也。若夫乘天地之正,而御六气之辩,以游无穷者,彼且恶乎待哉!故曰:至人无己,神人无功,圣人无名。(《逍遥游》)

这是说,“知效一官,行比一乡”一类人,他们的才德有待于一个小的地域才可以施展,这类人是最受拘限的;至于宋荣子一类人,他们已超出是非荣辱的分辨了,然而还有内外之分,还与世间处于一种对待关系中,也还是受拘限;及至列子一类人,他能

够“御风而行”，生活得十分潇洒飘逸，对世间是非善恶已全无牵挂，然而它毕竟还有待于“风”，因而依然受对待关系所约束；惟有“无己”（不执著个我）、“无功”（不留恋功业）、“无名”（彻底舍弃名位）的人，才可以超出一切对待关系，与“道”冥合为一而作逍遥游。庄子以至人、神人、圣人称谓那些得以成就逍遥游的人，显示了庄子的理想人格与儒家的重大区别：后者以贤圣论人格，透显出对世间道德生活与秩序生活的关爱；前者却以出离世间污浊为所愿，向往漂泊于“无何有之乡，广莫之野”（《逍遥游》）。

二、“不谴是非以与世俗处”的游世意识

庄子以出世为最高精神追求，然而庄子又意识到，人一旦成其为人（有身体、有欲望者），又不可以不生活在世间。庄子以齐同万物、齐同是非论“道”而不以最初本源论“道”，即与这一意识有关。在以“道”作为最初本源的情况下，引发的出世追求为避居山林的逃世遁世追求。庄子认为这种出世只属“小隐”。“小隐”把世间与出世间截然分割开来，还是处于对待中。庄子之“道”讲齐同万物，齐一是非，不仅消解了物与物、人与物的对待关系，也消解了世间与出世间、闹市与山林的分割对待关系。因此，庄子实际上是以世间为出世间的。

那么，如何可以做到以世间为出世间呢？站在“道”的层面上，世间的一切区分对待，都是极其相对、极其不确定的，都不具本真的意义。因而，在庄子看来，在世、与世俗处，却不将世俗的是非、善恶区分当真，即可出世。庄子说：“独与天地精神相往来，而不敖倪于万物；不谴是非，以与世俗处。”（《天下》）所论即是。

人不可以不在世，不可以不与世俗处，然而对世俗的种种是

非、善恶分辨又不可以当真,这是很荒诞的。又或说,人活在世上,不能够不遵循、顺从世间一切不具本真意义的是非观念、善恶观念,及借这些观念建立起来的种种规则,不能够把不真当真,这当然很荒诞。故庄子有强烈的荒诞意识、嘲世与自嘲的精神。在庄子笔下,那些得道的真人,都是形体残缺之人。这即体现为一种“自嘲”。《庄子·人间世》编造一个例子:

> 支离疏者,颐隐于齐,肩高于顶,会撮指天,五管在上,两髀为胁。挫针治繲,足以糊口;鼓荚播精,足以食十人。上征武士,则支离攘臂于其间;上有大役,则支离以有常疾不受功;上与病者粟,则受三锺与十束薪。夫支离者其形者,犹足以养其身,终其天年,又况支离其德者乎!

支离疏形体残缺不存,这是一大不幸。然而,凡遇兵役,都可免去;每遇恩典,均获优惠。这又何其侥幸!这里,形体残缺为自嘲;以不幸而侥幸,幸而不幸,为荒诞。

在庄子看来,人一旦视世间为荒诞,在世间中,便可以通过游戏人间的方式而出世。《庄子·人间世》以蘧伯玉的口吻谈处世之道称:

> 彼且为婴儿,亦与之为婴儿;彼且为无町畦 ,亦与之为无町畦;彼且为无崖,亦与之为无崖;达之,入于无疵。

这种顺适一切的态度就表现为一种游戏人生的态度。

《庄子·山木》篇记述:庄子带着弟子行于山中,见一不成材的大树长得非常茂盛。庄子告诫弟子说,此树是因为不材才得以保全性命的。下山后,庄子与弟子住在一位朋友家里。朋友设宴招待,把家中一只不会鸣叫的雁杀掉。弟子们因此有了疑问:大树因不材而活,主人之雁因不成材而死,老师你认为人该如何自处呢?

庄子回答说:周将处乎才与不才之间。庄子这种“处乎才与不才”、可与不可、用与不用之间的态度,也为一种游戏人生的态度。

无疑,庄子对世间生活抱有一种浓厚的游戏意识。

三、庄子的自由境界与传统中国的自由精神

庄子游戏人生的态度,以往曾被视为混世主义、滑头主义而受到指责。从经验知识或从入世担当的立场看,这种指责自有其可成立之处。

然而,依庄子的立场,入世担当便不得不面对矛盾,不得不受种种矛盾对待关系的拘限,不得不为这种种矛盾对待拘限所扭曲、被变形。人由之将失却本真,失去自由。这在庄子看来,那是很痛苦的事!

庄子是极看重人的本真和自由的。而人的这种本真与自由是在未落入矛盾对待中,未被知识理性肢解掉或遮蔽了,在自然—本然的状态下才能给出的。从这一角度看,则庄子之游戏人生实为消解矛盾对待、消解知识理性的肢解与遮蔽而所取的一种人生策略、人生艺术。要做到这一点,甚至需要相当好的修为、相当高的精神心境。因此,以“混世主义”说庄子,不见得真正认识庄子。“混世主义”包含着明显的功利目的,岂能有庄子的境界!

庄子的以下话语或庄子编织的以下故事,都只有放置在庄子对本真与自由的追求的层面上才可以有恰当的解释:

> 今大冶铸金,金踊跃曰:“我且必为镆铘!”大冶必以为不祥之金。今一犯人之形而曰:“人耳!人耳!”夫造化者必以为不祥之人。(《大宗师》)

大化造物为自然过程,人要求它一定要把自己铸造为人,就使它具有目的性。大化视之为“不祥”,此正以自然—本然为本真而被庄

子所尚。

> 南海之帝为儵，北海之帝为忽，中央之帝为浑沌。儵与忽时相与遇于浑沌之地，浑沌待之甚善。儵与忽谋报浑沌之德，曰："人皆有七窍以视听食息，此独无有，尝试凿之。"日凿一窍，七日而浑沌死。（《应帝王》）

混沌无知无识无欲无求，好好的。七窍开通，有知有识有欲有求之后，混沌死了。这意味着，知识心的发达遮蔽了本真。

再看前引《史记·老子韩非列传》所记：楚威王派使者带重金前往邀请庄子出任为相。庄子的回答是："子亟去，无污我。我宁游戏污渎之中以自快，无为有国者所羁，终身不仕，以快吾志焉。"庄子这种"以快吾志"的追求，显然就是一种自由的追求。

在中国思想史上，庄子开启的这种对自然—本然、对本真与自由追求，曾对知识精英的精神心理产生过深刻影响。在魏晋风度、明末士风中，人们更可以品味到庄子的神韵。庄子思想之所以在不同时代都能够产生影响，就在于庄子的学说并不仅仅源自于对特定社会生存境遇的焦虑、反省，更根自于对人作为社会与文化的存在这种具有"一般"、"普遍"意义的焦虑与反省。人惟有进入社会、被文化，人才得以与动物拉开距离成为人。然而人进入社会即意味着必须接受对待关系的约束并改变自己，人被文化即意味着必须受到"装饰"并被理性化。这都会使人失去自然—本然性情，丧失本真与自由。这是人类与生俱来的矛盾、困顿与迷失。庄子所表达的，庄子影响于后人的，也许就是人类的这种困顿与迷失吧！

第五节　援道入法的稷下之学

庄子以追求自然—本然性情，追求本真与自由的精神深深影响于后世；与庄子约略同时的一批稷下先生，则在把老子道家思想转向法家，从而为统治阶层提供驾御国家与役使百姓之术方面亦产生了影响。

据说，早在桓公田午之时，齐国就曾经在都城的稷门附近设立学宫养士，虽然当时的情形如何已经失载，但战国中后期稷下学宫的盛况倒是有史可查的：

> 宣王喜文学游说之士，自如驺衍、淳于髡、田骈、接予、慎到、环渊之徒七十六人，皆赐列第，为上大夫，不治而议论。是以齐稷下学士复盛，且数百千人。（《史记·田敬仲完世家》）

按照司马迁的说法，稷下学宫的人数极多，仅做先生的就有七十多人。这些人自然不全是黄老道家，至少曾在那里游历过的孟子不是，做过三任祭酒的荀况也不是。然而，《史记》说及的上述人物，大多与道家有关，则无可疑。

按齐国在管仲当政之时，其政令已透视出一种以法术治国的色彩，并且构成为齐国的一个传统，而老子之学，如上所说它隐含有智巧的一面。所以，两者的结合，并不困难。而且，即便在形上学层面上，如老子以因顺自然为“道”，庄子固可将其理解为因顺自然一本然性情，慎到等也可将其理解为遵从自然既成之态势。在当做后一种理解时，道家已转为法家。稷下人物中的慎到一脉和见于《管子》一书中的一些论作即是如此。

一、慎到的“弃知去己”说与重“势”观

有关慎到的思想资料，除了《庄子·天下》篇和《荀子·非十二子》的简短评述外，就剩下《慎子》一书的几个残篇。据《汉书·艺文志》说，这本书本来应该有四十多篇。

按照《天下》篇的记载，慎到的学说大体上包含以下几点：1.“齐万物以为首”；2.“公而不党，易而无私，决然无主”；3.“弃知去己”、“无用贤圣”。

“齐万物以为首”的意思是说，以齐同万物为整个学说的第一义。“公而不党，易而无私，决然无主”的大意是说要公正、不阿党、无偏私、无主见。“弃知去己”意思比较清楚，即摒弃主观性，否弃“师其成心”。“无用贤圣”是说用不着那些贤才圣人。

这些观点有的直接来自于老子，有的则与庄子的说法相接近，如慎到对“齐万物”的解释：“天能覆之而不能载之，地能载之而不能覆之，大道能包之而不能辩之。万物皆有所可，有所不可。故曰选则不偏，教则不至，道则无遗者矣。”（《庄子·天下》）意思是说，从“道”的角度来讲，万物都是齐一平等的，它们都有所可、有所不可。因而，“道”要包纳万物，对万物不加以主观的区别与取舍。因此，这种说法就与庄子《齐物论》非常接近。

慎到之被归为道家，很大程度上与他的这些言论有关。

但是，当慎到把这些观点引申到政治领域中时，他与老、庄的差别就开始凸显出来：

首先，老庄“道”论均有强烈的社会批判精神，无论是作为实存的本源也好，还是作为理想的精神境界也好，“道”都能反衬出现实经验世界的缺陷甚至病态。但到了慎到这里，“道”反而成了论证君主统治合理性的工具：

> 大君者，太上也，兼畜下者也，下之所能不同，皆上之用也。是以大君因民之能为资，尽包而畜之，无能去取焉。（《慎子·民杂》）

“道”之包容万物，不加选择，转化为为君之“道”，也应兼畜下民，无所去取。

其次，老庄提倡“明”、“公”，提倡“去私去欲”，其主要理由是，他们认为私欲横行导致了质朴的丧失，因而“去私去欲”是为回归于“道”与“德”。慎到则不然。他主张公正、不阿私的目的却是为了说明礼、法对于一个社会的重要性：

> 法虽不善，犹愈于无法，所以一人心也。……法制礼籍，所以立公义也。凡立公所以弃私也。(《慎子·威德》)

“法虽不善，犹愈于无法”是法家学派的典型说法。慎到以道家之尚公去私来说明礼法的作用，显然已开后世道法结合的先例。这一点其实也正是黄老道家的典型特征。

最后，在反智反圣贤的原因方面，慎到和老庄也有根本的差别。老庄反智反圣贤，主要是因为提倡圣、智容易导致争竞之心，违背道家自然无为的理想；慎到反智反圣贤所顾及的是，智慧和圣贤不足以作为治国的常道：

> 多贤不可以多君，无贤不可以无君。(《慎子》逸文)
>
> 君之智未必最贤于众也。以未最贤而欲以善尽被下，则不赡矣。若使君之智最贤，以一君而尽赡下则劳，劳则有倦，倦则衰，衰则复返于不赡之道也。是以人君自任而躬事，则臣不事事，是君臣易位也，谓之倒逆。倒逆则乱矣。(《慎子·民杂》)

慎到认为，如果用“贤”、“智”作为“君主”的标准，那就会遇到许多难题，譬如有多位贤人时该怎么办？总不能同时有多个君主吧！反之，一位贤人也没有时又怎么办？总不能没有君主吧！再说，君主的智慧也未必是最高的，即使是最高的也不可能把天下事全都包办。所以圣、智是靠不住的，治国的关键还是要有一套行之有效的礼法。君主维持自己的地位则要靠权势，故慎子又特别重视“权势”。慎子称：

> 贤而屈于不肖者,权轻也;不肖而服于贤者,位尊也。尧为匹夫,不能使其邻家。至南面而王,则令行禁止。由此观之,贤不足以服不肖,而势位足以屈贤矣。故无名而断者,权重也;弩弱而矢高者,乘于风也。(《慎子·威德》)

慎子这里的"势位"、"权重",是由绝对至尊的地位与绝对至上的权力所造成的。慎子认为,君主一旦有了这种地位和权利,就可以居高临下地驾御臣民,而臣民无不为之慑服。"势"构成为君主实行强控制的手段。慎子的思想由此成为法家思想的重要来源。

二、《管子》四篇的"精气"说与"心术"论

《管子》一书虽托名为管子,但并非管子的作品。它实际上是一部杂儒、道、法、兵、阴阳等各家学说在内的论文汇编。一般认为,这些论文的作者大多是寄身于齐国的稷下先生们。其中,《白心》、《内业》、《心术上》和《心术下》四篇自成一体,可以相信是稷下黄老道家的作品。

这四篇文章的内容很丰富,对后世影响比较大的主要有两点:

第一,以"气"释"道",系统地论证了精气说。

《管子》四篇继承了老子的思想,强调"道"是宇宙万物的本源。如《内业》篇称:"凡道无根无茎,无叶无荣,万物以生,万物以成,命之曰道。"此即是。但在什么是"道"的问题上,《管子》四篇有一个新的说明:

> 凡物之精,此则为生,下生五谷,上为列星,流于天地之间,谓之鬼神,藏于胸中,谓之圣人,是故名气。杲乎如登于天,杳乎如入于渊,淖乎如在于海,卒乎如在于己。是故此气也,不可止以力,而可安以德;不可呼以声,而可迎以意。(《内业》)

上段引文既说道生万物,这里又说精气“下生五谷,上为列星”,显然在《内业》篇的作者心中,“道”即精气,精气即“道”,两者是可以互换的词语。

按照《内业》篇,精气不仅可以流布于天地之间,生为鬼神,而且可以藏在人的胸中,成就圣人。人的智慧和精神都是这种精气的产物:“气,道乃生,生乃思,思乃知。”保存有足够的精气,人的身体和智力都会受益:“精存自生,其外安荣。内藏以为泉源,浩然和平,以为气渊。渊之不涸,四体乃固;泉之不竭,九窍遂能。”人还可以通过有意识的努力来抟气聚精:“抟气如神,万物备存。”

《管子》四篇的这种“精气”说对后世有极大的影响。除了汉代的宇宙论之外,中医和道教的许多理论都与它有脱不开的干系。

第二,主张治身与治国基于同一个道理。

道家重修身和养生,方法多与虚、静有关。如老子云:“致虚极,守静笃”、“清静而为天下正”等等。《管子》四篇对此有进一步的发挥:

> 人皆欲知而莫索其所以知。其所知,彼也;其所以知,此也。不修之此,焉能知彼?修之此,莫如虚矣,虚者无藏也。(《心术上》)

虚即虚心,让心灵不受任何前见的干扰,处于彻底的虚空状态。只有达到了这种地步,心灵才会没有偏见地接纳或容受外物。

不过,《管子》四篇讲“虚”的目的不仅仅是了修身或认知,它最终是要说明虚静对于治国的重要性:

> 心之在体,君之位也。九窍之有职,官之分也。心处其道,九窍循理;嗜欲充益,目不见色,耳不闻声。故曰:上离其道,下失其事。毋代马走,使尽其力;毋代鸟飞,使弊其羽翼。毋先物动,以观其则;动则失位,静乃自得。

(《心术上》)

心术者,无为而制窍者也。(《心术上》)

表面上是说心与九窍的关系,实际上是讲君主如何处理与臣下的关系。心的作用是统领九窍,所以心静则九窍自然各司其职,心乱就会产生耳聋目盲。君臣关系也是如此,君守着自己的本位,臣下就会各尽其责;君若越权妄动,臣下将不知所措。所以,明君都懂得"无为制窍"、以静制动的道理。

"无为制窍"其实就是法家人物申不害、韩非所看重的"术"。《管子》四篇的这些内容又一次印证了稷下之学援道入法的特质。

第六章

阴阳五行说的发展与《易传》的气化流行论

战国中叶,致力于探讨天地宇宙的来源,并借宇宙来源来说明自己的社会政治主张、人生境界追求的正当性的,不仅有儒、道二家,还有被后来称为阴阳家、五行家和致力于《易经》研究的一批人物。这些人物及他们的著作由于更多地从农业生产的实际经验与视角出发来讨论问题,所以他们提出的关于宇宙起源,关于天道运化的观念,对后来的社会产生了更大的影响。

第一节 阴阳五行说的发展与邹衍的“五德终始”说

用“阴阳”或“五行”来解释自然现象乃至社会现象的做法,可以追溯到殷商西周之际,然而把两者整合起来建构为宇宙论,却经历了一个长过程。

一、“阴阳”说与“五行”说的结合和传播

“阴阳”二字,原出很早,先民本指在山的南面,面向阳光的为

"阳"，在山的北面，背向阳光的为"阴"。面向阳光有助于作物的生长，背向阳光有利于作物的收藏。因此，阴阳的区分，从一开始就是与农业生产的需要，与万物的生生化化有不可分割的联系。

然而，经过提升得以具有哲学意味的"阴阳"观念还有待于与《易经》的结合。《易经》虽没有直接讲到"阴阳"，但用"—"和"--"两爻代表宇宙间两种对立统一、相反相成的属性，显然即与阴阳观念相一致。及至西周末年三川地震，伯阳父认为是"阳伏不能出，阴迫不能蒸"(《国语·周语》)所引发，阴阳对立统一的观念无疑业已基本形成。春秋时期，"阴阳"观念有了进一步的发展。如鲁昭公二十四年夏五月发生日食，梓慎认为是阳不克阴，将引起水灾，但昭子则认为如果过了春分阴还不能克阳，阳必然反过来克阴，会引起旱灾。这说明当时已提出了阴阳相克的观念。尔后，《老子》又进一步把阴阳二气看做是万物生成、演化的内在根源，也就把阴阳理论发展为先秦最深刻的哲学形上学。但是至此，"阴阳"观尚未与"五行"说相结合为一体。

"五行"说的起源也很早，它在先秦的发展依次经历了并列、相杂、相克、相生等阶段。一般认为，"五行"源出于殷人对"五"的数字崇拜。最早明确提出"五行"的是《尚书·洪范》篇。西周末年，史伯始创的"和实生物，同则不继"的思想，又以"先王以土与金木水火杂，以成百物"(《国语·郑语》)为说。春秋末年，五行相克(相胜)的观念开始出现。《左传·昭公三十一年》载赵简子因做梦后遇日食，请史墨占其吉凶，史墨预言6年后吴军将入郢，但因"火胜金，故弗克"。哀公九年，晋赵鞅为救郑而卜，遇水适火，史墨说，姜为炎帝之后，"水克火，伐姜则可"(《左传·哀公九年》)。这说明当时大概已有五行循环相克的看法，所以《孙子兵法·虚实篇》说："五行无常胜"。降及战国初年，又出现了五行相生的思想。《管子·四时》、《礼记·月令》等篇不但有五行相生的之说，而且开始把它与阴阳结合起来，构筑一个阴阳五行的思想系统。《四时》篇称：春气曰风，风生木与骨；夏气曰阳，阳生火与气；中央曰土，土为火之子，故摄于夏；秋气曰阴，阴生金与甲；冬气曰寒，寒生水与血。这个木、火、土、金、水的排列顺序就体现了五行相生的关系。《月令》篇不仅把阴阳与五行连结起来，把四时、五方与五行配搭起来，而且把种种自然物事以"五"归类，分别纳入"五色"、"五音"、"五虫"、"五脏"之属，然后也与五行、四时相匹配，从而建构起一个关于宇宙世界相互联结、互相推荡的完整自然哲学体系。

依阴阳五行家的看法，人的一切行为，都必须以阴阳、四时、五行在相互联结中给出的规则为依据。《月令》篇称："凡举大事，毋逆大数，必须四时，慎其类也。"《四时》篇则谓：

> 是故阴阳者，天地之大理也；四时者，阴阳之大经也。刑德者，四时之合也；刑德合于时则生福，诡则生祸。

这都是说，社会人事方面的一切举措，包括庆赏与刑罚等种种社会政治举动，都必须遵循阴阳、四时、五行在相互联结的过程中形成的理则，才会获得成功，否则将要引发灾祸。由此，阴阳五行家不仅以"阴阳消息"的观念说明了自然世界的复杂关系，而且编织了一个贯穿自然与社会的宏大图景。阴阳、四时、五行这些因素都与农业生产密切相关，因而，这套理论经汉代思想家的发展，构成为中国传统社会特别是民间社会的基本信仰。

二、邹衍的"五德终始"的历史理论

"阴阳五行"说影响于政治，并构成为政权合法性的理论依据的，则见诸于邹衍的关于"五德终始"的历史理论。

邹衍(约公元前305—前240)齐国人,本是齐稷下学者之一,曾广泛活动于齐、赵、魏、燕等国。《史记·孟荀列传》称他"深观阴阳消息而作怪迂之变","其言闳大不经","称引天地剖判以来,五德转移,治各有宜,而符应若兹……"就是说,他把五行相胜的观念与社会历史变迁相穿凿附会,创立了一套解释朝代兴衰的神秘主义理论。其论称道:

凡帝王之将兴也,天必先见祥乎下民。黄帝之时,天先见大螾大蝼,黄帝曰:土气胜。土气胜,故其色尚黄,其事则土。及禹之时,天先见草木秋冬不杀。禹曰:木气胜。木气胜,故其色尚青,其事则木。及汤之时,天先见金刃生于水。汤曰:金气胜。金气胜,故其色尚白,其事则金。及文王时,天先见火赤乌衔丹书集于周社,文王曰:火气胜。火气胜,故其色尚赤,水气至而不知,数备将徙于土①。

这就是说,朝代的更替是受五行生克的规则支配的。而且,在发生更替之前,"天必先见祥乎下民",以各种征兆预示变化的到来。周朝为"火德",水胜火,下来取代周朝的必以"水德"胜。

邹衍创设的这套"五德终始"循环论,对当时乃至后来的社会政治更革产生了重大影响。这一方面是因为,邹衍建构起来的这种"天道"观与西周不同,西周虽讲以"德"配"天",但这个"天"具有明显的人格神性质,邹衍以阴阳、四时、五行论"天道"却更多地赋予"天道"以自然运化的且可以为农业经验所接受的意味;另一方面则是因为,春秋战国以来社会的变动,使得统治者迫切需要一

① 以上引文虽出自《吕氏春秋·应同篇》,但据《七略》谓:"《吕览》所述,驺子之文也"。

种能够解释社会治乱的理论。对此,《史记·天官书》曾称述:"春秋二百四十二年之间,日蚀三十六,彗星三见,宋襄公时星陨如雨。天子微,诸侯力政,五伯代兴,更为主命……田氏篡齐,三家分晋,并为战国。争于攻取,兵革更起,城邑数屠……臣主共忧患,其察禨祥候星气尤急",是故"言从衡者继踵"。邹衍的理论就是在这种情况下形成的。由于它能够为争夺霸权的诸侯们的"顺天承命"提供神学上的依据,因而很受统治者欢迎。据载,秦并天下后,有人就引用邹子的理论向秦始皇进言:"今秦变周,水德之时。"以"端平法度"自诩的秦王也不敢不信"五德终始"之说而更命河曰"德水",以冬十月为年首,色尚黑。此即可见其影响。

第二节 《易传》的"变易"思想与气化流行观

借重新解释《易经》而建构起宇宙论的努力,则集中表现于《易传》里。该书过去相传为孔子所作,其实并不可靠。从它的内容以及文献上的一些蛛丝马迹来看,它既非成于一人之手,亦非作于一时之间,而是战国年间一些儒生在传述《易经》的过程中逐渐形成的。全书共有十篇,又称"十翼",即《系辞》(上、下)、《彖传》(上、下)、《象传》(上、下)、《文言》、《序卦》、《说卦》、《杂卦》,它们分别从不同的角度阐发《易经》,给这部原本用作占卦的书赋予了哲学的意味。

一、"生生之谓易"的气化流行观

《易传》与阴阳五行家一样,也讲宇宙生成。《易传》的提法是:

易有太极,是生两仪,两仪生四象,四象生八卦,八卦

定吉凶，吉凶生大业。(《系辞》)

按，《易传》这段话是用以解释占筮的方法的，但是却把筮法的过程赋予了宇宙生成的意义："易有太极"的提法，显然与老子一派的"道生一"、"太一生水"的观念有关，"太极"被易学家们看做是宇宙的最初本源，是阴阳未分之本然状态；"两仪"则象征从太极分化出来的阴阳二气；由阴阳二气演化为春、夏、秋、冬(或曰少阳、太阳、少阴、太阴)四时，四时在占筮系统中对应于"四象"；四象再衍生出天、地、山、泽、风、雷、水、火八物，八物对应于占筮系统为"八卦"。在八卦中最根本的是乾坤二卦，乾卦纯阳，坤卦纯阴；乾象为天，坤象为地。天有开创万物之德，坤有成就万物之功。所以《彖传·乾》说："大哉乾元，万物资始，乃统天"；《彖传·坤》说："至哉坤元，万物资生，乃顺承天"；《系辞上》也说："乾知大始，坤作成物"。万物皆因乾坤之功德而生，所以《系辞下》又说："天地之大德曰生"。敬祈、颂扬由"太极"至"阴阳"至"八卦"的演化过程中体现的"生生之德"，构成为《易传》的基本精神。所谓"生生之谓易"(《系辞上》)即是。

宇宙万物都处在永不止息的生化过程中。然而一切生化过程都是由阴阳二气的交合变化引发的，因而都是有规则可寻的。故《系辞上》称："一阴一阳之谓道"。"道"即构成为这种变化的规则。这个作为一阴一阳变化规则的"道"，是自行发动、自然生化万物的，不具有目的性。故《系辞上》同时又揭明，"道""鼓万物而不与圣人同忧"。而且，在《系辞》的作者看来，阴阳及其"道"，其存在其变化都是不露形迹的，其生化的万物才是有形迹、可把捉的。因而，《系辞》又称："形而上者谓之道，形而下者谓之器"。"道"与"器"的区分，原出于老子。《易传》作者承接老子的区分而以"形而上"、"形而下"概括之，自此，中国传统哲学有了"形而上学”或“形上学”的概念。《易传》建构的形上学，为宇宙论形态的形上学。

《易传》的宇宙论与阴阳五行家的宇宙论不同之处在于，《易传》没有引入“五行”说。这很可能是因为《易传》的解释受制于筮法的数学递变规则，筮法的递变是以平方的方式增长的，没有办法容纳“五”这个数字。然而，这并不表示《易经》的思想与农业社会无关。它的“太极”、“阴阳”、“四时”、“八卦”的观念，及其“生生之德”的基本精神，毫无例外地都显示着农业社会普遍流行的思想与信仰。

二、“唯变所适”的“变易”思想

宇宙论形态的形上学既讲宇宙生化，则必然要容纳、引入辩证法思想。这一点，我们在老子哲学中已经看到。《易传》对老子的辩证法思想作了更出色的发挥。

首先，《易传》确认“一阴一阳之谓道”，这就意味着承认阴阳是宇宙间相互对立又相互依存的矛盾统一体，阴阳生化万物，又意味着矛盾统一为宇宙间从自然界到人类社会的普遍法则。《易传》大量地使用了天地、寒暑、刚柔、动静、屈伸、往复等矛盾概念，说明《易传》对矛盾普遍性有着深刻的认识。

其次，易经对矛盾对立双方互相交感、互相推荡从而引发生化的作用亦有深刻的了解。《易传》称：

> 天地细缊，万物化醇；男女构精，万物化生。（《系辞上》）
>
> 日往则月来，月往则日来，日月相推而明生焉。寒往则暑来，暑往则寒来，寒暑相推而岁成焉。（《系辞下》）

这些说法都表明，《易传》十分看重对立双方互相交感在推动宇宙生化中的意义。

其三,《易经》对对立双方通过交感引起双方的地位的相互转化也作了充分的肯定。《易经》之谓“易”,在《易传》看来包含有简易、变易、不易三义,而变易是其中最根本的一义。《易传》称:

> 《易》之为书也不可远,为道也屡迁,变动不居,周流六虚,上下无常,刚柔相易,不可为典要,唯变所适。(《系辞下》)

这里所谓“不可为典要”,即指无一成不变的规则,人们只可以追随它的变化,选择适宜的做法,是谓“唯变所适”。这就是承认变化是绝对的。

《易传》基于“变易”的这种绝对性而提出了“穷则变,变则通,通则久”(《系辞下》)的变革理念,并且把这一理念引入社会历史领域。《彖传·革》宣称:

> 天地革而四时成,汤武革命顺乎天而应乎人。革之时,大矣哉。

《易传》对“革命”的赞扬无疑体现了变革时代的精神风貌。

与老子辩证法比较,我们可以看到,《易传》是直面宇宙大化和在大化中变革的意义的,而老子对宇宙大化则取反省与批判的态度。依《易传》,宇宙大化由本源向万物的生成过程为一不断丰富、不断增长的过程,故值得赞许。在老子看来,宇宙大化由本源向万物的生成过程为一不断地为矛盾对立所困扰、所肢解,不断走向坠落的过程,因而老子以返归本根与单一为尚。显然,两种不同的宇宙论隐含有各自不同的价值向度。

三、《易传》与儒家的“性命”学说

《易传》的宇宙论建构,固然吸收了老子道家、阴阳五行家的

思想成果,但是,它的价值观却更多地表现了儒家的理念。也可以说,《易传》的宇宙论建构落实在价值观上,是为儒家的人伦思想提供另一种"天道"观的说明的。

我们知道,在《性自命出》那里,由于把"情性"赋予"天命"的意义,虽然"情性"与"天命"有了贯通,然而,在价值取向上却更容易走向自然主义;在《中庸》那里,"天命之谓性"的说法,也使"人性"与"天命"贯通了,然而,"天命"是什么,它为什么可以成为人类的价值源头,《中庸》于此语焉不详。

《易传》开出了新的路向,它从"气化流行"论道德性命。乾卦《彖》辞称:

> 大哉乾元!万物资始,乃统天。云行雨施,品物流形。……乾道变化,各正性命。保合太和,乃利贞。

依《易传》,"乾"被看做为"阳气"的特性,它是刚健的。"天"为阳气所化成,"天"为"阳"之体,故亦可以说"阳"乃统于"天"。本段话的意思是说,作为创造者的阳气是伟大的,万物因阳气发动才开始得以生长。在天上的阳气(与地下的阴气结合)借助于"云行雨施"的功夫,使不同的物类赋受成形。然而,万物不仅借阳气的流行化育得以成形,且各自在乾阳的不同变化中因所禀不同("命")而成"性"。……在这段话里,《易传》明确认定,万物的本性,由气化所给定。气化流行的主导力量为乾阳。乾阳以"生"为德,"生"即体现为"仁",故在正常情况下人物所禀之"性"当为善性。《易传》由此而把儒家之"仁"的价值观与气化流行的"生生"联系起来,使"仁"的价值观获得了宇宙论的支撑。

《系辞上》又有这样的提法:

> 一阴一阳之谓道。继之者善也,成之者性也。

这段话没有明确点出善性是从一阴一阳之道中直接禀得的。它表述的意思是，一阴一阳之道是使万物得以生成长养之道，人承接一阴一阳之道，参与、助长天地万物之化育，那就是善的行为；借善的行为的积习，即可成就人的善的本性。《易经》这里讲的善性的养成，一方面仍需依顺于宇宙的生化规则，另一方面又需人——主体付出自己的努力。

显然，《易传》上述两种提法并不完全一致。然而，立足于宇宙生化来提示道德性命的确当性，却是同一的。与《中庸》比较，《中庸》并未确指"天命"是什么，却称"天命之谓性"，难免费解。《易传》把"天命"展现为宇宙由太极、阴阳、四时之生生化化，这在农业社会视野下是很可接受的。这就不难理解，汉唐时期《易传》很受重视，《中庸》却被埋没在《礼记》里。

然而《易传》也有自己的局限。由于它是对《易经》的传述，不免仍旧带有巫术文化与鬼神信仰的成分；它借推寻天道以论定人间政治秩序的做法，如称"天尊地卑，乾坤定矣；卑高以陈，贵贱位矣"(《系辞上》)，不仅明显地带有阶级统治的印记，而且也封杀了它自己原本强调的"变易"精神。

第 七 章

名辩思潮与后期墨家

宇宙论属存在论范畴。战国中期，各家各派除了致力于建构宇宙论以便从客观存在的向度说明自己的政治主张、价值信念的正当性之外，也渐次关切知识论问题，包括认识的来源与认识如何可能，用名言（名词概念、命题与论说）指称对象是否可靠，认识与论辩应该遵循什么形式规则等问题。由战国中期转入后期，环绕这些问题的论争，甚至发展为一种有广泛影响的思潮。从这一思潮中涌现了一批专门探寻这类问题的专家。这些专家们热衷于论争，当时被称为“辩士”，汉代则归为“名家”。

引发名辩思潮产生的最初原因也许可以追溯到春秋晚期开始的“名实之争”。这个时期由于社会的急剧变动，导致了大量的“名实相怨”（《管子·宙合》）现象的产生：或者旧的名称没变，但它所指的实际事物已经不同；或者出现了新事物，却没有合适的名称去表述它。因此，如何处理名实关系以避免这种思想上的混乱，成了当时亟待解决的问题，同时，也成了诸子百家争论的一个重要内容，像孔子的“正名”、墨子的“取名予实”（《墨子·贵义》）和法家的“循名督实”（《管子·九守》）等主张都是典型的例子。不过，当时各家的意见多与其独特的政治理念、价值信念纠缠在一起。及至战国中后期，辩士们才转入从认识论角度探讨这些问题，并由此延伸到逻辑学、方法论等领域。

导致名辩思潮盛行的另一个重要原因又在于百家争鸣的需要。战国中期，学派之争渐趋激烈，各家各派为了在言论上战胜对手，除了尽量完善自己的学说之外，还必须重视辩论的技巧和方法。可以说，没有合理的辩论术，就无法成功驳斥论敌，论证己说。这一点则直接促使了名辩逻辑的诞生。

参与名辩论争的学派与人物很多，但把"名辩"本身作为一种专门的学问来对待，并在逻辑学领域作出了独特建树的，主要是名家的惠施、公孙龙和后期墨家。其中，惠施是名家"合同异"派的代表，公孙龙是"离坚白"派的代表。

第一节　惠施的"合同异"辨析

惠施(约公元前 370—前 318 年)，宋国人。曾任魏相 15 年，深受惠王的赏识。据说他当政期间，立新法，"示诸民人，民人皆善之。献之惠王，惠王善之。"(《吕氏春秋·淫辞》)针对六国纷争的政局，惠施曾提出过"去尊"(针对强秦)、"偃兵"(反战)的主张。在他的努力下，魏、齐二君会于徐州，互尊为王，开六国称王的局面。不过，当张仪的"连衡"说得势时，惠施被放逐，到了楚、宋等国。也许正是在这个时候，惠施结识了庄子，并成为庄子的挚友。《庄子》书中保留了许多两人交往和论学的故事。由于惠施之书不传，《庄子》一书成了我们了解惠施学说的基本材料。

一、"散于万物而不厌"的求知精神

据说，惠施博学多才，尤善辩论。《庄子·天下》篇评述道：

南方有倚人焉,曰黄缭。问天地所以不坠不陷,风雨雷霆之故。惠施不辞而应,不虑而对,遍为万物说,说而不休,多而无已,犹以为寡,益之以怪。以反人为实,而欲以胜人为名,是以与众不适也。弱于德,强于物,其途奥矣。由天地之道,观惠施之能,其犹一蚊一虻之劳者也,其于物也何庸!夫充一尚可,曰愈于道,几矣!惠施不能以此自宁,散于万物而不厌,卒以善辩为名。惜乎惠施之才,骀荡而不得,逐万物而不反,是穷响以声、形与影竞走也。悲夫!

当奇人黄缭追问一些自然现象的原因时,惠施能够不假思索地予以回答,这表明惠施平时已经积累了相当丰富的自然科学知识。《天下》篇站在庄子哲学的角度批评他“弱于德,强于物”、“散于万物而不厌”、“逐万物而不反”,也从一个侧面印证了惠施热衷于研究自然现象。也许正因为惠施对外部世界的了解远远超前于时代,所以他的学说才被时人目之为“怪”且“与众不适”。无论如何,说惠施的名学背后有一个原始自然科学的依托,大概是没有什么疑问的。由于中国文化很早就偏重于人文精神,自然科学知识与作为认识工具的逻辑学等研究均相对匮乏,惠施这种“强于物”的精神就显得尤为可贵。

二、“历物十事”的认识意义

惠施“偏为万物说”的具体内容已经不详,《庄子·天下》篇仅保留他的十个论点:

惠施多方,其书五车,其道舛驳,其言也不中。历物之意曰:

至大无外,谓之大一;至小无内,谓之小一。

无厚不可积也，其大千里。

天与地卑，山与泽平。

日方中方睨，物方生方死。

大同而与小同异，此之谓小同异；万物毕同毕异，此之谓大同异。

南方无穷而有穷。

今日适越而昔来。

连环可解也。

我知天下之中央，燕之北、越之南是也。

泛爱万物，天地一体也。

这十个被称作“历物之意”的论点，由于详细的论证并没有保留下来，对它的解释历来又众说纷纭。因而，我们无法提出确切的说明，下面的解释也只是许多可能性中的一种。

1.“至大无外，谓之大一；至小无内，谓之小一。”

本条是对“大一”和“小一”下的定义。意思是说，大到极点，再也没有什么东西在它外面，就叫大一；小到极点，再也没有什么东西在它里面，就叫小一。

“大一”和“小一”的提法不见于同时的其他著作。惠施提出这对概念可能受到过道家的启发。在道家的宇宙论中，“一”因为既有初始义，又有混同义，所以常被看做是“道”的同义词。老子云：“天得一以清，地得一以宁，神得一以灵，谷得一以盈，侯王得一以为天一贞”（《道德经》第三十九章）。其中，“一”指的就是道。

与惠施的说法比较接近的还有《管子·心术上》所述：“道在天地之间也，其大无外，其小无内。”其中，“其大无外”近似于“大一”，“其小无内”近似于“小一”。

不过，需要注意的是，《管子·心术上》的“无外”、“无内”是形容道体的,而惠施的"大一"、"小一"是否有宇宙论的涵义,从本条看不出来。

惠施之所以提出"大一"、"小一"的定义,很可能是为了表明:只有无限大才是至大,只有无限小才是至小,而所有有限的东西,不管多么大,都不是至大,不管多么小,都不是至小,因此,一切有限的东西,其大小都是相对的;反之,"至大"虽然大到不能再大,"至小"虽然小到不能再小,但它们在都具有无限性这点上却是同一的。

2."无厚不可积也,其大千里。"

"无厚"是指几何学上的面,没有厚度只有广度。对于没有厚度的面来说,从理论上讲是不能求积的。但它的面却可以无限延展到千里。此条符合几何学的常识。

然而,惠施提出这一命题的目的似乎并不在于陈述一条几何学的常识。惠施此论很可能是为了表明有无的相对性。"无厚"从体积上讲是无(不可积),但从面积上讲则是有(其大千里)。同一事物,由于观察角度不同,既可以是有,又可以是无。因此,有无并不必然是非此即彼截然对立的关系,它们可以结合在同一事物之中。

3."天与地卑,山与泽平。"

本条的意思是说,天和地是紧挨着的,山和泽是一样平的。其中"卑"同"比",《荀子·不苟》篇即称惠施的这一命题为:"山渊平,天地比。"

依常识,天在上,地在下,二者相隔遥远:山是高的,泽是低的,山和泽并不处于同一平面上。但常识之所以为常识,就在于它是约定俗成的产物。换一个角度来看,结论可能就大不一样了。何谓天?地之上的空间即谓天,天地本来就是毗连在一起的。何谓山？地面形成的高耸部分也，其顶部是山，其底部也是山，从山的底部看，它和泽不就处于同一个水平面了吗？

惠施的这一命题意在说明，事物在空间位置上的差异是相对的，远近高低依观察视角而别，人们不应当把各种差异绝对化。

4.“日方中方睨，物方生方死。”

本条讲时间的相对性。意思是说，太阳正当中午的时候，也就是它正当倾斜的时候；事物正当成长的时候，也就是它正走向死亡的时候。

惠施借助这一命题实际想说的也许是：“中”就是“睨”，“生”就是“死”。这是对流行的时间观的一种冲击。按照常识，时间是由不同时段如昨天、今天、明天构成的，不同时段之间界限分明，是“中”就不是“睨”，是“生”就不是“死”。从“中”到“睨”、从“生”到“死”恰恰代表了时间的变化和事物的运动。但这种时间观面临一个绝大的疑问：从“中”到“睨”、从“生”到“死”，不同时段之间究竟是连续的还是不连续的？如果是连续的，时段之间如“中”和“睨”、“生”和“死”就没有界限；如果是不连续的，时段之间还有时段，就会陷入无穷分割的危险。惠施也许正是有见于此，才把时间理解为绵延之流，其中，“中”与“睨”、“生”与“死”属于一个不能分割的连续体，两者之间没有任何确定不变的界限。

5.“大同而与小同异，此之谓小同异；万物毕同毕异，此之谓大同异。”

本条讲事物的同异关系，也是惠施被称为名家中“合同异”一派的主要依据。

按照惠施的看法，同异可分为两种：一种为“小同异”；一种为“大同异”。“小同异”大概是指世俗或常识的观点，这种观点坚持在事物中间区别异同。此物与彼物，或同或异；“同”可分为大同和小同。“异”也一样,可分为大异和小异。大同者,其异必小;小同者,其异必大。大同(小异)与小同(大异)之间,由于体现事物相同(或相异)的程度不一样,所以界限分明,不容混淆。

“大同异”是说万物毕同毕异。从天地一体来看,万物只是一物,此之谓“毕同”;从万物的差别看,万物各是一物,此之谓“毕异”;“毕同”、“毕异”意为万物既莫不相同又莫不相异,这就叫“大同异”。

“大同异”是惠施本人的观点。它的目的是要揭示事物之间同异关系的相对性,从而让人摒弃世俗非同则异的成见。

6.“南方无穷而有穷。”

“南方有穷”是战国时期人们常说的话,它大概与当时人的地理知识有关,后期墨家和荀子都有过这种说法。惠施的这一命题一方面称南方是无穷的,另一方面又称南方是有穷的。这种明显的矛盾只有一种解释才能合理地予以化解,那就是惠施已经猜测到地球是圆的。如果已知地球是圆的,那么从地球的任一点向南行,都可以无限地循环下去,是谓“南方无穷”;当绕行一周时,可以回到出发点,是谓“南方有穷”。

7.“今日适越而昔来。”

本条讲时、空的相对性。意思是说,今天到越国去,昨天就已出发。惠施通过这一命题想要表达的可能是,对于同一事件,由于空间位置的差异,所经历的时间可有不同的估量。“到越国去”是一连续性的动作,站在出发地的立场看,是今天发生的事儿,站在越国的立场看,则昨天就已起程。

8.“连环可解也。”

本条涵义不详。一种解释是,连环虽无法完全解开,但当二环相错时就可以相离,露出空间距离,即为解开。另一种解释是,连环虽不可解，但是把它毁坏掉，自然就解开了。两种说法似乎都不太合理。大概，惠施想以此说明难与易的相对性吧。

9. “我知天下之中央，燕之北、越之南是也。”

本条讲空间方位的相对性。与第六条一样，通过地圆说可得到合理的解释。

古代中国人常常认为，中国是天下的中心，燕之南、越之北又是中国的中心，所以，燕之南、越之北就是天下的中心。但是，如果已知地球是圆的，那么在地表上就不存在一个固定的中心，燕之北、越之南同样可以说是天下的中央了。

10. “泛爱万物，天地一体也。”

本条是前面九条的自然延伸，同时也是惠施思想的总结。它的意思是说，天地万物本无严格的彼此之分，本来都是一体的。个人作为这个一体中的一员，也不应当妄分彼此，而应当对万物施以普遍的爱。

以上是对惠施“历物十事”的分析。这十条贯穿着一个基本精神，那就是强调事物的存在和人的认知、认知所使用的概念和范畴的相对性，反对把概念或范畴之间的差异绝对化。这种精神使惠施的思想充满辩证的气息。虽然他对事物之间大小、高低、同异等关系的分析与常识有较大的距离，容易给人以诡辩的印象，但正是通过这种方式，惠施给人展示了怀疑和批判的力量，促使人们对习以为常的东西进行理性的反省。无论人们是否接受他的结论，但却无法回避他的问题。这一点从《庄子·天下》篇的记载就可得到印证：“惠施以此为大，观于天下而晓辩者，天下之辩者相与乐之。”

第二节　公孙龙的“离坚白”论难

公孙龙是当时积极回应惠施问题的著名辩者之一。

公孙龙，赵国人，生卒年不详，大约生活在公元前320年到公元前250年之间。长期在平原君赵胜家作门客，并受到赵国君臣的器重。据说，公孙龙曾出使过燕国，“说燕昭王以偃兵”（《吕氏春秋·应言》）。在赵国，亦曾以同样的主张劝赵惠文王：“偃兵之意，兼爱天下之心也；兼爱天下，不可以虚名为也，必有其实”（《吕氏春秋·审应》）。可见，同惠施一样，偃兵是他的政治思想。从他把偃兵追溯到“兼爱天下之心”来看，他似乎受到过墨家政治主张的影响。

公孙龙的著作，据《汉书·艺文志》记载共14篇，后多散失。现存《公孙龙子》一书共6篇，除《迹府》篇目是后人所编公孙龙的传记材料外，其余5篇为《白马论》、《指物论》、《通变论》、《坚白论》和《名实论》。这5篇是我们研究公孙龙学说的主要依据。

正如前面所提到的，公孙龙的学说是作为惠施思想的对立面出现的。在许多问题上，两人的看法都刚好相反。惠施重视事物的同一性，强调事物之间是相互联系、相互转化的，公孙龙则重视事物的差异性，坚持认为事物及其属性是静止不变的。惠施对名言的世界不太信任，处处强调概念和范畴的相对性，公孙龙对辩言正辞则抱有浓厚的兴趣，并一直致力于分析概念间的细微差异。惠施的学说以“合”为主，公孙龙的学说则以“离”为主。“合同异”、“离坚白”准确地把两家的精神实质勾勒了出来。

公孙龙的这种思想特征典型地表现在《白马论》和《坚白论》中。

一、“白马非马”之说

“白马非马”是《白马论》的中心思想，也是公孙龙的成名之论。据《迹府》记载，公孙龙在同孔穿辩论时曾自称：“龙之学，以白马为非马者也”。足见这一论题在公孙龙心目中的地位。

《白马论》对这一命题的论证大体上可分为以下两层：

第一层是从概念的内涵上进行论证：

> 马者，所以命形也；白者，所以命色也。命色者非命形也，故曰白马非马。

这是说“马”的内涵是指一种形体，“白”的内涵是指一种颜色，二者性质不同。既然“白马”是在形体之前加上了颜色的规定，那么它的内涵就与“马”的内涵不同了，所以说“白马非马”。又或曰：“白马者，马与白也。马与白，马也？故曰白马非马。”这是说，白马有“马”和“白”两种属性，马只有“马”一种属性，两种属性结合而成之物怎么会等同于只有一种属性之物呢？这亦可以说，白马非马。

第二层是从概念的外延上进行论证：

> 求马，黄、黑马皆可致。求白马，黄、黑马不可致。使白马乃马也，是所求一也；所求一者，白马不异马也。所求不异，黄、黑马有可有不可何也？可与不可，其相非明。故黄、黑马一也，而可以应有马，而不可以应有白马，是白马非马，审矣。

这是说当有人需要马时，无论给黄马还是黑马都可以，因为“马”在外延上包含黄马、黑马；如果指定要白马，给黄马黑马就不行了，因为“白马”在外延上不包含黄马、黑马。既然有黄马黑马均可以说有马，但却不能说有白马，这就足以表明“白马非马”。又如：

马者，无去取于色，故黄、黑皆可以应。白马者，有去取于色，黄、黑马皆所以色去，故惟白马独可以应耳。无去者，非有去也。故曰：白马非马。

这也是说，“马”的外延广，包括一切马；“白马”外延狭，只包括白马。“马”对于颜色没有限定，所以求马时黄、黑马都可以满足要求。“白马”对颜色有限定，所以要白马时，黄、黑马都不能满足要求。对于颜色有限定与对于颜色没有限定是不一样的，所以说“白马非马”。

公孙龙对“白马非马”命题的论证大体如此。无疑我们可以看到，如果把“白马”、“马”作为两个概念来看，由于它们在内涵与外延上均有不同，说“白马非马”是可以成立的。“白马”这一概念当然不是“马”这一概念。公孙龙注意到概念在内涵与外延的区别问题，这在逻辑发展史上是甚有贡献的。

问题出在事实的层面。在事实的层面上，“白马”与“马”构成为个别与一般的关系。个别不同于一般，然又为一般所包含。“白马是马”，在日常话语里正是用以表述个别为一般所包含的这种关系的。反之，“白马非马”因为有违于事实的存在状况，就难以为常识所接受。公孙龙的《白马论》之所以会引发许多争论，就在于该文对概念的辨析与对事实的辨明并未作明确的区分。也许，公孙龙子恰恰就是借故意混淆两者的关系，以求惊世骇俗吧！

二、“离坚白”之论

“离坚白”是公孙龙的另一重要观点，也是他整个学说的基石。

公孙龙对“离坚白”的论证主要借助于一块坚白石来进行。按照常识，“坚白石”意思就是指这块石头既是白的，又是坚的。

“白”和“坚”是这块石头的两种属性，它们共同构成了这块石头的基本特质。这就叫做“坚白相盈”或“坚白不相外”。

公孙龙不同意这种看法。他认为“坚”和“白”并不是“相盈”的，而是相离的。理由是：

视不得其所坚，而得其所白者，无坚也；拊不得其所白，而得其所坚者，无白也。

得其白，得其坚，见与不见谓之离。一二不相盈，故离。

当用眼睛去看一块石头时，只能看到白色，并不能看到坚度。当用手去抚摸这块石头时，只能摸到坚度，并不能摸到白色。所以，借助于感官，我们只能形成坚石和白石的认识，并不能给出坚白石的概念。视觉可以看到白，这是“见”；视觉不能看到坚，这是“不见”。同一种视觉活动，对一块石头的两种属性却有“见”有“不见”，这说明“坚”和“白”并不同时共存于一事物中，而是相互分离的。这就叫“一二不相盈”。

按照公孙龙的论证脉络，既然坚、白不能共存于一石中，那么他接下来必须处理的将是这样一个疑问：在视觉活动中，石头的“坚性”何在？在触觉活动时，石头的“白色”何在？对此，公孙龙的回答是，它们“藏”了起来，而且还是“自藏”：

离也者，藏也。

有自藏，非藏而藏也。

“自藏”的意思是，事物的属性可以与事物本身相分离。这样，不仅坚、白不相盈，坚、白和石头也是不相盈的。《坚白论》云：

物白焉，不定其所白；物坚焉，不定其所坚。不定者兼，恶乎其石也？

某物是白的，但“白”并不限定在此物上；某物是坚的，但“坚”并不限定在此物上。“白”和“坚”是一切白物和坚物所共有的性质（“兼”），怎么能说它们仅仅在石头之内呢？

不仅如此，“坚”在成为具体的坚物之前，本身就已独立存在：

> 坚未与石为坚而物兼，未与物为坚而坚必坚。其不坚石、物而坚，天下未有若坚而坚藏。

“坚”不仅是坚石的性质，它同时还是任何坚物的性质。即使这个世界上没有任何坚物，“坚”本身还是存在的。只不过，没有了具体的表现，“坚”好像藏起来了一样。

“白”也如是：

> 白固不能自白，恶能白石、物乎？若白者必白，则不白物而白焉，黄、黑与之然。

假若“白”没有自性，它又如何能够使石头、物变白呢？如果“白”有其自性，那也就不必依赖具体的事物而存在了。

“白”可无石而自白，“坚”可无石而自坚，推而广之，黄、黑等一切属性皆可离物而自存，这就是公孙龙“离坚白”命题所要表达的意思。

很明显，公孙龙这里仍在讨论概念与事实（存在物）、概念与概念之间的关系。依公孙龙子的看法，概念是借人的认知而形成的，有特定与确定的内涵，它与杂处的实在物并不具有完全对应的关系；不同的认知通道形成的不同概念，也有非常不同的含义，不能将它们混同在一起。公孙龙子在其《名实论》中写道：

> 夫名，实谓也。知此之非此也，知此之不在此也，则不谓也；知彼之不在彼也，则不谓也。

这里，所谓“知此之非此，知此之不在此”，即指这一内涵并不在这一概念中，并不为这一概念所包含，“则不谓也”，即不可使用这一概念。

无疑，追求概念内涵的确定性与精确性，这是公孙龙子的独到处。

然而，公孙龙子毕竟还是颠倒了名言与存在的关系。事实上，由认知给出的名词概念的确定性与存在界复杂多变的事物不具对应性，这不是存在界的错误，而是认知的局限。惠施是借存在物的相对性、复杂多变性，怀疑讲求确定性的名词概念把握存在界的可靠性。公孙龙子却走向了另一极端，为求名词概念的确定不变性而拒斥复杂多变的实存物，怀疑起它们的存在性来了。

吸收名家两派的优点，摒弃双方的不足，把名辩思潮推向高峰，这一历史任务是由后期墨家来完成的。

第三节　后期墨家的知识论与逻辑学

后期墨家是指活跃于战国中、后期的一批墨者。现存《墨子》一书中有6篇自成一体的文字，因为含有许多批评惠施、庄子、公孙龙（均生活在战国中期以后）的内容，可以相信即是这些墨者们的作品。这6篇文字分别是《经上》、《经下》、《经说上》、《经说下》、《大取》和《小取》。哲学史上通常把它们合称为《墨经》或《墨辩》。

一、从墨子到后期墨家

把《墨经》和《墨子》书中其他各篇比较一下，就会发现，它们在内容上存在着相当大的距离。构成《墨子》一书核心的、同时也是代表墨子本人主张的《尚贤》以下各篇，讨论的主要是政治、伦理问题，目的在提供一套救世的哲学，而《墨经》6篇却很少涉及政治、伦理问题，大量的内容都是属于逻辑和科学的范畴。这说明，从前期到后期,墨家学派在思想倾向上产生了一个重要的转变。

关于自然科学,后期墨家的研究显然涉及到许多领域。在几何学方面,他们提出了平、中、圆、方、厚等概念的定义,并讨论了整体与部分的关系、有穷无穷问题,点、线、面以及形体之间的相交、相切、相比等重要问题。在光学方面,后期墨家讨论了投影、重影、针孔成像、反射以及球面镜成像原理等问题。其中,光的直线传播原理是后期墨家最杰出的发现,他们作了世界上最早的针孔成像实验。在力学方面,后期墨家讨论了时空概念、运动和时空的关系、力的定义、杠杆原理、滑轮和斜面的作用等问题。

后期墨家之所以能在这么广泛的科学领域内取得显著的成就,大概有以下几个方面的原因:第一,墨者大多来自社会下层特别是手工业者,有从事具体技术活动的经验。第二,墨家是一个半军事化的学术团体,有时需要替弱小国家执行守城、防御等任务。守城防御就必须掌握一些筑城和制造军械方面的技术,这同样有助于科学理论的发现。第三,最重要的是,墨辩知识论和逻辑学为后期墨家研究科学提供了一套系统的方法。科学是一种认识活动,逻辑则是科学认识的基本手段。后期墨家精研思维形式以及推理的规则,为他们研究自然界的规律提供了思维的工具。

二、后期墨家的知识论

后期墨家是中国哲学史上第一个建立起系统的知识论的学派。他们深入地探讨了认识能力和认识对象的关系、认识过程的构成要素以及知识的来源和种类等重要问题。

就性质而言,后期墨家的知识论属于常识实在论。它主要站在常识的立场上,首先肯定外部自然世界的存在,然后把知识规定为对这个外部自然世界的反映,并以此为基础,进一步探讨知识论中的其他重要问题。在《墨辩》中，这个独立存在的外部世界被通称为“物”。“物”是达名，是一切存在物的总称。知识是对“物”的摹写和反映。《小取》篇曾说：“夫辩者……焉(乃)摹略万物之然，论求群言之比。以名举实，以辞抒意，以说出故。”辩是知识的一种形式，它本身又包括名、辞、说三种思维形式。其中，说由辞构成，辞由名构成，名则直接“举实”。这个实即“摹万物之然”中的万物的本然状况，亦即客观存在的外部世界。“以名举实”就是说人们的概念、思维均是对外部世界的反映。后期墨家把知识最终还原到“以名举实”，典型地反映了他们的朴素反映论立场。

依照与物、与外部世界的关系，后期墨家把认识过程分解为四个要素：

> 知，材也。(《经上》)
>
> 知材：知也者，所以知也，而不必知。若明。(《经说上》)
>
> 虑，求也。(《经上》)
>
> 虑：虑也者，以其知有求也，而不必得之。若睨。(《经说上》)
>
> 知，接也。(《经上》)
>
> 知：知也者，以其知过物而能貌之。若见。(《经说上》)
>
> 知，明也。(《经上》)
>
> 知：知也者，以其知论物而知之也著。若明。(《经说上》)

“知，材也”的“知”指的是人的认识能力。这种能力是人先天具有的材质，也是任何认知活动得以进行的必要前提。没有这种知，就不可能获得任何知识。但反过来说，仅有这种知也仍然不能形成知识。因为知识是由人的认识能力和认识对象两种因素结合才得以产生的,缺少任何一方,都不能形成完整的知识。这正如眼睛有视力("明"),但若闭上的话,就不可能看见东西一样。所以,必须等到知和外物相互接触之后,才能产生真正的知。

"虑,求也"的"虑"指的是认识能力求知的状态,也可看做认识活动的基本动力。就知识构成而言,仅有认识主体和认识对象两者,但如果缺乏求知的动力,则同样不会形成知识。所以,确切地说,虑是知识形成的一个重要条件,它使认识能力寻求与对象的接触。不过,虑却不必有得,如斜视("睨"),表面上在看物,实际上却什么也没看到,或者看到的只是一种假象。

"知,接也"的"知"指的是一种知觉,属于认识过程中的感性阶段。在这个阶段,认识能力在"虑"的作用下已经和物有所接触,并直接反映或摹写出物的样子来了,譬如见,就是能见的眼睛和所见的对象接触后所形成的知识。这种知和虑的区别在于,虑容易产生假象,而知通过"过物而能貌之",确实把握到了事物的外表或形象。

不过,感性认识毕竟还很初步,它只能把捉到事物的表面现象,无法深入到事物本质。在后期墨家看来,要想从外表进到本质,就必须借助于"知"的作用了。"知,明也"的"知"指的是一种心智的作用,属于认识的理性阶段。在这个阶段,心智通过其思维、推导能力对感性经验进行分析、比较和综合,从而获得对物的更深入更明确的认识。《经说》中一个"论"字把认识过程中的这个最后阶段的特征作了精确的表述。

无疑,后期墨家确认了主客体的分立与对待关系,确认认识来源于主体对客体的接触,并区分了主体认知过程的不同阶段以对应于客体的不同层次等等,这些都表明,其哲学取向具有鲜明的知识论特征。

后期墨家除了对认识过程作出精密分析之外，还根据认识的来源和内容对知识进行了详细的分类：

知：闻、说、亲、名、实、合、为。(《经上》)

知：传受之，闻也。方不㢓，说也。身观焉，亲也。所以谓，名也。所谓，实也。名实耦，合也。志行，为也。(《经说上》)

其中，闻、说、亲是根据来源对知识进行分类，名、实、合、为是根据内容对知识进行分类。所谓"闻知"是由传闻或传授得来的知识，略相当于我们现在所说的间接知识。"说知"是由推理得到的知识，它主要借助于已有的经验进行比方类推，因而也属于间接知识的一种。"亲知"是通过自己感觉经验得来的知识，相当于我们现在所说的直接经验。闻、说、亲三者之中，"亲知"是基础，"闻知"和"说知"则必须依赖于"亲知"。《经下》云："闻所不知若所知，则两知之，说在告。"《经说下》对此条解释说：假若有一个人在室外，不知道室内之物是什么颜色，另一个人告诉他室内之物的颜色与室外同，而这个人事先已知室外之物是白的，那么他也很容易知道室内之物的颜色是白的。这一条把闻、说、亲三种知识的关系说得非常明白。"室外之物是白的"即"亲知"，"室内之物的颜色和室外之物的颜色同"即"闻知"，"室内之物的颜色也是白"即"说知"。其中，"室内之物是白的"这种"说知"是靠"亲知"和"闻知"得来的，而"闻知"最终亦可归结到"室外之物是白的"这种"亲知"。所以"亲知"才是一切知识的最终基础。重视亲知是后期墨家的典型特征。

就内容讲，知识又可分为名、实、合、为四种。"名知"是对名词或概念的知识；"实知"是对具体事物的知识。一个盲人可以知道“皑者白也,黔者黑也”,但却不能分辨白黑,这说明他只有“名知”而没有“实知”。一个儿童可能认识某物,却不能呼出该物的名称,这说明他只有“实知”而没有“名知”。把名实正确地配合起来,就叫合知。一般人既能叫出一物之名,亦能指出该物之实,这说明他们已具备了“合知”。

除名、实、合之外,还有一种“为知”。“为知”即关于行为的知识,它告诉人们做的目的(“志”)以及究竟怎么做(“行”)。“为知”是一切认知的最终目的。后期墨家特别对“为”作了一个详细的分类:“为:存、亡、易、荡、治、化。”(《经上》)意思是说,“为”根据目的不同可以分为六种。有的“为”是以“存”为目的,如制甲修台,为的是坚固耐用;有的“为”是以“亡”为目的,如治病救人,为的是使人无病;有的“为”是以“易”为目的,如做买卖,为的是交易;等等。由于目的不一样,“为”的方式各异。但不管怎样,只有把目的(“志”)和行动(“行”)结合起来,才能获得正确的知识。后期墨家这里实际上已经触及了理论和实践的关系问题。

三、后期墨家的逻辑学

逻辑学是后期墨家重视谈辩的产物,也是《墨经》6 篇的中心。特别是《小取》篇,本身就是一篇系统的逻辑论文,可以作为 6 篇的共同纲领。本节就以《小取》篇为线索,简单介绍一下后期墨家在逻辑学方面的成就。

(一)关于辩的作用和目的

后期墨家之所以重辩,跟他们对辩的作用和目的的理解有关。《小取》篇一开始就说:

> 夫辩者,将以明是非之分,审治乱之纪,别同异之处,察名实之理,处利害,决嫌疑。

这里,后期墨家把辩的作用和目的概括为六点:

(1)明是非。在后期墨家看来,所谓"辩",就是判定争论双方真假对错的一种手段。后期墨家认为,只有通过辩才能发现谁的说法与事实相符,谁的说法与事实不符。与事实相符的即为真,与事实不符的即为假。

(2)别同异。"同异"和"是非"不同。"是非"是就认识方面说,"同异"则讲的是对象本身的关系。但是,是非不分的根据常常在于同异无别,如惠施的"合同异"、庄周的"齐物论"均为其例。所以,后期墨家认为要明辨是非,就必须先区分开事物的同异关系。"别同异"是"明是非"的必要前提。

(3)察名实。名即概念名称,实即概念名称反映的事物,名实关系也就是指概念名称和它所反映的事物之间的关系。战国中后期,由于社会形势的急剧变迁,"名实不符"、"名实相怨"的现象极其严重,后期墨家认为,通过"辩"有助于重新订正名实之间的关系。

(4)处利害。"处"即判断和权衡,"处利害"意为具体衡量一件事物的好处和害处。后期墨家继承了墨子的功利主义思想,反对把辩只当做单纯的区分是非同异的理论活动,而认为还有比这更重要的作用,那就是能给人带来实际的好处,"处利害"就是其中之一。

(5)决嫌疑。"决"指判决,"嫌疑"指疑惑不明的事理,"决嫌疑"即是对疑惑不明的事理作出正确的判断。在后期墨家看来,事物之间均有确定的区别,如果把这些区别看成疑似之物,那就无法从根本上分清是非利害,所以,他们主张把消除疑惑亦看成辩的一项重要作用。

(6)审治乱。和"处利害、决嫌疑"相比,"审治乱"是辩的更重要的目的。前两者只是局限于个别的具体的问题，而后者则把范围扩展到了整个社会的治乱存亡。依此，辩不只是处理个别问题的途径，而且成了治理国家的工具。这表明，后期墨家所发展的逻辑技巧最终仍被落实到了实际的社会和政治问题之中。

（二）关于辩的程序和步骤

在提出辩的六种作用之后，《小取》篇继续说：

> 焉（乃）摹略万物之然，论求群言之比。以名举实，以辞抒意，以说出故。

“摹略万物之然，论求群言之比”讲的是辩的原则，意思是说，辩是一种反映事物真相，探求各种思维形式之间关系的活动。“以名举实，以辞抒意，以说出故”讲的则是辩的程序和步骤。在后期墨家看来，整个辩的过程通常不外乎由一系列的论证（“说”）组成，而每一论证都是由表达判断的语句（“辞”）构成，每一语句又由表达概念的词项（“名”）构成，因此辩的程序实际上就是形成概念，进而作出判断，进而诉诸推理的过程。这个过程在《小取》篇中就被概括为“以名举实”、“以辞抒意”和“以说出故”三个依次递进的步骤：

（1）“以名举实”。“举”即摹拟。《经上》云：“举，拟实也。”在后期墨家看来，“名”是我们语言构成的基本单位，它和具体事物（“实”）之间是一种摹拟和被摹拟的关系，因此，名只是实的标记，实则是名的基础。名总是实的名，而实却不必有名。根据这一原则，后期墨家进而把名分成达、类、私三种：

> 名：达、类、私。（《经上》）

> 名：物，达也，有实必待之名也命之。马，类也，若实也者必以是名也命之。臧，私也，是名也止于是实也。（《经说上》）

“达名”是外延最大的概念，包括客观存在的一切事物。如“物”就是“达名”，凡是存在的一切东西都可以用它来指称。“类名”外延次于达名，大于私名，是包举一类对象的概念。如“马”，凡是具备马的本质属性的动物都可以叫做马。“私名”是外延最小的概念，它所指称的仅是一个特定的个体。如“臧”，作为某个奴隶的名字，它指的只是单独一个人。达、类、私三名正好相当于普通逻辑学中所说范畴、普遍概念和单独概念。由于“达名”和“类名”的外延超过了一个单独的事物，所以它们的对象就不再是固定和惟一的。例如，对于“马”这一类名来说，白马、黄马均可称为马，但却不能反过来说，“马” 只是某匹白马或黄马，这就很好地解决了“白马非马”论者“以名乱实”所带来的名实混乱问题。

(2)“以辞抒意”。“以名举实”为辩提供了坚实的知识论基础，但还不能说构成了知识。因为仅有名，还不足以表达思想，只有把名、辞结合在一起构成判断，然后才能把所要表达的意义表述出来。所以，后期墨家认为，辩的第二个步骤就是“以辞抒意”。所谓“辞”，是由几个不同的名按一定的规则联结起来的判断或命题。它和名之间有一个显著的不同：名对应的是具体的事物(“实”)，而辞对应的则是事物之间的联系；名实之间只有恰当与否的关系，辞所表述的事物之间的联系则有真假对错之别。和这种联系相符的辞才可称为真的，否则便是假的。与此相应地，判断可以分为肯定和否定两种。另外，后期墨家还根据其他一些标准对判断进行了分类。首先，他们按性质的不同把判断分为全称判断和特称判断两类。全称判断的量词用“尽”来表示，《经上》云：“尽，莫不然也。”“莫不然”即全都如此的意思，它包括了所言之物的全体。特称判断的量词则用“或”来表示，《小取》云：“或也者，不尽也。”“不尽”即并非都是如此的意思，它表明该判断并未穷尽所言之物的全体。其次，他们根据模态性又把判断分为正、宜、必三种。《经上》云："合：正，宜，必。"《经说上》对该条的解释是："合：矢至侯中，志工，正也。臧之为，宜也。非彼必不有，必也。宜者用而勿必，必也者可勿疑。"其中，"正合"即实然判断，譬如射矢中的，目的和实践结果正相符合。"宜合"即或然判断，像臧的行为可把事情做好，亦可把事情做坏，这要看具体条件而定。"必合"即必然判断，它的意思是说，没有某种必要条件，就一定不会出现某种事实，所以，"必合"是确定无疑的判断。最后，后期墨家还注意到了词项的周延性问题。他们认识到肯定判断的谓项都不是周延的，而否定判断的谓项都是周延的这一规则，所以《小取》篇中才说，乘一匹马就算"乘马"，不乘任何马才算作"不乘马"。

(3)"以说出故"。"故"即理由、根据。"说"就是把一个辞所以能成立的理由和根据阐述出来的论证过程。在后期墨家看来，单个的词或语句并不能把我们对某种事物的判断完整地表达出来，为了获得一种比较全面和更有说服力的结论，我们必须进一步追寻所以产生这种辞的原因。所以，《大取》篇说："立辞而不明于其所生，妄也。"按照后期墨家，任何一种现象都有产生它的原因，这些原因根据其性质和范围又可分为"大故"和"小故"两种。"大故"是一现象所依赖的条件总和，有了它，这种现象就不可避免地要发生。"小故"则是一现象所依赖的部分条件，没有它，该现象固然不能发生，但有了它，该现象也不一定能够发生。推理也不例外，任何一种结论都有它的前提，这些前提即构成该结论的"故"，如果这些前提对于该结论来说是适当的和足够的("大故")，那么该结论就是成立的；反之，如果这些前提只是该结论的部分原因，那么这种结论能否成立就不一定了。

总之，在后期墨家那里，名、辞、说的这种区分被看做为在辩论中使自己的说法得以成立的必要条件。实际上这里讨论的也是知识的形成过程:在第一个阶段,人们用概念反映或标识具体事物;在第二个阶段,则以概念形成判断,对具体事物予以裁定,表达思想;最后,则运用判断进行推理从而获得某种确定的结论。

(三)关于辩的规则和方法

后期墨家认为,在辩论的过程中,除了要坚持上面所描述的那种程序外,还必须遵循一些辩论的规则。因为只有如此,争论双方才能找到共同的论题,进行有意义的辩论。在他们看来,这样的规则主要有两条:

(1)"以类取,以类予"。所谓"类",是指具有共同属性的事物或概念。"类取"、"类予"意即按类同的原则进行归纳和演绎。后期墨家非常重视类同原则,他们强调在辩论中必须严格注意辩论的对象是否同类,只有同类的才可使论辩双方共同取予,从而补充和完善自己的正确论据,抛弃不正确的判断。异类不能相比。

(2)"有诸己不非诸人,无诸己不求诸人"。所谓"有诸己不非诸人",就是说自己的立论中包含有某种原则或判断,就不能非难对方也包含同样的原则或判断。所谓"无诸己不求诸人",则是说自己的立论中不包含某种原则或判断,就不能要求对方一定要包含这些原则和判断。本条所强调的是,在辩论中必须坚持不矛盾律,从而保持思维的一致性。

依照这两条规则,后期墨家进而探讨了一些立辩的方法,其中最重要的有"辟"、"侔"、"援"、"推"四种。《小取》篇称:

> 辟也者,举他物而以明之也。侔也者,比辞而俱行者也。援也者,曰"子然,我奚独不可以然也?"推也者,以其所不取之同于其所取者,予之也。

所谓"辟",就是比喻,即通过具体的事例来说明另一件事情或道理。它接近于传统逻辑中的类比推理。《墨经》中,属这种"辟"式推理的例子很多,如:"名若画虎也"、"爱己者非为用己也,不若爱马"等等。

所谓"侔"是齐等的意思,就是说通过对比从一个判断推导出另一个判断,相当于传统逻辑中的直接推理。《小取》篇中的"白马,马也;乘白马,乘马也"就是这种推理的例子。"侔"式推理有一个很重要的特征,就是前提与结论的逻辑结构相同,均为直言判断,结论的主谓项都是由前提的主谓项附加相同的概念而构成的复杂概念。

所谓"援",就是援引对方的论断作为自己立论的根据,从而驳倒对方的立辩方法。这种推理的特征是,论证的前提为争论双方所共同承认的。《小取》篇曾举过一个这种"援"式推理的例子:世人有所谓"盗人,人也;多盗,非多人也"的说法,墨家应对之而提出"盗人,人也;杀盗,非杀人也"的说法,这从形式上看,两种说法便属于同一类。所以,世人"有彼而不自非也,墨者有此而非之"就是不正当的了。从这个例子可以看出,"援"式推理的根据亦在类的相同,所以它和"辟"一样均属类比推理,只不过"辟"的前提通常是公认的结论,而"援"的前提却是对方的论断。

所谓"推"即推理,就是由已知的事物推出未知的事物,其前提亦是两者必须属于同类,这样才能由已知的推出未知的。所以,严格地说,"推"也是类比推理的一种。《小取》篇把"推"解释为"以其所不取之同于其所取者予之也",意思是说,把对方所认可的主张用作类推的前提,得出一个本质上和它相类的荒谬结论,提出来给予对方,看他能不能接受。假若他不能接受,那么他所认可的前提也就不能成立了。从这种解释看,"推"和"援"一样,都比较偏重于反驳的一面,而"辟"和"侔"则正面说明的成分居多。

值得特别提出的是，后期墨家不但提出了“辟”、“侔”、“援”、“推”几种立辩方法，而且还讨论了它们可能产生的误用。所以《小取》篇警告说：“是故辟、侔、援、推之辞，行而异，转而危，远而失，流而离本，则不可不审也，不可常用也。故言多方，殊类，异故，则不可偏观也。”这段话的意思是说，语言的意义、推论的方式多种多样，事物的性质也是多方面的，在某一方面相同，在另一方面就不必相同，所以，具体论证的时候就不能单纯执著于个别的方面，“辟”、“侔”、“援”、“推”虽然是一些有用的推理方式，但由于以上的原因，它们在实践中就会产生差异、流为诡辩，以至完全偏离了初衷。这一点充分反映了后期墨家对推理理论研究的深入和仔细。

以上我们简单地介绍了《墨经》的知识论特别是逻辑学思想，从中可以看出，后期墨家承接墨子开创的思想路向，不但比较全面地探讨了逻辑的规则、方法、程序和作用，而且接触到了充足理由和不矛盾等逻辑规律，建立了一个初步的逻辑系统，从而对中国逻辑学的发展作出了相当重要的贡献。另外，后期墨家还把《墨经》中的逻辑学理论充分应用到同其他各家各派的论战之中，这不但有助于揭露对方的错误之处，而且也促进了其他各家对逻辑和方法的重视。可惜的是，汉以后墨学中绝，墨辩逻辑也随之沉沦。由于逻辑的兴衰与理论科学的发展有密切的关联，后期墨家思想的湮没，对中国古代科学的发展来说，是一种巨大损失。中国传统学术中的古典逻辑，得以在世界思想宝库中占有一席之地，后期墨家功不可没。

从思想史的角度看，我们知道，知识的成立与发展，一方面有赖于把对象世界的简约化与静在化，另一方面则是主观观念的客观化与形式化。所谓把对象世界简约化与静在化，是指人们只顾及复杂世界中跟人的需要相联系的某些方面并把这些方面设定为不变的。就是说,知识的成立,以切断认知对象与不可名状的终极本源的联系为条件。而终极本源是作为价值信仰的终极依托而被置定的。因而,知识的发展所导致的便是价值信仰的消退。所谓把主观观念客观化与形式化,所做的也是同一件事情:舍弃主体的价值立场与价值内容。知识论与逻辑学的发展,正是客观化、形式化的标志。人的认知追求既撇开了价值信仰,便不可避免要蜕变为一种工具性的追求。

先秦哲学演变至名辩学,实意味着其思想路向已由价值理性转向工具理性。

第 八 章

荀子对儒家“外王学”的拓展

荀子(约公元前325—前238年),名况,字卿,又称孙卿子,战国时赵国(今山西南部)人。为儒家学派的又一重要代表人物。荀子的思想集中反映在主要由他本人撰写的《荀子》一书中。

在战国后期,齐国都城临淄(今山东省临淄市)的稷下学宫,是当时百家争鸣的主要场所。荀子年轻时就到过稷下“游学”,后来还曾在那里“三任祭酒”(学宫之长);又曾西游于秦,议兵于赵,并两度作楚国的兰陵(今山东苍山县兰陵镇)令;晚年定居兰陵,专心著述。这些,都为荀子在综合百家之长的基础上发展儒家的学说,提供了良好的条件。

荀子对各家均有所批评,惟独推崇孔子的思想,称其能“总方略,齐言行,壹统类,而群天下之英杰而告之以大古,教之以至顺”(《荀子·非十二子》,以下凡引《荀子》,只注篇名),因而是最好的治国理念。荀子以孔子的继承人自居,特别着重继承并发展了孔子的“外王学”。他又从知识论的立场上批判地总结和吸收了诸子百家的理论主张,形成了富有特色的“明于天人之分”的自然观、“化性起伪”的道德观、“礼仪之治”的社会历史观,并在此基础上,对先秦哲学进行了系统的总结。

第一节 “明于天人之分”的自然观与认识论

“天”、“天命”、“天道”问题，一直是先秦时期各家各派关切的问题。我们知道，殷商西周时期，“天”、“天命”是被作为人格神看待的。到了孔子，它的人格神色彩被淡化。孔子主要借亲亲之情论“仁德”，而视“天命”为一种盲目的主宰力。孔子以后，其弟子与后学力图使“仁德”、“心性”与“天命”得以贯通，这一方面是要使“仁德”、“心性”的追求获得存在论的支撑，另一方面实又将“天”、“天命”、“天道”义理化、价值化。道家拒斥儒家的做法，将“天”、“天道”看做为一种自然的、无目的性的存在，而确认自然主义为最确当的生活态度与生命情趣。荀子显然有取于道家在“天”、“天命”、“天道”上的自然观的成分，然而他的立论宗旨却不在于走向自然主义，而在于凸显“天人相分”，然后以“天人相分”为基础，建构起他自己的“人道”学说。

一、“天行有常”的自然学说

荀子将“天”、“天命”、“天道”自然化、客观存在化与客观规律化，特见于他的《天论》一文。

“天”是什么？荀子在《天论》中称：

> 列星随旋，日月递炤，四时代御，阴阳大化，风雨博施，万物各得其和以生，各得其养以成，不见其事而见其功，夫是之谓神。皆知其所以成，莫知其无形，夫是之谓天。

这是说，列星的转移，日月的轮替，四时的变更，阴阳之生化，这一切不露痕迹而发生的现象，就是“天”。这里说的即是“天”的自然性。

《天论》又说：

天行有常，不为尧存，不为桀亡。应之以治则吉，应之以乱则凶。

这是说，“天”的运行是有规律的，人世间的治乱吉凶，同自然本身的运行却毫不相关，仅取决于人之是否适应自然的规律。至于人们有时见到的诸如“星坠木鸣”、“日月之蚀”、“风雨不时”、“怪星傥见”等“不正常”现象，其实亦都是天道运行的正常结果：“是天地之变，阴阳之化，物之罕至者也。怪之，可也；而畏之，非也。”（《天论》）既然天道的运行有自己不变的规律，它不会因为有尧这样一位圣君就存在，不会因为有桀那样一位暴君就不存在。就是说，它不会为人的情感、意志而有所改变，对人的善恶分辨完全漠然置之。这里所确认的即是“天”及其规律“天命”、“天道”的客观存在性。

这就是说，“天”不再是超然的价值实体，不再具有道德价值的源头的意义。

然而，荀子并没有就此走向老庄，回归自然主义。荀子曾批评庄子的学问为“蔽于天而不知人”（《解蔽》）。显然，荀子确认“天”、“天道”的客观自然性，是为了给人认识它、支配它开辟道路的。

二、“心有征知”的认知取向

荀子确认“天”、“天道”的客观自然性，同时也确认它的可知性。荀子称：

凡以知，人之性也；可以知，物之理也。（《解蔽》）

所以知之在人者谓之知，知有所合谓之智。所以能之在人者谓之能，能有所合谓之能。（《正名》）

在荀子看来，人生来就具有认识的材质，客观事物之存在与变化又有可以被认识的理则。人的智能即从认识的材质与认识对象的结合中产生，认识则是认知的智能接触认识对象的结果。

这里值得注意的是，荀子是以“知”来指谓人的本性的。荀子于《解蔽》中说：

> 人生而有知。
>
> 心生而有知。

在《非相》篇又说：

> 人之所以为人者何已也？曰：以其有辨也。

这都是以“知”、“辨”来指称人之为人的本心。在荀子看来，人天然禀得的“性”（材质），只是一种认识能力、一种认识心。这是荀子与孟子极不相同的地方之一。孟子视心为道德本心。

荀子既然已确认人天生有认识的能力，物本来有可以被认识的规律，认识是认识能力接触认识对象的产物，那么，他当然承认感官的认识作用。但在荀子的认识论里，更看重“心”的思维功能。荀子说：

> 心有征知。征知，则缘耳而知声可也，缘目而知形可也，然而征知必将待天官之当薄其类然后可也。（《正名》）

“天官”，即人天生就具有的感觉器官，包括眼、耳、鼻、口（舌）、身等。它们各有各的功能，各有各的接受对象，如眼睛能够接受形状，耳朵能够接受声音，如此等等。每一种感觉器官接受与其相当的对象并将其记录下来，这就是所谓“当薄其类”。人的思维器官“心”，荀子又称之为“天君”。对于“天官”所接受的各种感觉，“心”即“天君”具有分析、辨别、证明的作用，这就是所谓“征知”。按照荀况的思路，认识有赖于“天官”之“薄类”，然而“天官”提供的感觉是片面的、主观的，甚至可能是假象，因此，惟有经过心的“征知”，才能获得全面的和可靠的知识。

那么，“心”又如何能够去掉认识上的主观性、片面性呢？荀子说，必须做到“虚壹而静”：

> 人何以知道？曰：心。心何以知？曰：虚壹而静。（《解蔽》）

这里的“虚”是指“虚心”，即不以已有的知识妨碍接受新的知识；“壹”是指专一，即不因为对另一些事物有认识而妨碍专心地认识某一事物；“静”是指静心，即不让各种梦幻或空想来扰乱认识。荀况认为，做到“虚壹而静”，就可以知“道”，就能达到完全透彻、无所偏蔽的“大清明”认识境界。

荀子“虚壹而静”的提法无疑来自道家。“虚”、“道”、“一”、“静”是老庄经常用以描述本源或本体存在状况的基本概念。稷下道家更有“虚壹而静”的说法。然而道家使用这些概念或命题来描述本源或本体的存在状态时，亦同时蕴涵有一种精神性的价值追求。荀子这里，却是把“虚壹而静”作为一种确保认识的客观性、全面性的方法来予以界说的。这也可见，荀子是把“心”作知识心看待的。

三、“制天命而用之”的主体意识

荀子明确宣称，认识“天道”是为了能够支配天道而宰制自然世界。他说：

> 虚壹而静，谓之大清明。万物莫形而不见，莫见而不论，莫论而失位。坐于室而见四海，处于今而论久远，疏观万物而知其情，参稽治乱而通其度，经纬天地而材官万物，制割大理而宇宙理矣。（《解蔽》）

荀子认为,达到“大清明”的认识境界,就可以做到:万物只要表现出来的,都是可以把捉到的;把捉到后,人就可以坐在房间里而有见于世界各处,处于今时今日而论说过去未来;乃至于能够“经纬天地而材官万物,制割大理而宇宙理矣”。在这里,荀子对认识的作用与伟力给予了极高的赞赏!

荀子此间显然也回应了此前儒家学者关于天道与心性如何贯通的问题。我们知道,在子思、孟子那里,天道与心性的贯通是借把天道价值化的途径实现的,因而这种贯通实质上是一种精神境界上的贯通;《中庸》、《易传》也提及以“参天地之化育”来成就德性,然而由于缺少知识论的基础,始终未能走出“价值主体”的领域,未能进达“材官万物”、“制割大理”的地步,扮演“知识主体”的角色。荀子把“心”作认识心而成就知识论,又借知识论的支撑,宣称可以通过把握“天道”(“天命”)来支配宇宙,通过支配宇宙来实现心性(知识主体)与天道(“天命”)的贯通。荀子说:

> 大天而思之,孰与物畜而制之!从天而颂之,孰与制天命而用之!望时而待之,孰与应时而使之!因物而多之,孰与骋能而化之!思物而物之,孰与理物而勿失之也!愿与物之所以生,孰与有物之所以成!(《天论》)

荀子这番说话,可以说是先秦时期表现人作为知识主体有能力支配和改变自然界的最强有力的声音。

第二节 “性恶”论与“化性起伪”的道德教化主张

然而,荀子的努力最主要的还不在于他借“明于天人之分”说确立人对自然界的主体地位;他的最主要的努力还在于确认人在道德修养与治理国家中的主体地位。

一、以自然资质为“性”的“性恶”论

在道德修养方面，作为前提与起点的，是荀子主“性恶”论。那么在荀子那里，“性”是什么？“性”何以是“恶”的呢？

荀子明确以自然禀赋的材质为“性”。他说：

> 性者，天之就也。（《正名》）
>
> 不事而自然谓之性。（《正名》）
>
> 不可学，不可事而在天者，谓之性。（《性恶》）

这种天就的、自然禀得的“性”是什么呢？荀子《正名》篇又说：

> 性之好、恶、喜、怒、哀、乐谓之情。
>
> 情者，性之质也。
>
> 欲者，情之应也。
>
> 欲不待可得，所受乎天也。
>
> 欲不可去，性之具也。

这是以“情”乃至“欲”为“性”，也就是以“情”与“欲”为“天”。故《天论》又称：“形具而神生，好恶喜怒哀乐藏焉，夫是之谓天情。”

很显然，荀子这里的情性观与早期儒家《性自命出》一派的思想有关。然而，《性自命出》以“情”为“天”的观念引出的是自然主义、情感主义的生存格调，荀子却没有沿着这一路向发展。这是因为，他认为由天然禀赋的性情是“恶”的。荀子《性恶》篇称：

> 人之性恶，其善者伪也。
>
> 今人之性，生而有好利焉，顺是，故争夺生而辞让亡焉；生而有疾恶焉，顺是，故残贼生而忠信亡焉；生而有耳目之欲，有好声色焉，顺是，故淫乱生而礼仪文理亡焉。……用此观之，然则人之性恶明矣，其善者伪也。

于此，荀子直指“天命”之情性是恶的。因为顺任它的发展，将引

起人与人之间的争夺、贼杀，导致社会的混乱。这就是“性恶”论。

二、“化性起伪”的道德教化观

荀子既以“天命”之情性为“恶”，那么“善”从何来，由何建立呢？

荀子认为“善”来自于人与人之间的社会群体性的生活秩序的建构与确保的需要。而正是这种群体性的社会生活，是使人之为人而得以优异于自然万物、乃至于役使自然万物之所在。荀子称：

> 水火有气而无生，草木有生而无知，禽兽有知而无义；人有气、有生、有知亦且有义，故最为天下贵也。力不若牛，走不若马，而牛马为用，何也？曰：人能群也，彼不能群也。人何以能群？曰：分。分何以能行？曰：义。故义以分则和，和则一，一则多力，多力则强，强则胜物。……故人生不能无群，群而无分则争，争则乱，乱则离，离则弱，弱则不能胜物。（《王制》）

这里说的“人有气、有生、有知亦且有义”，并不是指“义”是天生的。在荀子看来，作为“善”的表征的“义”，是来自于人的“群”与“群”的“分”（角色的与等级的区分的需要）。这是按照人自己的需要设置的，是人为的。

荀子非常强调“善”的人为性。他举例说，按照人的自然性情，饥饿了就想要吃饱，寒冷了就想要穿暖，劳累了就想要休息；但是，看见长辈却不敢先吃而要让给长辈吃，劳累了不敢去休息而要代长辈去劳动。“此二行者，皆反于性而悖于情也，然而孝子之道，礼仪之文理也。故顺情性则不辞让矣，辞让则悖于性情矣。用此观之,然则人之性恶明矣,其善者伪也。”(《性恶》)荀子这里所说的“伪”,即人为。

在荀子看来,“善”就其本源,为出自于人的群体性的生活秩序的需要,而“善”的建立,则有待于“心”的作用。荀子于《正名》篇说:

> 欲不待可得,而求者从所可。欲不待可得,所受乎天也;求者从所可,所受乎心也。所受乎天之一欲,制于所受乎心之多计,故难类所受乎天也。……欲虽不可去,求可节也。

这里,荀子把“心”(心之多计)与“天”(欲)看做是对置的关系。在对置中,荀子看重的不是“天”,而是“心”。“心”有控制情欲的能力,从而能够建立起道德意识。

而“心”的这种控制情欲并使之合于道德的能力,又来自于它的认知性。荀子称:

> “涂之人可以为禹。”曷谓也?曰:凡禹之所以为禹者,以其为仁义法正也。然则仁义法正有可知可能之理,然而涂之人也,皆有可以知仁义法正之质,皆有可以能仁义法正之具。然则其可以为禹明矣。(《性恶》)

这是《天论》所说“凡以知,人之性;可以知,物之理”在道德修为领域上的延伸。“凡以知,人之性”,是指人的天赋的认识能力,而非道德良知;人的天赋的认识能力,必待与“可以知,物之理”相结合,才能成就知识。“仁义法正”也具有“可知可能之理”的意义,然则它可以为心知所把握无疑。既可把握,则人人可以成为像禹那样有道德的人亦无疑。

显然,荀子不仅把道德看做是人为的,而且把道德的修为放置在认知的基础。我们知道,子思、孟子或以“善性”属“天命”,或以属“本心”，所以在修为上重“存心养性”，这是先验的路向。荀子在修为上讲“化性起伪”，讲“注错习俗”，这无疑是经验的路向。

三、“所积而致”的成圣之道

就道德修习而言，荀子认为其最高要求便是“成圣”。

荀子坚持他在理论上的一贯性，明确宣称，在天生的情性方面，圣人与普通人没有任何不同：

> 凡人之性，尧、舜之与桀、跖，其性一也；君子之与小人，其性一也。（《性恶》）

荀子取消了圣人与暴徒、君子与小人在天性上的差别，从一个侧面表现了战国末年贵族与平民依血缘形成的原有的界线的消解。

荀子同时还承认，圣人与普通人一样，也只有经过后天的努力，才得以成就其自己。荀子常说：“圣人者，人之所积而致也”（《劝学》）；圣人“之所以异而过众者，伪也”（《性恶》）。这些都是强调圣人也要以努力修习为根本途径。

圣人与一般人、君子与小人，在先天本性上的差别被取消了，但是，荀子立论的意图并不在于从根本上废弃这种差别，反而要从后天努力修为的角度凸显这种差别。先天本性上的差异，很多时候是与血缘关系联系在一起的，血缘贵族又更多地是与身份地位联系在一起的。凸显经后天努力修为造就君子、圣人，则在凸显精神气质、文化教养上的贵族性。荀子学说有浓重的知识化、工具化倾向，然而在追求“成圣”，追求贵族性的精神气质与品格的这点上，与孔子的理念乃是一脉相承的。

荀子讲求“成圣”，又希望借圣人的教化，使社会大众得以转变性情，以至于善。《性恶》篇称：

> 圣人化性而起伪，伪起而生礼义，礼义生而制法度。

然则礼义法度者，是圣人之所生也。

古者圣人以人之性恶，以为偏险而不正，悖乱而不治，故为之立君上之势以临之，明礼义以化之，起法正以治之，重刑罚以禁之，使天下皆出于治，合于善也。

这里，荀子一再强调圣人在“化性而起伪，伪起而生礼义”，以礼义去导化百姓的巨大作用。这是从道德理想追求方面凸显圣人的作用。

第三节　“隆礼重法”与“强国裕民”的“外王”理想

然而，在荀子那里，圣人更重要的作用还在于他能够“使天下皆出于治”。这就是儒家传统的“外王学”。不过，荀子依自己的知识路向重组了这种“外王学”。

一、“明分使群”的社会建构观念

我们都知道，以往的儒家学者各自都曾建构过自己的“外王学”，而且大都把这种“外王学”的正当性诉诸于“天道”、“天命”，很少有人能够从现实社会组织、社会结构的“源出处”来证立自己的“外王学”。荀子的经验知识的立场使他得以面对现实，回到现实社会组织、社会结构的“源出处”。

荀子注意到，人类与动物不同而且得以优异于动物的地方，是“人能群”。人类是以群体性的方式生存与生活的。人类又何以能够结合成为一个群体呢？回答是以“分”。何谓“分”？荀子说：

农分田而耕，贾分货而贩，百工分事而劝，士大夫分职而听，建国诸侯之君分土而守，三公总方而议，则天子共己而已矣。（《王霸》）

这里,"分"既指社会分工,也指等级分别。在荀子看来,人不可以不结合为一个群体。然而人结合在一个群体里,又不可以是杂乱无序的。它必须以"分"的方式组合为一个结构,过着一种有序的生活。惟有如此,人类才能够生存和发展。这就是他说的:"离居不相待则穷,群而无分则争。穷者患也,争者祸也。救患除祸,则莫若明分使群矣。"(《富国》)

那么,"分"又靠什么去维系呢?荀子有两个说法:一个是:"分何以能行?曰:义"(《王制》);另一个是:"分莫大于礼"(《非相》)。显然,前一说法主"义",侧重于道德教化;后一说法主"礼",侧重的是礼法制度。

二、"隆礼重法"的国家宰制方略

在国家治理问题上,荀子非常看重"礼",把"礼"作为"治辨之极"。他说:

> 礼之于正国家也,如权衡之于轻重也,如绳墨之于曲直也。故人无礼不生,事无礼不成,国家无礼不宁。君臣不得不尊,父子不得不亲,兄弟不得不顺,夫妇不得不欢。少者以长,老者以养。故天地生之,圣人成之。(《大略》)

这是说,称量物体的轻重,需要权衡;衡量物体的曲直,需要绳墨;治理国家,则需要"礼"。"礼"是治理国家的基本方略,不按照这一方略行事,事情就办不好,国家就不得安宁,君臣、父子、兄弟、夫妇之间的关系全都要颠倒混乱。在这里,"礼"不仅为治理国家、控制社会的基本手段,而且也体现为人类的一种价值关怀。

那么,"礼"从什么地方、依什么原则而确立呢?荀子《礼论》篇称:

> 礼起于何也?曰:人生而有欲,欲而不得,则不能无

求,求而无度量分界,则不能不争。争则乱,乱则穷。先王恶其乱也,故制礼义以分之,以养人之欲,给人之求。使欲必不穷乎物,物必不屈于欲,两者相持而长,是礼之所起也。

就是说,"礼"是从区分与调节不同人的利欲关系中产生的。在制礼的过程中,还贯彻着一个基本原则:"使欲必不穷乎物,物必不屈于欲"。即不能只顾及人的欲望,而要让物与欲"两者相持而长",在物质的增长与欲望的增长之间保持平衡。

从荀子这一关于"礼"的起源的论述我们可以看到,荀子的眼光依然是现实经验的。他不像以往的儒家学者那样,把"礼"诉诸于"天"、"天命"的一种形而上的思想信仰。他把"天"、"天道"彻底自然化,其旨意固在于为人认识自然与支配自然确立前提,然而更重要的是消解了先验的或超验的思想信仰对社会人事的支配力,而把在这一领域的主宰权还给现实中的人和人的理性。"礼"的制订以协调人与人的利欲和人的欲望与物质增长的关系以求获得平衡为原则,这无疑就是十分理性的。

在荀子看来,人的天然本性是追求利欲的,而"礼"的作用则在对人的利欲的无限追求作出限制,二者之间不免有冲突。为了确保公共秩序的正常运作,"礼"的遵循不免要诉诸于一种强制性。由此,"礼"转为"法"。因此,荀子经常有"礼法之枢要"、"礼法之大分"的提法,而以"礼法"并称。对列的提法则谓:"治之经,礼与刑"(《成相》);"隆礼重法,则国有常"(《君道》)。又谓:"礼者,法之大分,类之纲纪也。"(《劝学》)这些提法显示,在荀子那里,"礼"是界乎于"义"与"法"之间的一个范畴。在"礼"与"义"并称时,更多地是指涉道德;在"礼"与"法"并称时,更多地是指涉制度。"礼"的这种双重含义使人们看到,荀子在说"礼"是"法之大分，类之纲纪”的时候，既指“礼”为立法的总原则，又指“礼”作为总原则的道德立场。“法”的制定与行使不纯属利益分配问题，还要有一个道义问题；“法”的一律化打破了贵族与平民的界限，使一切人平均化了，但“礼”的持守却仍然使得有学养的人们不至于沉落。荀子可以说是顾及到现实的利欲追求与利益分割而又不失道德理想，顾及到用“法”来管制公共社会的必然性与必要性而又坚持道德理想，力求在两者之间保持平衡的思想家。

三、“强国裕民”的王道政治理想

荀子顾及到现实的利欲追求与利益分割而又不失道德理想，还表现在他对治国目标的设定上。他主张强国而裕民。

裕民或富民本来亦是儒家的传统主张，孔子就有“富而后教”（《论语·子路》）的提法，孟子亦有“易其田畴，薄其税敛，民可使富”（《孟子·尽心上》）的论说。然而，由于他们更关切道德理想的提升，并为此而力求少谈“利”、“欲”，甚至鄙视利欲追求，因此，富民特别是富国问题还没有构成为他们主要的现实关怀。

面对战国末期激烈兼并的局面，国家与百姓是否富强关系着一国的生死存亡，荀子作为一个现实感很强的思想家，不可能不把这一问题放在一个重要的位置上。荀子承认利欲为人的天然本性，这即是现实主义的态度；利欲既为人的天然本性，则虽有必要加以调节与控制，但却不可以不承认利欲追求在一定范围内的正当性。荀子说：

> 凡语治而待去欲者，无以道欲而困于有欲者也。凡语治而待寡欲者，无以节欲而困于多欲者也。（《正名》）

老子有“去知去欲”的主张，孟子有“养心莫善于寡欲”（《孟子·尽心下》）的提法。荀子的这段话显然是对他们的一个批评。荀子认为，治理国家的关键不在于“去欲”、“寡欲”，而在于“道（导）欲”、“节欲”。

从承认利欲追求正当性出发，荀子当然关切百姓与国家的富裕问题，以及使百姓与国家得以致富的发展生产的问题。荀子说：

> 田野县鄙者，财之本也；垣窌仓廪者，财之末也。百姓时和，事业得叙者，货之源也；等赋府库者，货之流也。（《富国》）

这是把田野村鄙的开拓，百姓的适时耕作，看做是国库充实的本本。荀子的这一主张，与战国末年为许多君子看重的法家的耕战政策是相近的。不过，法家讲“耕”是为了“战”，“富民”是为了“强兵”，其立场是国家主义的。荀子则有别。荀子称：“足国之道，节用裕民，而善藏其余。”（《富国》）这是说，国家的富足，就表现在裕民之中。荀子又说；

> 不富无以养民情，不教无以理民性。故家五亩宅，百亩田，务其业而勿夺其时，所以富之也。（《大略》）

这就把富民本身作为治国的目的。这里所体现的仍然是儒家传统的“民本”思想。“民本”思想的特点即是：君与民之间不是单一的服从与被服从的关系，而是互相依赖、互相认信的关系。荀子说：

> 君者，舟也；庶人者，水也。水则载舟，水则覆舟。（《王制》）

君与民的这种舟与水的关系，在荀子那里，大概也就是他的理想政治的一个重要表征吧！

荀子的理想政治，既然以承认人的利欲追求的正当性为起点，承认“礼”、“法”兼用的必要性，则其虽仍与孔孟的“民本”传统有关，不过已作了很大的修正。荀子曾以“隆礼尊贤”为“王道”，“重法爱民”为“霸道”。实际上荀子自己的政治理念是王霸兼综，或是力求在“王”与“霸”之间保持一种张力的。纯粹的以道德理想建构的“王道”，只能扮演社会批判的角色；单一的以现实功利为目的的霸道政治，只会使社会沉沦。所以有学者认为，儒家的“外王学”，真正能够贯彻的实际上是荀学。孔孟之学，只可以视为“内圣学”。

第四节　荀子对先秦百家之学的批判和旨归

荀子作为先秦末期的思想家，对各家各派的学说都作过深入的研究。他的思想就是在充分吸收与批判百家之学的过程中发展起来的。

一、对道家、墨家和思孟学派的批判

荀子的批判锋芒广泛地涉及道家、墨家、儒家中的思孟学派和名辩家。

在《天论》篇中，荀子就曾指出：

> 万物为道一偏，一物为万物一偏，愚者为一物一偏，而自以为知道，无知也。慎子有见于后，无见于先；老子有见于诎，无见于信；墨子有见于齐，无见于畸；宋子有见于少，无见于多。有后而无先，则群众无门；有诎而无信，则贵贱不分；有齐而无畸，则政令不施；有少而无多，则群众不化。

慎子为慎到，主“弃知去己”，惟以客观既成之“势”是从，属于由道家向法家转向的人物，荀子认为慎子只顾及已然的（在后的），未顾及所以然的（在先的）；老子讲“柔弱胜刚强”，为道家处世的基本主张，荀子认为老子只顾及“屈”（诎）的一面，未顾及“伸”（信）

的一面;墨子主“兼爱”,带有平均主义色彩,荀子认为墨子只顾及“齐同”(齐)的好处,未顾及“差等”(畸)之必需;宋子为宋鈃,主“情欲寡”,也近于墨者,荀子认为宋子只看到“少欲”的重要性,未看到“多欲”也有其正当性。荀子认为这四子的观点都是片面的(偏)。在对四子的批判中无疑可以看到,荀子并不着意追求把“道”置于超越经验事物之上的绝对性,他更强调“道”在经验事物的对立与统一的意义上的全面性。

荀子又撰《非十二子》一文,对百家思想作专门的评议。他指出,近于道家中的放任派的它嚣、魏牟的思想,为“纵情性,安恣睢,禽兽行,不足以合文通治”;近于道家中的隐逸派的陈仲、史鰌的倾向,为“忍情性,綦谿利跂,苟以分异人为高,不足以合大众,明大分”;属于墨家的墨翟、宋钘的主张,为“不知壹天下建国家之权称,上功用,大俭约而僈差等,曾不足以容辨异,县君臣”,即不足以使国家建制有序化;属于由道家转向法家的慎到、田骈的见解,为“尚法而无法,下修而好作,上则取听于上,下则取从于俗”,没有确定的一套法制规范,亦不足以“经国定分”;属于辩者的惠施、邓析的学说,“为不法先王,不是礼义,而好治怪说,玩琦辞,甚察而不惠,辩而无用,多事而寡功,不可以为治纲纪”,同样属“欺惑愚众”之流。从荀子对上述十子的批判可见,荀子的基本立场是国家在统一的礼法治理下的秩序与稳定,其着眼点依然是现实政治的,而不是超越性与精神性的。

奇怪的是,荀子在《非十二子》一文中,以最多的文字批评的还是儒家的子思与孟子。荀子称:

> 略法先王而不知其统,犹然而材剧志大,闻见杂博。案往旧造说,谓之五行,甚僻违而无类,幽隐而无说,闭约而无解。案饰其辞而祗敬之,曰:此真先君子之言也。子

> 思唱之,孟轲和之,世俗之沟犹瞀儒嚾嚾然不知其所非也,遂受而传之,以为仲尼、子游为兹厚于后世。是则子思、孟轲之罪也。

显然,荀子批评子思、孟子最激烈的一点,是认为他们二人"案往旧造说,谓之五行"。然,查今本《孟子》和被认为属子思之作的《大学》、《中庸》,均不见有"五行"说。由是,后世学者对荀子之批评甚为疑惑。及至1973年长沙马王堆帛书和1993年湖北郭店楚简出土均有《五行》篇,人们才得以明白,荀子的批评是有根据的。《五行》篇所讲的"五行",不是金、木、水、火、土五种存在物,而是仁、义、礼、智、圣五种德行。这五种德行无疑是子思、孟子所提倡的。然而,同为儒家、同宗孔子的荀子,何以指子思、孟子之"五行"说为"甚僻违而无类,幽隐而无说,闭约而无解"呢?关于这一点,目前学界尚未形成比较确切的解释。《五行》篇的提法是:

> 仁形于内,谓之德之行;不形于内,谓之行。义形于内,谓之德之行;不形于内,谓之行。礼形于内,谓之德之行;不形于内,谓之行。智形于内,谓之德之行;不形于内,谓之行。圣形于内,谓之德之行;不形于内,谓之行。德之行五和,谓之德;四行和,谓之善。善,人道也;德,天道也。

《五行》篇的这种说法,至少有两点是荀子所不能接受的:其一是,《五行》把"五行"看做是内在于人的心性中的,而荀子却认为,人的心性本质上是追求情欲的;其二是,《五行》把"德"看做是"天道",而荀子却认为,天道是自然的,"德"完全是"人道",是人为(伪)地建立的。在荀子看来,把"五行"看做是内在于心性之中,或把"德"看做是"天道",都是没有经验事实作依据的。荀子说:

“善言古者必有节于今，善言天者必有征于人。凡论者，贵其有辨合，有符验。故坐而言之，起而可设，张而可施行。”（《性恶》）显然，荀子正是依其经验知识的立场，而指斥思孟之学为“不类”，为“无解”的。

二、对名家的批判与对逻辑学的发展

我们知道，在名实关系问题上，先秦诸子有过热烈的争辩。逻辑学即是在这种争辩中发展起来的。

荀子依其知识论的思想路向，在名实关系上，明确确认“实”（客观存在）是第一性的，“名”（名词）是第二性的，主张根据事物的实际情况给予事物以恰当的名称，这就是所谓“制名以指实”（《正名》）。

在“制名”的必要性问题上，荀子指出，分别制名以指实，使名实相符，使人与人之间、物与物之间都有明确的贵贱、同异区别，其目的是为了提供确定的认识和与他人正确地进行交流。

在“制名”的根据方面，荀况认为人们对同类事物大致可以得到相同的感觉和认识，所以人们的“制名”就不是主观随意的，而是约定俗成的。

在“制名”的原则上，荀子提出了“同实同名”、“异实异名”，有类属关系则使用“共名”、“别名”以识别等原则，以确保“名”与“实”的对应性。

从“制名以指实”的名实论出发，荀况对当时的诸子百家，包括墨家、惠施、宋钘、尹文等人的逻辑错失进行了批判。据荀子概括，当时的逻辑错失有三种，即“三惑”。

第一，“惑于用名以乱名”，如“见侮不辱”、“杀盗非杀人”等命题即是。“侮”与“辱”，在内涵是相同的，但名称有别。“见侮不辱”的命题，是利用名称的不同制造混乱。“盗”与“人”，在内涵上是有别的，但在外延上却又是相关的。“杀盗非杀人”的命题，是利用名称在内涵上的区别制造混乱。故荀子认为这是“用名以乱名”。

第二，“惑于用实以乱名”，如“山渊平”等命题即是。就个别现象而言，有些海拔较低的山也可能与高原上的渊相平，这是“实”。然而，“山高渊深”的这组概念是抽象出来的，具有确定的含义。惠施学派的做法是用个别的实来否定概念的普遍意义，从而混淆视听。故荀子认为这是“用实以乱名”。

第三，“惑于用名以乱实”，如“有牛马非马”等命题即是。所谓“牛马”，大概指“牛马群”，这是牛和马的集合，其中既包含有牛也包含有马。“马”的概念在内涵只指涉“马”这一物种的属性。因而“牛马（群）”与“马”在概念上是不同的。但是在事实上“马”即包含于“牛马（群）”中，这是人们相互约定、共同认可的存在状况。“牛马非马”的命题是用“名”的区别扰乱了在事实上的联系。故荀子认为这是“用名以乱实”。

荀子通过对名家的批判与反省，提出了自己的逻辑理则。如荀子对概念、判断、推理等逻辑形式都有十分精当的论说。他称道：

> 实不喻然后命，命不喻然后期，期不喻然后说，说不喻然后辨。（《正名》）

这里第一句话说的是“名”的作用，“命”就是“命名”，给每种“实”都安上一个名。第二句话说的是“辞”的作用，如果只用一个名词还不能使人了解，就要用不同的名词组合（辞）来表达它，从而使人得以了解（期）。第三、四句则是说：如果只用一“辞”还不能使人了解，就要说出理由（“说”）；如果还不能使人了解，那就需要

"辨"即进行大段的辩论了。在这里,"名"相当于"概念","辞"相当于判断,"说"和"辨"则相当于推理,即在概念和判断的基础上对某个或某类事物及其相互联系作出判断,提出结论。

逻辑是认知的手段。荀子关切名学与逻辑问题亦表明荀子思想的知识论倾向。荀子力图把儒家的理想追求奠定在经过知识理性洗礼的基础上。当然,这样做的结果,无疑也使儒学的观念结构有了改变。

三、"齐言行,一统类"的思想旨归

荀子于《非十二子》篇中说:

> 假今之世,饰邪说,文奸言,以枭乱天下,矞宇嵬琐,使天下混然不知是非治乱之所存者,有人矣。

这是说,由于百家之学各逞其"邪说"、"奸言",致使"天下混然不知是非治乱之所存",所以,他才对他们作出批判的。

那么,批判百家的宗旨或目的是什么呢?荀子宣称:

> 若夫总方略,齐言行,壹统类,而群天下之英杰而告之以大古,教之以至顺。……六说者不能入也,十二子者不能亲也。……是圣人之不得势者,仲尼、子弓是也。一天下,财万物,长养人民,兼利天下。通达之属,莫不从服,六说者立息,十二子者迁化。则圣人之得势者,舜禹是也。

荀子认为,圣人有两类:一类为未得"势"(权位)者,如孔子(仲尼)、子弓之属,他们提出的主张可以成为统一思想的基础;另一类为已得"势"者,如舜禹诸君,他们可以利用自己的权位使"通达之属莫不从服"而实现政治的统一。荀子的追求是"上则法舜禹之制,下则法仲尼、子弓之义,以务息十二子之说"(《非十二子》)。

这也就是要化去“士”的独立人格的地位，使之工具化，变成对君主只有臣服关系的“技术官僚”。

尽管荀子本人还固守着“君子”的风度，尽管他的理论仍有“卫道”的一面。但在《非十二子》篇里，人们固已感觉到政治统一的走向，同时也可感受到某种“文化专制”的气味。可惜这种“文化专制”在秦王朝时代并不如荀子所希望的是统一在经过他改构过的儒家的理念里，而是统一在法家的铁蹄下。

第九章

法家集成者韩非子的哲学

韩非(约公元前280—前233年),出身于韩国公室,是“韩之诸公子”。年青时曾从学于荀子,但终未接受儒家之学。他站在韩国本位的立场,面对诸侯争胜、韩国积贫积弱,随时有被吞并的危险局面,更愿意接受法家变法图强的思想,但他屡次上书劝谏韩王都未被重视。在失望之下他发愤著书,写下《孤愤》、《五蠹》、《内外储说》、《说林》、《说难》等十余万言的著作。秦王嬴政读到韩非的著作时,曾经非常赞赏地说:“嗟乎,寡人得见此人与之游,死不恨矣!”(《史记·老子申韩列传》)为此,秦王加紧攻打韩国,迫使韩非出使秦国。然而,韩非亦未得到秦王重用,而且因李斯、姚贾等人的陷害,更被投入狱中,待秦王后悔,想赦免他时,韩非已被迫服毒自尽。韩非的著作经后人编辑整理为《韩非子》(以下凡引《韩非子》,只注篇名),共55篇,其中有些篇章可能不是韩非所作。

第一节　法、术、势结合的法治思想及其人性论前提

我们知道,先秦历史进入战国中期,生产方式、社会结构已发

生了根本性的改变,这种改变必然要引发治国理念与统治方式的改变。各国的变法运动,正是适应这样一种改变而发展起来的。在中国思想史上被称为法家的学派,既用以指谓这一变法运动的担当者,同时也用以指谓主张以法治国的理论倡导者。

一、前期法家变法的理论与实践

春秋末年,战国初年,晋国的社会变动最激烈,出现韩、赵、魏"三家分晋"的局面。因而三晋之地早已发生种种变法。然而踏入战国中期,变法才成为大势。其中,尤以商鞅在秦国推行的变法最有影响。

商鞅推行变法在理论上的最重要依据是:

> 治世不一道,便国不必法古,汤、武之王也,不循古而兴。殷、夏之灭也,不易礼而亡。然则反古者未必可非,循礼者不足多是也。(《商君书·更法》)

这里提供的,就是一种现实的观念与变化的观念。在商鞅看来,治国之道变与不变,应以便国利民的现实功利为依据,现实功利的求取方式已经变化,治国之道就应该变化。

商鞅推行变法的最重要内容,则是激励"耕"与"战"。商鞅称:

> 凡人主之所以劝民者,官爵也;国之所以兴者,农战也。(《商君书·农战》)

依商鞅的做法,凡在农战中有功者,依其贡献大小给予加官进爵的奖赏。那些不以农战为务而"事末利及怠而贫者,举以为收孥"(《史记·商君列传》),即予重罚。各种赏罚均以法令的形式颁布出去,而且是不分贵贱尊卑务必令行禁止的。这就是以法治国。显然,以法治国的功能在加速贵族政治的解体而使贵族与平民划一化，但这种划一化并不意谓着平民作为整个阶级或作为有尊严的“人”的地位的上升。这里只有冷峻的“法”，没有任何阶级，没有“人”，惟一得以上升的是置身于法律之外的君主及其绝对权力。因此，在“一于法”的政治体制下的君民关系，只是奴役与被奴役的关系。

除商鞅外，对法家理论的发展有所贡献的，还有慎到的“势”的思想，申不害的“术”的思想。慎到的思想已于第五章作了介绍。申不害的“术”，是讲役使臣下的手段与方法。申不害称：“善为主者，绮于愚，立于不中盈，设于不敢，藏于无事，窜端匿疏，示天下无为”(《群书治要》引《申子大体》篇)。这是说，君主要深藏不露，然后对臣下以“名实”考量、驾御之：“为人臣者，操契以责其名。名者，天地之纲，圣人之符。张天地之纲，用圣人之符，则万物之情无所逃之矣。”(同上)由此，则臣下无法作假，无所逃匿，而天下得以治理。

显然，“势”和“术”作为君主驾御群臣的手段，它所表征的君臣关系，是彻底的利用与被利用的关系。在这种体制下，“士”难以再保留“君子”的光彩，他们只可以为“利”而生存了。

二、法、术、势结合的治国之道

韩非可以说是上述法家思想的集成者。他认为商鞅的“法”，申不害的“术”，慎到的“势”，三者都是治理国家所必须的。他说：

> 人不食十日则死；大寒之隆，不衣亦死。谓之衣食孰急于人，则是不可一无也，皆养生之具也。今申不害言术，而公孙鞅为法。术者，因任而授官，循名而责实，操杀生之柄，课群臣之能者也，此人主之所执也。法者，宪令著于官府，刑罚必于民心，赏存乎慎法，而罚加乎奸令者

也。此臣之所师也。君无术则弊于上,臣无法则乱于下,此不可一无,皆帝王之具也。(《定法》)

抱法处势则治,背法去势则乱。(《难势》)

依韩非的看法,"法"是由官府用文字公布出来,以赏善罚恶为基本原则的律令,是官员驾驭百姓的基本依据;"术"是由人君操纵驾驭臣下的基本手段;"势"是君主的权力与威势。韩非认为法、术、势三者不可偏废。他在《定法》篇中以申不害和商鞅为例,指出只讲术而不讲法或只讲法而不讲术的害处。申不害在韩国为相的时候,重术而不重法,韩国本来是从晋国分出来的,韩国的新法制和晋国的旧法制有许多不一致的地方,而申不害没有将新法和旧法统一起来,于是官吏们大钻法制的空子,凡是新法对他们有利的,就依新法办事,凡是旧法于他们有利的,就依旧法办事。这样,尽管申不害和韩昭侯善于用术,也无法制止这种营私舞弊的行为,韩国自然难以富强。待韩昭侯与申不害死后,韩国很快便衰败了。商鞅与秦孝公以重法著称,他们明法制,开边界,使秦国迅速崛起。但是因为商鞅不重术,不能很好地驾驭大臣官吏们,结果是秦国的富强使大臣们中饱私囊,而国君并没有得到什么好处。可见,"法与术不可偏废"。

关于势,韩非专门撰有《难势》篇予以讨论。该文首先阐述慎到关于重势的理论,又假设儒家对重势论的批评,再假设重势一派对儒家的反批评。

被假设为儒家的观点认为,掌握权势的未必是好人,好人运用权势,天下就治,坏人运用权势,天下就乱。而天下总是好人少坏人多,如果任势的话,就会乱多而治少。慎到重势一派的人回答说,重势是对"中人"而言的(韩非多次提到"中主而治"的思想)。真正掌握治国大权的君主,常常是才智和德行都处于中等水平的普通人，他们上不及尧、舜，下不为桀、纣，这样的人如果“抱法处势”，天下就治，背法去势，天下就乱。要是只等着尧舜这样难得的贤人来治国，那是治世少而乱世多。而只要抱法处势，即使是中人，也能治理好国家。只有在不幸遇到桀纣这样的暴君的时候，天下才会出现混乱，然而像桀纣这样的人掌权的机会不多，所以还是治世多而乱世少。可见，等待贤人治国是不切实际的空想，重势才是行之有效的。

韩非通过检讨前期法家的理论与实践，分别揭示了法、术、势各自所具的独特功能，承认在一个有效的集权制的国家体制中三者不可或缺。由此，韩非子不仅得以成为法家思想的集成者，而且，他实际上为秦王朝的政治运作体制奠定了理论基础。

三、“皆挟自为心”的人性透视

韩非这套以法为本，法、术、势结合的统治理论，建基于他的“皆挟自为心”(《外储说左上》)的人性论。“自为”一词源出于《慎子》一书，意即自己为自己打算，自利、为己之意。韩非认为人性是自私自利的，每个人内心都在为自己打算，人与人之间则在互相计算利益，无论君臣、父子、兄弟、夫妇，还是普通的人际关系，都不例外。他举例说，造车的人希望人们富贵，造棺木的人希望人们夭死，这并不意味着造车的人心地善而造棺木的人心地恶，而是因为人们富贵了自然会买马车，有人死去了必须来买棺木，所以他们希望人们富贵或希望人们死亡都是出于自利之心。自利、自为是人的本性。

把人的本然情性看做是追求利欲的、自利自为的，在这一点上韩非与荀子并无不同。二人的不同在于，荀子认为这种自然本性需要经过人工的“改造(伪)”，所以被视为“恶”；韩非则以为这种自然本性只可以加以“利用”，所以无所谓善无所谓恶。荀子之所以讲“改造(伪)”，显然是因为他仍然固守有道德理想；韩非之所以讲“利用”，则是因为他认为人的关系纯是一种工具性与功利性关系。韩非说：

> 凡治天下，必因人情。人情者，有好恶，故赏罚可用；赏罚可用则禁令可立而治道具矣。(《八经》)

韩非认为君主掌握权势才能制定治国的法制，而君主的权势具体体现为赏罚“二柄”。赏罚二柄为什么能行之有效呢？因为人们有好利恶害之心，对于有利可图的事情，人们趋之若鹜；对于有祸患的事情，人们避之恐不及。治理天下，只要顺着人们的这种特性，利用人们的这种自利之心，明赏设罚，就能役使人们去做应该做的事，而不做不应该做的事，国家自然就能安定。

韩非将人性概括为“自为”，还有一个作用，就是让君主面对一个非道德、非情感化的残酷真实，排除人性人情对立法和执法所可能产生的影响。韩非的理念是建立一个“法治”的社会，这个理念是通过法、术、势的体系的运作来实现的。法制主要的特点是公开性、公平性、规范性，法的作用主要是“齐”，即是将社会上种种人和事纳入到法制的轨道中，统一受法制的约束和控制。所以，把人性的本质归结为“自为心”，无疑为制定统一的法规提供了理论依据。

第二节　“世异事异”的历史变化意识与“道理相应”的道用论

“以法治国”并不是先秦各诸侯国的固有传统，因而要贯彻“以法治国”，必须实行变法。为什么要改变原有的体制而实行变法,变法的根据何在呢?为了回答这些问题,韩非子又建构了他的历史理论与天道学说。

一、"世异事异"的历史变化主张

韩非为了说明变法的正当性,提出了"世异则事异,事异则备变"(《五蠹》)的历史变化理论。

关于历史变化问题,商鞅已经有所论说。韩非子承继了商鞅的思想,用历史分期的观点分析历史的进程。他把人类历史划分为四个时期,即"上古"、"中古"、"近古"和"当今"四世。"上古"之世是"构木为巢"、"钻燧取火"的"有巢氏"和"燧人氏"时代,这时人类才刚刚从与野兽混迹的山林之中解脱出来,处于开创人类生活方式的初期;"中古"之世以鲧、禹治水为代表,人们开始了改造自然,提高生活水平的努力,人类文明有了初步发展;"近古"之世是殷周之世,随着礼乐教化的兴起,人类文明又有了一定程度的提升;"当今"则是一个诸侯争雄、相互兼并的时代。

韩非把不同历史时期表现出来的不同社会特点归因于人口的增长因素。他说:"古者丈夫不耕,草木之实足食也;妇人不织,禽兽之皮足衣也。不事力而养足,人民少而财有余,故民不争。是以厚赏不行,重罚不用,而民自治。"(《五蠹》)上古时代,人口少,自然财富有余,人们不用争夺,所以不用立什么法律,人们也能和平相处。后来人口增长速度越来越快,超过了生产增长的速度,以至"今人有五子不为多,子又有五子,大父未死而有二十五孙。是以人民众而货财寡,事力劳而供养薄,故民争,虽倍赏累罚而不免于乱。"(同上)韩非认为,从"丈夫不耕"、"妇人不织"到"人民众而货财寡"的演变过程中,人口增长是导致财富不足、社会动乱的基本原因,也是导致最终不得不建立国家和设置法制的根本原因。

虽然,韩非单纯以人口增长速度推论社会制度变迁,这不尽科学。但是,从知识理性的角度看,他的看法着意于摆脱形而上的迷雾而回到历史现实中来,仍有其深刻性。首先,他指出人口增长过快、物质欲求过高与生产和财产增长的速度过慢必引发矛盾,这一看法在当时的自然经济和手工劳动为主的生产力状况下,符合实际情况;其次,人们的矛盾冲突既然源于物质利欲的分割,则社会制度的变迁也源于现实的经济利益及其调整。韩非的这些看法,无疑透视着面向实际的精神。

韩非不仅力图将社会制度的变迁还原到物质利益的冲突与平衡上来,而且也把人的观念的变化与此联系起来。他称:"上古竞于道德,中世逐于智谋,当今争于气力。"(同上)上古竞于道德,并不意味着人人品德高尚,只不过当时人口稀少,自然财富有余,根本用不着争夺;而今天人们互相争夺,也并不是人伦道德退化,而是人口增多,财物不够分配造成的。所以每个时代都有每个时代的价值观念,用古代的价值观念来要求当代,是不确当的。以"禅让"为例,生产力极其低下的情况下,身为天子与身为平民,生活水平并没有区别,而且天子比平民工作得更辛劳;而现在,即使是做个县令,都能使子孙荣华富贵,受惠无穷。所以古人轻辞天子,今人难辞县令,这都是由经济利益决定的,并不存在人伦道德退化的问题。

韩非以人口的增长导致经济利益的重新调整为根据,说明社会制度与价值观念的变迁,其宗旨不在解释社会历史,而在为"变法"提供理论依据。他说:

> 是以圣人不期修古,不法常可,论世之事,因为之备。
>
> 世异则事异,事异则备变。
>
> 事因于世,而备适于事。(同上)

就是说,时代在变迁,客观环境在变化,治国的办法也必须相应地作出改变。历史上任何伟大的创举都是在它所处的时代才有意义。即使先王的政策措施在古时是多么奏效,但如果将它原封不动地搬到后世,治理这个处于大争之世中的人民,这种举措也只会跟守株待兔一样地愚蠢和无功。

在先秦思想史上,韩非子无疑是对社会历史的变化性作了最充分肯定的思想家,过去许多学者亦常依此称他有历史进化论思想。但在韩非那里,他的立论用意似乎在说明社会历史的"变化"、"变迁"及其客观必然性。此中并没有明确的"进化"意识。"进化"意识是与主体的强烈的价值认定相联系的。但韩非是极力排除主体的价值取舍,而只强调因顺自然情势的。韩非致力于确认社会历史的变化意在为当前的"变法"提供理论依据,而当前的自然情势是人的好利恶害的欲求与物质的匮乏的矛盾导致了人与人、国与国之间空前的冲突。因而,因顺这种情势惟一可取的变法内容就是以法治国。在韩非看来,这一切都是客观的、必然的,不得不如此的。它是不以人的价值取舍、人的善恶判定为转移的。

二、"道理相应"说与"道"的工具性向度

韩非不仅把"变法"的依据诉诸社会历史变化的客观事实,而且在其进而诉诸"天道"观的时候,更进一步把变法的客观依据赋予了绝对的意义。

韩非的"天道"观,是从对《老子》的重新解释中建立的。他在《解老》篇中写道:

> 道者,万物之所然也,万理之所稽也,理者,成物之文也,道者,万物之所以成也。故曰:道,理之者也。物有理不可以相薄(迫)。物有理不可以相薄,故理之为物(之)

制。万物各异理。万物各异理，而道尽稽万物之理，故不得不化。不得不化，故无常操。(《解老》)

从这段话可以看出，韩非子致力于解释《老子》，主要在于承接老子确认“道”的自然本然性(“守自然之道”)，却未取老子的“道”的“本源”义。就是说，在韩非看来，“道”是使万物得以如此存在、如此变化的自然客观总规律，是最普遍、最一般的规律。在“本源”意义上的“道”，带有神秘性；韩非强调“道”的客观规律性，则在于凸显它既是变化的又是可以把握的这种特性。

为了更充分地说明“道”既是变化的又是可以把握的这种特性，韩非特别引入了“理”这个概念。韩非说：

凡理者，方圆、短长、粗靡、坚脆之分也。故理定而后物可得道也。(同上)

短长、大小、方圆、坚脆、轻重、白黑之谓理，理定而物易割也。故议于大庭而后言，则立权议之士知之矣，故欲成方圆而随其规矩，则万事之功形矣。而万物莫不有规矩，议言之士，计会规矩也。圣人尽随于万物之规矩。(同上)

这里的“理”，既指万物的独特性质，又指各自的具体规律(规矩)。这种“理”是可以言说，可以“体会”，即可以认知的。韩非指“道”为“理”，显然即强调它的可知性。

韩非又说：

凡道之情，不制不形。柔弱随时，与理相应。(同上)

依韩非的看法，“理”作为具体事物的规则是不断变化、无定形的，“道”与“理”相应，故道亦“不得不化”而“无常操”。显然，指“道”为“理”，又在强调它的可变化性。

韩非把“道”看做是万物的规则或这些规则的总和，以为它是客观自然的，随万物的变化而变化的，又是可以认知，甚至是可以测度（“体会”）的。这都是把“道”限制在经验知识的，即限制在可用的层面上。《老子》的“道”是形而上的，韩非却通过重新的解释让它摆脱了形上性。韩非哲学作为战国晚期哲学思潮的代表，其回归经验知识的路向于此可见。

韩非认为，“道”作为客观存在的规律，那是人不可以不遵循的，他指出人们应该“守成理，因自然”（《大体》），应该“若水之流，若船之浮，守自然之道”（《功名》）。惟有如此，才可以获得成功。这一点运用于当今时势的治国之道上，便是要因顺人的好恶之情而制定赏善罚恶的“法”，以“法”作为权柄导民于治。因而，在韩非看来，“法”也就是当今之世的“道”。通过“变法”而实现以法治国，即具有客观必然性意义。而“法”是由君主制定与颁行的，君主作为“法”的惟一操纵者也就是道的化身与体现者，因之他也是惟一的。韩非说：“明君贵独道之容”（《扬权》）。这里所谓“独道之容”者，就是作为惟一的君主既要大权独揽又要深藏不露，要做到“道在不可见，用在不可知”（《主道》），造成一种“明君无为于上，群君竦惧于下”（同上）的格局，以确保自己权力的绝对性。“道”在这里便是“术”。“术”作为对付臣下之“道”，也具客观必然性意义。明君既为“道”的惟一化身与体现者，它同时也将获得“道”那种总揽万物的至上性。这种至上性又为君主的“君临万物”提供了一种“势位”。“势”由“道”开出，当然也具有客观必然的意义。

“道”的经验知识化，同时意谓着手段化和技术化。借术数手段建构的君臣关系，正如韩非子所说的，那只能是“互市”的关系，一种不承载任何社会正义与道德责任的买卖关系。

第三节　“参验”之说与“矛盾”之辨

韩非与其师荀子的思想，都表现出一种浓重的知识论倾向。然而，荀子提出了一整套有关认知与逻辑的主张，韩非却只有一些并不系统的说法。大概韩非的兴趣在政治哲学，而非认知理论。他的关涉认识论的提法主要见诸于“参验”之说，关涉逻辑学的提法主要见诸于“矛盾”之论。

一、“参验”说的经验性质

韩非的认识论思想，以注重“参验”为主要特点。依韩非自己的说法是：

> 循名实而定是非，因参验而审言辞。(《奸劫弑臣》)

这里所谓“循名实而定是非”就是判断事情要“审合形名”。“审合形名”是用“术”的依据。韩非认为君主只有善于用“术”对臣下作“审合形名”的功夫，才能有效地驾御臣下。韩非讲了一个故事：有一次，韩昭侯喝醉酒睡着了。管帽子的人(“典冠”)怕他受凉，就在他身上加盖了一件衣服。韩昭侯酒醒后很高兴，问身边的人：“是谁给我加盖了这件衣服?”身边的人回答说：“是管帽子的人。”韩昭侯听后，就把管衣服的人(“典衣”)治罪，把管帽的人杀了。韩昭侯就是申不害所辅助的君主，申不害以重术著名，这里体现的就是“用术”的要点：“审合形名”。君主授予的官职是“名”，任职人的业绩是“实”(也叫做“形”)。任某一职责(“名”)，就要有与这一职责完全相应的业绩(“实”)。如任职“典衣”，其职责便是给君主穿衣服的；任职“典冠”，其职责则是给国君戴帽子的，他们各自完成了职责规定的任务，就叫形名相合或名实相合，就该受赏,否则就要受罚。所以,当典衣失职,没有做他该做的事,而典冠越职,做了他不该做的事时,这都是属于名实不合,所以都要受到惩罚。

韩非又说:

> 人主将欲禁奸,则审合刑(形)名者,言与事也。为人臣者陈而言,君以其言授之事,专以其事责其功。功当其事,事当其言,则赏。功不当其事,事不当其言,则罚。故群臣其言大而功小者则罚,非罚小功也,罚功不当名也。群臣其言小而功大者亦罚,非不说(悦)于大功也,以为不当名也。害甚于有大功,故罚。(《二柄》)

韩非这里说的就是所谓"因参验而审言辞"。依韩非的看法,君主身边有许多出谋献策的人,怎样辨别他们说的话哪些是可信的,哪些是不可信的,甚至是有害的呢?很简单,如果有人向君主献一个计策,君主就依他的话给他一个官职,让他独立去做他所说的事,如果事情做成了,并且和他的官职及他所说的话相当,就是可信的,就有赏,不然就受罚。以这样的方法治国,即使一个君主没有什么特殊本领,也很容易判断出谁是有才能的人,谁是没有才能的人。用办事的实际效果来审核一个人的言论是否正确可靠,是谓"因参验而审言辞"。

韩非又提及到言行的功用性问题。他说:"夫言行者,以功用为之的彀者也。"(《问辩》)"的彀"是箭靶子,言行如射箭一样要有靶子。就是说言行要有它所预期达到的目标。如果言行达到了预期的目标,就是可取的,否则就是不可取的。比如射箭,随便发出的箭,即使恰好射中秋毫那么小的东西,也不能算是善射,因为这并不是预先指定要射中的;而如果在十步开外设一个五寸大的目标,这个目标即使比前面随意射中的目标大得多,只要是射中了这个目标,也仍然可以被视之为善射,因为这个目标是为射箭预设的。所以说,用实际的功用考验言论,必先确定什么是其预期的效果,并以是否达到这个效果来衡量这种言论的确当性、有效性。韩非指出,“言大而功小”固然不行,“言小而功大”也不行,两者都应当受罚,因为两者都是言行不合预期效果的表现。

韩非还指出,确认一种言论是否可取,仅以一次实际效果来检验还是不够的。要“偶参伍之验,以责陈言之实”(《备内》)。“参”或“参伍”所指的是要考察事情的各个方面,互相比照。就是说判断一种认识或言论是否可信,不能只从一个角度去观察,只听一面之辞,而要把各种情况进行排列、分类、比较、研究,反复予以核实、验证,才可以论定。

在韩非子这些关系到认知的言论中,我们可以看到:

第一,韩非的这些言论,特别是“循名责实”等提法,基本上是围绕着如何用“术”的问题提出来的。而“术”之所以被认作是君主必备的,则是出于对人的不信任。所以在作为“术”的一种做法的意义上的名实关系,并不真正具有认识意义。因为“名”并不是知识上的概念,而是官职名分;“实”亦不是认知对象及其反映,而只是君王给官员们规定的一种职责、一种技术指标。“循名责实”,作为“术”,实只为一种统治手段,这种统治手段引发的“士人”在仕途上的变化,便是被职能化、技术化。

第二,“因参验审言辞”等提法,其“言辞”超出了官职名分的范围,而涉及到一种看法、一种主张,比较有认识意义。韩非强调,一种看法、一种主张,其可信性,必须以有效性为衡量标准。这无疑有其合理性。因为一种正确的看法或主张,终归会带来好的效果。但是,人们却决不可以认为,凡是有效的,必定是正确的,必定为可信的;而且这里的有效性指的什么呢?韩非在《五蠹》篇中指斥一切道德教化与形上追求为“非愚则诬”，无非是因为他们的言论不能带来现实功利。很明确，韩非只承认经验知识的有效性，不承认价值观念的有效性。

二、“矛盾”说的形式化表征

关于“矛盾”之说，韩非讲了一个有名的寓言：

> 楚人有鬻盾与矛者。誉之曰：“吾盾之坚，物莫能陷也。”又誉其矛曰：“吾矛之利，于物无不陷也。”或曰：“以子之矛，攻子之盾，何如？”其人弗能应也。夫不可陷之盾与无不陷之矛，不可同世而立。（《难一》）

这就是成语“自相矛盾”的由来，也是中国哲学史上“矛盾”一词的最早出处。韩非的“以子之矛攻子之盾”的方法为揭露逻辑的矛盾提供了普遍适用的方法。

韩非所理解的矛盾，主要关涉形式逻辑问题。形式逻辑认为，在同一思维过程中，两个互相反对或者互相矛盾的判断是不相容的，它们不能同时为真，其中至少有一个是假的。这是形式逻辑的矛盾律所确认的。如果同时肯定两个互相反对或者互相矛盾的判断为真，那就是自相矛盾，犯了逻辑错误。形式逻辑的矛盾律用公式表述为：A 不是非 A。A 和非 A 分别表示两个互相对立的判断。A 与非 A 不能同时为真。

在“自相矛盾”的寓言中，卖矛和盾的楚国人实际上同时作了两个肯定的判断：

我的盾不能被任何东西刺穿。（亦即：我的盾不能被我的矛刺穿。）

我的矛能刺穿任何东西。（亦即：我的矛能刺穿我的盾。）

事实上这两个判断就是 A 和非 A，是不可能同时为真的。韩非正确地指出了上述两个判断的互不相容的性质："夫不可陷之盾，与无不陷之矛，不可同世而立"。这是对形式逻辑的矛盾律作了确切的表述。

我们知道，形式逻辑作为认识的工具，它的基本特点之一，是追求知识的确定性。这种确定性，就包括它提供的知识不会自相矛盾，不会前后不一等。惟有如此，知识才是可以成立的。韩非的"矛盾"之说，"不相容之事，不两立也"（《五蠹》）之论，其意大概都在强调知识的确定不变性。

然而，知识虽然讲求确定性，知识的对象却永远处于变动中，这本身就是矛盾的。战国中期一批思想家就是借知识对象的变动不居性，对知识的可靠性提出怀疑。韩非的倾向，是力图以知识的确定不变性去排除存在界的变动不居性，如他说的："凡物不并盛，阴阳是也。"（《解老》）这是说，天地阴阳，以至世间万物，都只能是非此即彼，势不两立的。显然韩非以知识的确定性要求来否定存在界变化的正当性，不仅是片面的，也是与其变化史观不相容的。

知识虽然讲求确定性，但是，许多超越性的价值追求却恰恰是借消解知识及其确定性而得以为人们所接收的。韩非尤其不懂得超越追求对于社会与人生的意义。他只承认能够带来现实功利的知识为惟一可靠的知识，此外的其他知识或追求都必须斥逐。韩非与其师荀子一样，都有文化一统、文化专制的思想倾向。

第四节　法家的历史功过评论

毋庸置疑，秦王朝得以击败各诸侯国而统一中国，和秦王朝作为中国历史上第一个中央集权制的国家的建立，得益于法家的学

说。据《史记·秦始皇本纪》,秦始皇曾登泰山刻石立碑称:

> 皇帝临位,作制明法,臣下修饬。二十有六年,初并天下,罔不宾服。……治道运行,诸产得宜,皆有法式。大义休明,垂于后世,顺承勿革。……

于登琅琊山刻石"明得意"又称:

> 维二十八年,皇帝作始。端平法度,万物之纪。以明人事,合同父子。……古之五帝三王,知教不同,法度不明,假威鬼神,以欺远方,实不称名,故不久长。……

在这些碑文里,秦始皇均明确地排斥上古五帝三王把自己统治的正当性诉诸于宗教信仰("假威鬼神")的做法,而坚执地认定自己的成功即在于"作制明法"、"端平法度"。秦王朝的建立及秦王朝作为中国历史上第一个中央集权制的统治形式的确立,无疑都体现了法家的政治哲学的胜利。

然而,一个强大到足以扫平六大诸侯国的王朝,却在建国后仅15年,就为由一帮平民发动的起义所摧毁了。这又是怎么回事呢?汉初学者贾谊曾撰写过一篇题为《过秦论》的名作,探讨秦朝速亡的因由。文中称:

> 秦王足己而不问,遂过而不变。二世受之,因而不改,暴虐以重祸。子婴孤立无亲,危弱无辅。三主之惑,而终身不悟,亡,不亦宜乎?当此时也,世非无深虑知化之士也,然所以不敢尽忠拂过者,秦俗多忌讳之禁,忠言未卒于口而身为戮没矣。故使天下之士,倾耳而听,重足而立,拑口而不言。是以三主失道,忠臣不敢谏,智士不敢谋,天下已乱,奸不上闻,岂不哀哉!

贾谊认为,秦亡于君臣、君民关系的极度紧张。而这种极度紧张,正根自于法家所持的人性论:每个人都是自利、自为的,人与人之间不可能建立起信任关系，不可以借道德维系社会的公共运作系统；社会的公共运作系统，只能诉诸于统一的律法；然而律法裁定权为君主，从君主的立场看人性的自利性，不可信任性，意味着权力只可以独尊，决策只可以独断；律法既由君主一人裁定，则它必然不是君主用以约束自己，也不是用以确保臣民的权利，而只是用以控制臣民；君臣、君民之间既无信任关系，在惟我独尊的君主以为自己可以任意役使、宰制臣民的情况下，君臣、君民的紧张关系无可避免爆发为战争。“陈涉率散乱之众数百，奋臂大呼，不用弓戟之兵，鉏耰白梃，望屋而食，横行天下”（贾谊《过秦论》），终于推翻秦王朝。秦王朝的败亡，无疑同时又暴露了法家的人性论与治国理论，及由法家所体现的先秦思想史的工具理性走向的局限。

第二编

汉唐时期的哲学

绪　论

公元前209年，陈胜、吴广率领被派去戍边的民众发动推翻秦王朝的起义。前202年，刘邦集团统一中国，建立汉朝，是为西汉。此后，中国中古史前期先后经历了东汉（公元25—220年）、三国（220—280年）、西晋（265—317年）、东晋（317—420年）和十六国（316—439年）、南朝（420—589年）和北朝（386—581年）、隋朝（581—618年）、唐朝（618—907年）等多个朝代的复杂轮替与变迁。从秦朝开始，这长达一千一百多年的历史变局，是怎样影响哲学思想史的发展，思想史本身又经历了一个什么样的过程呢？

一、两汉中央集权制政治体制的建立与国家意识形态的确立

史称"汉承秦制"，是指的西汉立国仍然以秦朝郡县制的行政架构管治国家。然而汉初实际上还是分封了一批诸侯王。最初是分封了七个在击败项羽的战斗中有功的异姓王。在异姓王被作为叛乱势力剪除后，又把一批宗亲分封为诸侯王。及至汉武帝，平定了七个同姓诸侯王发动的叛乱，中央政府得以把行政、军务统辖起来，中央集权制的政治体制才真正得到确立和巩固，并贯彻于两汉之始终。

1. 秦汉之际的政权更替与思想变迁。

秦汉和两汉之间的政权更替与政治变革在思想史上产生了什

么影响呢?

我们知道,先秦社会构成经历了由贵族为主体向由平民为主体的一种转变。秦王朝的法家政治正是面对以平民为主体的社会格局并对平民予以制导的一种强势政治。只是秦王朝本身仍为贵族血统,其权力仍以子孙承传为合法性依据。

然而,刘邦是以平民的身份夺取天下的,刘邦集团的大多数人物亦为平民乃至市井无赖。由是,刘邦政权便不能不面对两个重要问题:其一,它的统治的合法性依据是什么?其二,他应该如何管制这个被战乱弄得残破不堪的天下?

刘邦对第一个问题的回应是他的权力来自"天命"(《史记·高祖本纪》),但"天命"是什么,他未及说明;第二个问题更紧迫,刘邦集团采取的方法是"无为而治"。所谓"无为而治",作为一种"治道",在政权架构上是沿袭原有的,是"汉承秦制";在治国方针上是放任一家一户的农民经济的自由发展,这正好是符合刘氏集团从平民、游民出身的一帮人的身份与气质的;降及文人学者将这种治国方针予以理论说明,于是有汉初繁荣一时的"黄老之学"。"黄老之学"作为官方的统治思想,主导了汉初的意识形态五十多年。及至汉武帝执政,才开始作出变更,摒弃"黄老"而"独尊儒术"。

引发统治思想的转变的原因是:

第一,经过汉初的几十年的发展,掌权阶层在身份上已经由平民转变为贵族,特别是他们的子弟亦需要在教养上、在精神气质上也得以贵族化;

第二,萦绕汉初几十年的秦王朝何以很快失去政权,汉王朝何以得以取而代之的这一关涉政权合法性即"政道"的问题,到了需要有一个能够为当时的社会所接受的回答的时候了;

第三,汉初的"无为而治",虽有利于自然经济的自由发展,却不利于中央权力的集中与统一,因此,从"治道"的转变的需要来看,亦祈盼有新的理论支撑。

2. 中央集权制的建立与儒学作为意识形态的确立。

先秦儒学,本来就讲究贵族性的教养与气质,讲天道性命,讲王道政治及思想一统,所以儒学成为汉武帝建构中央集权制的统治体制的最合适的思想资源。董仲舒提出"罢黜百家,独尊儒术",即很受汉武帝赞赏。武帝为了弘扬儒学,立五经博士,又于长安立大学以五经教授官吏子弟并从中选拔官员。后来还于郡县设置学校教授儒术。儒学在被确立为官方意识形态并借教育与行政的途径推行之后,终于重新得以复兴以至于大盛。

考察儒学在汉代的复兴且获得官方意识形态的地位,我们会看到:

第一,由董仲舒与一批今文经学家[①]复兴的儒学,已不同于先秦原儒学,而是掺合了阴阳五行家和法家的观念重新整合而成的儒学。先秦儒学所说的"天"、"天道",是借把自然世界的价值化确立的;而董仲舒等儒生所说的"天"、"天道",却是以价值信念的

---

① 两汉儒学分今文经学与古文经学。秦始皇下令"焚书",许多儒家典籍被焚毁或散失。汉初,一批儒生根据记忆重新用当时通行的隶书把儒家经典复述与记录下来,是为"今文经",治今文经,称"今文经学"。及至后来,从孔子旧宅和其他地方陆续发现一批用先秦"小篆"字体写成的经典。这批经典称"古文经"。治古文经,称为"古文经学"。

然而,今古文经学的区分,不纯出于文字的区分,更重要的是学风与解释进路的区分。今文经学专明经典的"微言大义",解释进路是哲学与神学的;古文经学侧重章句训诂,解释进路是史学的。

西汉流行今文经学,东汉后期古文经学始占主导地位。然而不久,汉为魏晋所代,汉学亦为玄学所遮盖。

自然化、存在化为言的。董子以“天两有阴阳之施”说明“身亦两有贪仁之性”(《春秋繁露·深察名号》),即是明显的例子。借把自然世界价值化而确立的“天”、“天道”作为人类伦理—政治取向与行为的终极依据所提供的意义,在于把这些伦理—政治取向与行为赋予一种先验性与绝对性;而把价值信念存在化,实即把存在界“灵性”化,此则要走向宗教神学。董子所建构起来的儒学,正是以神学为基础的儒学。

第二,董仲舒等汉儒,何以要把儒学神学化,借走向神学信仰来回应汉政权的合法性问题呢?一个直接的原因是秦亡所提供的教训。秦朝依法治思想建国。法家以天然给定的人的性情为“好利恶害”,并以人为的方式依理性规则立法来制导天然性情。这里,“人”与“天”是对置的。然“人”既为“好利恶害”,则从何生起“善法”?“好利恶害”所表明的是人的有限性,由此生起的“法”又岂会有无限的意义?秦王朝的暴政恰恰表现了“人”的有限性,秦王朝的灭亡则恰好说明了依“人”依理性立法的有限性。于是,回到“天”、“天道”,回到信仰,就成为汉初热衷的话题。然而,董子等汉儒所取的信仰,不仅是价值形态的,更且是存在形态的,与阴阳、四时、五行等描述自然生化的观念纠结在一起的。这是否意味着,儒学要取得意识形态的地位,不可以仅仅面向贵族并取社会文化批判的立场,它还必须面向平民大众,面向依阴阳、四时、五行运作的农业社会?儒学重建所关切的,不可以仅仅是伦理—政治哲学,而且是在农业社会中如何生存、如何与环境协调的人类学?

第三,因而,在考察儒学在汉代复兴所带来的问题时,重要的不在于儒学之被改构为神学,而在于儒学在成为官方统治思想之后,它逐渐失却作为价值信仰的意义,脱变为一种技术知识,转化为儒士谋取功利的手段。儒生只有通经才可以做官,于是经学逐渐流为章句之学、训诂之学;儒生又或只有被举为孝廉才可以出士,于是儒家的道德诉求逐渐流为外在装饰。以致有许多儒士为博取功名不惜弄虚作伪。关于这些方面的史实,《后汉书》多有披露。显然,儒学意识形态化,不可避免地要被工具化。

3."士"的官僚化与"士族"的形成。

儒学既然成为获取功名的手段,那么儒士就不仅仅是指有学识、有教养却无恒业无恒产的"游士",如先秦时期子思、孟子、荀子那样一帮人。一方面,汉儒通经或通过辟举即可以为官,为官即可以为富,故汉儒得以被官僚化与豪富化;另一方面,官员和富豪的弟子有优先受教育的权利,因而他们的家族也更有条件被儒士化。于是,由儒士化、官僚化、豪富化三者的结合,形成了一个重要的阶层:"门阀士族"。

所谓"门阀士族","门"指家门、门第;"伐"为"阀阅",指世代有功业、有名望者;"士族",自然指有知识、有教养然而不再是只身闯天下者,这些有知识、有教养的儒士背后有一个豪族作依托,他们的教养与学识就是在家族的世代承传中形成的。"门阀士族"阶层,在西汉末、东汉期间已经形成并已发展为社会的主导力量。当时多称"士大夫"。西汉末年,王莽试图依《周礼》的理想改革社会,就因这个阶层的反对而败亡。西汉开国皇帝之君臣多出身于平民乃至市井,东汉开国皇帝刘秀却出身于南阳大族,曾于太学修习《尚书》,其将帅皆有儒者气象。显而易见,两汉之格局殊别。然而,儒士官僚化与豪富化之后,能持守儒家的节操的虽不乏其人,培植权势作兼并与掠夺、为富且不仁的事例却层出不穷。东汉学者仲长统曾揭露豪族暴虐的情况称:

> 豪人之室,连栋数百,膏田满野,奴婢千群,徒附万计。船车贾贩,周于四方;废居积贮,满于都城。琦赂宝

货，巨室不能容；马牛羊豕，山谷不能受。妖童美妾，填乎绮室；倡讴伎乐，列乎深堂。……三牲之肉，臭而不可食；清醇之酎，败而不可饮。睇盼则人从其目之所视，喜怒则人随其心之所虑。此皆公侯之广乐，君长之厚实也。（《后汉书·仲长统传》）

豪门大族如此富足，过着如此腐化的生活，为先秦时期“贫而乐道”之儒子所不可想像。

东汉社会，就在大族的相互兼并的冲突中，在农民的抗争与起义中，走向了败亡！

二、魏晋南北朝社会变乱中的士族士风

三国魏晋南北朝，为中国中古社会处于长期动乱的年代。期间，对社会的这种局面产生深刻影响的，便是士族与士风。

1. 在政局变乱中的士族。

东汉末年，在社会动乱中，虽然部分士族受到打击，然而这一阶层在此后的长时期里仍在不断扩张。许多农户为了逃避战祸，不得不投靠士族，变成佃客、荫户；士族为了确保自己的利益，又纷纷招收流散的农民作为自己的部曹，建立起自己的武装队伍；一些士族甚至筑起坞堡，以确保自己所在的地域不受侵占。这样的士族，俨然是一个独立王国。

魏晋南北朝时期，士族实际上左右着国家政治。曹操重刑名法术，又力主用人不问出处，不讲德行而求干练，然而其臣下仍有不少出身豪门，并以率领自己组织的子弟兵而得以成为骁勇善战者。曹操儿子曹丕立“九品中正之法”，本意在从德才等方面区分人才之品位，实际的作用却是把人才依其士族背景加以定位，由是而确立了“上品无寒门，下品无势族”（《晋书·刘毅传》）的社会结构

格局。尔后,司马氏以士族的权势篡夺了曹魏政权,建立了晋朝,是为西晋。后来西晋朝为北方部族所迫,南迁建康,别为东晋。东晋是在笼络江南吴姓大族才得以站稳脚跟的。南朝四朝立国者多出身寒微,靠掌握军权而当上皇帝。在战乱中,依拥有军权而夺得政权者,大多没有"正义"的观念,不懂得将自己的政治权力与政治行为客观化、公共化。曹魏、西晋虽然也像汉代一样提倡以"孝"治天下,但是,当权者直以皇权为囊中私物,自不可能有广泛的社会基础;加之得不到士族的支持,其国家、其君主都只如空中流星,一闪即逝。

2. 在得意与失意之间的士风。

士族在经济上、政治上的不断扩张,不可避免地引发"士风"的进一步变化。我们知道,汉代的"士",作为"儒士",本以培植、持守儒家的道德理想、贵族性的教养与精神气质为尚,然而由于习儒就可以博取功名利禄,故早在东汉,儒术已蜕变为工具。降及三国,面对乱世,曹操、诸葛亮均重刑名法术,儒家所尚名节操守,更且被冷落。入于魏晋,儒家典籍虽仍在太学中传授,然而士大夫之学风早已转向"三玄"。被称为新道家的魏晋玄学取代了两汉经学。

魏晋玄学所崇尚的"三玄",为《老子》、《庄子》、《周易》。三书之为"玄",在于它们被看做只论究形而上之"道",而不关切形而下之"器"。魏晋士人在学术兴趣上由儒学转向"三玄",转尚老庄道家,最初的原因其实是:儒家所倡导的礼教、操守、精神气质,是面对世俗社会、政治国家的教化需要而发展起来的;但因为它是适合世俗社会、政治国家的需要才被推向至尊的,所以它就不可能不被世俗社会、特别是政治国家所利用;在它蜕变为工具的情况下,提倡、维护儒学,必会扭曲人心人性,使人失去本真。

显然，玄学发展的初衷，就在于要摆脱世俗社会、政治国家对人性的扭曲，而追求人的自然—本然性情，人的自由与本真。魏末名士嵇康说：

> 推其原也，六经以抑引为主，人性以从欲为欢。抑引则违其愿，从欲则得自然。然则自然之得，不由抑引之六经；全性之本，不须犯情之礼律。固知仁义务于理伪，非养真之要求；廉让生于争夺，非自然之所出也。由是言之：则鸟不毁以求驯，兽不群而求畜。则人之真性无为，正当自然耽此礼学矣。(《嵇康集·难自然好学论》)

嵇康此说，正体现当时一批名士借弘扬玄学而凸显的对真性情的眷恋与诉求。面对当时世俗社会的利害争夺，面对政治国家的纷乱黑暗，部分士人要求有一摆脱，有一超越，是亦开启了另一种生命情调，乃至一种直面天地的精神境界。

然而，玄学既视儒家所倡导的礼教、操守为束缚而予以斥逐，被解放出来的却固可以是精神生命，也可以是物质欲望。前者为向上提升的，后者为向下坠落的。实际上更多的名士是把“解放”理解为释放情欲，因此两晋南朝的士风，便常常表现为不断往下坠落。作于晋朝的《列子·杨朱》篇最先在理论上表现了士风的向下坠落。该文称：“生则尧舜，死则腐骨；生则桀纣，死则腐骨，腐骨一也。”这显然是说，区分善恶、追求成圣是没有意义的；人生最重要的，是仅仅把捉住属于我的、为我所能支配的一时一刻、一财一物，及时行乐。在这里，不仅儒家的价值信念丧失殆尽，道家的超越追求亦且荡然不存。

至于士族在实际生活中的腐化堕落，两晋南北朝之史籍多有记载。如两晋就发生过豪富石崇与外戚王恺通过比赛奢侈来显耀富有的事，而晋武帝竟亦乐于参与其中。南朝时期的世族谢灵运、虞悰,国戚功臣之后如宋朝之徐湛之、何勖、孟灵休等,均以纵侈载于史册。随着士族在士风上越来越下坠,在生活上越来越腐败,士族在社会上的主制力实际上也变得越来越脆弱。编撰于南朝的《颜氏家训》曾记述过士族豪门在战乱中的丑陋样态。其文称:

> 梁世士大夫,皆尚褒衣博带,大冠高履,出则车舆,入则扶侍,郊郭之内,无乘马者。周弘正为宣城王所爱,给一果下马,常服御之,举朝以为放达。至乃尚书郎乘马,则纠劾之。及侯景之乱,肤脆骨柔,不堪步行,体羸气弱,不耐寒暑,坐死仓猝者,往往而然。(《涉务》)

身处战乱之中,连马都不会乘骑;偶有一人骑一小马,亦为择果与游乐之用。如此士大夫,一旦遇战祸,只有"坐死仓猝"而已。《颜氏家训》又记:

> 梁朝全盛之时,贵游子弟,多无学术,至于谚云:"上车不落则著作,体中何如则秘书。"无不熏衣剃面,傅粉施朱,驾长檐车,跟高齿屐,坐棋子方褥,凭斑丝隐囊,列器玩于左右,从容出入,望若神仙。明经求第,则顾人答策;三九公宴,则假手赋诗。当尔之时,亦快士也。及离乱之后,朝市迁革,铨衡选举,非复曩者之亲;当路秉权,不见昔时之党。求诸身而无所得,施之世而无所用。被褐而丧珠,失皮而露质,兀若枯木,泊若穷流,鹿独戎马之间,转死沟壑之际。当尔之时,诚驽材也。(《勉学》)

身为士族弟子,却已完全丧失士人的品格与学识。考试需要雇人代答,做诗必得请人代笔。在由他们弄权的那个朝代里,只要坐上车不会摔下来,或懂得写几句问候的话,即可以身居重位。然而一旦改朝换代,他们只好"鹿独(孤身一人)戎马之间,转死沟壑之际”。这等士族,岂有不败之理!故南北朝之际,在农民战争的多次打击下,在不同集团的相互搏杀中,延至于隋唐时期,士族作为一个特权阶级,遂不得不走向式微。

三、道佛二教的传播与思想文化的多元格局

就汉唐时期而言,传道授艺之业仍然依靠于官府设置的各种学校。官学以传习“五经”为事业,故“士”亦多指儒士。然而,影响这段时期思想文化乃至社会历史国家政治变迁的,决不只限于儒术。道教、佛教二教作为两种与儒学有别的宗教思想和社会组织,在这段时期里,也显得非常活跃并显示了各自独特的社会功能。

1. 道教的创立和传播。

道教的创立,始于东汉末年。张角率领的黄巾农民起义军即以“太平道”为旗帜,张鲁在今陕南川北建立的政权则以其祖父张陵创立的“五斗米道”为组织。黄巾起义不久为东汉政权与豪族的联合力量所镇压,张鲁之“五斗米道”采取政教合一的地方割据却维系了三十多年。非常有趣的是,该教把所辖区域区分为二十四治,以祭酒、鬼卒为首领统率地方教政事务;凡入教者交纳五斗米,各地方首领则于辖下各处设义舍、置义米,路过的百姓都可免费受用;教徒凡有过错,原谅三次不改而后以罚修道路等方式予以教育。“五斗米道”这些教法推行的结果,是“民夷便乐之”(《三国志·张鲁传》)。“五斗米道”所表达的,显然是农民的平均主义诉求。“五斗米道”又奉《老子》五千言为教经,使徒众“都习之”。道教由此与老子道家相结合。及张鲁被迫降曹,曹魏把张鲁家族迁入江西,“五斗米道”遂在江南得到了广泛的传播,入晋后被称为“天师道”。

“太平道”、“五斗米道”作为民间信仰，主要以符箓为人祛灾请福，冀求长生久视。其来源可以追溯到先秦民间流行的术数和汉代流播的图谶。降及两晋之后，道教经葛洪、陶弘景、寇谦之等一批学者型的道教首领改革，转以炼金丹求仙术为主，发展为金丹道教。金丹道教的理论基础则为两汉流行的宇宙论。宇宙论讲宇宙万物由一气化生，而气本身不生不灭；道教徒坚信，人通过服食金丹，使自己禀得的精气不会耗散，或损耗后得以补入，即可以进达与气同体或与气同化的神仙境界。

道教经葛洪等人作理论建构后，很快在社会的上层，包括知识界与各朝贵胄赢得信仰。东晋士族王羲之、王献之数代奉事“五斗米道”。南朝梁武帝待陶弘景极笃。《隋书·经籍志》称：陶弘景“受道经符箓，武帝素与之游。……然武帝弱年好事，先受道法，及即位，犹自上章，朝士受道者众。三吴及边海之际，信之逾甚。陈武世居吴兴，故亦奉焉。”陈武即南陈武帝。这表明，南朝君臣多信奉道教。寇谦之推动的道教信仰则得到了北魏太武帝的支持。武帝亲到道场受符箓。及至唐代，道教更受尊崇。李氏王朝认老子为祖先，唐高宗亲幸终南山道观拜祭老子。贞观十一年，敕道教名位排于佛教之前，后又追尊老子为太上玄元皇帝。唐睿宗、玄宗更令公主入道，并为其立道观。道教由此大盛，道教学者如成玄英、李荣、司马承祯等人才辈出，他们弘扬道家道教思想，形成一股“重玄学”思潮。此前，葛洪、陶弘景所习的丹道学，侧重于服食丹药以求成仙，被称为外丹术。“重玄学”转而看重人本有之性命，认为通过本有的性命双修可以成就仙境。由是，道教之丹道学遂逐渐由外丹术转向内丹术。入于宋金，在天师道之外发展出一以炼内丹为功夫的新的道教教派——全真教。全真教在北方也有广泛的影响。

2. 佛教的传入和兴盛。

佛教原为古代印度的宗教，于公元前6世纪至5世纪之间由释迦牟尼创立。约于两汉之际传入我国。东汉桓帝年间，外来僧人安世高、支娄迦谶分别译出了多种大小乘经典。三国时期吴国的朱士行为有史记载的汉地第一位出家人，岭南被称为牟子的一位人物所撰的《理惑论》大概可以说是汉地人撰写的介绍佛教思想的最早著述之一。入晋之后，已有大量译作出品。当时流行的主要是大乘空宗。由于对“空”与“有”、“心”与“色”的关系的理解不同，曾出现“六家七宗”之判分。空宗般若学思想的传播，在鸠摩罗什于长安主持译经事业时达到了鼎盛。降及南北朝，大乘有宗之唯识学、如来藏学的许多经论也被译出，涌现一大批以专治某一经论而受到推崇的论师。隋唐之际，先后形成了三论宗、天台宗、唯识宗、华严宗、禅宗、成实宗、俱舍宗、律宗、净土宗、密宗等多个宗派。其中，三论宗是在两晋时期流行的大乘空宗的基础上形成的；唯识宗又称法相宗，为唐玄奘赴印度取经回来以后以传播印度佛教唯识学为中心发展起来的宗派；天台宗、华严宗与禅宗属佛教如来藏学，由于其思想信念已与中国传统的儒、道二学有许多的交融，被称为中国化的佛学；而于中国思想文化的发展影响至大至深的，当为六祖慧能创立的禅学顿教。

依史料记载，在汉魏时期，中央政府虽允许外国僧人在汉地传教，但是不允许汉人出家。然而吴国国君孙权对佛教已十分敬信。鸠摩罗什住持长安译事，则出于后秦君主姚兴的敦请。姚兴为鸠摩罗什配备了最好的助手。在姚兴倡导下，公卿以下莫不事佛。南朝诸朝，梁武帝三次“舍身”于寺院，陈武亦效法之。他们以一国之君的身份表示要出家为僧，其影响可以想见。隋朝开国之君隋文帝杨坚亦以事佛见称，即位之初，就曾普诏天下，听任臣民出家，并令各家各户出钱，营造经像，又于多个大都会，由官府斥资写经置于寺内。佛教由此举国风靡。及至唐朝，虽推尊老子与道教，然而奉佛之事并未间断。玄奘取经回来，即甚受唐太宗恩宠；义净西游后返抵洛阳，武则天亲迎于上东门外。显然，佛教的传播，得力于多个朝代君主的支持。隋唐以后，许多寺院拥有自己的产业，发展为独立的经济实体，并得到官府与豪族的不断赐赠。依仗寺院经济的支撑，许多佛教宗派在承传上形成了自己的法统。

3. 三教抗衡的文化格局。

自汉以来，儒学尽管在许多时候被工具化了，儒士与士族多有坠落，然而儒学作为一种学统其影响力依然是存在的。由是，在这段时期的思想史上，就出现了儒、释、道三学（教）之间的交涉问题。在佛教传来的初期，佛学许多观念的解释，是借与玄学参照才得以进行的。因而，佛学与道家或新道家之间，作为形上学比较容易协调。然而佛教与道教，作为不同的宗教信仰，则不时发生摩擦。第一次重大摩擦，发生在北魏太武帝时期。武帝信奉道教，在道士寇谦之与司徒崔浩的策动下，曾下令诛杀长安沙门（僧尼），焚破佛像，其他各地，一依长安行事。这是中国历史上的第一次灭佛事件。不过，在南朝梁武帝时期发生的由竟陵王肖子良召集的一批佛教学者与作为儒士的范缜之间就形神关系所引发的论争，却以王室之倾向于佛教而使佛教得到张扬。北朝至北周武帝，则因力图在国家政治上有所建树而推崇儒术，故下令断弃佛、道二教，经书、佛像均予毁灭，沙门道士均须还俗。史称这是中国思想史上的第二次"灭佛"事件，而且也殃及道教。唐朝中叶，则因佛教寺院经济的过分膨胀与国家赋役制度发生严重冲突，唐武宗又下诏沙汰佛徒。这是中国思想史上的第三次"灭佛"事件。

然而，尽管三教之间不时发生摩擦甚至出现严重冲突，尽管各自的思想信仰及对社会历史的影响都有足可以为对方指责之处，但毕竟三教在长期的传播与交涉过程中，各自在不同的社会层面上和不同的价值向度里，都留下有难以抹去的影响。

道教以宇宙论为依托，其进路为存在论的。在道教确认宇宙世界为一气所化的观念的支撑下，灵与肉、人与神、人与物的区分界限并不特别被强调。灵与肉既被视为一体，则它作为一种价值信仰的地位虽未凸显，然而其可以容纳感性生活却未必不是长处；人与神既无确定分界，则存有世界便有可能被属灵化，然而这正好为中国古代农业社会的生存状况及其依时命发生的更革提供解释；人与物既具同一性，则便有可能落入假物成仙的怪诞追求，然而其为转化物态而重视经验与实验，却有助于构筑古代的自然科学。可以说，道教是以其民间的、日常生活的、经验的向度而赢得敬信的。

佛教视世间的、有身的生活为苦，其起点无疑与道教相左，它是价值反省的。在佛教的信念系统里，不仅强调灵与肉、人与神的对置，而且，在其以“无明”作为招致苦痛的根源时，它把借经验知识建构起来的世界秩序与思想信念统统化解了。以言说为戏论，视肉身为执持，斥世间为假有，无疑有可能堕向虚无主义。然而，经验知识确实是人为地建立的，看重感性肉身才会引发精神困顿，看重现世才会激起利益争夺，佛教对知识论与存在论的反省自有其警醒处。佛教的向度本质上是上扬的、觉解的；至于其“三世轮回报应”说，在被作为一种宗教信仰的情况下，则与道教杂处共同维系着民间的日常生活与秩序。

至于儒学，就其关心价值信念而言，有与佛教相似处，然而它不否弃存在界；就其重视现生现实之存在性而言，有与道教相近处，然而它坚守价值信念。儒学追求存在的价值化（如先秦哲学）

或借价值的存在化(如汉儒)去确保存在的价值化。儒学既然承认宇宙世界存在的真实性,则力图入世以有所担当;既然需入世才得以有所担当,则需有所妥协与下调,如汉儒不得不使儒家的“道”屈从于皇家之“势”;及至沿着下调的路向越滑越远,儒家的“道”甚至也会被消解。如两晋南北朝的历史演变所显示的,儒士自身蜕变为“士族”,演化为“势族”,而成为在中古历史上最腐朽的一个族群。待到后来,儒家原来持守的“道”得以重新被唤醒而显发其社会批判与社会组构的功能时,人类及其社会已经在黑暗中渡过了漫长的岁月!

四、隋唐盛世与中古前期的浪漫精神

隋唐时期,为中国中古社会在政治体制上重新走向统一的时期,也是中古思想文化走向又一次繁荣的时期。

1. 隋唐盛世与唐初儒学。

从思想史的角度看,隋唐国家政治的走向统一,仍然得力于儒学的基本观念。

我们说过,儒学在南北朝时期是处于式微之中的。但是,实际上北朝与南朝是有区别的。南朝的士人,由放弃儒家的礼教与节操而转向道家,又由放弃道家的清虚恬淡而堕向情欲放纵,终至于衰败。而北朝的一些士人,面对北方部族的纷纷入主与战乱,为求自保,却仍需要诉诸于儒家的道德信念来维系与巩固本族的团结与统一。所以,儒学的命脉的传承,实有赖于北方的这部分士人。

北方部族大多为游牧民族。入主中原之后,在生产方式上需要渐次由游牧转为农耕,在权力结构上又需由原始荒蛮的部落体制转为国家政治体制,这种种转变,都需要借资于中原固有的文明。由此,北方士人与北方部族得以结合。结合的结果,不仅使许多部族融入汉族,而且使北方政权逐渐走向巩固与统一。在历史上有名的北魏孝文帝在政制上的改革与在经济举措、在文化风俗上的转易,即体现了这种努力。承接北魏、北周各朝奠定的基础,公元 589 年,隋文帝统一了中国,结束了南北朝三百多年的分裂局面。

隋朝与秦朝十分相似,以极其强势的军事政治力量建立起统一的国家政权,建国初期亦使经济走向了繁荣,然而其统治又都只维系了二世。在历史上,秦始皇、隋炀帝显然都是精明强悍的君主。但是他们的过分强势的军事政治统治显然误导了他们,培植了他们过分膨胀的权利意志。隋朝的强大与速亡,再次提出了政治统治的正义性和权力运作的客观性、公正性问题。

公元 618 年,唐朝建立。唐太宗之治国,重新确立了"国以人为本,人以衣食为本"(《贞观政要 · 务农》)的"人本"思想,可以说这是以儒家的观念来回应政治统治的正义性问题。在政权结构上取"三省六部"建制:凡遇军政大事,皇帝不可以自决,必先由"中书省"拟出处理方案,送皇帝画敕,然后交"门下省"复审;如"门下省"有异议,可以退还"中书省"重拟;必待两省共同认允,才可转交"尚书省"执行。这就依一定方式解决了政权运作上的客观性、公共性问题。唐太宗的"贞观之治"得以载入史册,无疑是与以儒治国有密切的关系。

李唐王朝经历了太宗、高宗、武后、玄宗数代的经营,至玄宗而开出中古时期又一空前繁荣的景象。全国在编户,唐初仅 200 万户,至开元二十八年(740 年)已增至 841 万户。各地民间、官府储粮均十分丰盈,粮价不断下跌,显示出一派生机勃勃的态势。长安人口百万,不仅为全国的政治中心,也是中外商贸、文化的交融中心。诗人杜甫《忆昔》一诗曾称:

忆昔开元全盛日，小邑犹藏万家室。
稻米流脂粟米白，公私仓廪俱丰实。
九州道路无豺虎，远行不劳吉日出。
齐纨鲁缟车班班，男耕女桑不相失。

这就是史籍所说的“开元盛世”。

2. 中古前期的浪漫精神。

然而，从思想史上看，唐人虽恢复了以儒治国的传统，儒家之《五经》，亦由唐太宗钦定，由孔颖达主持重新选定文本并予疏解。不过，孔颖达辈仅循以往成说，儒学在义理上并未有较大的发展。一批有学识的人物更多地是浸润于佛道二教，另一批关切国家政治的人物则醉心于诗词歌赋。由此，与盛唐相呼应，被唐人所珍爱的，并且亦体现汉唐时期思想文化整体特征的，乃是一种浪漫精神。

所谓浪漫精神，是与先秦思想史走向的理性主义、务实倾向相比较而言的，一种比较地超拔、比较地富于想象、比较地激情化的一种文化精神。这种文化精神，首先是与这段历史时期影响广泛的宗教信仰或具宗教性的思想信念相联系的。不同的宗教信仰或宗教性的思想信念尽管有不同的教理与不同的修证方式，但是却又都有一个共同的取向，就是：不满足于人，而把自己托付于天与神；不满足于现世、今生、有限，而把自己奉献给未来、彼世、无限。佛教固如此。道教不排斥现世肉身，也是为了成就未来与仙境。儒教自汉以来，把现实人间的礼乐教化诉诸灵性化的天地宇宙，同样是将有限挂搭于无限。因此不局限于现实、功利与理性，上契于天、神、宇宙大全与无限，这是不同宗教、不同价值信仰都有的共同特点。唯如此，人的精神才可以上扬，人的生活才得以浪漫。

中古前期的浪漫精神，同时又是与这段历史时期作为哲学形上学形态的元气论相联系的。“气”论看重天生资质与先天才情，这点尤使汉唐人物与宋明人物多有分别。宋明人转而推重“理”论，强调公共礼法与理性态度，主张“变化气质”，实即压抑先天才情。汉唐重先天禀赋、先天才情的激发与张扬，而才情的张扬必求打破常规、越出常制，由此成就英雄人格或浪漫精神。英雄人格如刘邦、李世民，即以越出常制而各自创建一个朝代。浪漫精神如魏晋名士与唐朝诗风，则借越出常理而以想象编织各自的梦幻。

魏晋风度前已论及。唐人的浪漫实亦可以说是前无古人的。唐朝前期的皇帝都擅长写诗。唐玄宗选拔国家官员，只考核诗赋。李白从四川来到京城，仅以一赋《蜀道难》，即被封为“供奉翰林”。李白经常“笑入胡姬酒肆中”。唐玄宗与杨贵妃的爱情故事，无疑是悲剧性的，这个浪漫故事甚至直接导致了唐朝的衰落，然而白居易的《长恨歌》并不加以谴责，依旧充满同情。这就是唐人的风采！

回顾思想史，我们说过，先秦时期思想走向的特点是走出“天”、“天道”、“灵性”，走向“人”、“人道”，不仅疏离人的情感、意志，只取人的认知理性，而且依这种理性计算建立国家政治，乃至下贯于日常社会生活。然而，人及其理性毕竟是有限的。秦王朝最终败于被激发起来的人的争心，人的功利计算，而取而代之的为民间社会一群“平民”。入汉之后，儒学复兴并采取神学形式，加之佛、道二教大盛，于是人们又重新回到了“天”、“天道”、“灵性”与信仰，重新认可情性，并借信仰提供的想像力与激情，培育了浪漫精神。

无疑，从魏晋变易、从隋唐朝兴衰的故事中，我们不难看到回归信仰、钟情浪漫所导致的思想史的困扰：国家政治是非常现实的，决不可以没有功利计度；信仰只适合于民间社会，浪漫甚至只能够留给个人。魏晋士人、唐玄宗君臣的悲剧就在于使二者发生了错位。这种错位导致了与秦王是一样的衰败的历史结局。人们之所以更同情魏晋士人、唐玄宗君臣的悲剧,是因为,务实与尚法只会把人抛落到残酷的搏杀之中,而浪漫却总是在为人们编织美好。即便美好经常为俗世的纷争所撕碎,它毕竟还可以以梦幻的方式为世代的人们指引希望。

第一章 秦汉之际的“黄老”思潮

黄老之学是活跃于战国后期至西汉初期的一股重要的哲学思潮。“黄”指黄帝,为传说人物,“老”指老子。所谓“黄老之学”不过是战国后期一些思想家为适应社会需要,以老子“道法自然”的思想为体,以托名于黄帝的刑名法术为用,兼采儒、墨、阴阳诸家思想熔铸而成的一种新的道家学派。这一学派大致初萌于稷下学宫,体现于《黄帝四经》,集成于《淮南鸿烈》,其中《黄帝四经》和《淮南鸿烈》最集中地体现了黄老之学的哲学思想。

第一节 汉初的“无为”之治与《黄帝四经》的流播

战国秦汉之交的二三十年是社会和思想发生剧烈动荡与变革的时代。强秦奉行法家的“有为”、“多欲”与“严刑峻法”的理论,虽能扫平六合,一统天下,但却未能实现“攻守异势”的战略转变,国祚二世未尽即被秦末农民战争所埋葬。西汉王朝是在暴秦覆灭的废墟上建立起来的,由于经历了长期战乱的破坏,社会凋敝已极,因此,安定社会、恢复生产成了汉初统治者面临的首要任务。于是,便有了汉初的“无为”之治。

一、"无为"之说与"文景之治"

汉高祖刘邦及其部下，大多出身于平民，并不懂得治国之道。天下平定后，汉高祖命陆贾总结秦亡的教训。陆贾乃著《新语》一书，其《无为》篇即以黄老之学的"无为"思想剖析秦亡的原因与治国的要领。他指出：

> 秦始皇帝设车裂之诛，以敛奸邪；筑长城于戎境，以备胡越，征大吞小，威震天下……事逾烦天下逾乱，法逾滋而奸逾炽，兵马益设而敌人逾多。
>
> 夫道莫大于无为，……昔虞舜治天下，弹五弦之琴，歌南风之诗，寂若无治国之意，漠若无忧民之心，然天下治；周公……师旅不设，刑格法悬，而四海之内奉供来臻。

显然，陆贾的结论是秦亡缘于"有为"，而治国之要在于"无为"。高祖对此深以为然，于是一方面要求官员务以节俭为尚，另一方面则大力推行对内"与民休息"、对外"和亲"保境的治国方针。"与民休息"即让农民有更多的时间务农，从而使小农经济得以充分地发展。对外"和亲"和生活上崇尚节俭，又意味着农民赋税负担得到减轻。刘邦政权的这种指导思想和施政方针，显然都透视有一种出身"平民"的本色。

刘邦、惠帝、吕后执政时期，萧何、曹参相继为相。史称："萧何为法，觏若画一；曹参代之，守而勿失；载其清静，民以宁一"（《史记·曹相国世家》）。其后的文帝、景帝、窦太后均"好黄帝、老子言，尊其术"（《史记·外戚世家》），遂使"清静无为"的治国方针得以延续。经过六七十年休养生息，汉帝国终于出现了"流民既归，户口亦息，上下饶羡"的"文景之治"。这应该说是实践了"无为而治"的结果吧！

二、合“无为”与“法治”为一的《黄帝四经》

与“无为”而治的治国方针相应和的，是《黄老四经》在汉初的流行。

1973 年在湖南长沙马王堆汉墓中出土了《经法》、《十六经》、《称》、《道原》四篇帛书，经学者考证，这四篇就是史书所说的《黄帝四经》。从书中避“邦”字讳，不避惠帝刘盈讳这一点来看，可知抄书年代当在汉初的惠帝至文帝之间。与它抄在一起的还有帛书《老子》，这也表明汉人视黄老为一家，它与史书记载汉初黄老之学大行其道的情况是相符的。

《黄帝四经》在哲学体系上基本继承了老子关于“道”的思想。《道原》对“无形无名，先天地生”的“道”作了这样的描述：

> 恒无之初，迥同大虚；虚同为一，恒一而止。
>
> 天弗能复(覆)，地弗能载，小以成小，大以成大……万物得之以生，百事得之以成。

《十六经·果童》又称：

> 地俗德以静，而天正名以作。静作相养，德虐相成。两若有名，相与则成。阴阳备物，化变乃生。

这就是说，在形质上为“虚”为“无”的“道”乃是天地万物的本源。它生天生地，地以“静”为“德”，天以“作”为“功”(名)，天地交合，“静作相养”，万物由是以生以成。

“道”作为宇宙万物之本源，在形质上看是“虚”、是“无”，然而，其化生天地万物却有一定的法则与规律。天地万物的存在与发展，即是这种法则与规律的体现。这就是“天道”、“物理”。“天道”、“物理”既同出于本源之“道”，二者必然是同一的；且二者既表现为规律，则又必然是可以认识的。《经法·四度》称：“极而反，胜而衰，天地之道，人之李(理)也。”这即是讲人道天道的同一性。《经法·道法》称:"故惟执[道]者能上明于天之反,而中达君臣之半(畔),富密察于万物之所终始,而弗为主。故能至素至精,浩弥无刑(形),然后以为天下正。"这就是说,认识规律,遵循规律,就会得到好的结果,违背规律,必然招致坏的后果。所以《十六经·姓争》称:"毋逆天道,则不失所守"。《四度》又称:"已逆阴阳,有(又)逆其立(位),大则国亡,小则身受其央(殃)"。这与老子所说的"不知常,妄作,凶"显然是一脉相承的。所不同的是,《老子》更看重形而上的追求,故有"去智"之论,《黄帝四经》更热衷于形而下的驾御,故更强调"天道"、"物理"的可把握性。

《黄帝四经》的方法论,也是从对"道"的认识中引申出来的。由于认识到对立双方"静作相养"、"德虐相成"是天地之"道"所固有的客观规律,因此,只有掌握与运用"相与相成"的方法论才能使自己立于不败之地。《经法·名理》称:"以刚为柔者栝(活),以柔为刚者伐;重柔者吉,重刚者戚(灭)";《经法·四度》亦云:"以强下弱,何国不克?以贵下贱,何人不得?"这种"以柔克刚"、"以反求成"的方法论虽然是源于老子的,但它比老子又有所发展,因为老子的"以反求成"往往是绝对的、不讲条件的,而《经法》则很强调注意适宜的"时"、掌握适当的"度"。《经法·道法》称:"应化之道,平衡而止,轻重不称,是胃(谓)失道。"《十六经·姓争》强调:"静作得时,天地与之;静作失时,天地夺之。"这都是强调"时"与"度"。尤其可贵的是,它不像老子那样片面地强调"不争",而是持守中道,《姓争》就说:"作争者凶,不争亦毋以成功"。由此可见,《黄帝四经》的作者在强调尊重规律的前提下,也承认要发挥人的主观能动性,这与他反对"过极失当",主张"平衡而止"的观点是完全一致的。

从这种关于“道”的认识论和方法论出发,《黄帝四经》提出了在确立“刑名”、“法治”的前提下的“无为而治”的社会政治思想。《十六经·兵容》确认:“天地刑(形)之,耶(圣)人因而成之”;《道法》称:“道生法。法者,引得失以绳,而明曲直者也”;《君正》称:“法度者,政之至也;而以法度治者,不可乱也。”这里,“刑名”、“法术”为执道者的两大法宝:“居则有法,动作循名,其事若易成;居则无法,动作爽名,是以(戮)受其刑”(《姓争》)。“故执道者之观于天下也,无执也,无处也,无为也,无私也……刑名已立。声号已建,则无所逃迹匿正矣!”(《法道》)这是以“法治”和“无为”相结合的政治思想。《黄帝四经》虽成书于战国,但显然以往学术界也常把《黄帝四经》置于汉初的背景下予以评论。已不同于老子的“无为而治”而更切合了汉初“黄老学”的基本特色。

第二节 《淮南子》对黄老学的发展与黄老思潮的历史定位

黄老思想在汉初的盛行,直接导致了武帝初年《淮南子》一书的编纂。

《淮南子》又称《淮南鸿烈》,因该书由淮南王刘安(?—前122年)主持编纂而得名;又因该书以“大明道”自居,故名“鸿烈”(“鸿”为广大;“烈”为光明之意)。由于它是多个作者撰写的,所以书中的思想内容比较庞杂,也不乏自相矛盾之处,但该书的基本倾向还是很明显的。高诱注释它的时候说它“旨近老子,淡泊无为,蹈虚守静”是符合事实的。不过,它并不是战国老学的简单继承,而是汉初黄老之学的综合发展。

一、《淮南子》对黄老之学的发展

《淮南子》在哲学体系上继承了《老子》和《黄帝四经》以来的道家哲学传统,以"道"作为宇宙的本源。《原道训》(以下只注篇名)是这样描述万物的生成过程及"道"作为本源的无限功能的:

> 包裹天地,禀受无形……山以之高,渊以之深……日月以之明,星历以之行……生万物而不有,成化象而弗宰……
>
> 夫无形者,物之大祖也……无形而有形生焉,无声而五音鸣焉,无味而五味形焉,无色而五色成焉。是故有生于无,实生于虚。

从上面这些论述看,《淮南子》的作者在宇宙生成论上并没有跳出老子的窠臼,它所谓的"道"还是虚无无形的,但是,它把从"道"到万物的生成看做为一辩证展开的过程,这却对老子有所发挥。《天文训》称:

> 道始于一,一而不生,故分而为阴阳;阴阳合和而万物生。
>
> 阳生于阴,阴生于阳;阴阳相错,四维乃通;或死或生,万物乃成。

显然,这种对立面的相互生成与转化本身就是一种辩证的运动,而它是从道"无为而无不为"的演化中体现出来的。由对道的精神的体悟,《淮南子》的作者精辟地论述了"有"与"无"、"用"与"不用"等一系列辩证关系。《说山训》称:"走不以手,缚手,走不能疾;飞不以尾,屈尾,飞不能远。物之用者,必待不用者"。又说:"物莫不因其所有而用其所无"(同上)。这些说法无疑都是对老子的"有之以为利而无之以为用"的直接发挥。

从这一世界观与方法论出发,《淮南》的作者对“无为而无不为”作了新的诠释和应用:

若吾所谓无为者,私志不得入公道,嗜欲不得枉正术,循理而举事,因资而立权,推自然之势,而曲故不得容者,故事成而身弗伐,功立而名弗有。(《修务训》)

夫地势,水东流,人必事焉,然后水潦得谷行;禾稼春生,人必加工焉,(故)五谷得遂长。听其自流,待其自生,则鲧、禹之功不立,而后稷之智不用。(《修务训》)

这就明确地概括了“无为”的基本原则是“循理而举事”、“因资而立权”,而不是“听其自流”、“待其自生”。所以作者又说:“无为为之而合于道”(《原道训》)。把这种精神运用于社会政治上就是在遵循规律的前提下因势利导、因时制宜:

天地之道,极则反,盈则损……故圣人事穷而更为,法弊而改制。非乐变道易常也,将以救败扶衰,黜淫济非,以调天地之气,顺万物之宜也。(《泰族训》)

圣人制礼乐而不制于礼乐。治国有常而利民为本。苟利于民,不必法古;苟周于事,不必循旧。夫夏商之衰也,不变法而亡;三代之起也,不相袭而王。故圣人之法与时变,礼与俗化……法度制令,各因其宜。故变古未可非,而循俗未足多也。(《氾论训》)

《淮南子》这种在“执道”的基础上“因循”与“变法”、“无为”与“更为”相结合的社会历史观,可以说是融会老子与韩非子思想为一体而成就的社会历史观。

二、司马谈《论六家要旨》对黄老学的定位

历史唯物主义认为,社会意识是社会存在的反映,历史的变迁

必然伴随着思想的变迁。战国的"百家争鸣"是社会政治多元引发的,而统一的时代潮流则推动了思想的整合。《史记·太史公自序》所载司马迁的父亲司马谈的《论六家要旨》,即是对先秦时期"百家"思想的反省、批判与重新整合的直接产物。该文称道:

> 《易·大传》曰:"天下一致而百虑,同归而殊涂"。夫阴阳、儒、墨、名、法、道德,此务为治者也。直所从言之异路,有省有不省耳。
>
> 尝窃观阴阳之术,大祥而众忌讳,使人拘而多所畏,然其序四时之大顺,不可失也。儒者博而寡要,劳而少功,是以其事难尽从;然其序君臣父子之礼,列夫妇长幼之别,不可易也。
>
> 墨者俭而难遵,是以其事不可遍循;然其强本节用,不可废也。
>
> 法家严而少恩;然其正君臣上下之分,不可改也。
>
> 名家使人俭而善失真;然其正名实,不可不察也。
>
> 道家使人精神专一,动合无形,赡足万物。其为术也,因阴阳之大顺,采儒墨之善,撮名法之要,与时迁移,应物变化,立俗施事,无所不宜,指约而易操,事少而功多。儒者则不然。以为人主天下之仪表也,主倡而臣和,主先而臣随。如此则主劳而臣逸。至于大道之要,去健羡,绌聪明,释此而任术。夫神大用则竭,形大劳则敝。形神骚动,欲与天地长久,非所闻也。

这里,司马谈分别评述了各家之长处与弱点:阴阳家其得在讲求阴阳四时之秩序,其失在有太多的鬼神禁忌;儒家其得在倡导君臣父子夫妇之礼教,其失在过分地繁琐与过分地流于形式;墨家其得在于推重努力劳作与简朴节俭,其失在于不别尊卑;法家其得在于承认尊卑之别，其失在于只讲冷峻的刑与法，不讲人与人之间的爱与恩。司马谈这里对上述五家的长处与弱点的评论，无疑贯彻着汉初人对先秦思想的反省和在反省的基础上作重新整合的精神。整合之结果，司马谈更多地有取于道家之黄老学。因而，其用了许多的文字评论与称颂道家。司马谈认为，道家的思想，已经综合了阴阳、儒、墨、名、法各家的长处。在"为治"方面，道家"其术以虚无为本，以因循为用"(《史记·太史公自序》)，因而"指约而易操，事少而功多"。在个人性情怡养方面，道家"去健羡，绌聪明"，形神静定，又有长生久视之功。因此，在司马谈看来，道家实为各家之首。

然而，如果说汉初特定的时代背景使黄老之学得以特别被推重的话，那么随着国家的逐渐富足和其他社会矛盾的日益显露，如匈奴对边境的侵扰及地方割据势力对中央集权制的威胁，"无为而治"的黄老之学就不能适应新形势的需要了。公元前140年，雄才大略的汉武帝登上帝位，推行"更化"，黄老之学便不得不退出国家政治中心这个历史的舞台，而让位于儒学。

第二章
董仲舒的“天人相与”说与儒学的神学化

董仲舒（约公元前179—前104年），广川（今河北枣强县）人。西汉时期著名的今文经学大师，景帝时因善治《公羊春秋》而成为经学博士。秦始皇“焚书坑儒”时，儒家的许多经典被毁。汉初，一批儒生凭记忆把经书复述出来，用当时通行的隶书写成，是谓今文经。汉儒把今文经视为先圣先王的“微言大义”，加以比较随意且比较神秘的解释，是为今文经学。汉成帝后，一些用先秦小篆体书写的经典陆续出现。把这批典籍视为历史文献，偏向于注疏、考释的学派，称为古文经学。

董仲舒作为今文经学大师，以治《公羊春秋》名世。《公羊春秋》推重“大一统”的主张比较适合汉武帝加强中央集权的政治统治的需要。因此，董子所撰的《春秋繁露》就以该书为起点，吸纳战国以来逐渐流行的阴阳五行学说乃至民间信仰，重新予以解释，建构起神学化的新儒学。武帝即位之初，董仲舒向武帝奉上“天人三策”，以“天人相与”的观点回答了汉武帝关于政权的正当性或合法性问题，又以“罢黜百家，独尊儒术”的主张为正致力于对汉初的“无为而治”进行“更化”、以使中央集权获得强化的汉武帝的赏识。由此，董仲舒成为两汉中央集权专制统治的理论代言人，董子本人也获得了“汉代孔子”的称号。

第一节 “天人相与”的神学体系

董子思想体系可用《春秋繁露·天地阴阳》中的一句话来概括：“天、地、阴、阳、木、火、土、金、水九，与人而十者，天数毕也”。前九项构成了他的自然观，也是其体系的哲学基础；第十项凝聚了他的社会观，则是其理论的重心所在。它们全是“天数”的体现。可以说，董子的哲学是从“人”回归于“天”，以“天道”作为其全部理论出发点的。

一、“天道阴阳”的宇宙秩序观

世界的本原与宇宙的秩序自古以来就是人类探索的重要问题之一。在科学极端落后的上古时代，“天生万物”、“神主万事”成了人们对世界万物的根本认识。董仲舒的“天道”观可以说就是与这一传统观念一脉相承的。《观德》（以下凡引《春秋繁露》，只标篇名）称：“天地者，万物之本，先祖之所出也。”《郊语》称：“天者，百神之大君也。事天不备，虽[事]百神犹无益也。”这都是说，董子把“天”看做是至高无上的神灵，是有意志有人格的造物主。人只有虔诚地敬事上天，才能得到天的赐福。由此出发，他构造了一个天意主宰下的以阴阳、四时、五行为骨架的宇宙秩序。首先，他把阴阳与四时相配，并把四时说成是“天之志也”。天有阴阳二气，四时亦有：春夏为阳，秋冬为阴。天有喜怒之气，哀乐之心，四时亦然：春秋冬夏就是天之喜怒哀乐的表现，而人的喜怒哀乐则是化天气而来的。董子说：“人生有喜怒哀乐之答，春夏秋冬之类也。”（《为人者天》）其后，他又把五行说成是“天之次序”，并把五行与五方、四时相配，即把木、火、金、水安排在东、南、西、北四方，各主春、夏、秋、冬之气，土则居中兼主四方而成为五行之主。"是故明阴阳出入实虚之处，所以观天之志；辨五行之本末、顺逆、小大、广狭，所以观天道也。"(《天地阴阳》)这就是他构建的一个在"天志"支配下以阴阳、四时、五行相配的宇宙体系。

二、"人副天数"的天人感应论

天既然是万物的创造者和主宰者，人当然也不在其外。董子论及天人关系时称：

> 为人者天也。人之[为]人本于天，天亦人之曾祖父也。此人之所以上类天也。人之形体化天数而成，人之血气化天志而仁，人之德行化天理而义，人之好恶化天之暖清，人之喜怒化天之寒暑，人之受命化天之四时……天之副在乎人。(《为人者天》)

"人副天数"之说既是"为人者天"之论的必然结果，也是"天人相与"、"天人感应"论的理论依据。董子说："天地之符，阴阳之副，常设于身，身犹天也，数与之相参，故命与之相连也。天以终岁之数成人之身。故小节三百六十六，副日数也；大节十二分，副月数也；内有五脏，副五行数也，外有四肢，副四数也。"(《人副天数》)他甚至把人之首、发、目、形体、骨肉、空窍、理脉等等的结构与秩序，全都看做是与天地之数相副的，这就把天人关系附会到荒唐的地步。而这种附会的目的最终是为了给天人感应的理论提供依据。

在董子看来，"天"与"人"不仅是"相与"的，而且又是能够相互"感应"的。为了说明这一点，董子又提出一个"同类相动"的理论。《同类相动》称："天有阴阳，人亦有阴阳。天地之阳气起，而人之阳气应之而起；人之阴气起，而天地之阴气亦宜应之而起，其道一也。”又说:“以类合之,天人一也。”这种相动、相应的现象不仅表现在天人之间,更表现在社会政治与国家兴亡之中。董子说:

> 臣谨案《春秋》之中,视前世已行之事,以观天人相与之际,甚可畏也。国家将有失道之败,而天乃先出灾害以谴告之;不知自省,又出怪异以警惧之;尚不知变,而伤败乃至。(《天人三策·第一策》)

于是,经过了“为人者天”、“人副天数”、“同类相动”这三个环节,“天人相与”、“天人感应”的神学世界观建立起来了。

第二节 “深察名号”的认识路数

哲学认识论往往是与世界观相一致的:有什么样的世界观,也就有什么样的认识论。董子的世界观既然是主张“天人相与”、“天人感应”的,当然地,认识的全部任务只在于了解、窥测“天意”。那么,如何认知“天意”呢?他提出了“深察名号”的认识原则。

一、“名则圣人所发天意”的认识来源说

“名”的起源与“名”、“实”的关系,是先秦诸子热烈讨论的一个问题。孔子最初提出“正名”说,本指一种职位(名)要与相应的职责(实)相连属,并无明显的认识论意义。然而,战国中后期的许多学者已经把它展现为认知学说。特别是墨家的“以名举实”、荀子的“制名以指实”的主张,明显地表现出经验理性的倾向。

董子的认识则与此有别。一方面,他继承孔子“名不正则言不顺”的说法,提出自己的“正名”论;另一方面,他却把“名号之正”与天意挂起钩来,把名实理论纳入他所构建的神学体系之中。

董子在《深察名号》一文中称道：

> 古之圣人，謞而效天地谓之号，鸣而施命谓之名。名之为言鸣与命也，号之为言謞而效也。謞而效天地者为号，鸣而命者为名。名号异声而同本，皆鸣号而达天意也。天不言，使人发其意；弗为，使人行其中。名则圣人所发天意，不可不深观也。

按照这种说法，天道虽不言而有意，名号就是圣人发天意而制作的，因此具有不可怀疑的权威性。在名与号的关系方面，董子说到："名众于号，号其大全……号凡而略，名详而目……享鬼神者号一曰祭。祭之散名春曰祠，夏曰礿，秋曰尝，冬曰烝。猎禽兽者号一曰田，田之散名春苗、秋蒐、冬狩、夏獮。无不皆中天意者。"（《深察名号》）董子这里虽然看到了号与名的关系是凡与目的关系，似乎接触到二者在逻辑上种与属的关系，有某些认识论因素，但他既把名号之来源归结于天意，则在基本倾向上必然是排斥经验知识的。董子说："事各顺于名，名各顺于天。天人之际，合而为一"（同上）。无疑，他给认知赋予了超验的意义。

二、"诘其名实，观其离合"的认识方法论

董子也讨论了"名"与"实"、"名"与"真"的关系问题。他说："名生于真。非其真，弗以为名。名者圣人之所以真物也。名之为言真也。"（同上）"真物"就是按事物的本真来认识事物，在这个基础上形成"名"，这叫做"察实以为名"（同上）。他说："《春秋》辨物之理，以正其名。名物如其真，不失秋毫之末"（同上）。这种辨物正名的精神无疑有反映论的因素。进而，董子认为，如果名能察实，那么就可以通过把握名来把握事物的真理，这叫做"随其名号以入其理，则得之矣"（同上）。因此，沿名求实又成了认识真理、明

辨是非的必由之路。董子说："欲审曲直，莫如引绳；欲审是非，莫如引名。名之审于是非也，犹绳之审于曲直也。诘其名实，观其离合，则是非之情不可以相谰已。"(同上)这里"诘其名实，观其离合"一语反映了董子也有求是的精神。依这些说法，董子似乎也容纳了经验知识论。

然而，董子的"正名论"的后面隐含有一个服务于国家政治的背景。在《深察名号》一文的开头他就开宗名义地点明："治天下之端，在审辨大；辩大之端，在深察名号。名者，大理之首章也。录其首章之意，以窥其中之事，则是非可知，逆顺自著，其几通于天地矣"。接下来他又说："受命之君，天意之所予也。故号为天子者，宜事天如父，事天以孝道也，号为诸侯者，宜谨视所侯奉之天子也。号为大夫者，宜厚其忠信，敦其礼义……士者，事也；民者，瞑也。"(同上)这是说，不同的名号，有不同的道德要求。名实相副是指不同身份的人要有不同的道德责任与之相应。这显然是孔子的"君君、臣臣、父父、子子"的正名论的具体化，也是董子倡导的"深察名号"的真正用意。

第三节 "性三品"的人性学说与王道教化的成德主张

董仲舒着意探讨"名号"还有一个重要目的，就是通过"反性之名"来建立自己的人性理论，并由此推出与之配套的王道教化主张。

一、"性三品"的人性学说

在战国百家中，儒家最早敏锐地意识到人性与治国的关系。

孟子首倡"性善论",并由此导出"尽心——知性——知天"的内圣路线;荀子宣扬"性恶论",并由此导出"化性起伪"、"明分使群"的外王路线,二者各有千秋。董子则根据"《春秋》辨物之理,以正其名"之说,对不同的人性论进行清理,从而提出了他的"性三品"说。

《深察名号》称:

> 今世闇于性,言之者不同,胡不试反性之名?性之名非生与?如其生之自然之资谓之性。性者质也,诘性之质于善之名,能中之与?既不能中,而尚谓之质善,何哉?

显然,董子对已往的人性理论是不满意的,于是他直接从"反性之名"入手,认为性是"生之自然之资",把"自然之资"说成"性善"是不准确的。他说:"栣众恶于内,弗使得发于外者,心也。故心之为名栣也。人之受气苟无恶者,心何栣哉?"(同上)可见他认为"人之受气"是有"恶"的,所以才需要心来"栣众恶"。在这一点上,他与荀子的性恶性是比较接近的。但是,荀子在世界观上是主张"天人相分"的,董子则是宣扬"天人相与"的,这就使董子在人性的源头上与荀子拉开距离。董子说:

> 身之名,取诸天。天两有阴阳之施,身亦两有贪仁之性……与天道一也。(《深察名号》)

> 身之有情性也。若天之有阴阳也。言人之质而无其情,犹言天之阳而无其阴也。(同上)

人之性既然是生于天且比于天的,那么为什么会有不善呢?这是因为"天两有阴阳之施",故有人"亦两有贪仁之性"。所以他又说:"人受命于天,有善善恶恶之性"(《玉杯》)。

然而,董子并没有把他的性有善恶论贯彻到底。孟子和荀子均把他们的人性论看做是适用于"自尧舜以至于涂人"的,董子自己也曾说过“言性者不当异”(《深察名号》)。但实际上他却把人性作了“三品”的区分,并把它对应到三种不同的人身上。他说:“圣人之性不可以名性;斗筲之性又不可以名性;名性者,中民之性。”(《实性》)这就使圣人与斗筲之人游离于人性之外了。

二、“承天意,成民性”的王道教化主张

董子之所以不赞成孟子的性善论,而以性三品说取而代之,目的是为他的王道教化论提供理论依据。他设问道:“民之号,取之瞑也。使性而已善,则何故以瞑为号?”“万民之性苟已善,则王者受命尚何任也?”(《深察名号》)然后他又自己作答:“今万民之性有其质,而未能觉,譬如瞑者待觉,教之然后善。”(同上)而教化“瞑而不觉”的万民就是“受命于天”的王者的伟大使命。对此,董子作了这样的论述:

> 性如茧如卵,卵待覆而成雏,茧待缫而为丝,性待教而为善。此之谓真天。天生民性,有善质而未能善,于是为之立王以善之,此天意也。民受未能善之性于天,而退受成性之教于王。王承天意以成民之性为任者也。(同上)
>
> 天令之谓命,命非圣人不行;质朴之谓性,性非教化不成;人欲之谓情,情非度制不节。是故王者上谨于承天意,以顺命也;下务明教化民,以成性也;正法度之宜,别上下之序,以防欲也。修此三者,而大本举矣!(《天人三策·第三策》)

董子把人性比做“卵之待覆”、“茧之待缫”,是有其合理性的。他抓住了人性自然属性的一面,所谓“质朴之谓性”也;又看到人性社会属性的一面,“覆卵”、“缫丝”就是指自然人需要经历的社会

化过程,但是他借人性待教成善观以为天赋王权说提供根据,这就使他的人性论和教化论不仅带上了浓厚的神学色彩,且成为辅翼现实国家政治的理论工具。

第四节　"人理副天道"的神权政治理论

董仲舒的神学哲学是一个"一以贯之"的理论系统,从"天人相与"的世界观,"深察名号"的认识论到"天生民性"、"王立成性"的人性论教化说,都贯穿着一个基本思想,即"人理之副天道也"(《王道通三》)。而这也是他的社会政治理论的立足点和出发点。

一、"尊天受命"的社会伦理观

在董子看来,天不但是宇宙万物的最高本原,也是社会等级秩序和伦理准则的惟一来源。他说:"《春秋》列序位尊卑之陈,累累乎可得而观也……天子受命于天,诸侯受命于天子,子受命于父,臣受命于君,妻受命于夫。诸所受命者,其尊皆天也。"(《顺命》)社会最基本的三种人伦关系即君臣、父子、夫妇,为尊卑有序的等级关系,尽管卑者直接受命于尊者,但最后还是总归于天,因为所谓"命"就是天的意志。董子说:"命者天之令也"。臣、子、妇受命于君、父、夫,不过是天子受命于天的自然延伸,所以他们虽不直接受命于天,但"其尊皆天也"。

那么,这个以"三纲"为核心的等级秩序是怎样体现天意的呢? 按照董子的理论,宇宙万物的秩序是上天通过阴阳五行来支配的,因此,社会的伦理秩序必然也是与阴阳五行相应合的。董子说:"君臣、父子、夫妇之义,皆取之阴阳之道:君为阳,臣为阴;父为阳、子为阴；夫为阳，妇为阴。”(《基义》)由于“天道右阳不右阴”、“贵阳而贱阴”，因此阴阳双方是天生不平等的：“阳之出也，常悬于前而任事；阴之出也，常悬于后而守空处。”(同上)“阴犹沉也，何名何有？并皆一于阳。”(《阳尊阴卑》)由此可见，阳永远居矛盾的主导方面，阴永远处于从属地位。董子认为这就是天的秩序，“三纲”的秩序都体现着天的秩序。继而，董子又用五行、四时来附会人伦关系与道德准则。他把木、火、土、金、水之间的相生关系说成是授受关系：“而诸授之者，皆其父也；受之者皆其子也……故曰：五行者，孝子忠臣之行也”(《五行之义》)；“四时之比，父子之道，天地之志，君臣之义也”(《王道通三》)。结论为：“是故仁义制度之数，尽取于天”，“王道之三纲，可求于天”(《基义》)。

二、“尊君”、“一统”的政治观

在“三纲”中最重要的关系无疑是君臣关系，因此，论证“君权至上”是董子政治观中的核心思想。他说：“德侔天地者，皇天右而子之，号称天子”(《顺命》)。这就是说，君权来自皇天所授，而皇天“右而子之”的依据又是因为君王德侔天地。这样，君王就具备了常人所没有的双重权威：道德与天意。由此他成为参通天地人的特殊人物。“古之造文者，三画而连其中，谓之王。三画者，天地与人也。而连其中者，通其道也。取天地与人之中，以为贯而参通之，非王者孰能当是？”(《王道通三》)显然在“人理副天道”的理论构架中，君王成了贯通天人的中心环节。

君王既然是“德侔天地”、“皇天右之”的人间权威，那么“尊君”就是尊天、敬德的必然结论。董子宣扬：“君人者国之元，发言动作，万物之枢机……君人者国之本也，夫为国，其化莫大于崇本，崇本则君化若神，不崇本则君无以兼人”(《立元神》)。西周以来

"民为邦本"的政治理念就这样被他改造成"君为国本"的尊君理论。他不遗余力地为君王专制制度呐喊：

王者民之所往也，君者不失其群者，故能使万民往之而得天下之群者，无敌于天下。(《灭国上》)

故道同则不能相先，情同不能相使，此其教也。由此观之，未有去人君之权，能制其势者也，未有贵贱无差，能全其位者也。(《王道》)。

君王必须以"权"造势，以"势"全"位"，这其实是法家的思想。不过，董子借天意确立，更有利于中央的一统天下，打击地方分离势力。他力主"天道无二"、"常一而不灭"、"心止于一中者谓之忠"(《天道无二》)。他认为"一"也是《春秋》的基本精神，表现在政治上就是"大一统"。他说："《春秋》大一统者，天地之常经，古今之通谊也。"(《第三策》)不但要政治"一统"，而且要思想"一统"，如果"百家殊方，指意不同"，君主就"亡以持一统"，所以他主张"诸不在六艺之科孔子之术者，皆绝其道"，这就是要"罢黜百家，独尊儒术"，他认为惟其如此才是"统纪可一而法度可明"(同上)，说穿了就是君主独裁的中央集权制才能得到巩固。

三、"奉天而法古"的社会历史观

董仲舒的社会历史观的基本精神是"奉天"、"法古"，这也是他从《春秋》之道中引申出来，并与其"人理副天道"的理论体系相契合的。

为什么要"法古"、"法先王"呢？在董仲舒看来，那是因为天是宇宙万物的终极根源，"道之大原出于天"，圣人当然必须"法天而立道"(《第三策》)。又由于天是永恒不变的，"天不变道亦不变，是以禹继舜，舜继尧，三圣相受而守一道"(同上)。先王先圣"法天而立"的王道也是后世之君的规矩方圆,因此,奉天又应该"法古"。董子说:"《春秋》之道,奉天而法古。是故虽有巧手,弗修规矩,不能正方圆。虽有察耳,不吹六律,不能定五音。虽有知心,不览先王,不能平天下……故圣者法天,贤者法圣,此其大数也。"(《楚庄王》)他认为《春秋》的精神就是"善复古,讥易常",因为"古之天下亦今之天下,今之天下亦古之天下。共是天下,古以大治……以古准今,壹何不相逮之远也!"因此,他坚决主张"试迹于古,返之于天"(《第三策》)。

那么,董仲舒如何解释"天不变道亦不变"与朝代屡变的矛盾呢?董子借鉴了邹子的"五德转移"理论,别出心裁地提出一套"三统三正"的历史循环论。按照他的说法,夏、商、周三代的改朝换代,不过是黑、白、赤三统的依次循环:"凡岁之要在正月也",三代王者受命而王,"制此月以应变",《春秋》"谓之王正月也"(《三代改制质文》),故正月有建子、建丑、建寅之别。这就是所谓的"三统三正"。但"三统三正"之变并不是王道之变,而是新王朝重新受天命的表现。所以他说:"受命之君,天之所大显也……今天大显已,物袭所代而率与同,则不显不明,非天志。故必徙居处,更称号,改正朔,易服色者,无他焉,不敢不顺天志而明自显也。若夫大纲、人伦、道理、政治、教化、习俗、文义尽如故,亦何改哉?故王者有改制之名,无易道之实。"(《楚庄王》)显然"奉天法古"的历史观无疑属形而上学的不变论。

第五节　董仲舒与谶纬神学

董仲舒神学哲学的建立与传播,在一定程度上导致了西汉后期至东汉"谶纬"迷信的勃兴。

所谓“谶”，是一种神秘的宗教预言，有符命、符谶、图书、图谶等多种名称。据《史记·秦始皇本纪》载：始皇帝三十二年，“燕人卢生使入海还，以鬼神事，因奏录图书曰：‘亡秦者胡也’。”这就是早期的谶语。但从秦代至汉中期，谶语并未广泛流行。所谓“纬”，原是相对于“经”而言的。由于“经”是不能随便改动的，因此，西汉成、哀以来一些儒生为了迎合政治的需要，便援用天人感应、阴阳灾异的神学理论对“经”进行穿凿附会的发挥，炮制了与儒家“七经”（“六经”加上《孝经》）相配套的《七纬》。与此同时，谶语也大量出现并渗入纬书中。《四库全书总目提要》曾说：“按儒者多称谶纬，其实谶自谶，纬自纬。谶者诡为隐语，预决吉凶；纬者经之支流，衍及旁义”。不过，尽管二者的起源与表现形式虽有不同，但就它们的思想特点及其后来的合流而言，“儒者”把它们合称为“谶纬”不无道理。

一、从“天人相与”到谶纬神学

董仲舒的“天人相与”、“天人感应”的学说，无疑是谶纬神学的理论基础。董仲舒写给汉武帝的《天人三策·第一策》说到：“臣闻天之所大奉使之王者，必有非人力所能致而自至者，此受命之符也。”《春秋繁露·同类相动》又说：“帝王之将兴也，其美祥亦先见；其将亡也，妖孽亦先见”。这里所谓天降符瑞、天降灾异的说法，实已具图谶的特色。所以后来论及谶纬的起源时，人们也往往把董仲舒当做“先师”。班固即说：“汉兴，推阴阳言灾异者，孝武时有董仲舒、夏侯始昌，昭宣则眭孟、夏侯胜……”（《汉书·眭两夏侯京翼李传》）昭帝元凤三年（前82年），上林苑大柳树断枯卧地，自立复生，有虫食树叶成文字：“公孙病已立”，今文经学家眭孟便引“先师董仲舒”之言，建议汉帝“求索贤人，禅以帝位”（同上）。

由此可见，董仲舒实为使儒学进而走向谶纬神学的第一人。

谶纬神学的广泛流行，则在西汉末年。汉成帝之后，社会矛盾尖锐，政治斗争激烈，尤其是在王莽篡汉与“光武中兴”的时代。谶纬成了政治斗争的工具，谶语纬书纷纷出笼，二者亦日益合流。如《尚书纬·考灵曜》说“卯金出轸，握命孔符”，《河图·会昌符》说“赤汉德兴，九世会昌”，均是谶语渗入纬书的反映。王莽先靠“白雉之瑞”封为安汉公，又凭“白石丹书”当上摄皇帝，最后更借“赤帝行玺某传予黄帝金策书”正式取代汉家。尔后，刘秀也借助谶语“刘秀发兵捕不道，卯金修德为天子”（《后汉书·光武帝纪》）起兵推翻王莽，重兴汉朝。刘秀建立东汉政权后，尤其迷信谶语，公然“宣布图谶于天下”。谶纬迷信终于大肆泛滥起来。

二、《白虎通》与儒学的法典化

谶纬的盛行反映了汉代经学神学化、神学经学化的发展趋势，这一趋势在汉章帝主持召开的白虎观会议中（公元79年）得到进一步的加强，并被系统化为《白虎通》一书，作为皇帝钦定的神学法典颁行全国。

《白虎通》在思想体系上完全承袭董子哲学的“天人相与”的思想构架和人法天、人理法天道的思维模式，认为天与人之间存在着一种神秘的感应关系，而天子则是沟通天人的中心环节。又借助谶纬构造了一套帝王法天、官制象天、三纲六纪拟于天的神学体系。

《白虎通》称：“王者父天母地，为天之子也。”（《爵》）这就是对董子所谓天子“皇天右而子之”的说法的承接。天子既是上天之子，因此，法天地、法阴阳、法五行就成了天子治国牧民的根本法则。《春秋纬·元命苞》说：“王不承于天以制号令，则无法”；“王不上奉天文以立号,则道术无源"。《白虎通》也说:"王者受命,为天、地、人之职,故分职以置三公"(《封公侯》);"天子立明堂者,所以通神灵、感天地……明堂上圆下方,上圆法天,下方法地";"爵有五等,以法五行也"(《爵》)。从牧民方面说,社会秩序是效法天地阴阳五行而建立起来的。这也是直接来源于董子哲学和纬书。《春秋纬·感精符》说:"三纲之义,日为君,月为臣也。"《乐纬·稽耀嘉》说:"君臣之义生于金,父子之仁生于木,兄弟之序生于火,夫妇之别生于水,朋友之信生于土"。《白虎通·三纲六纪》则说:"君臣、父子、夫妇、六人也。所以称三纲何?一阴一阳谓之道,阳得阴而成,阴得阳而序,刚柔相配,故六人为三纲。"《五行》篇又说:"子顺父,臣顺君,妻顺夫何法?法地顺天也";"不以父命废王命何法?法金不畏土而畏火"。类似的理论在《白虎通》中随处可见,引证谶纬之处俯拾皆是。可以说《白虎通》的颁发,标志着汉代由董仲舒开启的儒哲学神学化与神学经学化的最终完成。

第 三 章

王充的自然哲学

神学作为官方统治思想的建立和在皇帝及一大批儒生的支持下的日益泛滥,引起了一部分仍然坚持经验知识立场的学者的强烈不满。东汉思想家王充是其中的杰出代表人物。王充曾一针见血地指出当时的社会是“俗传蔽惑,伪书放流”,“是反为非,虚转为实”,“浮妄虚伪,没夺正是”(《论衡·对作》,以下凡引《论衡》只注篇名)。借对神学的全面批判,王充发展了传统的天道自然的哲学思想。

王充(公元27—100年),字仲任,会稽上虞(今浙江上虞)人。出身于“细族孤门”,年轻时到京师洛阳上大学,师事扶风班彪,遂“博通众流百家之言”(《后汉书·王充传》)。曾做过几任小官,因受到排斥,遂闭门家居,潜思著述。著有《论衡》、《政务》、《讥俗》、《养性》等书,除《论衡》一书外,余均不存。

关于《论衡》的题名,王充自言:“衡者,论之平也”(《自纪》);“《论衡》者,所以铨轻重之言,立真伪之平”(《对作》)。即表示他要以持论如衡之平的客观态度对古往今来的学说和言论铨其轻重、评其是非。其要旨则总括为一句话“曰:疾虚妄”(《佚文》)。“疾虚妄”三字可谓充分体现了王充对谶纬神学的批判精神。

第一节　“元气自然”的宇宙演化学说

在儒学独尊、迷信盛行的东汉时代，王充哲学无疑是当时社会主流思潮中的“异端”，与神学目的论者从有道德意志、有政治诉求的，即“有为”的天那里寻求构成宇宙世界的全部依据不同，具有无神论倾向的王充是向“无为”的自然寻求真理以构建自己的哲学体系的。他认为“黄老之家论说天道，得其实矣”(《谴告》)。因此，他的宇宙观是以黄老道家的自然主义为出发点的。所不同的是，黄老道家的“自然”主要是指主体顺适外界的一种行为意识与价值观念，王充的“自然”，则拓展为对客观世界的自然本性的直接肯定。

一、“天地合气，万物自生”的元气观

在宇宙万物如何产生及由什么构成的问题上，古代的思想家们在认识上曾经历过一个曲折的过程。在殷周蒙昧主义占统治地位的时代，对这个问题只有一个“天生万物”的神学解释。春秋战国时代，随着理性思维的觉醒，对这个问题的哲学思考逐渐取代了原有的神学结论。老子首先用“道”作为宇宙万物统一的本源，并以阴阳二气的“冲和”解释万物的生成过程。《管子》中的稷下道家更视“道”与“气”是同一的，用以加强本源的“实在性”，然而却把“是什么”和“怎么样”两个问题混同起来。西汉的《淮南鸿烈》提出的道始于虚霩，虚霩生宇宙，宇宙生元气，元气生天地的说法，实际上也没有跳出老子的窠臼。就是说，这些学派或个人都没有解决形上先验与形下经验的关系问题。及至董仲舒则把元气、阴阳、五行纳入以天意为最高主宰的神学体系之中，而重新回归到信

仰，且导致谶纬神学的泛滥。

王充正是在这个神学盛行的时代，一方面，继承道家的自然主义传统，但另一方面又摒弃了以往的先验立场而直接回到经验事实本身，建立起他的元气自然的宇宙生成论的。王充说：

元气，天地之精微也。（《四讳》）

天地，含气之自然也。（《谈天》）

万物之生，皆禀元气。（《言毒》）

能飞升之物，生有毛羽之兆，能驰走之物，生有蹄足之形……禀性受气，形体殊别也。（《道虚》）

天地不生故不死，阴阳不生故不死。死者生之效，生者死之验也。夫有始者必有终，有终者必有始，唯无终始者乃长生不死。（《道虚》）

在这里，王充把元气看做是充塞于天地自然之间的细微的物质元素，认为它是万物的统一本源，万物都是由它化生而成的；万物在具体形态上的多样性，是由于它们“禀性受气”的不同而造成的；而“气”作为统一的本始性存在，则是自足的自为的和永恒的，它化生万物的过程，也为自然而然的过程。他说：

天地合气，万物自生。（《自然》）

夫天覆于上，地偃于下，下气蒸上，上气降下，万物自生其中间矣。（《自然》）

这种说法与《易传》所说的“天地细缊，万物化醇”的观点非常相似，但它在排斥神在其中的创造和主宰作用这一点上则比《易传》更加彻底。在王充看来，人虽然是有灵性的，但仍然是自然界的一部分，人和万物一样，也都是禀受天地之气而生的。王充说：“然则人生于天地也，犹鱼之于渊，虮虱之于人也”（《辨祟》）；又说：“人，物也，万物之中有智慧者也。其受命于天，禀气于元，与物无异”(《辨祟》)。我们知道,董仲舒建构的神学的特点是把自然存在灵性化的,自然世界灵性化则必同时被目的化,因而必主“天地故生人”。王充这里指出,即便是最具灵性的人,其生成过程亦纯属自然过程。宇宙世界的自然本性,无疑得到了最明确的认定。

二、“天道无为”、“天意人心”的无神论

王充既已确认,宇宙的终极本源元气为一自然性的存在,元气化生万物过程为一自然的过程。以此“自然”观审视两汉泛滥的神学思潮,王充无法容忍它的虚妄性。他决然举起了批判的旗帜。

首先,他致力于打掉“天”的神秘色彩。他称道:

> 儒者论曰:天地故生人。此言妄也。夫天地合气,人偶自生也;犹夫妇合气,子则自生也。(《物势》)

为什么说天不能“故”生人即不具意志性、目的性呢?王充依据的是经验类比的方法,从地没有感觉器官来推天也没有感觉器官,又从天没有感觉器官来断定它没有观念欲望。他说:“地体无口目,亦知天无口目也。使天体乎,宜与地同;使天气乎,气若云烟。云烟之属,安得口目?”(《自然》)这种推论虽然是朴素直观的,在经验的范围内却还是有力的。

由于天是否“故生人”与天是否“故生物”这个问题是联系在一起的。因此,王充的批判锋芒便亦及于“天地故生物”。他说:“或说以为天生五谷以食人,生丝麻以衣人,此谓天为人作农夫桑女之徒也,不合自然”(《自然》)。由此,他排除了天“故生物”的可能,而认为:“天者,普施气万物之中,谷愈饥而丝麻救寒,故人食谷衣丝麻也。”(同上)这都是“自然之道,非或为之也”(同上)。

其次,对于汉代极为流行的“天人感应”论和帝王受命说,王充也提出反驳。例如,纬书上说尧之母与赤龙相感而生尧,刘邦之

母梦与龙相通而生刘邦，所以尧与刘邦都成为天子。王充根据“同类相产”的理论反驳异类交接的说法。他说：“含血之类，相与为牝牡。牝牡之会，皆见同类之物，精感欲动，乃能受施……今龙与人异类，何能感于人而施气？”（《奇怪》）又，“天人感应”论者认为人君的喜怒、赏罚可以直接引起天气的变化，王充则指出：“夫人不能以行感天，天亦不随行而应人”（《明雩》），“寒温之气，系于天地，而统于阴阳，人事国政安能动之？”（《变动》）对所谓天降“符瑞”与天能“谴告”的说法，王充也给予有力的驳斥：“天能谴告人君，则亦能故命圣君……今则不然，生庸庸之君，失道废德，随谴告之，何天不惮劳也？”（《自然》）至于符瑞，他认为只是一种自然现象，与社会政治无关。他精辟地指出：“夫太平以治定为效，百姓以安乐为符……圣主治世期于平安，不须符瑞”（《宣汉》）。王充的这些批判无疑是极有见地的。

再次，王充的批判锋芒不仅只局限在对有神论的种种迷失的揭露上，更可贵的是他还致力于探寻谶纬作为一种迷信的认识根源与社会根源。他说：“人有喜怒，故谓天喜怒。推人以知天，知天本于人。如人不怒，则亦无缘谓天怒。”（《雷虚》）这是说，是人以自己比拟于天，天才被情感意志化的。他又指出：“六经之文，圣人之语，动言‘天’者，欲化无道，惧愚者，以言非独吾心，亦天意也。及其言天，犹以人心……”（《谴告》）这又是说，天的人格化是圣人以“神道设教”造成的，其中包含着“化无道，惧愚者”的政治目的。德国哲学家费尔巴哈曾经指出：“属神的本质不是别的，正就是属人的本质”。[①] 所谓天的神性，其实就是人性的异化，神不过是人的幻影，所以“人——神”关系其实就是“人——人”关系和

① 《费尔巴哈哲学著作选集》下卷，第39页。

"人——社会"关系的曲折反映。王充对宗教的认识根源和精辟分析已透露出这个信息,这从认知的立场看无疑是深刻的。当然,从人类学的角度看,这种说法就不免有失于粗疏。

第二节 注重"效验"的经验主义认识路向

王充曾经自称,他写《论衡》是"考之以心,效之以事,浮虚之事,辄立证验"(《对作》)。以心考物,以事证验,这一说法正表现了王充哲学的一个基本特点,那就是,他是以经验知识为依托建构自然宇宙论,亦以经验知识为依据抨击有神论的。经验主义的认识论,在王充哲学中占有重要的地位。

一、"知物由学,学之乃知"的认识前提

在认识问题上,孔子曾经说过有"生而知之"者的话,但孔子说他自己不是生而知之者。汉代的俗儒们为了神化圣人,却宣称孔子等圣人能"前知千岁,后知万世,有独见之明,独听之聪,事来则名,不学自知,不问自晓"(《实知》)。王充坚决反对这种无稽之谈,为此,他专门写了《实知》一篇,列举了十六个事例,证明即使像周公、孔子那样的圣人也不能"生知"。他举例说,如果让一个人立于墙东说话,使圣人在墙西听讲,圣人能知墙东之人的高矮、黑白、及乡里、姓氏吗?显然不能。由此可见所谓"生而知之"、"神而先知","此皆虚也"。

那么,圣人与常人在才智方面有没有差别呢?如果有,这种差别表现在哪里?对这些问题,王充的回答是:

> 齐部世刺绣,恒女无不能;襄邑俗织锦,钝妇无不巧。目见之,日为之,手狎也……从农论田,田夫胜,从商讲

> 贾，贾人贤。(《程材》)
>
> 人才有高下，知物由学，学之乃知，不问不识……所谓圣者，须学以圣。……天地之间，含血之类，无性(生)知者。(《实知》)
>
> 实者，圣贤不能性(生)知，须任耳目以定情实。其任耳目也，可知之事，思之辄决；不可知之事，待问乃解。天下之事，世间之物，可思而知，愚夫能开精；不可思而知，上圣不能省。(同上)

从这些论述中我们可以看到，首先，王充是承认人才有高下、才智有差别这个客观事实的，但他认为这种差别是相对的：论田，则圣人不如农夫；论商，贤人不如商贾。其次，王充指出学习与实践才是认识事物的根本途径，也是认识的基本前提。"目见之，日为之"，通过努力学习与实践，则钝妇亦变巧；反之，即使是智能之士，"不学不成，不问不知"(同上)。再次，王充认为认识离不开感官的作用，求知者"须任耳目而定情实"。因为，"如无闻见，则无所状"(《实知》)，而"无所状"则谈不上对事物认识，即使圣人也不能例外，所以他说："非圣人无知，其知无以知也。"(同上)最后，他还注意到认识的局限，即世间之事有不可知的。他说："事有不可知，圣人不能知……及其知之，用不知也。"(《实知》)也就是说，对不可知之事，以"不可知"来理解，这也是"知"。这就像孔子所说的"知之为知之，不知为不知，是知也"。在这里，王充已触及到认识的基础、认识的前提及知与不知的矛盾统一等问题。

二、"不徒耳目，必开心意"的认识过程

王充虽然承认认识"须任耳目以定情实"，但他又看到感官的局限性。他说："盖人目之所见，不过十里，过此不见，非所明察，

远也……”(《书虚》)而且,他认为,即使是在耳目能够闻见的范围内,如果使认识只是停留在感官经验的阶段,那也是远远不够的。他说:

> 夫论不留精澄意,苟以外效立事是非,信闻见于外,不诠订于内,是用耳目论,不以心意议也。夫以耳目论,则以虚象为言;虚象效,则以实事为非。是故是非者,不徒耳目,必开心意。墨议不以心而原物,苟信闻见,则虽效验章明,犹为失实。(《薄葬》)

这就是说,王充是反对墨派学者徒信闻见而不以心原物的。他认为如果仅仅用耳目论,就容易以虚象为言,以实事为非。因此,要把“闻见于外”和“诠订于内”结合起来。只有经过内心的“意议”、“诠订”,加工整理,才能获得正确的认识。可见他已初步把认识的过程区分为“耳目闻见”与“以心原物”两个阶段,即相当于感性认识与理性认识阶段,前者只是认识的初步阶段,而后者才是认识的完成阶段。

更难得的是,王充还意识到“开心意”的认识阶段是一个复杂的思维过程。他从“以心原物”出发,进一步提出了类似于归纳、概括、演绎、推理等的认识方法。他说:

> 圣人据象兆,原物类,意而得之,其见变名物,博学而识之,巧商而善意,广见而多记,由微而较……(《实知》)

> 先知之见,方来之事,无达视洞听之聪明,皆案兆察迹,推原事类。(《实知》)

> 揆端推类,原始见终,从闾巷论朝堂,由昭昭察冥冥。(《实知》)

这里所说的“先知之见,方来之事”,不是指超乎常人的未卜先知,也不是指耳目有达视洞听的特异功能,而是指建立在闻见的基础上的“巧商善意”。从“原物类”到“意而得之”，从“博学而识”、“广见多记”到“由微见较”，这就是一个概括与归纳的过程；从“案兆察迹”、“揆端推类”到“原始见终”、“由昭昭察冥冥”，则是一个分析与推理的过程。借分析与推理人们可以触类旁通，“知一通二，达左见右”（《实知》）。由此，人的认识便可以由表及里，由现象深入本质，由现状推测未来，推动认识的深化。王充把“达物气之理”（《变动》）看做认识的任务之一。所谓“物气之理”就是自然界变化的规律，例如，“天且风，巢居之虫动，且雨，穴处之物扰”，这是“风雨之气感受虫物也”。他认为把这种现象说成是“灾异”，即是“不达物气之理也”（同上）。正是依持于坚实的经验主义认识论，王充得以处处暴露谶纬迷信的虚妄性。

三、“明于有效”，“定于有证”的检验标准

王充在认识论上提出了“方比物类”、“案兆察迹”、“原始见终”等一系列认识方法，目的当然是为了获得正确的认识结果。然而，认识是否具有真理性，涉及检验真理的标准问题。为此，他又提出了以“效验”定是非的主张：

> 凡论事者，违实不引效验，则虽甘义繁说，众不见信。（《知实》）
>
> 事莫明于有效，论莫定于有证。空言虚语，虽得道心，人犹不信。（《薄葬》）
>
> 凡天下之事，不可增损，考察前后，效验自列……则是非之实有所定矣。（《语增》）

这就是说，仅有“甘义繁说”、“空言虚语”是不行的，问题在于如何使众人见信，这就需要用事实来说话，用效验来定是非。在东汉那个迷信鬼神的社会氛围中，王充就经常以效验为武器，批驳谶纬神

学的种种谬说。例如他引用农民用马粪浸种可以防虫的经验,说明虫害并不是神的报应;又引用透镜向日取火的经验,说明天上的太阳是物质性的火气,而非神的作用;如此等等。这在破除迷信方面,无疑起了积极的作用。针对当时的俗儒“以为圣贤所言无非”的权威崇拜,王充亦以“效验”说回应之。他说:“凡学问之法,不为(畏)无才,难于距师,核道实义,证定是非也。”(《问孔》)而要“证定是非”,就要有“距师”的勇气。为此,他专门写了《问孔》、《刺孟》等篇,对孔孟等圣贤提出质难,并理直气壮地说:“苟有不晓解之问,迢(追)难孔子,何伤于义?”(同上)这种敢于坚持真理,挑战权威的精神,在当时的社会环境中是难能可贵的。

更重要的是,王充不但主张用“效验”来检验认识,而且强调知以致用。他说:“入山见木,长短无所不知;入野见草,大小无所不识。然而不能伐木以作室屋,采草以和方药,此知草木所不能用也。”(《超奇》)就是说,仅能分辨草木种类而不知其功用,不是真知。他认为求知贵通贵用:“凡贵通者,贵其能用之也。即徒诵读……虽千篇以上,鹦鹉能言之类也。”(同上)这种“致用”的主张可以说是他重“效验”理论的逻辑发展,也是对当时空疏虚浮的学风的间接批判。

第三节 自然哲学的困扰:偶成说与命定论

由于王充的自然哲学从根本上说是以道家的天道自然无为来立论的,因此,他在反对神学目的论者鼓吹的天“故生人”、“故生物”的同时,反复强调“物自生”、“气自变”、“阳气自出,阴气自起”、“地固将自动”、“星固将自徙”的自然论。从对“自然”的强调中,他触及到了必然与偶然这一对矛盾,但由于他并没有真正掌握必然性与偶然性的辩证关系，于是不自觉地走向两个极端：在不能解释必然的情况下，把必然归为偶然；在无法解释偶然的情况下，又把偶然归为必然，从而形成了他的偶成论与命定论。

一、"物事相遭"、"偶适相遇"的偶成说

用"天道自然"解释万物的产生与变化，王充首先看到的是"必然"的一面。他说：

> 夫变异自有占侯，阴阳物气自有始终，履霜以知坚冰必至，天之道也。(《谴告》)
>
> 故天且雨，蝼蚁徙，蚯蚓出，琴弦缓，固疾发，此物为天所动之验也。(《变动》)

霜先降而坚冰将至、天且雨而蝼蚁先徙等等，王充并不把这种必然性看做"天人感应"，而认为是物气相感使然。他称道："风从虎，云从龙，同类通气，性相感动"(《偶会》)。就是说，自然现象之间有一种因果联系，这种因果联系是有其内在依据的，那就是"同类通气"。然而，现实中发生的事并不是全都具有必然性的，那些与"同类通气"无关的事如何解释呢？王充认为那是"偶适相遇"。他说：

> 若夫物事相遭，吉凶同时，偶适相遇，非气感也(《偶会》)
>
> 春种谷生，秋刈谷收，求物得物，作事事成，不名为遇；不求自至，不作自成，是名为遇，犹拾遗于涂，摭弃于野……(《逢偶》)

这就是说，春种秋收，这是自然规律使然，按照这个规律去行事就会做成，这不叫做"遇"。而行人拾遗于道，这虽是"不求自至"的，却与规律无关，而是碰巧的，这叫做"遇"。

必然与偶然是揭示事物联系与发展的两种不同趋势的范畴。必然性是客观事物联系和发展中合乎规律的、确定不移的趋势；而偶然性则是由事物的外部因素或事物内部非本质原因引起的非规律性的、不确定的趋势。王充显然已看到了必然与偶然的这种区别。他不但指出事物"遇"与"非遇"的不同，而且试图进一步解释造成必然与偶然不同的内在原因：他用"物气相感"来揭示事物的联系是由物气的本性所决定的，是合乎规律的必然的联系；又用"非气感"来说明两个事物（或现象）"偶适相遇"是外部的联系，是偶然的。在认知层面上，这无疑是深刻的。但是由于王充过分强调必然与偶然在各类现象中的决定作用，反而使他对"人为"的作用未能给予正确的估计。他说：

然虽自然，亦须有为辅助。耒耜耕耘，因春播种，人为之也。及谷入地，日夜长大，人不能为也。或为之者，败之道也。（《自然》）

今夫陶冶者初埏埴作器，必模范为形，故作之也……夫耕种播耘，故为之也。及其成与不熟，偶自然也。（《物势》）

这里王充虽然看到了人为的"辅助"作用，但却认为成与不成完全取决于天道自然，人于此是无能为力的。这就从荀子的"制天命而用之"的立场上倒退了。

二、"命则不可勉，时则不可力"的命定论

王充对必然与偶然的过分强调，预示着这种哲学最后必然滑向无可奈何的命定论。尤其是在社会领域，由于时代的局限，他无法正确理解社会种种不合理现象产生的社会根源，于是只好把这些不合理现象归之于偶然。他说：

> 操行有常贤，仕宦无常遇，贤不贤，才也；遇不遇，时也。……或高才洁行，不遇，退在下流；薄能浊操，遇，在众上。……处尊居显未必贤，遇也；位卑在下未必愚，不遇也。
>
> 故遇，或抱洿行，尊于桀之朝；不遇，或持洁节，卑于尧之廷。(《逢遇》)

贤者不遇，不肖者遇这种现象确实是存在的，这里面当然有偶然的因素，但在偶然的背后则包含着当时的制度不合理所决定的必然性。王充有时也试图从这方面寻找原因，他说："得非己力，故谓之福，来不由我，故谓之祸。不由我者，谓之何由？由乡里和朝廷也。"(《累害》)他指出乡里有三累（指乡里选举中的排挤、嫉妒、诽谤等），朝廷有三害（指官僚政治中的贿赂、争夺、谗害等）。"古今才洪行淑之人，遇此多矣。"(同上)这似乎触及到社会问题，但他仍然停留在现象的揭露上，而不能深入到本质的剖析中。因为在那个时代，他还不可能用唯物辩证法来分析偶然与必然的关系，于是只好以"命定"来摆脱理论的困境。他说：

> 自王公逮庶人，圣贤及下愚，凡有首目之类，含血之属，莫不有命。命当贫贱，虽富贵之，犹涉祸患矣……故富贵若有神助，贫贱若有鬼祸。(《命禄》)

在他看来，不但个人的命运是注定的，连国家的命运、王朝的兴衰也是"时数"决定的，他把这叫做"期数自至，人行偶合"(《偶会》)。例如汉高祖刘邦为王与张良、韩信兴汉就是这样："夫高祖命当自王，信、良之辈时当自兴"(同上)。所以，"贤君之立，偶在当治之世"；"无道之君，偶生于当乱之时"(《治期》)。按照这种理论，"偶"已变成"命"的一种表现形式，社会的治乱与贤君或暴君没有任何关系，而是受一种神秘力量所支配："世之治乱，在时不在政；

国之安危,在数不在教,贤不贤之君,明不明之教,无能损益。”(《治期》)结论是:“命则不可勉,时则不可力,知者归之于天。”(《命禄》)由此,以批判天命神学为职志的王充哲学最终仍然不得不“归之于天”而走向命定论。

第四章

道家的新发展与魏晋玄学

在思想史上，两汉学术主流为“经学”，魏晋学术主流则为“玄学”。

哲学思潮由“经学”向“玄学”的过渡与转变，作为社会背景，是建立在中央集权制基础上的国家大一统的相对稳定的发展局面被打破，以具有自足自立倾向的门阀士族为根柢，我国社会又一次走向长期的分裂割据的年代。与社会的这一变动相应，在精神文化上，便是比较积极、正面地为国家大一统提供理论解释与说明的价值信念被消解，而力求与混浊现实拉开距离，并对这种社会状况及引发这种状况的根源持批判态度的思想倾向为知识精英所崇尚。前一种思想倾向，曾经导致过儒学在两汉之“独尊”；后一种思想倾向，则无疑必诉求于老庄之学了。魏晋士人与汉儒重“五经”的解释和承传的学风大异，他们“每非汤武而薄周孔”（《嵇康集·与山巨源绝交书》），而倾心玩味《老子》、《庄子》与《周易》三“玄”。故他们的学问被史家称为“玄学”，亦有称“新道家”的。

两汉儒学之哲学形上学为宇宙论。宇宙论的特点，是借揭示由终极本源至万物的生成过程，来说明万物的现存状况和变化规则。在汉代学者看来，终极本源演化万物，万物消散复归本源，都是一种实在的过程,都是在时间中进行的,所以宇宙论具有实存论的倾向。但是,什么是宇宙的终极本源?宇宙统一的本源是如何演生出千差万别的存在物?汉人对这些问题的说明是杂乱的。这种杂乱性显示,宇宙论所使用的概念及其相互关系,与其说出于农业社会独特生存处境所积累的经验知识,毋宁说源于这种生存处境下所形成的独特信仰。宇宙论所取的许多概念及其相互关系,都无法放在知识的、逻辑的框架下予以处理,而必须回到当时社会所形成的独特信仰才能够解释。宇宙论实际上既可以被看做为一种存在论哲学,亦可以被视为、或最终都要归结为神学,原因即在于此。

魏晋玄学在哲学形上学上转向了本体论。本体论,在中国哲学的传统里,是寻求万物得以如此存在、如此发生作用的终极依据的理论。本体与万物(末用)的关系,不具有在时间上的先后关系,而只具有在逻辑意义上的先后关系。万物(末用)被看做为可以认知的经验事物。经验事物的一切都是相对的、有限的。本体则是被逻辑地置定为具有绝对、无限的意义,从而使经验事物得以成其为如此者。显然,本体论是借知识论开出的,但本体又是被赋予超越经验知识的先验意义的。就本体的确立有知识与学理上的论说而言,本体论不同于宇宙论对本源及其生成过程的神秘性解释,它是可以被还原为以知识的方法予以处理的;但就本体又被赋予超越经验知识的意义而言,本体论最终是为人的精神的安顿提供一种境界,这种境界仍然具有信仰性特征。

三国魏晋时期,以本体论重新架构与发展道家思想而成就为安顿个我、批判社会的一种哲学的,主要有何晏、王弼、嵇康、阮籍、向秀、郭象等一批士人。

第一节　王弼的“贵无”思想

何晏(公元193—249年)、王弼(公元226—249年),生活与活跃于魏明帝正始年间。《晋书·王衍传》称:

> 魏正始中,何晏、王弼等祖述老庄,立论以为天地万物,皆以无为为本。无也者,开物成务,无往不存者也。阴阳恃以化生,万物恃以成形,贤者恃以成德,不肖恃以免身。故无之为用,无爵而贵矣。

这就是说,何晏、王弼的思想是在承传老庄的道家学说的基础上发展起来的,他们立论的中心亦如老庄,以为“天地万物,皆以无为为本”。由他们带起的这一思潮,史称“正始玄风”。何晏曾撰有《道论》、《无名论》等文,今已不存。王弼的著述今存主要有《老子注》、《周易注》。王弼还曾以道家思想对儒家经典进行疏解而撰有《论语释疑》。此书唐以后亦佚。今收入楼宇烈《王弼集校释》中的《论语释疑》由辑录而成。下面仅以王弼为代表讨论“正始玄学”的特质与价值。

一、“以无为本”的本体论主张

王弼注释《老子》,完全认同《老子》的“道”的无形无名的形上特征。《老子》第一章有“道可道,非常道;名可名,非常名”之说。王弼注称:

> 可道之道,可名之名,指事造形,非其常也。故不可道,不可名也。

对《老子》该章下句“无名天地之始,有名万物之母”,王弼注谓:

> 凡有皆始于无,故未形无名之时,则为万物之始。

这里,王弼都以"未形无名"论"道",以有形有名指"物"。"道"作为形上者与"物"作为形下者的这种区分,是老子与王弼所同然的。正是在这点上表明了王弼思想的道家倾向。

但是,在老子那里,形上的"道"与形下的"物"的关系,为"本源"与"化生物"的关系。而王弼却把这种关系,变成为"本体"与"末用"的关系。

老子把"道"与"物"的关系看做是"本源"与"化生物"的关系,明显地见于《老子》的如下说法:"天下万物生于有,有生于无"(《老子·四十章》)。王弼的注释却称:

> 天下之物,皆以有为生。有之所始,以无为本。将欲全有,必反于无也。

王弼这里只把"生"看做是"有"(物)与"有"(物)之间的关系;"无"对于"有"不是一种"生"的关系,而只是使全体的"有"得以存在的根据。"有之所始,以无为本","有"为依持于"无"才得以成其为如此,故"无"之于"有",便具"本"的意义。王弼又说:

> 用夫无名,故名以笃焉;用夫无形,故形以成焉。守母以存其子,崇本以举其末,则形名具有而邪不生,大美配天而华不作。故母不可远,本不可失。仁义,母之所生,非可以为母。形器,匠之所成,非可以为匠也。舍其母而用其子,弃其本而适其末,名则有所分,形则有所止。虽极其大,必有不周;虽盛其美,必有患忧。功在为之,岂足处也。(《老子·三十八章注》,下凡引该书注,只标章目)

这里,王弼同样把"有"(有形有名)与"无"(无形无名)的区分,看做是"末"与"本"的区分。这种区分就像"形器"与"工匠"的区分。"形器"之得以成其为如此,有赖于"工匠",而"工匠"不是"形器";惟"工匠"不同于(超越了)"形器",所以才使"形器"得以成其为如此。“工匠”之于“形器”，就不是“生”的关系，而是“本”与“末”的关系。“母”与“子”的关系亦为一种比喻。“母”在文中是“根本”的意思。

那么，为什么王弼把具有“根本”、“本体”意义的东西认做为“无”呢？

依老子“天下万物生于有，有生于无”的说法，老子也以为作为终极的东西应该是“无”。然而老子的“无”是指终极本源尚未分化的一种存在状态。由终极本源演生万物的过程则表现为一个不断分化的过程。这一过程具有实在性且是在时间中进行的。老子说：“道生一，一生二，二生三，三生万物。”（《老子》第四十二章）老子的这段话即是对本源不断分化、从而宇宙不断由单一走向多样的实在过程的客观描述。

然而，在王弼这里，“无”的提出以及“无”与“有”的关系问题，已经被转换成为一个认识问题、一个逻辑问题。王弼常说：“若温也则不能凉矣，宫也则不能商矣。形必有所分，声必有所属。故象而形者，非大象也；音而声者，非大音也。”（《老子指略》）此即是从有形、有象、有具体属性与特征的事物的相对有限性推出具有绝对无限意义的本体，必须是无形、无象、无任何具体属性与特征的，也就是说它只能是“无”。“无”在这里为纯逻辑上的一个设定。王弼在注释老子“道生一，……”一语时特别明显地表现了他以“无”作为本体的逻辑置定性。王弼注称：

> 万物万形，其归一也。何由致一？由于无也。由无乃一，一可谓无？已谓之一，岂得无言乎？有言有一，非二如何？有一有二，遂生乎三。从无之有，数尽乎斯，过此以往，非道之流。（《老子·四十二章注》）

在王弼这段注解中，“道生一”之生成问题，已经变为万物万形何以有统一性（“归一”）的问题。万物万形为各别的存在。各别的、殊散的存在何以能够“归一”即获得同一性？必须是舍弃它们既有的一切具体属性才能获得统一性，舍弃了一切具体属性，便是“无”，这是“由无乃一，一可谓无”。显然，“无”是逻辑抽象的产物。那么，何以由“无”而“有”？在王弼这里也不是一个生成问题，而是一个认识问题。要把各别的、殊散的存在归结为“一”，这本身就是借认识才得以成立，并且是借语言词谓才得以指称的。然而，有了借认识的活动抽象出来的“一”，又有了借语言词谓的指称作用表征出来的“一”，不就有了“二”吗？既然有了“一”，就可有“二”，然则，“有一有二，遂生乎三”，便是可以推知之事。显然，王弼把老子所说的“一”、“二”、“三”的生生关系，都解释为一种在概念上的逻辑推演关系。“本体”被规定为“无”，是在认知活动中借逻辑抽象给出的；“万物”作为认知的对象，则具有经验事物与经验知识的意义。当然，借逻辑抽象给出的“本体”，其实并不一定要归之于“无”。“本体”之被归之于“无”，一方面表现了王弼对经验世界与经验知识的独特看法；另一方面又体现了王弼所代表的一批士人对当时的社会政治文化的鄙弃精神。

二、“得意忘象”的认识论取向

为什么说，王弼以“无”指称本体，表现了他对经验世界与经验知识的独特看法呢？

要知道，在认识的范围内，借逻辑的方法对各别、殊散的事物的共同性进行抽取时，不管人们对事物的具体属性与特征如何予以舍弃，但是，最后还有一个共同特征是可以保留且是绝对不变的，那就是：对于人的认知来说，它们必然是存在的，它们是“有”。

可是，王弼为什么不把万物的共同特征归结为“有”而要舍

"有"入"无"呢？这涉及经验知识的局限性问题。

在王弼看来，经验性认知活动的一个基本特征，是有确定对象的，而且常常只抽取对象中的某一个特征、某一种联系予以判认、加以指谓。王弼说：

> 凡名生于形，未有形生于名者也。故有此名必有此形，有此形必有其分。仁不得谓之圣，智不得谓之仁，则各有其实矣。(《老子指略》)

王弼这里说的即是经验知识、概念指谓的对象性与确定性。"有此形必有其分"，则指因形制名时又必须把此一形与彼一形，或此一形中的某一主要特征与次要特征区分开来。王弼这段话确实揭示了经验性认知方式的基本特点。经验知识的成立诚然以对象的确定性与可分性为前提。

然而，依王弼的看法，这样一来，在经验知识的层面上或范围内就不可能真正给出"本体"(本真)。王弼指出：

> 名必有所分，称必有所由。有分则有不兼，有由则有不尽；不兼则大殊其真，不尽则不可以名，此可演而明也。(《老子指略》)

就是说，在经验知识的范围内，凡可以命名、可以用概念指称的，必都是有确定对象，都是以这一确定对象与其他对象，或这一确定对象的某一特征与别的特征的区分为前提的。然而，有区分、有选择则必定是受限定的，不具完全绝对意义的。这表明，借经验知识不可能给出事物的全体与本真。而"本体"所捕捉的却正是事物的绝对无限性、事物的全体与本真。

王弼在《周易略例·明象》一文中，通过分析"意"、"象"、"言"三者的关系，进一步辨明经验知识、语言词汇的局限性，以确认"本体"的不可指称性。王弼说：

> 夫象者,出意者也。言者,明象者也。尽意莫若象,尽象莫若言。言生于象,故可寻言以观象;象生于意,故可寻象以观意。意以象尽,象以言著。故言者所以明象,得象而忘言;象者所以存意,得意而忘象。犹蹄者所以在兔,得兔而忘蹄;筌者所以在鱼,得鱼而忘筌也。……象生于意而存象焉,则所存者乃非其象也;言生于象而存言焉,则所存者乃非其言也。

在《周易》中,“意”指卦意,“象”指卦象,“言”指卦爻辞。依《周易》所示,每一卦都蕴涵有一定的意义,如“乾卦”所蕴涵的意义为“刚健”即是;每一卦所蕴涵的意义是通过该卦的卦象显示出来的,如“乾卦”以天为象,又或以“龙”为象即是;每一卦的卦象又是借卦爻辞以表显的,如“乾卦”之以“元、亨、利、贞”为言。《周易·系辞上》说:“圣人立象以尽意,设卦以尽情伪,系辞焉以尽其言。”王弼在本段话的前一部分称:“尽意莫若象,”“尽象莫若言”,所表述的就是《周易》关于“意”、“象”、“言”三者关系的基本见解。

然而,王弼在这段话的后一部分,却援入庄子的观点对三者的关系作了新的解释。《庄子·外物》篇有这样的说法:“筌者,所以在鱼,得鱼而忘筌;蹄者,所以在兔,得兔而忘蹄。言者,所以在意,得意而忘言。”“筌”为捕鱼的工具,“蹄”为捕兔的工具。庄子以得鱼忘筌、得兔忘蹄喻“得意而忘言”。庄子正以“得意而忘言”揭示语言词谓表述本意的局限性。王弼取庄子的观点重新解释《周易》关于“意”、“象”、“言”三者的关系,把三者关系拓展为一个认识论问题:经验对象大于概念词谓,概念词谓不能包容经验对象的全部内容;内在本意(本体)又深于(超越于)经验对象,在经验对象范围内或层面上不能给出本意(本体)。因此,王弼主张“得象而忘言”,“得意而忘象”。

王弼通过暴露经验知识的局限性而否认在经验层面上给出“本体”的可能性，不无学理上的根据。我们知道在认知的过程中，借概括、归纳的手段寻找事物的共相的过程，确实亦表现为一个不断舍弃的过程。舍弃的最终结果，万物剩下的惟一共同特征便是“存在”，可称为“有”。但是由于这个“存在”、“有”排除了任何具体内容，实际上是最空洞的，所以它与“无”是等同的。问题在于，以“有”言之，可以回到经验世界中去，容纳经验世界的全部丰富性，因为经验世界的一切都是“有”；而以“无”言之，所体现的正是对经验世界的否定性取向。

三、“崇本息末”的政治文化诉求

王弼何以对经验世界经验事物取否定性态度呢？这与他对“名教”的看法有关。

所谓“名教”，就是以官长君臣之义为“教”。官长君臣的关系，为一种等级关系。所以，以此为“教”，明显地是要维护现存社会等级体制所具有的规范功能的。“名教”及其规范功能，为汉代儒学所崇尚。汉代儒者甚至常常借带有人格神色彩的“天”的权威性确认“名教”的合理性。“名教”所维护的现存社会的等级规范体制，为一具体的、可操作的体制，所以从哲学上看，它属于经验事物范畴。

王弼对经验事物，对“名教”所维护的规范功能取批判、否弃的态度是很明显的。王弼在注释《老子·三十二章》“始制有名，名亦既有，夫亦将知止，知止可以不殆”一句时称：

> 始制，谓朴散始为官长之时也。始制官长，不可不立名分以定尊卑，故始制有名也。过此以往，将争锥刀之末，故曰“名亦既有，夫亦将知止”也。遂任名以号物，则

失治之母也。故"知止所以不殆"也。

这就是说,官长之礼制、尊卑之名分,是在"朴散"即"道"丧失后不得已而为之的,不可以过分地执著与强调。如果过分地执著与强调,企图以之驾驭一切("遂任名以号物"),则失却为治之根本("则失治之母也")。

王弼在注释《老子·二十八章》"朴散则为器,圣人用之则为官长"一句时又说:

朴,真也。真散则百行出,殊类生,若器也。圣人因其分散,故为之立官长。以善为师,不善为资,移风易俗,复使归于一也。

王弼以"朴"为"真",即以为在"道"、在形上本体层面上才有"真"的意义。"真散则百行出,殊类生","百行"、"殊类"均为器用之物,无"真"的意义。"圣人因其分散,故为之立官长"。"官长"之立、名教之设,作为一种分散的方便操作,当然亦无"真"的意义。

显而易见,王弼把"名教"归于经验世界中一种工具操作,就使"名教"失去了神圣性与权威性。"名教"被贬落了。

王弼甚至还称:

圣人不立形名以检于物,不造进向以殊弃不肖,辅万物之自然而不为始。……(《老子·二十七章注》)

《老子》之书,其几乎可一言以蔽之。噫!崇本息末而已矣。……故竭圣智以治巧伪,未若见质素以静民欲;兴仁义以敦薄俗,未若抱朴以全笃实;多巧利以兴事用,未若寡私欲以息华竞。故绝司察,潜聪明,去劝进,翦华誉,弃巧用,贱宝货。唯在使民爱欲不生,不在攻其为邪也。故见素朴以绝圣智,寡私欲以弃巧利,皆崇本以息末之谓也。(《老子指略》)

王弼这里所谓"不立形名以检物",即指不要人为地制定一套规范(包括名分礼教、刑名法术)去束缚、框架人人物物;所谓"不造进向以殊弃不肖",即指不要人为地树起一些圣贤榜样以区分与离弃不肖者;所谓"辅万物之自然而不为始",即以为应任从人人物物自然而然、无拘无束地生存与发展。无疑地,在王弼哲学中,"自然"、"无为"为本体层面提出的要求,"名教"、"礼法"只具"末用"意义。王弼以"崇本息末"为治国大要,清楚表明他在社会政治文化思想上更多地认同于道家而非儒学。

第二节 嵇康、阮籍的社会批判意识

王弼"崇本息末"的思想文化取向对现存社会的体制的批评是含蓄的、间接的。王弼之后,"竹林七贤"的代表人物嵇康、阮籍的批评则是直接的与激烈的。

阮籍(公元 210—263 年),字嗣宗,代表性的作品有《达庄论》、《大人先生传》,今收入《阮籍集》[①];嵇康(公元 223—262 年),字叔夜,主要作品有《难自然好学论》、《养生论》、《释私论》等,今收入《嵇康集校注》[②]。

一、"万物为一"的宇宙观

阮籍、嵇康与何晏、王弼的"本体"论转向不同,在涉及形上学层面上仍持以元气为本源的宇宙生成论。如阮籍说:"泰初贞人,惟大之根,专气一志,万物以存"(《大人先生传》);嵇康说:"夫元气

① 上海古籍出版社,1978 年版。

② 戴明扬校注,人民文学出版社 1962 年版。

陶铄,众生禀焉。赋受有多少,故才性有昏明。唯至人特钟纯美,兼周内外,无不毕备。降此以往,盖阙如也"。(《明胆论》)这都是以元气为宇宙的终极本源并以元气禀生的差异说明人人物物之种类区分与个性差异。

然而,阮籍、嵇康引入宇宙生成论目的主要不在于为万物的现存状况与发展规则提供一种合理的解释,而在于揭明万物由本源演生而成的过程即是不断被抛离绝对无限而坠落为相对有限的过程。阮籍说:

> 一气盛衰,变化而不伤。是以重阴雷电,非异出也;天地日月,非殊物也。故曰:自其异者视之,则肝胆楚、越也;自其同者视之,则万物一体也。(《达庄论》)

这便是以万物均由一气之化生说明万物的存在与差别是极其相对的,在本质上"则万物一体也"。嵇康作诗称:"流俗难寤,逐物不还。至人远鉴,归之自然。万物为一,四海同宅。……"(《赠兄秀才入军十八首·其十八》)这里同样确认驻留于"物"的不可取性,而以"万物为一"为归宗。

阮籍、嵇康借元气本源论揭明万物存在的相对性、有限性而引出"万物一体"、"万物为一"的结论。他们的这种宇宙论与汉代具有儒家色彩的宇宙论不同,而更有取于老庄之道家。汉代宇宙论的功能,在于借元气之生生化化,为万物乃至社会人事的存在与变化状况提供一正面的说明。而老庄道家的宇宙论把宇宙世界区分为两层:一层为形而上的本源世界,这是尚未分化的,因而亦是整全绝对的世界、本真的世界;另一层为形而下的万物(事相)世界,这是已经分化的、堕落了的杂多世界,只具操作意义的器用世界。阮籍、嵇康显然均认同老、庄道家的宇宙论及其形上追求。《晋书·阮籍传》曾记,阮籍"博览群籍,尤好庄老。嗜酒能啸,善弹琴。当其得意，忽忘形骸，时人多谓之痴。”活脱脱一副庄子形象。嵇康则直言自己“每非汤武而薄周孔”，却坚称：“老子庄周，吾之师也”(《与山巨源绝交书》)。是亦以老庄为旨归。不过，从总体上看，阮籍、嵇康虽取老庄道家的宇宙论，对这一理论的建构却着力不多，而以这一理论为支撑，转出对器用世界特别是社会政治与文化的批评，却较之王弼更趋激烈。

二、“越名教而任自然”的社会批判精神

在王弼那里，在他把名教、礼法归属于器物末用世界的时候，他还是给这重世界安置于一个适当的位置。但是阮籍、嵇康对这重世界的弊端给予了无情的揭露。

阮籍的批评从世俗社会中一切事物存在与意义的相对性、不确定性切入，他在《大人先生传》一文中以对答的形式展开自己的批评。有客“遗大人先生书”称，“君子”为“天下之贵”，身为“君子”，就应该是“服有常色，貌有常则，言有常度，行有常式”，即一切依规矩去做；就应该是“心若怀冰，战战慄慄；束身修行，日慎一日；择地而行，惟恐遗失”，即凡事处慎谨态度；就应该是“奉事君上，牧养百姓；退营私家，育长妻子；卜吉宅，虑乃亿祉；远祸近福，永坚固己”，即全心以建功立业、光宗耀祖、荫妻封子为计。“遗大人先生书”者的追求显然为儒家学者的一种追求。这种追求的可行性以世俗社会、经验事物的确定性与稳定性为前提。

阮籍以“大人先生”之身份答书称：

> 往者天尝在下，地尝在上，反复颠倒，未之安固，焉得不失度式而常之？天因地动，山陷川起，云散震坏，六合失理，汝又焉得择地而行，趋步商羽？往者群气争存，万物死虑，支体不从，身为泥土，根拔枝殊，咸失其所，汝又

焉得束身修行,磬折抱鼓?李牧功而身死,伯宗忠而世绝,进求利以丧身,营爵赏而家灭,汝又焉得挟金玉万亿、祗奉君上而全妻子乎?且汝独不见夫虱之处于裈之中乎!逃于深缝,匿乎坏絮,自以为吉宅也。行不敢离缝际,动不敢出裈裆,自以为得绳墨也。饥则啮人,自以为无穷食也。然炎丘火流,焦邑灭都,群虱死于裈中而不能出。汝君子之处寰区之内,亦何异夫虱之处裈中乎?……

阮籍答书的要点是:天地上下,物事小大,乃至价值层面上的得失荣辱,即在我们经验范围内的世间一切,都是变动不居的,人们岂能把捉到任何有确定意义的东西?谁要是抓到一点东西就以为把握到完全绝对,那只会像"虱之处于裈之中"而自以为求得"吉宅"一样地可笑。

阮籍对世俗社会、经验事物存在的相对性、不确定性及无意义性的批评是以宇宙论作支撑的。宇宙在本源层面上的混然未分、自然运化的状态寄寓有他对理想社会的追求。他是从这一理想社会追求出发审视现存社会,而对现存社会的世俗礼法乃至君臣制度提出激烈的批评的。阮籍于《大人先生传》中继续写道:

昔者天地开辟,万物并生。大者恬其性,细者静其形。阴藏其气,阳发其精。害无所避,利无所争。放之不失,收之不盈。亡不为夭,存不为寿。福无所得,祸无所咎。各从其命,以度相守。明者不以智胜,闇者不以愚败,弱者不以迫畏,强者不以力尽。盖无君而庶物定,无臣而万事理,保身修性,不违其纪。惟兹若然,故能长久。今汝造音以乱声,作色以诡形,外易其貌,内隐其情,怀欲以求多,诈伪以要名。君立而虐兴,臣设而贼生。坐制礼

> 法，束缚下民。欺愚诳拙，藏智自神。强者睽而凌暴，弱者惟悴而事人。假廉而成贪，内险而外仁。罪至不悔过，幸遇则自矜。……此非汝君子之为乎？汝君子之礼法，诚天下残贱、乱危、死亡之术耳，而乃目以为美行不易之道，不亦过乎？

阮籍这段话的前半部分即借宇宙论开出社会理想。这一理想社会的基本特点是无君臣上下之分，每个个人“各从其命，以度相守”，生活于一种自然、自由的状态中。然而，现存社会的问题是“君立而虐兴，臣设而贼生”，世间的各种凶残、祸乱、诈骗的罪过都来源于这种维护君臣长官关系的礼法施设。阮籍的批判不限于名教的道德规范功能而直指现实的君主政治体制，体现了一种强烈的反叛精神。

嵇康的反叛精神，较阮籍尤甚。他把批判的笔锋指向了为礼法设施提供理论基础的儒家“六经”。《难自然好学论》一文中写道：

> 故吾子（指张邈，《自然好学论》的作者——本书作者注）谓六经为太阳，不学为长夜耳。今若以明堂为丙舍，以诵讽为鬼语，以六经为芜秽，以仁义为臭腐，睹文籍则目瞧，修揖让则变伛，袭章服则转筋，谭礼典则齿龋。于是兼而弃之，与万物为更始，则吾子虽好学不倦，犹将阙焉。则向之不学，未必为长夜，六经未必为太阳也。

嵇康这里公然宣称儒家的“六经”为“秽芜”，“六经”倡导的仁义为“臭腐”，要把儒家推崇的所有礼法制度“兼而弃之”。尽人皆知，自汉代以来，儒家的“六经”已成为“官学”，“六经”所崇尚的礼法制度已经成为现实社会的基本架构。故嵇康对“六经”的批评，无疑亦是针对现存现实社会政治文化体制的激烈批评。

在嵇康把对现存现实社会体制的批评涉及"人性论"问题时，他的这种批评同样获得了作为哲学形上学的"宇宙论"的支撑。嵇康称：

推其原也，六经以抑引为主，人性以从欲为欢。抑引则违其愿，从欲则得自然。然则自然之得，不由抑引之六经；全性之本，不须犯情之礼律。固仁义务于理伪，非养真之要术；廉让生于争夺，非自然之所出也。由是言之：则鸟不毁以求驯，兽不群而求畜。则人之真性无为，正当自然耽此礼学矣。

"六经以抑引为主"，是指"六经"倡导的仁义之行、礼法之施是以限制、压抑、改变人的本然性情为基本的矢的，故它是反人性的。"人性以从欲为欢"，这里的"欲"指自然欲求与本然性情。嵇康把经仁义、礼法改变过的状况称为"理伪"，而以未被仁义"理伪"改变过、装饰过的人的自然欲求与本然性情为人的"真性"。仁义之行、礼法之施，也即是"名教"所要求的，故嵇康诚以"名教"为"理伪"。自然欲求、本然性情作为未被"名教"改变过、装饰过的人的"真性"，便具有"本源"的超越意义。可以看到，阮籍、嵇康是承借老庄道家的宇宙论，以成就他们对"名教"及其所维护的现存现实社会制度的批判立场的。

三、"触情而行"的自由精神

阮籍、嵇康承接先秦道家的"宇宙论"，一方面构筑了他们对现存现实社会体制进行批判的理论基础，另一方面也寄寓了他们对个体独立人格追求的价值取向。

就儒家的传统而言，儒者倡导的仁义之德、礼法之教，无疑更有取于社会对个人的规范、制约意义。但在现实社会层面上的规范与制约都不可避免地带有严重的等级压迫的色彩。而在等级压迫下和在等级角色扮演中,人性的扭曲与变形、个性的压抑与自由的丧失等将不可避免要发生。两汉时期假“孝廉”事件的不断发生,以及魏、晋两朝皇室一方面宣称以“孝治天下”,另一方面却以阴谋篡政为能事等伪善行为的接踵而来,都暴露了“名教”对人性的扭曲性。阮籍、嵇康以“理伪”斥“名教”,在他们所处的现存现实社会境况显然是有所针对的。重要的是,他们并没有把自己的批判限制在特定的情境中,在他们使自己的批判获得形上学“宇宙论”的支撑时,他们已经把“名教”带来的问题,提升为人的存在的基本问题,即社会性的生存方式与个人自由的关系问题。

阮籍、嵇康强烈地批判“名教”,主“越名教而任自然”(《释私论》)。这里的“自然”,即指未进入社会关系、未受社会礼法规限的个体的自然而然的,因而也是自由的存在状态。阮籍塑造的“大人先生”那种“与造物同体,天地并生,逍遥浮世,与道俱成,变化散聚,不常其形”的存在状况,就体现了他对个人生命意境方面的“自然”与“自由”的向往与追求。嵇康对“名教”、对社会公共礼法持强烈批评态度亦出于对精神生命的自由追求。“竹林七贤”之一的山涛曾举荐嵇康为官,嵇康不仅未许,而且撰写《与山巨源(山涛之字——本书作者)绝交书》,申述其志称自己做官“有必不堪者七,甚不可者二”。“七不堪”包括“卧喜晚起,而当关乎之不置,一不堪也;抱琴行吟,弋钓草野,而吏卒守之,不得妄动,二不堪也;危坐一时,痹不得摇,性复多虱,把搔无已,揖拜上官,三不堪也;”等等。“七不堪”主要指世俗社会的公共礼法对个人身心自由的严重束缚使人无法忍受。“甚不可者二”,其一为“又每非汤、武而薄周、孔,在人间不止此事,会显世教所不容”;其二为“刚肠疾恶，轻肆直言，遇事便发”。“甚不可”把矛头直指圣王圣人，其斥逐之言辞确为“世教所不容”。借批评社会公共礼法，嵇康表达了个人的向往：“又闻道士遗言：饵术、黄精，令人久寿，意甚信之。游山泽，观鱼鸟，心甚乐之。”这种向往，即属个体自我与个体自由。

儒家倡导的“名教”及其所维护的社会公共礼法的特点，是把个人放置于一定的社会关系中予以定位、作出评价，相应地必要求每个个人为人处世有一种较理智、较现实的态度。阮籍、嵇康鄙弃名教，斥逐弃公共礼法，追求个体自我与个人自由，又必以理智为狡诈，以现实态度为圆滑，而更推崇率性而行，纵情直往。《晋书·阮籍传》记阮籍“时率意独驾，不由径路，车迹所穷，辄恸哭而反”。这里的“率意独驾”也就是率性而行；“不由径路”指超越任何功利计算；“车迹所穷，辄恸哭而反”，为以真情面对自然、社会与人生，该笑则笑，该哭则哭，毫不矫情。阮籍显示为一性情中人。嵇康则称：

> 君子之行贤也，不察于有度而后行也；任心无邪，不议于善而后正也；显情无措，不论于是而后为也。

> 值心而言，则言无不是；触情而行，则事无不吉。（《释私论》）

这里的所谓察于有度而后行，议于善而后正，论于是而后为，都指的把个人为人处世之言行置于理性计度之下。而“任心无穷”、“值心而言”的“心”也就是“情”，因而也就是“显情无措”、“触情而行”，以真性情面对他人、社会与人生。

与儒家那种为人处世的理智主义的、现实主义的态度与做法比较，可以说阮籍、嵇康面对社会与人生所取的态度，具有情感主义、浪漫主义的色彩。

从“正始玄学”开始，中经阮籍、嵇康为首的“竹林七贤”诸名士的推动，这种具有情感主义、浪漫主义色彩的思潮与行事风格，在魏晋年间备受推崇，形成了在历史上有名的“魏晋风度”。“魏晋风度”从对现存现实礼法制度的反叛开始，以追求精神生命中的个体自我与个人自由为基调，无疑为当时的思想文化带来了一股具有解放意味的新气象；当然，在后来的走势中，在情感主义被引申为“情欲”至上，在个体自我与个人自由的过分追求导致责任心与使命感的完全消解的时候，这一思潮便走到了历史的尽头。

第三节 郭象的“崇有”哲学

王弼以“贵无”的本体论作为自己的形上学，阮籍、嵇康以“一气化生”的宇宙论作为自己的形上学。二者在批判现存现实社会的功能方面是一致的，不过前者比较间接而缓和，在“末用”即操作层面上还容纳礼法提供的特定价值，后者则直接而激烈，乃至发展为“无君”论。二者在个人生存方式的追求方面则有同有不同：王弼的“贵无”的“本体”纯为学理上的一种预设，在转换为个人生存方式的追求时亦纯为一种无意于用世（“通儁不治名高”）的超越性的精神追求；而阮籍、嵇康的“一气化生”的“本源”具有实存的意义，故在引申为个人生存方式的追求时一方面仍保持有超越性的精神追求的取向，另一方面亦不乏道教养生求仙的意向。但不管二者存在多少差别，实际上都借老庄之学开出，故都属“玄学”范畴。

然而，魏晋玄学的形上学还有第三种形态，这就是以郭象为代表的"崇有"的本体论。

郭象(约公元252—312年),字子玄。《晋书·郭象传》称他"少有才理,好老庄,能清言。"其思想主要见诸于《庄子注》。①

一、"物各自生"的存有论主张

如上所述,王弼的哲学主"贵无"。但是,在郭象看来,"以无为本"即意谓着"本体"对于万有没有任何意义。郭象说:

> 谁得先物者乎哉?吾以阴阳为先物,而阴阳者即所谓物耳。谁又先阴阳者乎?吾以自然为先之,而自然即物之自尔耳。吾以至道为先之矣,而至道者乃至无也。既以无矣,又奚为先?然则先物者谁乎哉?而犹有物,无已,明物之自然,非有使然也。(《知北游注》,以下凡引郭象《庄子》注,只标篇目)

> 无既无矣,则不能生有;有之未生,又不能为生。然则生生者谁哉?块然而自生耳。(《齐物论注》)

在这里,郭象认为,作为"本体"或"本源"的"道",如果是"无",是没有任何经验内容、没有任何规定性的东西,则它也必然不能给万有以任何内容、任何规定性。因此,设置这样一个"本体"或"本源",实际上即是说,在万有的后面并没有什么本源或本体。

又,习惯上人们亦把天地看做是化生万物的本源。郭象指出:

> 天地者,万物之总名也。天地以万物为体,而万物必

① 今存《庄子》郭象注本,依史家的考证,混合了向秀的《庄子注》,但大部分与主要部分还是郭象所注,故本书仍把今存《庄子》注归入郭象思想。

以自然为正。自然者,不为而自然者也。(《逍遥游注》)

这就是说,天地并不是一个独立的实体,它就是由万物构成的,因而只不过是万物的一个总名称而已,它同样不具有存在于万有之外、之上、之先,对万有具派生或支配作用的"本源"或"本体"意义。

显然,郭象哲学是要从根本上消解"本源论"或"本体论"的。

但从另一个角度看,也可以说,郭象直接以万有世界各别事物之自己为"本体"。

在郭象看来,万有世界中的每一事物,都是无待而自足、绝对而无限的。郭象常常用"块然而自生"、"掘然自得而独化"(《大宗师注》)、"欻然自生,欻然自死"(《庚桑楚注》)等命题说明万有中每一事物的发生与变化状况,用意即在确认每一事物的无待性与自足性。郭象又以形与影、影与魍魉(影子的影子)的关系做比喻:

> 世或谓罔两待景、景待形、形待造物者。请问:夫造物者有耶?无耶?无也,则胡能造物哉?有也,则不足以物众形。故明众形之自物,而后始可与言造物耳。是以涉有物之域,虽复罔两,未有不独化于玄冥者也。故造物者无主,而物各自造。物各自造而无所待焉,此天地之正也。故彼我相因,形景俱生,虽复玄合,而非待也。(《齐物论注》)

郭象这段话的前半部分仍在质疑以往流行的"本源论"或"本体论":假若真有一本源或本体("造物者")存在,而这一本源或本体却是"无",无任何属性或规定性,那么,它怎么可以"造物",可以给万有以规定性呢?反之,如果这一本源或本体是"有",有特定的属性或规定性,则它只成为某一物,那么,它又怎么可以"物众形”,可以产生与支配具有不同属性或规定性的所有事物呢?这表明以往流行的“本源论”或“本体论”不成立。由此,郭象在下半部分确认“造物者无主,而物各自造”,即使如魍魉之于影、影之于形,也是无所待而“独化于玄冥”之中的。

无待而自足者,绝去对待之谓,是即绝对;绝去对待便不受它方制约与限定,亦即无限。故郭象又以为万有中之每一事物均具绝对无限性。郭象在注《庄子·齐物论》“天下莫大于秋毫之末”句时称:

> 夫以形相对,则泰山大于秋毫也。若各据其性分,物冥其极,则形大未为有余,形小不为不足。苟各足于其性,则秋毫不独小其小,而泰山不独大其大矣。若以性足为大,则天下之足,未有过于秋毫也。……苟足于天然而安其性命,故虽天地未足为寿,而与我并生;万物未足为异,而与我同得。则天地之生,又何不并?万物之得,又何不一哉?

就是说,若把各别的事物放之于相互比较、相互对待之中,则再大的事物仍有所不大,再小的事物仍有其不小,它们总还是有限的。但是,若就各别事物各自的“性分”而论,则每一事物之成为该事物是恰好如此、恰到好处的。每一事物作为它自己,在本性上是自足的。在本性无待而自足的意义上说,任一细微短暂之存在物比之于久寿之天地,并不缺少什么,并不存在什么差别。天地万物中任一事物都同等地是绝对而无限的。

在中国传统哲学中,无待、自足、绝对、无限,都是用以表征“本体”(或“本源”)的概念。郭象确认,万有中的每一事物都具无待而自足、绝对而无限的意义,无疑即以万有中之任一事物自己为“本体”。

二、"全我而不效彼"的个体自我观念

郭象在哲学形上学上以万有中之各别事物自己为"本体",在精神文化上显然更凸显了魏晋玄学共倡、魏晋风度体现的基本价值:个体自我与个人自由及其至上意义。

如上所说,郭象是确认万有中的每一事物都具"本体"意义,都是无待而自足、绝对而无限的。这种哲学主张延伸在社会历史领域,无疑即是确认,现存现实社会中每个个人都具无待而自足、绝对而无限的品格,都是一"绝对自我",每个个人在现存现实社会中所取的任一生活方式、任一活动与任一意欲,作为一"有"者,都具足"本体"的意义。这无疑便导致了对现存现实感性生活及主体个我任何意欲与任何行为的完全肯定。

郭象对主体个我的这种肯定,突出地表现在对个人价值的自我认同上。郭象称:

> 各自是一家之正耳。然以一正万,则万不正矣。故至正者不以己正天下,使天下各得其正而已。(《骈拇注》)

这里说的"各自是一家之正"即指价值标准的自我认定;"以一正万"则是指以圣人为统一的效行模式。郭象对后者予以否弃,认为不应该"以一正万",而只应该"使天下各得其正"。他又说:

> 法圣人者,法其迹耳。夫迹者已去之物,非应变之具也。奚足尚而执之哉?执成迹以御乎无方,无方至而迹滞矣。(《胠箧注》)

这则是说,圣人之行迹是"已去之物",不足以应对当今的变化。更主要的是,效法圣人即属"以此系彼"而失却自我。郭象主"全我而不效彼"(《庄子·庚桑楚注》),这都表现了他对个人价值的强烈的自我认同性。

郭象对主体个我及其现实生活的完全肯定,同时还表现在他对理性主义的生活态度与行为方式的否弃上。理性主义的特点,是把个人生活纳入与他人乃至社会的横向关系中予以安置,或把个人现世现时行为纳入与历史和未来的纵向关系中予以定位。依郭象的哲学,这同样会导致“失我”。故郭象主张“至人不役志以经世”(《庄子·人世间注》),主张“纵心直前”。他称道:

> 是故真人遗知而知,不为而为,自然而生,坐忘而得。故知称绝而为名去也。(《大宗师注》)

> 纵心直前而群士自合,非谋谟以致之者也;直自全当而无过耳,非以得失经心者也。(同上)

这里所谓“遗知”、“坐忘”、“非以得失经心者”,都是指反对把个人行为放在纵横的关系网络中作理性计度,因为那样做会失却自我;惟任心而行,“纵心直前”,才可以确保“自我”的绝对性。按上节所述,阮籍、嵇康亦主“任心无穷”、“显情无措”而反对理性计度。但是,在基本倾向上,阮、嵇还是比较地鄙弃现实现世的感性生活,讲求出世、遗世,而非适世乃至纵欲的;郭象所主的“纵心直前”、任心而行,则由于有“贵有”的本体论对个我现世当下任何意念与欲求的完全肯定,其不仅确认了入世与适世的至当性,甚至亦认可了玩世与纵欲的至当性。“魏晋风度”在阮、嵇生活年间主要表现为一种抗争精神,至郭象生活的元康时期及南朝各朝,已脱化为一种放纵行为。“魏晋风度”的这种演变与“魏晋玄学”从“无”到“有”的演变诚然有一种逻辑的相关性。

三、“性分”说与等级论

郭象借“贵有”的本体论哲学把个体自我及其现世当下的生

活和行为作了完全的肯定，那么，他又是如何看待和处理每个个体自我之间的相互关系的呢？

需要说及的是，与郭象生活于同一年代的另一位思想家裴頠（公元267—300年）亦主“崇有”，且直接以《崇有论》为题撰写过文章。裴頠在文章中确认：“夫至无者，无以能生；故始生者，自生也。自生而必体有，则有遗而生亏矣。”这便是主张以“有”为“体”，与郭象所说似同。但是裴頠并不认为每一各别物类、各别之“有”具自足性。在裴頠看来，每一各别之“有”在禀生过程中必有所“偏”，“偏无自足”，故需要“凭乎外资”。但其所凭乎的“外资”又并不是某一独立于万有之外、之先的“本源”或“本体”，而只是别一些物类，别一些“有”者。由是，裴頠确认“有”与“有”之间的相资相须性。他以相资相须的各个“有”之总和去满足“本体”的无限性要求。所谓“总混群本，宗极之道也”，就是以“有”的全体作本体（“宗极之道”）。依裴頠的这种“本体”观，当然不是每个个别事物或个人，而是个别事物或个人的联系，具有更重要的意义。在人与社会的领域里，这种联系是借公共礼法、借“名教”去落实与维系的。因此，裴頠的《崇有论》的理论归旨是要确保公共礼法或“名教”的至当性。

然而郭象与裴頠的理论宗旨不同。他的以“有”为“本”的主张侧重于确认个体自我的绝对地位，然后再提出一个“性分”的概念，来延伸出他的关于公共建构的理念。所谓“性分”，在郭象那里，是指的每一事物、每个个人之先天禀赋所得。每一事物、每个个人先天禀赋所得构成其稳定的本质特征，是谓“性”。每一事物、每个个人先天禀赋所得的本质特征即“性”是有区别的，此谓“性分”。

郭象认为，每一事物、每个个人所禀的“性分”是不同的，它们或他们的自足性亦是在其“性分”的范围内体现的。郭象称：

> 言性各有分，故知者守知以待终，而愚者抱愚以至死，岂有能中易其性者也。(《齐物论注》)

这便是以“性分”解释人在智与愚上的差异性。郭象又说：

> 夫小大虽殊，而放于自得之场，则物任其性，事称其能，各当其分，逍遥一也。
>
> 苟足于其性，则虽大鹏无以自贵于小鸟，小鸟无羡于天地，而荣愿有余矣。故小大虽殊，逍遥一也。(《逍遥游注》)

这就是说，万物在禀生过程中会有种种差别，但是每一物就刚好成为它自己的意义上是自足的，在自足的意义上又是自由(逍遥)的。无疑，郭象对万物的各别存在与差别是认可的，他只借万物在自足性上的均等性讲万物“一也”。

万物在自足性上是均等、齐一的，各别的事物只是它自己，只以它自己为“是”，故他们各各为一“自我”；但是，不同的事物由于“性分”的关系，其获得的自足性又是不同的，不同事物的不同自足性使它们之间形成了某种外在关系。依郭象的看法，正是这种外在关系使本来“自为”的各别事物产生了某种互济性，并由这种互济性造就了整个宇宙世界的和谐性。郭象称：

> 天下莫不相与为彼我，而彼我皆欲自为，斯东西之相反也。然彼我相与为唇齿；唇齿者，未尝相为而唇亡则齿寒。故彼之自为，济我之功弘矣。斯相反而不可以相无者也。(《秋水注》)

又说：

> 手足异任，五藏殊官。未尝相与而百节同和，斯相与于无相与也。未尝相为而表里俱济，斯相为于无相为也。

(《大宗师注》)

郭象在此确认:万物各各都是"自为"的,就此而言它们各各都只是它自己;但是不同之物在"自为"中恰恰构成了相济相与的关系。万物各自"未尝相与而百节同和",宇宙世界依然是和谐的。

郭象即以这种和谐观说明社会上人与人的关系。他称道:

> 夫工人无为于刻木,而有为于用斧。主上无为于亲事,而有为于用臣。臣能亲事,主能用臣。斧能刻木,而工能用斧。各当其能,则天理自然,非有为也。(《天道注》)

> 臣妾之才,而不安臣妾之任,则失矣。故知君臣上下,手足内外,乃天理自然,岂真人之所为哉?……夫臣妾但各当其分耳,未为不足以相治也。相治者,若手足耳目、四肢百体,各有所司,而更相御用也。(《齐物论注》)

这就是说,社会上君臣上下的等级区分,亦根自于人们各自天然禀得的"性分"。因而,这种区分具有"天理自然"的意义。

应该说,郭象以"性分"的观念解释社会上人与人之间的公共关系,具有某种神秘主义的色彩。每个个人何以刚好禀得此"性"而与他人相"分"?郭象以"块然自生"、"玄冥独化"论说之,这本身已经很神秘。每个个人不同之"性分"何以又刚好构成了社会的和谐而不是争斗?这同样无法有一合理的说明。郭象把这种情况归之于"性命",正显示它的神秘性。

郭象借"性分"的观念确认社会上君臣上下等级差别的合理性,同时还表明,在他的哲学里已消解了《老子》、《庄子》文本的社会批判意识,淡化了以阮籍、嵇康为代表的那一代人特有的对"名教"的强烈抗争精神。我们知道,老子、阮籍、嵇康的批判意识与抗争精神,是借拉开理想(由本源、本体确认)与现实的差距而建立的;庄子则借斥世间为荒诞而成就。郭象不然。他完全认可了现存现实的等级秩序与礼法规范。因而,传统的说法认为郭象实际上主张"名教"即"自然",这不是没有根据的。但是这种说法却又是不完全的。就以郭象"性分"的观念而论,"性分"固然有确定社会等级身份的一面,亦有确认"自我"之自足性的一面。就此一面而言,我从哪里来?我是谁?这并没有任何公共的方式可以确定,而只由自我认定;我之"自为"构成对他人之"互济",也没有任何共同的标尺以作判准,而只以自我的自足性为认准。在这点上,郭象区别于裴頠所谓"品而为族,则所禀者偏,偏无自足,故凭乎外资"的主张。裴頠由于否认每个个体的自足性,必强调公共关系的至上性并由之而确认"名教"的绝对性,在郭象这里,"自我"依然是至上的。

第五章

早期道教的神仙思想与丹道理论

老子思想与被称之为"黄帝思想"相结合并发展为黄老学,这可以说是道家的政治哲学;老子思想与庄子思想相结合并发展为魏晋玄学,这可以说是道家的境界(精神)哲学;老子思想与西汉的宇宙论相渗透并发展为道教,则可以说是道家的宗教哲学。在古代思想史,道家与道教常常被看做是同一的。

第一节　道教的发端与早期道教的神仙说

道教作为中国本土产生的宗教,其思想渊源,可以上溯于先秦;道教作为有组织的宗教团体和道教的神仙追求之获得哲学形上学的支撑,却在东汉末年。

一、上古的神仙传说与方士的寻仙活动

道教以神仙信仰为基本的宗教信仰。而神仙信仰可以说是源远流长,且多与道家思想密切相关。

我们知道,在《老子》一书中,已有"长生久视之道"(第五十九章)的提法,随后,杨朱提出了如何"全性保真"的养生问题,庄子

更有“真人”、“神人”之称谓。《庄子·逍遥游》甚至煞有其事地描述:“藐姑射之山,有神人居焉。肌肤若冰雪,淖约若处子;不食五谷,吸风饮露;乘云气,御飞龙,而游乎四海之外。”《庄子·齐物论》中又借王倪之口描述了“乘云气,骑日月,而游乎四海之外,死生无变于己”的“至人”。《列子·汤问》则称“仙圣之种”所居住的仙境叫“归墟”,有“瀛州”、“蓬莱”等五座仙山,“山之中间相距七万里”,庭台楼阁都是金玉做的,到处生长着珍奇的树,吃了花和果实都会“长生不老”。这些说法,无疑主要地体现为一种超凡脱俗的精神追求。但是,他们借描绘神人、仙人及其世外桃源的生存处境来表现这种追求,当不是纯出于他们的虚构。他们显然有得于民间的传说。

《老子》一书中又提及:“载营魄抱一,能无离乎?专气致柔,能婴儿乎?”(第十章)这似乎已关涉到如何才能得道成仙的修炼功夫问题。老子把这种功夫归之于“专气致柔”。至《庄子·刻意》篇更提及“导引之士,养形之人”。1973年长沙马王堆汉墓出土的帛画中,有一幅完整的导引图,列举有立式、坐式、卧式等多种导引方式,一起出土的还有《却谷食气》等养生方面的典籍。后来道教视导引为长生的主要方术,显然亦发端于先秦。

随着神仙传说的日益盛行,寻仙访道的活动亦陆续出现。早在战国齐威王、宣王和燕昭王之世,已先后派人到海上寻找蓬莱、方丈、瀛州三大“神山”。秦始皇时亦派徐福、卢生出海。汉武帝一方面请术士炼丹,另一方面也派人外出寻不死之药。这一时期以方士为主传播的神仙思想和炼丹术数,史家称之为方仙道。

二、道教作为宗教团体的创立

方仙道算不上有组织的宗教社团与活动。道教作为有组织的宗教社团，为创立于东汉末年的“太平道”与“五斗米道”。

“太平道”为巨鹿（今河北平乡西南）张角兄弟所创。其基本思想源于当时在社会上广为流传的《太平经》。张角自称“大贤良师”，按照《太平经》的内容授受弟子，手持九节杖，以符水咒法为人治病，也教人叩头思过。百姓逐渐以为他神异而加以事奉。十余年间，教徒发展至数十万之众，遍及青、徐、幽、冀、荆、扬、兖、豫等八州，形成了一个信徒众多、声势浩大的民间宗教组织。针对当时朝政腐败，秩序混乱，民怨沸腾的情况，张角以他的信徒为基础组成黄巾军发动起义，一度声势浩大，朝野震动。黄巾起义后被镇压，“太平道”亦为统治者所禁止。一部分“太平道”信徒后来归入“五斗米道”，而“太平”的社会思想此后却构成为中国传统社会的重要思想信念。

“五斗米道”由张陵于川陕一带创立，奉老子为教祖，尊称太上老君，张陵自奉为教主，信徒称“鬼卒”。因规定凡入道者需纳信米五斗，故时称“五斗米道”。“五斗米道”教内信徒要诵习《老子》；传教时用符水为人治病，也教人“首过”（自己陈述过错）；与鬼神沟通的方法是用章表订立誓约，但是反对胡乱祭祀；其修炼方法包括行黄赤之道（即男女合气之术）等。

张陵创建的“五斗米道”发展亦很快，信徒达到数万户的地方，即设立“祭酒”，负责当地的宗教与社会事务。张陵去世后，其子张衡、孙张鲁先后承袭其道。至汉献帝时，教团组织更为壮大。张鲁在汉中实行政教合一的制度近三十年，于治内“设义米”（吃饭不要钱），“置义舍”（住宿不收费），方便来往人等，颇得民心。建安二十年(215)，曹操北攻汉中，张鲁归顺曹操，其家族被安置于今江西一带。“五斗米道”由此流传江南并为许多上层人物所信从。教名亦转称“天师道”。南北朝时期，“天师道”传到北方，进而发展为道教的主流道派。

三、早期道经与道教哲学

道教以不死的神仙信仰为特征。然而道教作为有组织的宗教团体始创于民间，因此，它不可避免要与民间流传的各种鬼神崇拜相搀和，且与信众的求福却祸相联系。东汉末年，道教组织得以被发展成为声势浩大的黄巾起义，即体现为由求福却祸的现实功利追求转出对上层统治者不义之治的抗争精神。

然而，道教之神仙信仰，其理论建构与理论基础，主要的不是鬼神崇拜，亦不是原初道家价值信念，而是由先秦发端、在两汉广为流行的以元气为终极本源的宇宙论。我们说过，这种宇宙论在董仲舒和汉代儒家那里，是被用做确认现实政治等级统治与儒家价值信念正当性的形上学依据的。儒家的价值信念借宇宙论予以确认的结果，一方面便是将价值信念存在化，另一方面亦同时将由元气化生的存在世界灵性化。在汉人的观念中，“气”与“神”是混而为一的，这即是“气”被灵性化的表征。

道教的神仙思想，即以作为宇宙生化的本源之气的灵性化为起点。道教与汉儒的分别在于：汉儒只满足于借宇宙生化确认现存世界的政治—人伦秩序，而道教的神仙信仰则力图揭开宇宙生化的奥秘，并盗取生化之“天机”以求得生命的还原与永驻。儒家借宇宙论成就的是伦理政治神学，道教依宇宙论开出的却为古典的自然哲学与认知科学。

道教依宇宙论建构古典自然哲学与认知科学，已见于道教的早期经典《老子河上公注》、《太平经》与《周易参同契》、《老子想尔注》等文献中。

《太平经》据考即为东汉时期广泛流行的《太平青领书》，作者不详，当非一人一时所撰。《太平经》称：

> 天地开辟贵本根，乃气之元也。（王明：《太平经合校》，中华书局1960年版，第12页，下凡引该书，只标页码）

> 元气恍惚自然，共凝成一，名为天也；分而生阴而成地，名为二也；因为上天下地，阴阳相合施生人，名为三也。三统共生，长养凡物名为财。（第303页）

《太平经》这里显然即以元气为本源，以本源生化论天地万物。

《太平经》又确认，元气之生化以四时五行之替轮为理则。它称道："皇天乃以四时为枝，厚地乃以五行为体；枝主盛衰，体主规矩"（第262页）；"天理乃以气为语言，见于四时"（第714页）；"中央者，土也，五行之主也"（第300页）；《太平经》此间对阴阳、四时、五行的交互作用与功能的见解，显然即取自于汉代流行的宇宙论。

由元气化生的宇宙论何以能够引申出神仙思想？在《太平经》看来，那是因为人亦是禀气而生，因此，《太平经》相信，人如果可以通过一种养气的功夫使所禀得之气固守不失，岂非可以长生不老？《太平经》称："天地之道，所以能长且久者，以其守气而不绝也"（第450页）。仙道亦然，"先不食有形而食气，是且与元气合"（第90页），自可与天地同寿。

然而，如何才可以养气、守精，《太平经》说得比较杂乱。有较系统的论述的，当是《周易参同契》。

《周易参同契》为生活于东汉末年的魏伯阳所著。《周易参同契》的特点是以老子的"道法自然"的观点为指引，以《易传》的宇宙论为框架，建构起乾坤（天地阴阳）坎离（水火）体用相须的宇宙生化模型。《周易参同契》称：

> 乾坤者，《易》之门户，众卦之父母。坎离匡郭，运毂

正轴。牝牡四卦，为橐与籥，覆冒阴阳，道犹御者。

此处“乾坤”指天地之体，“坎离”指水火为体之用。《周易》以八卦捕捉宇宙生化，《周易参同契》将八卦归为乾坤坎离四卦。整个宇宙之生化即如《易》所揭示的，由天地乾坤之施气开始，由气之阴阳交合作用而成行。天地宇宙就像老子所描绘的如一巨大无比的风箱（橐籥），里面似是空的，然借阴阳交合之变化却引发了无穷的生机，成就出无限的功用。

《周易参同契》又进而描绘宇宙的生化过程称：

天地媾其精，日月相撢持，雄阳播玄施，雌阴化黄包。混沌神交接，权舆树根基，经营养鄞鄂，凝神以成躯。众夫蹈以出，蠕动莫不由。于是仲尼始鸿蒙，乾坤得洞虚，稽古当元皇，关雎建始初，冠婚气相纽，元年乃芽滋。

在《周易参同契》看来，宇宙的生化过程，即如人类的生育过程：男（雄阳）女（雌阴）相互交接，男性施与，女性受取，于是营造出新的生命体。宇宙就是这样不断地创造生命。阴阳二气为充塞宇宙的永无止竭的生命力，整个宇宙为一大生命体。《周易参同契》谓：

人所秉躯，体本一无，元精云布，因气托初。阴阳为度，魂魄所居，阳神日魂，阴神月魄，互为室宅。性主处内，立置鄞鄂，情主营外，筑垣城郭。城郭完全，人民乃生，当斯之时，情合乾坤。

这是说，人即由禀气而生。阳气为魂，阴气为魄，魂魄相守，性情相须，“人民乃生”。

宇宙生化过程，既近似于人类之生育过程，或人类之生育过程，实即重演着宇宙之生化过程，那么，人们有没有可能以人工的方式，摹状、重现宇宙的生化特别是其创生人类的过程？如果人们有可能摹状、重现这种过程，那么，人类是否可以通过人为的努力自己创造生命，培育生命，乃至永葆生命？

《周易参同契》对这些问题的回答显然是肯定的。该经认为关键是，人要服食天地阴阳运化过程中至精至纯的产物金丹。金丹之可以被认做为至精至纯的产物，则是因为金在任何时候都不会变坏。“金性不败朽，故为万物宝，术士服食之，寿命得长久。”(《周易参同契》)

那么金丹从何提取呢？《周易参同契》把天地宇宙看做为一大鼎炉，金丹即从炉中自然化出。它设想人也可以效法自然，设置一种独特的鼎炉，以人工的方法去炼取金丹。《周易参同契》称：

> 以金为堤防，水入乃优游，金计有十五，水数亦如之。临炉定铢两，五分水有余，二者以为真，金重如本初。其三遂不入，火二与之俱，三物相含受，变化状若神。下有太阳气，伏蒸须臾间，先液而后凝，号曰黄舆焉。

依《周易参同契》，鼎炉设置即摹拟着天地，铅(金)、汞(水)作药被视为日月之精，炉下加火则被认做阴阳消息，整个炼丹过程即为再现天地阴阳造化的奇妙过程。

在炼丹的具体操作上，《周易参同契》还引入了两汉流行的四时变迁、五行生克、月相纳甲、八卦纳支与六十四卦更值等许多观念，这些观念均源于宇宙论对宇宙生命依农作规则呈现的独特理解。从道教信徒的立场看，神仙思想与炼丹学说无疑出自于一种宗教追求，从思想史的角度看，道教的这种宗教追求却极大表现了先民对探索宇宙秘密的热忱与驾驭生命的渴望。

这一时期，道教正式诞生还有一个显著标志，就是对《老子》的注释出现了宗教化的倾向，汉代，特别是东汉以来，《老子道德经章句》、《老子想尔注》等注释为代表了这一种倾向。

《老子道德经章句》因为托名西汉初年河上公所著，又名《道德经河上公章句》。比较普遍的意见是认为《老子河上公章句》实际是东汉信奉黄老道的学者所作。宋晁公武《郡斋读书志》评价说:“其书颇言吐故纳新,按摩步引之术,近神仙家也。”书中利用注解《老子》的方式,强调治国和治身都要清净无为,“承天无所改做而民自化”,既要得天道,也要得人心。魏晋以后,此书成为道教的重要典籍,被收入《道藏》洞神部玉诀类。

《老子道德经章句》中对于长生已经非常重视,提倡“自然长生之道”,认为即使治理国家,根本的还是要调理好自己的身体。人以气为根,以精为蒂,“深根固蒂者乃长生久视之道”,而“一”是由“道”创生的“太和精气”,能抱一不离,除去情欲,守五脏之神,存神养性,就能长生不死。

《老子想尔注》一般认为成书于东汉末年,其作者亦说法不一,比较普遍的看法认为该书由五斗米道张陵、张鲁等人陆续完成,但也有人说是刘表所作或者其他方士托名刘表所作。关于该书的性质,一般认为是五斗米道通过对《老子》的解释,来阐发自己的宗教理论,但也有可能是《老子想尔注》的内容影响了五斗米道的教理。从敦煌文献中发现的流传南北朝时的《老子想尔注》残本,保留了该书的上篇(即《老子》第三章至第三十七章的注文),当代学者饶宗颐撰有《老子想尔注校证》,可作为参考。

《老子想尔注》把“道”解释为“一”,这个一扩散开来就是气,而气凝聚成形就是“太上老君”。该书屡言“守道诫”,如“欲求仙寿天福,要在信道,守诫守道,不为贰过”。又谓人积了善功,“其精神与天通”,假设受到侵害,“天即救之”;相反,如果作恶,则“精气自然与天不亲,生死之际,天不知也”。《老子想尔注》和《太平经》一样,对孝慈非常重视,认为大道推行,即可使“家家孝慈”。这些都说明,道教的信仰、戒律、修持的方法,已被理论化了。这是道教成型的重要标志之一。

《老子想尔注》把生死看成是道的作用:"道设身以赏善,设死以畏恶。死是人之所畏也,仙王士与俗人同知畏死乐生,但所行异耳。"俗人虽然也怕死,然"端不信道,好为恶事",所以难免一死。仙人也怕死,却因"信道守诫,故与生合也"。"人法道意,便能长久也。"而具体决定生死的,又是从道那里禀承的"精",古代的仙士"宝精以生",而"今天"的俗人"失精以死"。故"奉道诫,积善成功,积精成神,神成仙寿,以此为身宝矣。"

《老子想尔注》中又说:"真道藏,邪文出,世间常伪技称'道教',皆为大伪不可用"。这是"道教"一词首见于典籍,说明当时和"道"有关的方技和宗教派别是很多的,已经开始互相攻击,以争正统地位的情况。

道教哲学的主要内容,无疑是为其神仙信仰提供理论基础的。道教的神仙追求显示了对生命的敬崇,这是道教与别的宗教不同的特出处。而生命得以长久的依据,则在于人是天地宇宙的产物,人与天地宇宙具有一体性:人由天地宇宙变化而来,人亦可以通过"变化"回到天地宇宙中去。在道教徒力图将"变化"付诸实验时,道教无疑引出或助成了中国古典的(包括医学、药学、化学等)自然科学。而在道教学者看来,炼丹又需要以为善去恶的功夫相配合。这就使得道教固然重视肉体生命,也重视精神修炼。显然,道教不乏价值关怀。

比较之下,可以说,汉儒与道教都以宇宙论为依托,不过,汉儒的向度是政治的,力图以宇宙论为政治统治与人伦秩序提供一合法性依据;道教的向度是自然大化的,力图借把捉宇宙大化的生命力而成就生命追求。至于道教与道家,则都以"道"为证信,且都以《老子》五千言为教典。但道家之"道",最终以精神追求为尚;

道教的“道”则由于落实到经验与实验，既隐含有科学，亦杂搀有术数。道教由此亦多受指责。

第二节 道教在魏晋南北朝的传播与葛洪的外丹学

道教创始之时，主要在民间流行，乃至成为发动农民起义的组织力量。自张鲁家族被迁江南之后，道教以天师道为主体开始在南方流行，并在两晋南北朝时期为相当一部分上层人士与知识精英所接纳，道教由此不仅得以进一步地传播，在理论上亦得以进一步地提升。

一、道教的广泛传播与道经谱系的形成

两晋之际，道教在东南地区已为上层人士所推重，著名道教丹道学者葛洪即是其中的代表人物。葛洪（公元 283—363 年），自号抱朴子，出生官宦世家。少年时熟读儒家经典，后师从三国时著名方士左慈的再传弟子郑隐修道，中年后隐居罗浮山，成为道教理论家、炼丹家与医学家。

进入南北朝，南方的道教经著名道士陆修静的努力，作了许多改革。陆修静统一了上清派、天师道等道派的斋醮制度，明确规定了祝香、奏启、请事、礼谢等仪范的内容和形式，还就道教的等级制度、晋升制度、服饰称号等提出了完整的方案。经陆修静改革后的南方天师道，以注重斋仪为特色，被称为南天师道，在江南影响很大。

稍后于陆修静，南朝另一位杰出的道教学者陶弘景以上清经系为基础，兼收并蓄各派道法及儒家和佛教思想，对行气、引导、炼

丹、服药等修炼方法作了进一步的阐发和改进。陶弘景学识渊博，著述勤奋，除广泛搜集整理上清经系的典籍外，又创作道书，其著作《真诰》、《登真隐诀》、《真灵位业图》、《养性延命录》等在道教思想史上占有重要地位。陶弘景在编辑和创作道书的过程中，建立了较为系统、完善的神仙信仰体系，使道教来源庞杂、名号繁多的神仙世界有了较为清晰的谱系，初步确立了"三清"尊神的框架。他同时还在茅山开设道馆，招收徒弟，以茅山为基地，开创了茅山宗。茅山宗对后世道教的发展也有深远的影响。

与道教在南方经改革获得更有组织的发展的同时，道教在北朝也经历了改革并获得迅速的传播。北朝道教改革的代表人物为著名道士寇谦之（公元 365—448 年）。据《魏书·释老志》载，寇谦之"早好仙道，有绝俗之心，少修张鲁之术，服食饵药，历年无效"。后来在华山、嵩山拜师修炼，隐居石室，"精专不懈"，得以开悟，建立自己的仙道理论。寇谦之对道教进行改革的主要措施是"除去三张伪法，租米钱税及男女合气之术"，使道教"专以礼度为首，而加之以服食闭练"。他把臣忠子孝、夫信妇贞、兄敬弟顺、安乐贫贱、信守五常等，一起列为道教规戒。又借用佛教理论，宣扬六道轮回，模仿佛教仪式，推重持戒修行。经过寇谦之改革后的北方天师道被称为新天师道或北天师道，曾一度成为北魏的国教。

随着道教的广泛传播和上层士大夫的不断加入，道教的经典亦不断被编出，形成了三皇、上清、灵宝三大经系。

三皇经系一般认为是由鲍靓传给葛洪，后经东晋和南朝道士特别是陆修静和陶弘景的改造，以《三皇文》、《五岳真形图》为主的一组道经。经系主以符箓法术"劾召鬼神"，消灾免祸，也主斋戒存神等成仙之术，实际上是对"五斗米道"教义教理的丰富和发展。《三皇文》在唐代被官方禁止，此后经书多有散佚。

上清经系是由杨羲（公元330—387年）、许谧（？—376年）、许翙（公元341—370年）共同创制的，其主要经书为《上清大洞真经》及《黄庭经》等。上清派的修行理论认为人身中的各部位均有真神镇守，修道者应该以存神服气、固精安神为主，辅以诵经积德，而不重视符箓和炼丹。上清经系为道教茅山宗的形成奠定了基础。

灵宝经系由葛巢甫（葛洪的族孙）在东晋末年开创。其主要经书为《灵宝五符经》和《元始无量度人上品妙经》。灵宝经为道教中重视符箓科教和斋戒仪轨最完备的一派，其《元始无量度人上品妙经》成为道教的必读经典。

二、葛洪的元气说与外丹学

在两晋南北朝时期，对道教在理论上的提升最有贡献的学者之一，无疑是葛洪。葛洪的丹道理论，主要见诸于其所著《抱朴子内篇》中。

如上所述，道教的神仙思想，是建基于两汉盛行的元气论的基础上的。这点在葛洪那里同样得到了强调。他称道：

> 浑茫剖判，清浊以陈，或升而动，或降而静，彼天地犹不知所以然也。万物感气，并亦自然，与彼天地，各为一物，但成有先后，体有巨细耳。……天地虽含囊万物，而万物非天地之所为也。（《抱朴子内篇·塞难》，下凡引该书，只注篇目）。

> 夫人在气中，气在人中，自天地至于万物，无不须气以生也。（《至理》）

葛洪认为，自天地至于万物均为一气化生。葛洪这一见解与东汉哲学家王充的说法并无不同。

所不同者，为王充更强调万物化成之后的确定不变性，而葛洪却认为，万物既由一气化生，则生生化化乃为宇宙的基本特点。葛洪说：

> 水火在天，而取之以诸燧。铅性白也，而赤之以为丹。丹性赤也，而白之而为铅。云雨霜雪，皆天地之气也，而以药作之，与真无异也。至于飞走之属，蠕动之类，秉形造化，既有定矣。乃其倏忽而易旧体，改更而为异物者，千端万品，不可胜论。……至于高山为渊，深谷为陵，此亦大物之变化。变化者，乃天地之自然，何为嫌金银之不可以异物作乎？（《黄白》）

葛洪这里即以变化为天地之自然本性。王充的元气论既然强调宇宙万物受生之后的不变性，则无可避免走向定命论；葛洪因看重事物的变化性，却更关心以人的努力促成变化的可行性。葛洪称：

> 泥壤易消者也，而陶之为瓦，则与二仪齐其久焉。柞楢速朽者也，而燔之以为炭，则可亿载而不败焉。（《至理》）

> 越人救虢太子于既殒，胡医活绝气之苏武，淳于能解颅以理脑，元化能刳腹以澣胃，文挚衍期以瘳危困，仲景穿胸以纳赤饼，……（同上）

把泥土依人的需要烧成陶器，把濒临死亡的人予以救活，这些事例都是人类运用自己的努力促成事物变化的证据。葛洪认为这些只是“凡药”和“小技”，“上药”和“仙道”更能使人长生不死。他引前人之说称：“我命在我不在天，还丹成金亿万物。”（《黄白》）。这无疑是对人的努力所作的高度肯定。

宇宙世界既处在变化中，则必有许多非常规的事物涌现出来。

葛洪说：

夫存亡始终，诚是大体。其异同参差，或然或否，变化万品，奇怪无方，物是事非，本钧末乖，未可一也。夫言始者必有终者多矣，混而齐之，非通理矣。谓夏必长，而荠麦枯焉。谓冬必凋，而竹柏茂焉。谓始必终，而天地无穷焉。谓生必死，而龟鹤长存焉。盛阳宜暑，而夏天未必无凉日也。极阴宜寒，而严冬未必无暂温也。（《论仙》）

这些事例表明，宇宙世界之变化，常常表现出非常规性。

正是变化的非常规性，容纳了人的好奇心、想像力和人的创造性的努力。葛洪称："天地之间，无外之大，其中殊奇，岂遽有限？"（《论仙》）又称："俗人多讥余好攻异端，谓余为趣欲强通天下之不可通者"（《黄白》）。此中透露出的，即是葛洪的好奇心与创意精神。

好奇心、想像力、创发性，是一个科学家的基本的精神气质。葛洪的追求，与魏伯阳一样，在这一点上无疑为一科学追求。

那么，葛洪又是如何由这一追求引申出神仙论与丹道学的呢？在这一问题上，葛洪显然亦遵循着与魏伯阳同样的理路：人既由一气化生，人的生死变化必直接取决于气的强弱多寡及其变化：

而受气各有多少，多者其尽迟，少者其竭速。（《极言》）

夫吐故纳新者，因气以长气，而气大衰者则难长也。（同上）

彼虽年老而受气本多，受气本多则伤损薄，伤损薄则易养，易养教故得仙也。此虽年少而受气本少，受气本少

则伤深,伤深则难救。(同上)

人的生老变化既然取决于气的多少与变化,那么,作为仙道提出的首要问题,便是如何养气的问题。葛洪说:

> 故仙经曰:养气以不伤为本。此要言也。(同上)

> 是以养生之方,唾不及远,行不疾步,耳不极听,目不久视,坐不至久,卧不及疲,先寒而衣,先热而解,不欲极饥而食,食不过饱,不欲极渴而饮,饮不过多。凡食过则积聚,饮过则成痰癖。……忍怒以全阴气,抑喜以养阳气。……(同上)

由此,葛洪发展出一套吐故纳新的养气论。

但在葛洪看来,人在日常生活的情况下是很难做到使禀得的元气固守不失的。因此,葛洪自亦更关切如何炼取金丹以使生命永葆的问题。这与《周易参同契》之旨亦同。有所区别的是,《参同契》之炼丹学有取于《周易》的象数学,具更浓郁的猜测成分;由猜测所致的话语的隐晦性,又得以容纳更灵活的解释而成为后来内丹学的思想资源。葛洪的丹道理论,却紧扣当时医学提供的经验与炼丹家的实验。葛洪说:

> 夫五谷犹能活人,人得之则生,绝之则死,又况于上品之神药,其益人岂不万倍于五谷耶?夫金丹之为物,烧之愈久,变化愈妙。黄金入火,百炼不消,埋之,毕天不朽。服此二物,炼人身体,故能令人不老不死。此盖假求于外物以自坚固。有如脂之养火而不可灭,铜青涂脚,入水不腐,此是借铜之劲以扞其肉也。金丹入身中,沾洽荣卫,非但铜青之外傅矣。

> 凡草木烧之,即尽,而丹砂烧之成水银,积变又还成丹砂,其去凡草木亦远矣,故能令人长生。(《金丹》)

这里,葛洪从五谷可以使人活命,药石可以使人延年等经验事实,推定服食不朽的金丹能够使人不老不死。

葛洪就由此而确认仙道可成。由于葛洪的丹道理论更强调“假求于外物以自坚固”,故被称为外丹学。依上所述,外丹学源出于古人力图揭示宇宙奥秘的一种具科学意味的追求,但其最终的结果,无疑却是确认有一个神灵世界的存在。就葛洪本人而言,则可以说正是由于他把道教神仙学置于具有科学与实验意味的基础上的这种努力,使他得以成为道教外丹理论的主要奠基人。

第六章

佛教的传入与两晋南北朝的佛学源流

道教为在中国本土发生、发展起来的宗教。与道教日益走向兴盛的同时,从印度传来的佛教,在两晋南北朝也获得了广泛的传播,并且日渐深入地影响着中国人的生活方式、思维方式和精神追求。

佛教的创始人为悉达多,族姓为乔达摩,释迦牟尼是佛教徒对他的尊称。约生于公元前 565 年,去世于公元前 490—前 480 年之间。一生的传教活动主要在印度北部、中部恒河流域。

佛教传入中国的年代一般的说法为西汉末叶、东汉之初。据文献记载,最早进入中土传教并翻译佛教经典的,当为安世高、支娄迦谶等人。安世高所译,主要为"小乘"佛教经典,支娄迦谶所译,主要为"大乘"[①]空宗的经典。佛教影响于中国的,以"大乘"的经论与派别为甚。故本书重点介绍大乘佛教的哲学思想在中国的传播和发展。

---

① "小乘"为"大乘"佛教兴起后对早期佛教学说与流派的贬称。因在中国佛教文献中,大、小乘之分以为惯常,故本书仍沿用这对概念,但不取褒贬之义。

第一节　佛教空宗的传播与“六家七宗”的般若学

大乘佛教传入中国，最先值得注意的是大乘空宗般若学。般若学的基本概念是“性空”与“假有”，这一对概念从形式上看，与魏晋玄学的基本范畴“无”与“有”非常相似，然其实有着本质的区别。不过对这一点，鸠摩罗什以前的中国学僧似乎并没有清楚的认识，以“无”来解“空”，几乎是当时非常流行的思想。下面先让我们简单回顾一下般若学的历史传承，以明确“空”这个概念在中国哲学发展史中是如何演变的。

一、空宗的初传与早期的玄学化诠释

印度在公元一至四世纪左右开始出现了大乘佛学思想，初期大乘经典首先是般若经类，接着又涌现了以研究般若经为主的一批大乘学者，这即是龙树及其弟子。他们对大乘学说加以系统化地组织与解说，其代表作有《中论》、《十二门论》、《大智度论》和《百论》。般若学思想非常复杂，但其宗旨无非为讲“性空幻(假)有”，又特别要求对“性空”和“假有”的认识不能执著一边。如果只讲“性空”，连“假有”也否定了，那就是顽空或恶趣空，流入虚无主义；如果执“假有”为真实的存在，则堕入了小乘有部或外道邪说。

龙树意识到要全面理解般若学讲的空义，必须找到理解的方法，他认为中观方法是统贯性相和空有的关键。中观，即不偏向一边，中实圆正，恰得其中，这样才能把“性空”、“假有”统一起来而领悟空的真义。所谓“以中为名者，照其实也”(僧叡:《中论序》)，即是此义。龙树认为，般若经的本意，就是专门明示缘起即空的中

道，以救拔心有所执的边见者，使之会归中道。

般若学的经典，从东汉支娄迦谶译经开始就已传入中国，晋以前译出的般若经只有支谶译出的《道行经》（十卷）和孙吴支谦译出的《大明度经》（六卷），且这一系学说在当时影响并不大。西晋以后，经过竺法护、竺叔兰、无罗叉等人的努力，又译出了更多的般若经典。当时，除了续译经典之外，更多的人开始从事对般若经的抄写、读诵、宣讲及注解，俨然出现了早期中国的般若经学者。东晋时道安说："《放光》寻出，大行华京；息心居士，翕然传焉。"（《合放光光赞略解序》）又说："《大品》顷来，东西诸讲习，无不以为业"。（《渐备经十住胡名并书叙》）这里讲的正是这种情况。

但是，中国早期般若学从一开始传播就是先天不足的，这主要有两方面的原因：

首先是译传的失真。鸠摩罗什曾经批评他以前的译经"义多纰僻"，"不与梵本相应。"（《高僧传》卷第二，鸠摩罗什本传）般若经的早期传译，确实是沿用了许多中国旧有的概念、词汇予以附释。像支谶译《道行经》十四品为"本无品"，并有文云："一切皆本无，亦复无本无"。尽管译者本身可能未尝误读般若玄义，但却十分容易造成误导，尤其当时正是贵无玄风盛极之际。

其次是缺乏真正理解般若学的"中观"方法。龙树所传"中观"学说，是经鸠摩罗什来华译介后才大白于天下的。在鸠摩罗什来华之前，中国学人是在没有掌握中观方法的条件下，首先接触到般若学的。中观方法是龙树学说的一个核心，而龙树的主要论著，如《大智度论》、《中论》和《十二门论》等，都是经由鸠摩罗什来华译出后，中国人才了解的。没有方法，译本又有问题，理解也就可想而知。

早期般若译经者们既然以本无去讲空，这自然暗示人们可以借会通老庄道家作为理解般若学的路径。实际上，早期般若学的传播就是在与玄学合流的情况下实现的。其所以可能合流，即在于当时学人普遍误解了般、玄二学在理论形式上的相似性。一方面，玄学从本体论的角度，展开本末、有无、体用之辨，并力图在本体论层面上把这些对应范畴统一起来，建立起有无一致、体用不二的学说，如王弼主张作为“有物之极”的“无”，必须透过“有”来呈现自己，其所谓“不用而用以之通，非数而数以之成”，“无不可以无明，必因于有”(《周易·系辞注》)的观念即是。而般若学在讲色空关系时，也提出“色不异空，空不异色，色即是空，空即是色”的命题，人们很容易把“空”误读为“无”，把色空不二误解为有无一致。这是般、玄二学契合或般若玄学化的一个基本点。

此外，玄学在达成对本体的把握上，一般强调忘言忘象。如王弼一方面认为达意须假借言象；另一方面，又主张真正的冥悟，必须超越言象。王弼有“得意在忘象”之说，这与般若学一面讲“不坏假名而说诸法实相”，同时又谓“第一义实无有相，无有分别，亦无言说”(《摩诃般若经·四摄品》)的思想，无疑也十分相近。

般若玄学化是通过“格义”方法来实现的。“格义”方法的流行，必须认同一个重要的前提，这就是佛教观念与中国原有观念之间有某种一致性。也就是说，必须承认般若学与中国老庄、玄学之间除了言述的差别外，存在意义间的可通约性。然而，无论如何，“格义”仍为一种误读。误读的结果是般若学玄学化。“六家”学说的出现，正是由格义方法所产生的。

二、“六家七宗”的般若观解

“六家”或“六家七宗”(六家的第一家又可分为两宗而成七宗)，是两晋般若学说玄学化最集中的表现。从现有的材料看，

"六家七宗"集中讨论的主题,确实是般若学的核心问题,即空有(色)问题。僧肇在其《不真空论》一文中,专门把心无、即色和本无三宗列出来批判,可见"六家七宗"在解释"空"的概念上是有偏失的。下面我们对各家的问题作简要的疏释和分析。

(一)本无宗

该宗分为二支,一支是以竺法琛为代表的"本无异宗";一支是以道安为代表的"本无宗"。"本无异宗"的思想,主要是把"空"(或无)解读成一个具有万物本源意义的实体,其宗论说:"夫无者何也? 壑然无形,而万物由之而生者也。……故佛答梵志,四大从空生也。"(安澄:《中论疏记》)又说:"本无者,未有色法,先有于无,故从无出有,即无在有先,有在无后,故称本无。"(吉藏:《中观论疏》)这显然是以老子的"有生于无",王弼的"万物皆由道生"的说法来释空。如此一来,空不仅成了一个派生万有的实体,而且其在时间序列上又和万有截然分成两橛,这就连玄学有无不二的水平都未达到。所以道安也对这种解空表示不满。

以道安为代表的"本无宗"历来被视为六家七宗中最精当的一家。道安的"本无"思想,照吉藏所记是讲"一切诸法,本性空寂"(吉藏:《中观论疏》)。这一记载过于简略,我们难以判断道安释空的全部面貌。但有一点是可以确定的,那就是他是从万法(色或有)本身来说空的,这也就是"色即是空",这说明道安解空确实比较符合般若空义的原旨。而且,我们结合道安所写经序的思想来看,他提到"有无均净"、"本末等尔"、"湛尔玄齐"等,似乎又很接近中观不落两边的"观空"方法。道安的"本无"说是否如吉藏所说的,没有受到僧肇的批评,我们暂且不论。不过当我们看到道安仍在讲"无在万化之前,空为众形之始"时,不难想像,他也没有完全摆脱玄学本源—本体论观念的影响。

（二）心无宗

此宗以支愍度为代表，其立说的宗旨在于把“空”理解为“于物上不起执心”（元康：《肇论疏》）。即只要心不执著于外物就是空，至于万物本身还是被认为是实有的。支愍度说“无心于万物，万物未尝无”即是此义（同上）。这种说法显然是把空理解为一种主观的认识状态，以“心体虚妄不执”的澄明状态来解空，而对万有的存在不仅予以积极的肯定，而且给予了实体论的支持。安澄批评这种学说把有作为“实有”，色作为“真色”，就明显暗示了这一结论。僧肇认为这一学说“失在于物虚”，就是指其没有领悟到色和有的自性空。

（三）识含宗

此宗以于法开为代表。于法开才辩纵横，颇有名士之风。此宗的宗旨讲一切法皆为心识所含。心识有觉有梦，梦时惑识现行，呈现出种种现象，是为幻相，所以说“今之所见群有，皆于梦中所见”（吉藏：《中观论疏》）。觉时惑识尽除，三界都空。就是说，“心识为大梦之主”，山河大地无非心中一点物。此说虽然否定一切存在的真实性，却肯定“心识”为实有、为本体，而这亦正是般若学所要破斥之说。

（四）幻化宗

此宗为道壹所立。此宗讲“世谛之法皆如幻化”（同上）。这个“幻化”是否指假有，还不能完全判断。但此宗绝不讲性空：“心神犹真不空，是第一义”（同上）。这与识含宗肯定心识为本体一样，带有明显的唯心论色彩。其特点空外不空内，颇有小乘有部之风，可能受到当时所译毗昙学思想的影响。

（五）缘会宗

于道邃所立。此宗的主要思想是讲“缘会故有”，“缘散故即无”(同上),即是说,一切法由因缘合成则为存在,反之,缘散则法亦灭。若对照般若中观解空之义来看,此说只讲到缘起假有的一层,而没有进一步透析出假有就是性空的一层。因此,在缘会宗的思想里,暗示了假有自身的实体性存在。通过缘散来讲空,又可能把假有与实相(空)打成两橛,把般若学的“色即是空”理解成“色异于空”,所以吉藏点评此宗说:“经不坏假名而说实相,岂待推散方是真无?”(同上)

(六)即色宗

此宗以支道林为代表。关于支道林的“即色论”思想,前人评价甚高。吉藏把他与道安的本无宗相提并论,安澄也把即色义抬举到与僧肇不真空论同等的高度。不过僧肇在《不真空论》中,对即色义是有批评的。

中观方法解空要求从二个方面来看,一是缘起性空,一是缘起假有,只有把这二个方面统一起来,才能真正得出“色即是空,空即是色”的结论。支道林的即色义似乎只看到缘起性空的一面,他说:“夫色之性也,不自有色。色不自有,虽色而空,故曰色即为空,色复异空。”(《世说新语·文学篇》,刘孝标注引《妙观章》)这里,显然是由于他没有掌握中观方法,还不能反过来看到缘起假有,不能透过中观的方法而得出空即是色的结论。他讲了“色即为空”之后,接着又讲“色复异空”,这正表明,他没有把色空关系的一体两面看清楚。

从以上介绍可见,以“六家七宗”为代表的中国早期般若学未能全面领会印度大乘般若学关于空有的学说,除了缺乏中观方法以外,最关键的问题还在于不能摆脱中国本土原有的本源—实体论思维构架。所以,鸠摩罗什来华,其弟子是僧肇阐述中观思想所致力的一项主要工作,就是消除对“空”作实在论的诠释。

第二节　僧肇的《不真空论》

就般若经系而言，对“空”的比较符合原旨的理解，是在鸠摩罗什抵达长安（公元401年）之后，才得以实现的。鸠摩罗什在长安主持翻译经论三百余卷，其中尤以空宗般若经论为其所特别推重。协助鸠摩罗什译经的一批弟子如僧叡、僧肇、竺道生等学人也都成为一代名僧。僧肇还被鸠摩罗什称为“解空第一人”。

那么，佛教般若学的空观是怎样的呢？僧肇又是怎样解空的呢？

一、般若学的“缘起性空”说

般若中观学派重要的著作《大智度论》中说佛教有三种空观：

一是小乘有部所谓“分破空”观。“分破空”是通过分破的方法而达到空。具体说，就是把占有空间的物质无限分析至极微，再分析到无方分相，即是空相。这种不可再分的空相又名“邻虚”。若从时间维度分析，分析到刹那的最后一瞬，没有前后相，再也显不出时间的特性，这也呈现空相。这一方法颇似中国先秦惠施学派所谓“至小无内”的无限分割法。其实，这种方法并不能成就一切法空的结论，反而成为实有自性的根据。因为分析到最后，无论如何，总还是有极微自性存在。

二是经部大师及后来唯识学所说的“观空”观。“观空”方法，是通过观察一切外物都会随观察者心意的不同而转变的途径，说明境无实体而成就一切外境为空。具体说，外在时空中之一切物（或境），无论是个别的事物，或全部世界，本质上不是独立存在的绝对物，而仅仅是作为我们意识或意向所及而显之相，此即是“万法唯识"、根境非实之义。依此说,事物本身(外境)是没有固定的本质的,一切都依观者的认识不同而不同,这也就是空。"观空"所要达到的是空境存心。然而,由于能观之心的本身是不能通过这一方式来达成的,因而这还是没有说明一切法自性空。

三是般若中观的"缘起性空"观。般若中观所讲的空,则是从一切法自身缘起性质上讲的。依中观学派的看法,自性与缘起是不并存的,有自性的存在就不是缘起法(通过各种内因和外缘的条件才能够存在,这样的存在叫缘起法);反之,讲缘起法也就不能讲自性有。《中论》说的"如诸法自性,不在于缘中"即明示此义。依中观的理解,一切法无不是因缘假合而成的,所以根本就不能讲它有自性。这种就法的本身而说其无自性,是指当体为性空的分析方法,确为中观学的一大特色。"自性"又译自体,含有自己有、自己成的意思,是自己规定自己、自己实现自己的。这相当于哲学上说的实在、本体或本源等概念,因此,讲一切法无自性,就是消解一切法的实体性。有的学者把中观学讲缘起性空的"空"解释为"相对性",认为中观学宗旨是说一切依赖性或相待性的事物都不可能成为终极的实在,这是比较深刻的。

依中观学的思想,执念有一实体或自性的存在,不仅是一种形而上学的迷情,还是一切戏论的根源。《中论》中曾否定四种因生说,即自生、他生、既自生又他生、无因生等四种关于事物成立的看法,而推出一个"无生"的结论,就是反对从任何根源性生成论意义上来解释一切法的存在。中观学认为,因缘生是否定自性生的,也就是根本否定有一个作为派生者的本体的存在,因此也可以说,这种因缘生是"无生"。正如《中论》所说:"若说缘生即无生,是中无有生自性。"

《中论》认为,执持自性有还会导致一种妄见,即把一切法看成有生灭、断常、一异、去来等八种变化相。例如关于生灭，我们正是执著有一个固定的实体性存在，才能讲其有生、有灭。而一切缘生本来就没有一个实体在后面，所以其缘生也不能说其真生，其缘散也不能谓其真灭，生灭相都是幻相，生灭说则是戏论。因此，中观学又讲“八不”或“八不中道”：不生不灭，不断不常，不一不异，不去不来。其旨即在破除众生的自性执。自性一破，一切戏论自然熄灭。

二、僧肇解“空”与中观的方法论

中国人对般若中观所说空的真正理解，首推罗什的弟子僧肇。

据梁慧皎《高僧传》卷六《僧肇传》载，僧肇早年曾历观经史，有志于玄微思辨之学，对老庄之言尤为倾心，读老子《道德经》，叹其“美则美矣”，而“犹未尽善”。后见《维摩经》，披寻玩味，方知学处所归。僧肇虽然出入于老庄、玄学，他的文风亦未脱旧习，如其说涅槃之道“寂寥虚旷，不可以形名得”，“随之弗见其踪，迎之罔眺其首”，“眇㳬惚恍，若存若往”（《高僧传》卷六“僧肇传”），显然就出自老子《道德经》；又如其说“言之者失其真，知之者反其愚，有之者乖其意，无之者伤其躯”（僧肇:《般若无知论》），此即全仿王弼《老子指略》中语。其实僧肇有他自己的发挥，他的著作就是为批评“六家七宗”玄学化的解空理论，阐释印度般若中观学说的本来宗旨而作的，所以鸠摩罗什赞其“吾解不谢子，辞当相挹”。僧肇理论所涉及的问题很多，有专门讨论认识论的《般若无知论》，有讨论运动观的《物不迁论》，讨论空观的《不真空论》。后人已集为《肇论》。这里重点介绍他对于空的解释及其在中国哲学史上的意义。

僧肇解空之所以超越前贤，一个关键问题是他找到了“中观”

方法。僧肇诸论中,常常引述到中观的思想,其立论的宗旨就是为了反对"边见所存",求得"处中莫二"的中道。如其"论物不迁"之理,就是有感于小乘执著于"无常",不懂得真正中道之理而发的。实际上,僧肇并不否定"非常"之说的运动观,他甚至是主张"虽静而不离动"的(《物不迁论》),只不过他反对偏执于动,认为这只是俗谛,是"人之常情",而不是中道。他以"即动而求静"论不迁之理,乃是为了说明"言去不必去,闲人之'常'想;称住不必住,释人之所谓'往'耳"(同上)。他认为,迁(运动)与不迁(静止),一俗一真,别无二致,所谓二言一会,"谈真有不迁之称,导俗有流动之说,虽复千途异唱,会归同致矣"(同上)。这也正是僧肇采取的"人之谓住,我则言其去;人之谓去,我则言其住"(同上),不落两边,圆融真俗的中道观。

以中道去观空,就是"缘起性空":一切法宛然有(假有)而毕竟空(性空);毕竟空而又宛然有。僧肇把这种缘起性空叫做"不真空"。他说:

> 夫有若真有,有自常有,岂待缘而后有哉?譬彼真无,无自常无,岂待缘而后无也?若有不自有,待缘而后有者,故知有非真有。有非真有,虽有不可谓之有矣。不无者,夫无则湛然不动,可谓之无。万物若无,则不应起,起则非无,以明缘起,故不无也。(《不真空论》)

就是说,万物既然是有条件(待缘)而存在的,那么这种存在(有)就是没有自性本体的(不能自有);没有自性的存在就不是真的存在(真有),不是真的存在,即使存在(假有)也不能谓之存在(空),这是缘起而性空。中观论是就万物都由缘而起、没有自性的意义上讲性空的。用僧肇的话说,就是"即万物之自虚"(同上)。但既就缘起讲性空,缘起即为有,则空不绝有。僧肇说:

> 然则万物果有其所以不有，有其所以不无。有其所以不有，故虽有而非有；有其所以不无，故虽无而非无。虽无而非无，无者不绝虚；虽有而非有，有者非真有。（同上）

这种非有非无、不偏有无的见解，构成为般若学的真义。于此我们看到，僧肇的空观、中道观，其特点是在肯定万法存在（假有）的同时又否定其存在的真实性的。僧肇对空的这一阐释，无疑不是玄学化的，而正是反玄学化的。玄学“贵无论”始终在努力建构一根源性的实体论，而僧肇则反复消解一个“常我而主之”的实体存在，他认为缘生法要否定的就是有一个“真主宰”。他说：“诸法皆从缘生耳，无别有真主宰之者，故无我也。……法既无我，故无造无受者也。”（《注维摩诘所说经·佛国品第一》）

可以说，僧肇之解“空”，所使用的语言、概念还是中国的，但其要表达的观念则相当的“非中国化”了。般若中观学说在中土经历了由“格义”误读，到正解，其间经鸠摩罗什诸公的努力，曾一度成为显学，然二传到僧肇以后，已难复为继。随着佛教心性理论的传入与勃兴，中国佛学又以重建实体论的姿态出现。

第三节　有宗的传入与中国早期佛性思想的开展

就中国佛教演变史而言，佛教心性论思想的出现与勃兴，有两方面的原因：一是与佛教作为一种宗教信仰的维系有关；二是与大乘有宗经论的传入与大量译出有关。下面我们分别予以探究。

一、佛教作为宗教信仰的护持与慧远、竺道生的传教活动

我们知道，佛教作为一种宗教信仰，其基本特点是讲灵魂不

灭,并主三世轮回报应说。在佛教看来,众生之灵魂之所以会堕入三世轮回报应的无边苦海中,是因为众生缘出于“无明”,众生对世界持有错误乃至颠倒的认识,有贪、瞋、痴等迷情。如何才能够破去“无明”？依空宗般若学的见解,是需要开发众生的般若智慧,以般若智慧观照世间一切,觉悟到我法皆空,由此才可成就佛道。

然而,如果说我法皆空,宇宙的一切毕竟空,那么,作为三世轮回中的主体的灵魂和灵魂所受的报应,以及摆脱轮回报应而进达的涅槃境界,是否也是空的呢？专门迎请鸠摩罗什至长安,并为他设置译场的后秦君主姚兴就曾以此询问鸠摩罗什。鸠摩罗什对这个问题的态度似乎是肯定的。不过,他依中观所取方法,以非有非无、不定有无的语句作出回答,显得含混其词而已。而姚兴是不满意这种回答的。他在《通三世论》一文中称:

> 余以为,三世一统,循环为用,过去虽灭,其理常在。……过去未来,虽无眼对,理恒相因。苟因理不绝,圣见三世,无所疑矣。(《广弘明集》卷一八)

姚兴认为,虽然万法皆空,但是佛门所讲的三世轮回报应之理是实存的,不应有所怀疑。

与姚兴诸人对鸠摩罗什空观思想提出疑虑遥相呼应,远在庐山传教的东晋名僧慧远(公元334—416年),对鸠摩罗什的“毕竟空”说也不完全认同。他撰写有《沙门不敬王者论》、《三报论》、《明报应论》等文,明确认定“形尽神不灭”,人的善恶行为会受到报应。又撰《法性论》称:“至极以不变为性,得性以体极为宗。”(慧皎《高僧传》卷六)这里所说具有“至极”、“不变”性状的,无疑是指的参成佛道所达至的最高境界或最后归宿——涅槃(泥洹)。慧远在《沙门不敬王者论》中又说:“是故经称泥洹不变,以化尽为宅。……泥洹之名,岂虚称也哉!”这都明确确认涅槃境界的实存性与永恒性。慧远是由认肯灵魂不灭与涅槃境界的实存性而护持信仰的。

原在庐山追随慧远问学,后又师事鸠摩罗什多年的竺道生(生卒年月不详),在离开鸠摩罗什往建康传教接触到法显等人首译的《大般泥洹经》后,不仅认肯了涅槃实存的观念,而且,发挥《泥洹经》的教义,提出了震动当时佛界的“一阐提人皆得成佛”、“顿悟成佛”等说。“一阐提人”,指不具信根,甚至作恶多端的人。《泥洹经》原称“一切众生皆有佛性在于身中”(卷四),皆可成佛,惟独“一阐提人”不在此列。道生认为“一阐提人”也是众生,“乃说一阐提人皆得成佛”。这显然把佛教作为一种宗教信仰贯彻得更加彻底了。竺道生的“顿悟成佛”说则谓:

> 夫称顿者,明理不可分,悟语极照。以顿明悟,义不容二。不二之悟,符不分之理。理智兼释,谓之顿悟。(澄观:《华严经随疏演义钞》卷五十六引)

这是讲修习成佛的功夫。竺道生既认肯涅槃境界之实有性,必亦认肯修习功夫上的切实性。不过,竺道生不注重渐修,而强调“顿悟”。因为在竺道生看来,“理体”(涅槃胜境)是不可分的,修习者不可以分次第的方式去体证不可分的“理体”;众生本具的“悟性”(佛性)也是不可析的,修习者一悟全悟,一照全照,一时顿了,是谓“顿悟成佛”。道生的“顿悟成佛”之说主张佛性本有,诚已开启了中国佛教的心性论。

二、大乘有宗经论的传译与经论师

佛教心性论的进一步勃兴,则得力于大乘有宗诸种经论的传入与译释。大乘有宗即瑜伽行派,大约在公元四至五世纪间为无著、世亲兄弟所创。《大般涅槃经》、《华严经》、《胜鬘经》、《解深密经》均为此派所宗之经典。这些经典在东晋南北朝时期陆续传入与译出。代表性的论典如《十地经论》、《摄大乘论》也相继译出。由是,进一步激发了佛教徒对心性问题的关切和对本体问题的思考。佛教学者由于所本经论的不同和对经论理解的不同,形成不同的承传系统,而有不同的经论师;论师们由于对万法依持的性质的理解有别,而有"真心"、"妄心"之争;又由于对佛性真心"本有"、"始有"的理解不一,且有南道、北道之辨。可以说,在这段历史时期,佛学思想之活跃,学派之杂多,俨然开出一百家争鸣之景象。

先看涅槃经师。《涅槃经》前分最初由法显等译为《大般泥洹经》六卷,为竺道生所宗。四年后(公元 421 年),北凉昙无谶全译,编为四十卷。《涅槃经》的"宗致"即讲佛性义。吉藏说:"《大涅槃经》处处皆明佛性,是故时人解佛性者,尽引《涅槃》为证。"(吉藏:《大乘玄论》卷三)但《涅槃经》讲佛性时,常常使用不同的称谓,且含义也不尽相同。如有时以"如来藏"讲佛性,有时又以般若中观的"空"和"中道"论究佛性。而且《涅槃经》还从不同角度去谈论佛性,有从心识关系上讲,有从境上讲,形成多种佛性义说,如五阴佛性、智慧佛性、因果佛性等,各说之间亦无明确分疏,这就使涅槃学者们可以从不同的方向加以引释,形成了不同的师承关系。涅槃诸师围绕着"何为正因佛性"与"佛性当现"(或称佛性本有、始有)等问题展开的论辩,诚然已涉及心性根本之义。

再看地论师。《十地经论》简称《地论》,是印度世亲对《十地经》作的解释,属瑜伽一系的早期论典。该论是在北魏宣武帝永平元年(公元 508 年),由中印度勒那摩提和北印度菩提流支等在洛阳译出。菩提流支与勒那摩提二人都讲过《地论》,但彼此间的意见颇有差异,说法上也有分歧,因而形成两派,出现了不同传授的地论师。一为继承勒那摩提说的慧光派;一为高唱菩提流支说的道宠派。慧光一系盛行于相州(今河南省临漳县)南道,故称南道系;道宠一系弘教于相州北道,故称北道系。地论南北二道的思想分歧,与《地论》本身的说法有关。《十地经》卷八中曾说:"三界虚妄,但是一心作。如来所说十二因缘分,皆以一心"。依"经","一心"被作为一切现象存在的本体和依持,但世亲所造之"论"对此"一心"并无全面而统一的解说。从上引经文看,"一心"是一切虚妄万有的本根。这个心,好像是污染心。此即是妄心缘起。世亲《地论》确也有讲心为"染依止"的。但该论有时又讲心是"自性清净心",亦即"自性不染相",这就是说妄心以惟一真心为体,由真心的变异而现起妄心,产生妄相。此一主张又是真心缘起。后来南北二道的分际,基本上就是根据对一心的不同说法而来。从残存的若干记载来看,南道讲缘起以法性真如或自性清净心为依持,北道则以杂染赖耶识为依持。即一为真心系,一为妄心系,二者各执一端。南北二道所论辩的主要问题有两个:一是关于佛性的当、现问题(即本有、始有问题);一是四宗五宗,即判教问题。

再看《摄大乘论》的传承。《摄大乘论》简称《摄论》,其传承晚于《地论》。现存汉译本《摄论》共有三种,即隋唐前有元魏佛陀扇多的二卷译本与南朝陈代真谛的三卷译本,唐代玄奘译的三卷本。世亲曾注解此论,名《摄大乘论释》,也有三个译本,第一为真谛译十五卷本,第二为隋达磨笈多译十卷本,第三为玄奘译十卷本。其中,真谛的《摄论》和《摄论释》两个译本曾对南北朝佛教义学发生重大影响,并造就了一批摄论师。

真谛是在陈文帝天嘉四年(公元563),分别译出《摄论》及《摄大乘论释》的。真谛在华二十余年,所专心弘传的,只有《摄论》。《摄论》以佛教修行的境、行、果为次第,组织"唯识无尘"的思想,对整个佛教体系加以新的解释。真谛所作《摄论》与唐玄奘所传有异,比较明显地反映了瑜伽唯识系中另一种独特的看法。真谛所传,在阿赖耶识上建立第九阿摩罗识或谓无垢识、净识,严格地说,应属真心系。而且,玄奘一系所讲阿赖耶识都是虚妄的杂染识,而真谛所讲阿赖耶识中,却有"解性"(真性、觉性)的成分。真谛把阿赖耶识看做刹那生灭的染性与本来清净、不生不灭的解性二者的集合体,这与《成唯识论》讲转依的阿赖耶识还是有为生灭的杂染识的说法明显不同。

摄论师的思想虽然都源出于真谛所传《摄论》或《摄大乘论疏》,但由于《摄论》内容非常复杂,尤其是关于第八阿赖耶识的染净问题和第九识的建立问题,同一真谛译本,前后说法就不太一样,因而使论师们对《摄论》的传解也异说纷出,形成了所谓"论门初辟,师学多端"的局面。

三、"真心"与"妄心"之争

南北朝的经论师们热烈争论的主要问题之一,便是众生之本心,究竟是佛性真心,还是赖耶妄心?这是佛性论的中心问题。

佛性,或名如来性、自性、佛界等等,概指众生得以成佛的内在依据或可能性,此根据即为众生本有的清净之心。自性清净之心的思想,据学者们研究,可溯源于原始佛教。佛性论思想的成熟,则在中期大乘佛学发展之时。中期大乘,上接初期大乘(般若空宗),形成于公元五六世纪之际。当时,印度陆续出现了一批探讨佛性心识问题的大乘经论。此类经论大体又可分为两类:一类以佛性、如来藏或自性清净心为根本，从超越的立场上，说明众生成佛之因本固有之，此系可名为如来藏系。因此系所说成佛的最终根据，乃一清净真心，故亦可名为“真心系”。另一类有感于佛性、如来藏等学说过于强调成佛的超越根据之偏失，而转向从经验的入路，寻求现实世界的生起依据和现实生命的复杂结构，由此提出“阿赖耶识”概念，并结合“三性三无性”的学说，来说明现实一切现象形成、相续及变灭的过程，这就是瑜伽唯识学的立场。此一系以阿赖耶识为根本，而阿赖耶识又是一切烦恼的根源，是一个虚妄的本体，故可名为“妄心系”。

如来藏学的重点是结合心性来讲法性或佛性，认为一切众生心中皆有佛性，只为烦恼无明所障蔽，不得显现。主张透过智慧观照，由智慧而见妄染之不真实，从而当下悟入自性本来清净之义，就可以破除障碍以显真心。此系因主张心性本净，故在功夫上讲“返本”。值得注意的是，此系在印度佛学中并未得到充分的重视，却在中国哲学思想中日见光大，而开出了中国化的佛学。

瑜伽唯识学从追问一切现象成立的总依据或本体而建立。此学提出了“阿赖耶识”即“藏识”概念，以此来统摄一切现象，以为一切现象均从此识流转出来。此系以“八识”来组织学说，其中眼、耳、鼻、舌、身前五识是“感识”，以所缘（具体的外境）为认识对象，第六识“意识”则认识抽象概念，“末那识”是第七识，亦名为“我识”，其作用是执取第八阿赖耶识的种子为自我，产生我执、我见、我爱、我慢等，为一切烦恼之根本。“阿赖耶识”是一切现行种子的贮存处，故又称“藏识”，因其为一切法（现象）产生之本根，故又称“根本识”。

依唯识学，此八识中，阿赖耶识是根本，其为一切法之依持，具有本体意味，一切法森罗万象，究极而言，皆为此识所变现。此识之所以能流转出一切法,在于此识含藏了无始熏习而成的习气或种子于其中。"熏习"为譬喻,如用花熏衣,令衣着香,这种作用即名熏习。乃至花体散灭,香气仍留衣中,此即为"习气"。人的一切行为和观念也是如此,通过经验的不断熏习,形成了特定观念或习惯,这些观念、习惯并不会因我们身体的变灭而消散。它会贮存于阿赖耶识之中,在一定条件下再演变出相应的生命体(根、身)和周围世界(器世间)。从这层意义上看,习气就像种子能够发芽、成长,故又名为"种子"识。唯识学认为,前六识并不具备执持种子的能力,因为前六识是生灭无常的,没有连续性,"无前后相应义",其只能解释一生一世的行为活动而无法解释过去、现在、未来三世精神活动的连续性和无意识、潜意识的心理活动。只有第八识才具足这种功能。第八识阿赖耶识是一个流动不已的生命,其作为一切法存在的先验根据,贯彻于我们的生死,永远存续。人在六趣中轮回,此识即作为恒存的轮回主体而存在。在信仰的意义上,阿赖耶识就成为佛教灵魂不灭说的一个重要理论根据。

阿赖耶识中的种子作为各种现象生成的因,一旦成熟而产生现象,这就叫"现行",而作为结果的一切行为,无论是善、恶或无记(非善非恶)等,又反转过来,熏习为种子贮存在阿赖耶识中,以作为后世"不净品法"生起的因,如此循环往复,构成种种迷情世界。惟有彻底觉悟,彻底断除这一阿赖耶识,才可望摆脱轮回而得住涅槃。这便涉及到唯识学的"转依"学说。

"转依",又名"转舍"或"转识成智",即转舍有漏心识而为无漏智慧。但问题在于这个转依所赖以成立的无漏智慧法性,是寄存于杂染的阿赖耶识中,还是独立存在于阿赖耶识外?关于这一问题,中国佛教中不同的唯识师说有不同的解释。

一种解释是,法性或无漏清净种子就寄存于阿赖耶识内。但是,这样一来阿赖耶识就同时具有染净、有漏无漏双重性质,它不仅为一切惑业和罪恶的根据,同时也是解脱和善行的源头。这种善恶同源的理论有一个基本的弱点,即它不能从理路上给出解脱和善行的至纯性和真实义;而且寄存的说法,本身也显示了无漏种子非阿赖耶识所原有,它是客居的,是待缘而增长的,这实际上又把成佛看成一个被动的行为。另一种解释是,法性在阿赖耶识之外,如是则无异说在阿赖耶识之外另有一清净本源的存在,这便成为染净、善恶并存之二元本体论。这种解释一方面以赖耶种子为心物万象的根据、初因、本体,同时又承认绝对、真实、不动不变的法性(真如)是一切法的实体,在理论上无法融通。

与唯识学比较而言,如来藏系或真心系侧重于讲众生上求菩提成就觉悟的内在根据及其自足性,对于现实世界的交待却显得过于简单;唯识妄心系详究存在世界的理法,却又有把超越的成佛依据悬挂于众生心外,致使众生沿流难返。就是说,真心系长于讲心性修养的还灭门,而疏于讲世界产生的流转门;妄心系则长于讲流转门而疏于还灭门。二说各有优劣。

四、"本有"与"当有"之辨

南北朝时期经论师热烈争论的另一问题,是佛性"本有"还是"当有"的问题。

佛性本有,是就一切众生性体(本体)上说,一切众生悉有佛性,与佛平等,本来无二,佛非造作,本自圆成;佛性当有,或谓始有,则侧重于从实践上说众生与佛之差别,意指众生需假借修行妙用,才能使佛性彰显。就实而言,本、当二说并无对立,"本有"为众生成佛悬立一本体论之依据,即成佛之因;"当有"乃为策励修行,故说佛果要从妙用而生。就是说,本、始二义,一就因上说,一就果上言，原本并无二致。

南北朝时期的中国佛教凡言佛性义，皆本于《涅槃经》。《涅槃经》对佛性本始二义，虽无明文提及，却多有暗示。因为该经对于佛性的本、始关系没有明确的说明，所以涅槃师们就各有倚重而发挥不同说法，把本、始佛性说析分为二而不知贯通。在"本有"说中，就有灵昧小亮（宝亮）、小山瑶和开善（智藏）、庄严（僧旻）三家；在"当有"义下，也有三种不同说法。但是涅槃论师们也只是就不同角度来说佛性本始两义，并没有把两义析分为对峙的二说。本始二说的对峙，是地论宗南北分道以后的事。

南北朝的地论师们大多同时兼讲《涅槃经》，所以他们也很自然地把涅槃论师们有关佛性本、始的问题纳入自己的论题予以探究。不过，他们不是只就佛性论本、始，而是结合了唯识学的心识与佛性的关系来予以探究，这就不仅使佛性论问题变得更为深入细密，也同时把问题变得更为曲折复杂。

在地论师那里，他们一般以"理性"（理佛性）和"行性"（行佛性）来讲佛性本、始义。理性，是从众生成佛的依持上说，故是"本有"；行性，则从众生通过实践上的修持而显佛性义上说，故主"始有"。地论师以"一心"为万法的依持，本有理性与始有行性最终都必须落实到"一心"之上。只是由于地论南北二道对"一心"的解释完全不同，所以才引发本、始二说之对立。

北道以"一心"或阿赖耶识的性质为杂染，"计黎耶为无明"，佛性在心（识）外，所以只有从"当果"上来讲离染显净、转识成智而修成佛道（始有）。南道则以真心为依持，主阿赖耶识的性质为清净，即便清净法随缘流转于一切生死之中，但正如南道传人法上所说，真如佛性与生死众生"终日同处，染净常别"（《十地论义疏》卷一），所以修道并非如北道所说去寻找心外佛性，而是返本归真,回到本有。地论南北二道有关佛性本、始这种争论一直绵延到隋唐。

五、《大乘起信论》的“一心二门”论

就在经论师们围绕着“真心”与“妄心”、“本有”与“始有”问题争论不休之际,也有力求协调二者的观点的一些论著陆续出现。其具代表性的一种便是《大乘起信论》。

《大乘起信论》,相传为印度马鸣所作,在南梁年间由真谛译出。该论由于充分消化了印度传来的佛教各宗的心性学说,就为隋唐中国化的佛教乃至宋明儒学的发展理路奠定了基本构架,所以历来为学者所重视。

首先,《大乘起信论》是以本、始二觉来论究佛性的。《大乘起信论》所说的觉,是指“心体离念”的自明性。本觉既是佛性,也是法身。佛性指众生成佛之内在依据,法身即众生离染成净、达成佛果之终致,二者是二而一的。

《大乘起信论》认为,本觉要真正实现自己,需经历一番沉沦和曲折,通过与妄染的交涉而回到自身,所谓“真有待妄之义”,“依真之妄,方能显真”,即是指此。本觉自我实现的过程就是始觉。具体说,始觉是本觉在现象世界中展现出来的自明性。众生上求菩提,了脱生死之心,即是始觉之一种表现。始觉展现一个修证的过程,它从不觉起,经由不同认识和觉悟层次的递进发展,最后实现本觉的复归,而达成果位。

如果说本觉是理佛性,始觉则是行佛性,前者是本有,后者为始有,那么这二者的关系并不像涅槃论师们说的,只是简单的两面,更非如地论师们所说的,为对峙之两极,而是非一非异,犹体用之不二的。始觉依本觉而有,就体性上说,它也是一种本觉,故二

者没有本质上的差异。《大乘起信论》说“以始觉者，即同本觉”，此“同”，乃是就体性上说“始本不二，元一觉也”。但分殊地、从现象世界上说，即就迷情众生说，本始不同，本借始显。即是说，本觉是体，始觉是本觉之显用，此又非一。可以说，《大乘起信论》本始二觉不一不二的学说，是要从本觉一元论的立场，对南北朝以来佛性本、始二说的二元对峙，予以彻底的消解。

《大乘起信论》又以“一心二门”说来容融“真心”与“妄心”二系的纷争。

所谓“一心”，是指众生每个个人所具有的心体；“二门”是指这一心体包含了两个方面，即所谓“真如门”和“生灭门”。前者的性质是清净无染的，后者的性质则是污染的。

具体说，“众生心”不仅是一切“杂染根本”，是现象世界成立的依据，同时也是成佛的内在根据。所以它是染净所依，具有“真如相”与“生灭因缘相”，也就是说一心涵摄了“真如”与“生灭”二个方面。《大乘起信论》说：

> 显示正义者，依一心法，有两种门。云何为二？一者心真如门；二者心生灭门。二门皆各总摄一切法。

“心真如门”，是“一法界大总相法门体”，也就是所谓“摩诃衍体”，具有本体的性质。

《大乘起信论》又把真如从可以用语言表达与不能用语言表达的不同层次分为“依言真如”与“离言真如”。

“依言真如”，即以方便的表诠方法，通过言说表现真如佛性本来具有“如实空”与“如实不空”两种意义。《起信论》说：

> 此真如者，依言说分别，有二种义。云何为二？一者，如实空，以能究竟显实故。二者，如实不空，以有自体具足无量性功德故。

即是说,“依言真如”是指假借言语对真如本体自性空净而又法力无边的伟大功能作积极的说明,也就是勉强用言语来说明不可说的真如。有此说明,人们才能借以了解真如为何物。即如因指见月,指虽不是月亮,却可以指示人们去看月亮。

“离言真如”即以遮诠的方式说不可言说之实相。这种消极的讲说,意在表示佛性是超越的、无形无相的,而且正因如此,它才是最根本的存在,所谓“无相即实相”。《大乘起信论》说:

> 是故一切法,从本已来,离言说相,离名字相,离心缘相,毕竟平等,无有变异,不可破坏,唯是一心,故名真如。以一切言说,假名无实,但随妄念,不可得故。言真如者,亦无有相。

此所谓“离言说相,离名字相”,即以“无相”为“实相”。《大乘起信论》这种即遮而表的言说方式所示现的佛性的特点,即一体二义、体用不二的特点。

《大乘起信论》的“心生灭门”,是更复杂的一个概念,它建立在阿赖耶识基础上,但又对传统佛教阿赖耶识的观念进行了改造。它是为充分表现真如随缘受熏而又沿流还灭、自我实现的运动历程而作的一种方便施设。《大乘起信论》把“心生灭门”开展为体、相、用不二之义,并把真如具体规定为“本觉”,真如的自我实现,表述为觉与不觉的互动。这些都是《大乘起信论》的独创,其与中国哲学的精神之间,存在某种相通的契机。

“真如门”与“生灭门”的关系怎样,它们之间如何衔接,是《大乘起信论》沟通法性与法、理与事、本体与现象的关键所在。《大乘起信论》关于二门的相互关系,讲得隐含而曲折。学者们一般认为,所谓“心真如门”和“心生灭门”,二者都有一个“心”字,乃表示同一心体具有两面。从真如绝对的方面观照一心和从生灭现象的方面观看一心，是一体的二义。所谓真如者，真实如常之义，表示非虚假、非变化之物，可名为绝对实体；所谓生灭者，乃有因缘则生、无因缘则灭之意，表示宇宙的变化，可名为相对的现象。"门"字有"区别"和"通入"二义。真如绝对一味，平等无二，区别于生灭相对的现象差别；同时，真如和生灭又有互相通入之义。由真如入生灭，这是世界起现的过程，即是佛教说的"流转"；由生灭入真如，则是成就佛性，回归本真的过程，即是佛教讲的"还灭"；出入自在，故名为"门"。展开地说，这两个层面可以这样理解：从本体与法性层面上，也就是说从形上学存有论的意义上来理解真如，它是超验的，具绝对的同一性，但这种同一性潜藏着分别缘起的可能性；而从现象生灭门的层面，亦即从缘起论意义上看真如，为"依业识生灭之相"而起对待，便显现出种种差别的幻想。生灭门的意义，在于它可以衬托绝对，"对染显德"。所以，从法性的层面上看二门则"差别而无二"，即千差万别的世界，其本性是无二的；从现象生灭的层面上看二门，则是"无二而差别"，即本性无二的本体可以变现出千差万别的世界。这样，本质与现象的关系就表现为不一又不异的双重性。这种二门互摄真彻于俗、事赅于理的本体与现象的不二观，正体现了《大乘起信论》圆融不二的特色。因真俗二门究竟平等不二的缘故，世谛层面呈现出来的所谓异相或差别相，如从无分别心的胜义谛去观照，亦不外是妙有实相。后来中国华严宗的"理事无碍"，禅宗的"即事而真"，门门回互，天台宗的"一色一香，无非中道"等，都可以说是与此相应的。

如果从中国本土的资源来看，《大乘起信论》的心性论主张，实与中国传统儒家的形上学，特别是《中庸》的心性学，以及道家的生成论，有非常相似之处。如《老子》的"道生一，一生二，二生三"，从无到有，无与有"二者同出而异名，同谓之玄"的理论模式；

《中庸》讲的由“未发”到“已发”,由体到用,体用二者“不可须臾离”的思想,均与《大乘起信论》由“一心二门”开展出流转、还灭二门相摄相入而又难可了知(“玄”)的说法甚相契合。《大乘起信论》无疑对中国传统儒、道思想有所吸纳。

依《大乘起信论》“真如门”潜藏染净二个方面的见解,作为本体之心,显然就同时隐含随缘(变化)和不变的双重义涵。《大乘起信论》既反对“虚空是如来性”,又反对如来藏是“有色心法”,主张如来藏“体无不实”而又“性自本无”,这与印度佛学,尤其与唯识学所讲佛性本体寂灭不变的说法是迥然有异的。它确实更类似于中国式的以“即存在即活动”(牟宗三语)的方式来沟通道体与现象的关系的观念。有学者指出,无明与真如互相“熏习”的观念绝不能产生于印度,只能产生于中国文化背景中。这一论理的结构之所以对唐以后中国佛教心性理论的开展,特别是对宋明理学关于人欲与天理、情与性等关系的理论框架产生重要影响,也是基于“一心二门”的教理所隐含的中国特色。

第七章
佛教的鼎盛与隋唐佛教哲学

两晋南北朝时期,为佛教得到广泛的传播与更好地释读的时期。在对不同经论的不同释读中,形成了不同的学风、学统。学风有南北之别:南方与玄学结合,重义理;北方以信实为尚,重践行。学派则如上述,体现为不同经论师的不同承传系统。

进入隋唐,由于国家由分裂走向一统,不仅佛教南北的不同学风与不同经论师的不同学统逐渐走向了融合,而且,佛教与儒、道二学亦已在抗争中日渐互渗。加上一些有影响的寺院有了相对独立的寺院经济的支撑,僧徒们不仅形成了各具特色的新的诠释与判教系统,而且发展出更加稳定的传法关系。因此,佛教宗派被催生。隋朝陆续出现天台、三论、三阶教各宗,入唐,相继出现唯识、华严、禅、密、净土、真言各宗。下面,我们着重介绍在中国哲学发展史上有较大影响的天台宗、唯识宗、华严宗和禅宗等四宗的思想。

第一节 天台宗的圆融观

天台宗为释智顗(公元538—597年)所创。释智顗,俗姓陈,字德安。祖籍颍川(今河南许昌),生于荆州华容(今湖北潜江西南)。自幼信佛,17 岁时值梁末兵乱,颠沛流离。18 岁投湘州果愿寺出家,20 岁受具足戒。陈天嘉元年(560 年)往光州(今河南潢川)大苏山,依慧思学四安乐行,证悟法华三昧。后获隋炀帝赐号智者大师。597 年,智𫖮圆寂于天台山石城。天台宗因智𫖮长期住持的修禅寺位于天台山(今浙江省天台县境界内)而得名,又因该宗根本经典为《妙法莲华经》(简称《法华经》)而被称为法华宗。

智𫖮虽为天台宗的实际创立者,但他说自己一生"归命龙树师"(智𫖮:《观心论》),故该宗后继者推尊龙树(约公元 150—250 年)为初祖。龙树之后,历经北齐慧文(生卒年不祥)、慧思(公元 515—577 年)、智𫖮、灌顶(公元 561—632 年)、智威(? —680 年)、湛然(公元 711—782 年)等等,代代相传。

天台宗所依经典,以《妙法莲华经》为宗经,以《大智度论》为指南,以《大般涅槃经》为辅佐,以《摩诃般若波罗蜜经》为观法。该宗祖师的主要著作首推智𫖮的天台"三大部"和"五小部",即《妙法莲华经玄义》、《妙法莲华经文句》和《摩诃止观》,以及《金光明经玄义》、《金光明经文句》、《观音玄义》、《观音义疏》和《观无量寿佛经疏》。

天台宗依证见实相的偏圆而将整个佛陀教法判分为"藏"、"通"、"别"、"圆"四教,而自称"圆教"。依湛然的《始终心要》,天台宗的教理系统为:

> 夫三谛者,天然之性德也。……迷兹三谛转成三惑,惑破藉乎三观,观成证乎三智,智成成乎三德。从因至果,非渐修也。说之次第,理非次第。

从三谛而三观而三智而三德,在天台宗仅仅是叙述的方便,实际上天台宗作为圆教强调“不历渐次，当体全是”。下面依“说教”次第予以介绍。

一、圆融三谛

“圆融三谛”，为天台宗的实相观，在哲学上概属本体论。智顗的天台宗，即以“圆融三谛”的实相观为基本点和独特处。

那么，何谓“圆融三谛”呢？智顗所以能开出天台宗，首先即在他对实相的理解别出心裁。这要回溯到龙树。龙树在《中论》里曾写下了著名的“三是”偈：“众因缘生法，我说即是无（空），亦为是假名，亦是中道义。”龙树此偈的内涵是：从各种条件的聚合得以产生的一切法，其本性是空性；空性亦非实有的一物，它也不过是一个没有任何实体相应的名称（假名）而已；明了此理，则既不会执著于因缘法的实体性，也不会执著于空性的实体性；离此二执，便是中道。按龙树的这一“三是”偈，已经作出三个判定，但龙树的空观更多地还是讲无（空）与有、真与俗二谛，非有非无的中道则主要地被作为遮诠的方法而显示其意义。

但智顗依其所悟对此偈作出了新解。他说：

> 《中论》云，因缘所生法即空即假即中。因缘所生法即空者，此非断无也；即假者，不二也；即中者，不异也。因缘所生法者，即遍一切处也。（《法华玄义》卷一上）

依智顗的诠释，宇宙间的一切现象本具三种义谛，即“空谛”、“假谛”和“中谛”。“空谛”又叫做“真谛”或“无谛”，谓诸法自性本空乃是一切现象的真理；“假谛”又叫做“俗谛”或“有谛”，谓诸法虽然自性本空，但因缘聚合时则宛然于空中立一切法，故称“假谛”；“中谛”又叫做“中道第一义谛”，谓诸法本来不离空假二边，也不即空假二边,非真非俗、即真即俗,清净洞彻,圆融无碍,故称“中谛”。这样,智顗就将龙树的二谛诠释为三谛。进一步,他又认为三谛不是浅深不同的等级关系,而是平等的相即互融关系。智顗说:“虽三而一,虽一而三,不相妨碍。三种皆空者,言思道断故;三种皆假者,但有名字故;三种皆中者,即是实相故。”(《摩诃止观》卷一下)就是说,随举一谛即具足其余二谛,三谛不异而异,相即无碍;三谛异而不异,圆融自在。这就是天台宗著名的即空、即假、即中的“圆融三谛”思想。

智顗将龙树的二谛理解为“圆融三谛”,主要是想将龙树重于遮诠的教理系统开展为重于表诠的教理系统,以展现其所觉悟到的“十界互具”和“一念三千”的不可思议境界。这也是天台思想的又一大特色。

所谓“十界互具”,包含“十界”与“互具”两层含义。“十界”指佛学依迷悟的程度分立的十个世界,即“地狱”、“饿鬼”、“畜生”、“人”、“阿修罗”、“天”、“声闻”、“缘觉”、“菩萨”、“佛”。此前,佛学家们侧重从果报方面凸显十界之间高低不同的差异面,但智顗侧重从理体上彰显十界之间的相即相入面:

> 一、十数皆依法界,法界外更无复法,能所合称,故言十法界也。二、此十种法分齐不同,因果隔别,凡圣有异,故加之以界也。三、此十界即法界摄一切法,一切法趣地狱,是趣不过,当体即理,更无所依,故名法界。乃至佛法界亦复如是。(《法华玄义》卷二上)

宇宙间的一切现象虽然由于性质、因果和凡圣等等不同可分为十个法界,但由于十界本性皆即空即假即中,无二无别,所以它们并非是隔绝不通的,而是互含互具的,地狱界即内含且具足包括佛界在内的其余九界,其余九界亦一一内含且具足另外九界。正因为如此,地狱界众生不断佛性而能离生成佛,佛界诸圣(即佛)亦不断性恶而能无碍地救度其余九界众生。

“一念三千”则是智顗将十界互具落实到修行者一念心中所作的具体开展。智顗的“一念”指众生当下的任何心念,“三千”则是从十界互具的思想引申而出。智顗阐述其内容道:

> 夫一心具十法界,一法界又具十法界、百法界。一界具三十种世间,百法界即具三千种世间,此三千在一念心。若无心而已,介尔有心,即具三千。亦不言一心在前,一切法在后;亦不言一切法在前,一心在后。……若从一心生一切法者,此则是纵;若心一时含一切法者,此即是横。纵亦不可,横亦不可,只心是一切法,一切法是心,故非纵非横,非一非异,玄妙深绝,非识所识,非言所言。所以称为不可思议境,意在于此。(《摩诃止观》卷五上)

众生的任何一念都是一法,此一法必属于“十法界”中的某一法界。依据“十界互具”的理论,此一心念所属的法界乃是与其余九界互具的法界,十十互具,则此一念中已具足一百个法界。从法界的构成要素来说,佛教认为每一法界都由五阴世间、众生世间、国土世间构成,此为三种世间。这样,一百个法界就有三百种世间。再就世间的存在状况言,每一世间的实相又具十种如是(即《法华经》所说相、性、体、力、作、因、缘、果、报、本末究竟等),如此则三百种世间乘以十种如是就等于三千如是了。“一念三千”就是指众生每起一念皆具足三千如是的实相境界。而且,说心具三千非谓心生或心含三千,而是说一心即三千、三千即一心。这里的“即”就是表诠。我们知道,空宗所取的遮诠(“非有非无”)的方法,侧重点在化解对经验世界(事相)的执迷。智顗以表诠的方法确认的“圆融三谛”、“一念三千”,却凸显了真如实相含摄一切世间法与非世间法的不可思议境。

二、性具善恶

“一念三千”之念为“心念”,“心”为性体、理体;“三千”含出世间法与世间法,前者为净法、善法,后者为染法、恶法。故天台宗依“一念三千”,又可引出“性具净染”、“性具善恶”之说。而且,依天台宗诸师的看法,天台宗更是以“性具善恶”说显示其独自的特色的。

“性具善恶”说最先在智顗的《观音玄义》一书中得到明确阐述,原文说:

> 问:“缘、了既有性德善,亦有性德恶否?”答:“具。”问:“阐提与佛断何等善恶?”答:“阐提断修善尽,但性善在;佛断修恶尽,但性恶在。”问:“性德善恶何不可断?”答:“性之善恶但是善恶之法门,性不可改,历三世无谁能毁,复不可断坏。……”问:“阐提不断性善,还能令修善起;佛不断性恶,还令修恶起耶?”答:“阐提既不达性善,以不达故,还为善所染,修善得起,广治诸恶。佛虽不断性恶,而能达于恶。以达恶故,于恶自在,故不为恶所染。修恶不得起故,佛永无复恶。以自在故,广用诸恶法门化度众生,终日用之,终日不染,不染故不起。”(《观音玄义》卷上)

“缘”指缘因佛性,“了”指了因佛性。天台学依其“圆融三谛”的实相观,就实相说展示“空”、“假”、“中”三谛,就众生说则开立为成佛的“正因”、“了因”和“缘因”三因佛性。“正因佛性”为中道实相;“了因佛性”是指由正因佛性发出的般若智慧;“缘因佛性”

是指资助了因、开发正因的一切善行。依《大般涅槃经》,“正因佛性”作为非善非恶的中道,人人本有;“了因佛性”和“缘因佛性”或善或恶,或善恶相杂,九界众生的善恶高下就是依此二佛性得到分判的;及至众生成佛,则了、缘二佛性皆归一于中道,也可以说正因佛性至佛而得圆满显现。智顗认为,了因、缘因二佛性中善恶兼具,且不可断,如果断了善恶,就非了因和缘因佛性了。这是阐提成佛和佛任运度生的根本依据。从阐提说,因其未断二因佛性中的善性,故能够为善熏染而离恶向善,直至成佛;从佛说,因其未断二因佛性中的恶性,故能任运现起与众生当机的“恶行”而化度之。

智顗的“性具善恶”说与“十界互具”、“一念三千”诸说中,均特别强调一个“具”字。宋代天台师知礼说:“只一具字,弥显今宗。以性具善,诸师亦知;具恶缘了,他皆莫测。……若知善恶皆是性具,性无不融,则十界百界,一千三千。”(《观音玄义记》卷二)这里即把一“具”(具恶)字作本宗特别处。“具”的含义,元代天台师怀则释称:“如此三千,现前一念修恶之心本来具足,非造作而成,非相生而然,非相含而然。”(《天台传佛心印记》)就是说,“具”是相对于“起”、“生”、“含”诸义而言的。“现”、“生”讲时间先后,有宇宙论色彩,它确认本无后有;“含”由空间大小定主次,有本质论色彩,它确认孰本孰末。“具”均不取此诸义。“具”表诠的意义为:其一,三千事法一起即起,一灭即灭,平等一如,这种实相观在哲学上显然近于存在论;其二,因为任一事法均具相等意义,所以,在修证上可在任一事法、任一心念证入理体。智顗说“无明即是法性”(《摩诃止观》卷六下),说“系缘法界,一念法界,一色一香,无非中道”(《摩诃止观》卷一上),即指这一殊胜入路。智顗称此修习入路为圆顿止观。

三、圆顿止观

“圆融三谛”的不思议境虽然为众生一念本具，但仅仅是理体（或性体）的具足，实际上众生由于机缘不同往往不能于当下一念契入此境，更由迷失而起种种执著。执著之心一起，此心所具三千如是妙境便当体落入地狱至菩萨这九界中的任何一界，或为菩萨界的三千，乃至或称为地狱界的三千。由此，就需要借止观破惑显智。这是天台的修证方法论。

“止”是梵文 sāmatha（奢摩他）的意译，指心念专注一境，达到无念无想的寂静状态；“观”是梵语 vipasyana（毗钵舍那）的意译，指以智慧思维观察某一特定的对象或道理。“止观”自始即是佛教修行方法中的两大支柱，更是天台宗的根本教法。

天台智顗最重止观法门。他先依经论之义分别将止与观开分为三，共成“三止三观”。“三止”指“体真止”、“方便随缘止”和“息二边分别止”。“体真止”讲心念安住于诸法空性真谛；“方便随缘止”讲心念安住于随缘俗谛；“息二边分别止”讲安住于不落真俗两边的中道第一义谛。“三观”指“二谛观”、“平等观”和“中道第一义观”。“二谛观”又称“从假入空观”，即由观诸法为因缘和合的幻相（假）而证入其空性的观法。“平等观”又称“从空入假观”，即观诸法空性不是与幻相本身隔离的空性，而是与幻相不二的空性，从而断除偏空之病的观法。由于二谛观仅用空破假，而此观既以空破假又以假破空，故被称为“平等观”。“中道第一义观”，谓“双遮二边，是名二空观为方便道，得会中道”（《摩诃止观》卷三上）。此即既遮遣二谛观的“空生死”，复排拒平等观的“空涅槃”，以契会二边不住的中道的观法。修行者依三止发三观，三观圆满则成就三种智慧。

虽然一切修行者无不依此“三止三观”而成就三智，但修行者根性不同，对三止三观的运用方式也各有别。为此，智顗又为下、中、上三种不同根性的修行者开出“渐次”、“不定”和“圆顿”三种止观。但是智顗认为，圆教的正观为上根器特被的“圆顿止观”。

何谓“圆顿止观”？智顗说：

> 圆顿者，初缘实相，造境即中，无不真实。系缘法界，一念法界，一色一香，无非中道。己界及佛界，众生界亦然。阴入皆如，无苦可舍；无明尘劳即是菩提，无集可断；边邪皆中正，无道可修；生死即涅槃，无灭可证。无苦、无集，故无世间；无道、无灭，故无出世间。纯一实相，实相外更无别法。法性寂然名止，寂而常照名观。虽言初后，无二无别，是名圆顿止观。(《摩诃止观》卷一)

这里，圆是就止观所对境而言，此境是前述“圆融三谛”的法界实相，它是相摄相入、圆融无别的；顿实就止观所显相而言，止观不起则已，一旦发起，则不历渐次而齐发三止三观。这样的止观是实相自身呈显出来的自性止观，故止实为观之止，观实为止之观，止观无二无别。因此，智顗又称“圆顿止观”为“不思议止观”、“不渐次止观”或“一心三观”。这种止观与传统的止观确实大为不同，而近于此后慧能所倡导的“定慧等持”观。

依智顗实相论，“圆顿止观”可对任一法而起：

> 若一法一切法，即是因缘所生法，是为假名，假观也；若一切法即一法，我说即是空，空观也；若非一非一切者，即是中道观。一空一切空，无假、中而不空，总空观也；一假一切假，无空、中而不假，总假观也；一中一切中，无空、假而不中，总中观也。(《摩诃止观》卷五上)

观诸法的空谛，则其假谛与中谛皆即真谛，此空遂非孤立的偏空，而是具足假谛和中谛的真空；观诸法的假谛，则其空谛与中谛皆即假谛,此假遂非孤立的偏假,而是具足空谛和中谛的真假;观诸法的中谛,则其空谛与假谛皆即中谛,此中遂非离空假二谛的“但中”,而为具足空假二谛的圆中。

然“一切法是心”,因而从任一法发起“圆顿止观”,实又莫过于从当下一念心入手。修行者当于其当下一念心,观此心即空即假即中的不可思议境。

> 若解一心一切心,一切心一心,非一非一切;一阴一切阴,一切阴一阴,非一非一切;……乃至一究竟一切究竟,一切究竟一究竟,非一非一切。遍历一切,皆是不可思议境。(《摩诃止观》卷五上)

至此,修行者可谓得入圆满不思议止观。智者认为,修行者圆满成就了不思议止观,就能圆断三惑。

所谓“三惑”,即“见思惑”、“尘沙惑”、“无明惑”。“见思惑”为不能觉观一切现象本性皆空;“尘沙惑”为不能觉观空性不异一切现象;“无明惑”为不能远离空假二边而证入即空即假即中。圆断三惑,首先是指三观同时分别顿除相应之惑,亦指三观中随举一观皆顿除三惑。

圆断三惑,则一心同时圆证三智。天台宗的三智就是大乘佛教认为修行者应当获得的三种智慧,即“一切智”、“道种智”和“一切种智”。“一切智”是指善知诸法总相即了知其空相的智慧;“道种智”是指善知诸法别相即了知其差别相状的智慧;“一切种智”是指善知诸法总别二相即圆满了知其空相和差别相的智慧。

天台宗三智说的独特处在于,在台家看来,别教修习的是历别三观,所证的是别相三智:先修习“空观”,破“见思惑”,得“一切智”;其次修习“假观”,破“尘沙惑”,得“道种智”;最后修习“中观”,破“无明惑”,得“一切种智”。天台“圆教”则不然。“圆教”所修为不思议一心三观,故其所断为三惑齐断的圆断,所证也是三智一心得的圆证。智顗说道:

> 如是观者,即是一心三智:即空是观照般若,一切智;即假是方便般若,道种智;即中是实相般若,一切种智。是三智一心中得,即空即假即中,无前无后,不并不别,甚深微妙,最可依止。(《金光明经玄义》卷下)

此谓即空为一切智、即假为道种智、即中为一切种智,若举一切智,则道种智与一切种智亦皆即空而为一切智;若举道种智,则一切智与一切种智皆即假而为道种智;若举一切种智,则一切智与道种智皆即中而为一切种智。三智即一智,一智即三智,“因圆果圆,因妙果妙,谛妙智妙,正直舍方便,但说无上道,是故为妙智也”(《妙法莲华经玄义》卷三下)。

四、圆显三德

依天台宗的看法,修行者圆证三智,则“圆显三德”而圆满成佛。“三德”即“法身德”、“般若德”和“解脱德”,又分别称为“恩德”、“智德”和“断德”。智顗对三德皆有规定:

> 法者,法名可轨,诸佛轨之而得成佛,故《经》言:“诸佛所师,所谓法也。”身者,聚也,一法具一切法,无有缺减,故名为身,《经》言:“我身即是一切众生真善知识。”当知身者聚也。般若者,觉了诸法集散、非集非散,即是觉了三谛之法。解脱者,于诸法无染无住,名为解脱。(《金光明经玄义》卷上)

这是以一法具一切法的实相为法身,以明照空、假、中三谛的心体为般若,以任运自在无碍度生的行业为解脱,与大乘佛教的一般说法是一致的。

天台宗圆教三德观的特别处：一在于他们认为圆教三德乃是一时圆显而非次第别显；二在于他们将三德与四德汇归一体。就前一方面，智顗于《摩诃止观》卷三上称：

> 今明三德皆不可思议，那忽纵？皆不可思议，那忽横？皆不可思议，那忽一？皆不可思议，那忽异？此约理藏释。身常、智圆、断具，一切皆是佛法，无有优劣，故不纵；三德相冥，同是一法界，出法界外，何处更别有法？故不横。能种种建立，故不一；同归第一义，故不异。此约行因释也。即一而三，故不横；即三而一，故不纵。不三而三，故不一；不一而一，故不异。此约字用释也。真伊字义为若此。

"伊"即∴字的读音，为《大般涅槃经》中用来象征佛所证涅槃具有的三德的符号。该经称佛所证的涅槃为法身、般若和解脱三德具足、三德相即的秘密藏。在天台宗看来，藏、通、别三教次第修三观所显的三德就像点与点之间没有细线相连的△字，隔别成就，各不相关。而圆教修一心三观所显的三德则像点与点之间有细线相连的△字（真伊字），一时具足，相即不二。就是说，从圆教象征三德的伊字看，三点纵立不成△，横排不成△，缺却其中任何一点任何一线亦不成△，必须三点不纵不横、相即不离方能称为△。

就四德汇归而言，《大般涅槃经》本有涅槃三德和四德二说，惟未明文彰显二者的关系。所谓四德又称涅槃四德，指大涅槃具有的常、乐、我、净四种果德。"常"，义为常住，指大涅槃永超生灭变易而入不生不灭之德；"乐"，义为安乐，指大涅槃永绝生死患累而享无为安乐之德;"我",义为真我,指大涅槃永离妄执假我而得自在真我之德;"净",义为清净,指大涅槃离三种惑业而显湛然清净之德。天台宗以为,"法身"、"般若"和"解脱"三德是大般涅槃之体,称为"德体";"常"、"乐"、"我"、"净"四德是大般涅槃之相,称为"德相"。三德与四德是体与相的关系,四德依本于三德,三德则体现为四德。具体说来,两者的关系有通别二义,若就其通义言,三德一一皆具足四德,此即"通论三德,一一皆常、乐、我、净"。若就其别义,则依转色、受、想、行、识五阴而各有所属:"若依一种转,色成法身,法身常、乐;转识想成般若,般若即净;转受行成解脱,解脱则我。又依念处,转识成常,转受成乐,转想、行成我,转色成净。"(《摩诃止观》卷三上)依天台宗的教法,修行者即由圆具三德而修成佛道。

第二节　唯识宗的转识成智论

唯识宗又称为慈恩宗,远承无著(Asanga,约公元395—470年)与世亲(Vasubandhu,约公元420—500年)兄弟开出的唯识学。唯识学传入中国,有真谛昙无谶(公元385－433年)(公元499—569年)和菩提流支(约五一六世纪间)等人开风气之先,不过,它蔚为隋唐时代的第二大佛教义学宗派,则主要应归功于玄奘与窥基师徒二人。

玄奘(约公元600—664年),俗姓陈,本名祎,洛州缑氏(今河南省偃师县南)人。少年时出家为僧,武德五年(622)受具足戒。由于觉得多年来在各地讲筵所闻,异说不一,特别是当时流行的《摄大乘论》、《十地经论》两家有关性相之说不能统一,很想得到总赅三乘学说的《瑜伽师地论》以求会通,于是决心往印度求法。

贞观三年(629)西行印度,贞观十九年(645)正月回到长安,前后在印度学习十余载,精通华梵,学贯三藏,回国后以译经为志业。在19年间共译出经论75部1335卷。就唯识学教典而言,他除新译了不少经典外,还重新翻译了几乎所有旧译经典,使该系统的文献前所未有地完备起来。同时,他边译边讲,培养了很多德学兼备的弟子,为唯识宗的成立奠定了基础。窥基(公元632—约682年)即是其中最杰出者。窥基,俗姓尉迟,17岁时正式舍家受度为玄奘弟子,随侍玄奘参加译场。前后9年,笔受玄奘所译《成唯识论》、《辩中边论颂》、《辩中边论》、《唯识二十论》、《异部宗轮论》、《阿毘达磨界身足论》等论典,且遍注唯识经论,有"百部疏主"之称。由此,唯识一门成为与华严宗、禅宗鼎足而立的中国佛教宗派。但是,唯识宗的鼎盛局面历时不长,窥基之后,经慧沼(公元650—714年)至智周(公元668—723年)两传,便趋于衰微了。

唯识宗所宗经典有"六经十一论"之称,所谓"六经"指《解深密经》、《大方广佛华严经》、《楞伽经》、《如来出现功德庄严经》、《阿毘达摩经》、《厚严经》,其中后三经未译成汉文;"十一论"即所谓"一本十支",一本为《瑜伽师地论》,十支则指《摄大乘论》、《显扬圣教论》、《大乘庄严经论》、《集量论》、《十地经论》、《分别瑜伽论》、《辩中边论》、《二十唯识论》、《观所缘缘论》和《阿毘达磨杂集论》。此外,《成唯识论》、《百法明门论》和《因明入正理论》亦是该宗重要典籍。根本经典则是《解深密经》与《瑜伽师地论》。

唯识宗依《解深密经》将佛陀教法判分为三时教,即第一时"有教"、第二时"空教"和第三时"中道教",称自己一宗所说为"中道教"。唯识宗的教理特色是十分注重对各种现象(法相)的分析,有人以此称之为法相宗。唯识宗以“八识”理论为中心,通过分析各种现象的来源和性质,证明万法唯识所现的道理。万法既不离心识而存在,则此存在便是虚幻而非真实的存在,不能执著;一旦远离对虚幻存在的执著,则生起此虚幻存在的心识亦随之消亡。由此得转八识而成四智,证我法二空的真如,显四智圆满的涅槃。

一、八识与赖耶缘起

唯识宗主“万法唯识”,宇宙间的一切均为“识”所变现。那么,“识”是什么呢?

在原始佛教的十二因缘说中,识为第三支。十二因缘为“无明”缘“行”,“行”缘“识”,“识”缘“名色”,“名色”缘“六入”,“六入”缘“触”,“触”缘“受”,“受”缘“爱”,“爱”缘“取”,“取”缘“有”,“有”缘“生”,“生”缘“老死”。其中,“无明”、“行”两支为前世之因,“识”、“名色”、“六入”、“触”、“受”五支为今世之果,“爱”、“取”、“有”三支为今世之因,“生”、“老死”二支为来世之果。十二因缘涉及三世二重因果报应,构成为佛教的基本信仰。“识”作为十二因缘中由前世转入今世的承续体,有“灵魂”的意味。在原始佛教那里,“识”由眼识、耳识、鼻识、舌识、身识、意识等六身识构成。前五识,相当于感知认识,第六识相当于由概念、判断、推理构成的认识。“六识”均由“六根”(眼、耳、鼻、舌、身、意)对“六境”(色、声、香、味、触、法)而起,故依当今的观点,六识属经验知识范畴。

唯识学作为从空宗转入有宗、重新认肯和强调信仰而发展起来的重要学派,当然非常重视这个“识”。但它不满足“六识”说,而增设了“末那识”、“阿赖耶识”,展开为“八识”。并且,把阿赖耶识看做为根本识："由有阿赖耶识故，得有末那；由此末那为依止故，意识得转。"(《瑜伽师地论》卷五十一)就是说，前七识，均依第八识阿赖耶识才得以转起。

"阿赖耶"为梵文 ālaya 的音译，义为圣或藏；故"阿赖耶识"又称为"藏识"，有"能藏"、"所藏"、"执藏"诸义。"能藏"指阿赖耶能够含藏无始时来由各种善恶的认知和行为熏习而成的种子；"所藏"指阿赖耶识又能够接收新的熏习形成新的种子；新熏习而成的种子相对于过去熏习而成的种子而言，过去的为能熏，新生的为所熏，是有能与所之别。"执藏"则指阿赖耶识被末那识执著为自我，能执之末那识为能执藏，被执之阿赖耶识则又为所执藏。

依唯识学的看法，八识中，前五识直接面对特定的境而起，不具有分别(在分别、比较、抽象、综合中形成知识)的能力，故窥基称"五识不深不续"(《成唯识论述记》卷一末)。即谓前五识的认识是片断的、不连续的、表面的。第六识意识则对"一切法"而起，具有了别不同之法及其相互关系的功能。《成唯识论》称："色等五识，唯了色等，法识通能了一切法，或能了别法，独得法识名。"(卷五)"色等五识"即指前五识，"法识"即第六识，以了别诸种外境即法为事。窥基说"第六深而不续"，即指它已经不是单纯的对外界的直接反映，而且已与认识者的内在观念结构相连接，为内在观念结构所影响，但它毕竟还由杂乱、不连续的外境而起。认识者既定的内在的观念结构为第七识末那识。《显识论》称："此识以执著为体，与四惑相应"；又称："陀那分别我，意识分别万法。"这是说，末那(陀那)与第六识意识的区别就在于后者以分别外境为事，前者以分别人我为事。故此识又为我执识。所谓我执，即把第八识阿赖耶识或由此阿赖耶识转出的今生的"我"(见分)执为"实我"，并生起"身见"、"我慢"、"我爱"、"我执"等惑念。窥基说："第七深而不断。”(《成唯识论述记》卷一)就是说,第七识不会像第六识随外境的迁流而时断时现,它是一内在的、深沉的、无间的自我中心。实际上,它被视为恶的根源。

第七识末那识又是如何以第八识为依止的呢?就是因为第八识为摄藏一切种子的根本识。每个个体之所以成为这一个样子,及个体“六识”所由之“六根”,“六根”所对之“六境”,均由阿赖耶识所摄藏的种子流转而出。窥基谓:“第八不深不断。”(同上)“不深”即指其可摄藏由外境熏习而成的种子,“不断”则指因果相继不断的连续性。显然,从宗教信仰的层面看,第八识即为生死轮回报应的主体;从哲学学理层面看,则此识即具宇宙本根的意义。

二、种子与现行

唯识学借建立第八识来说明宇宙万有的来源、特性与变化规则的这种缘起论,学界称之为“阿赖耶缘起”。

阿赖耶识是如何缘起宇宙万有的呢?依唯识学的说法,是通过“种子”与现行的转换关系而实现的。

所谓种子,“谓本识中亲生自果功能差别”(《成唯识论》卷二)。本识是阿赖耶识的另一个译名。这句话是说,种子是指贮存于阿赖耶识中的能够生起各各不同的事法潜在能力。现行则是指贮存于阿赖耶识中的种子现起为各各不同的境相与心识,因为这些境相与心识是众生能够觉知到的(现)、生灭不已的(行),所以称为现行。

阿赖耶识中的种子来自何处?《成唯识论》说:

> 种子各有二类:一者本有,谓无始来异熟识中,法尔而有生蕴、处、界功能差别。……此即名为本性住种。二

者始起,谓无始来数数现行熏习而有。……此即名为习所成种。(《成唯识论》卷二)

这里的异熟识是从佛教三世因果观的角度赋予阿赖耶识的名称。佛教认为众生如果不能觉悟佛法,就只能继续在因果链条中生死轮回,而众生轮回之根本就是阿赖耶识。此识并非众生现生现世才具有的,而是其无限的过去从事各种活动(造业)积聚起来而在现在世成熟的,对众生的过去世而言,此识是来世成熟的识,所以称为异熟识。唯识宗所称"本性住种"就是指众生由过去的业中积聚而来的种子。相对而言,"习所成种"则是指众生现世前七识的种种活动产生的业力反馈到(熏习到)阿赖耶识中贮存起来的种子。

唯识家从境相与心识相对待的角度,将阿赖耶识中的种子分为"心"与"色"两类。"心种"指阿赖耶识中那些被第七识执著为能知的主体的种子;"色种"则指此识中那些被第七识执著为所知的客体的种子。而当两类种子被纳入佛教修行的动态历程中时,唯识宗又将其分成"有漏"和"无漏"两类。"有漏种子"指那些导致众生陷于愚痴和烦恼、为众生带来痛苦的种子;"无漏种子"指那些能断除众生愚痴和烦恼、引导众生走向解脱的种子。两者中前者为阿赖耶识所生,后者则非阿赖耶识所生,它依不生不灭的真如法界而有,只是寄存于阿赖耶识中而已。"无漏种子"与阿赖耶识的关系类似乳与水的关系,虽然交融在一起,依然各异其性:

此闻熏习(按:即无漏种子)随在一种所依转处,寄在异熟识中,与彼和合俱转,犹如水乳。然非阿赖耶识,是彼对治种子性故。(《摄大乘论本》卷上)

一句话,无漏种子是寄存在阿赖耶识中并反过来转变此识的种子。

"种子"与"现行"的关系是因生果、果熏因的关系。种子在各种条件聚合时即缘生相应的现象，这是因生果；各种现象生起之后，又通过前七识将其自身所具有的性质和特点熏习到阿赖耶识中，令其中相应的种子的功能发生强弱、消长的变化。例如从修行角度讲，众生的有漏种子势力强盛，则由此而来的有漏现行就越多；有漏现行越多，熏习到阿赖耶识中又会越加强化有漏种子的生果功能。因此，众生沦入无明与烦恼的程度就越深，其解脱之路也就越长。反之，众生的无漏种子势力越强盛，由此而来的无漏现行就越多；无漏现行越多，熏习到阿赖耶识中便愈加丰富寄存在此识中的无漏种子。因此，众生就愈少无明和由此而来的各种烦恼的束缚，其解脱之路相对也就较短。依此可见，唯识宗所理解的种子与现行的因果关系，是在堕落与超越相互敌对和消长的历程中的一种动态性的因果关系。

三、五法三自性

种子生现行的结果，就产生了两类法，即有为法和无为法。

"有为法"指有作为，有造作之法，即由因与缘和合而成的一切法。此类法共有四种：一是"心法"；二是"心所法"；三是"色法"；四是"心不相应行法"。

"心法"又称"心"，即指眼、耳、鼻、舌、身、意、末那、阿赖耶八识。

"心所法"又称"心所"，指相应于心法而起的意识现象，因为此类现象从心生起、与心相应并为心所有，故名心所法。唯识宗所说的心所法细分又有六类，称为六位心所。六位心所法中，依其现起时间的久暂、现起地点的遍局又分"遍行"和"别境"两类："遍行法"为心恒常现起的意识现象，有作意、触、受、想、思五种；"别境法"为心因相应的境相才现起的法，有欲、胜解、念、定、慧五种。

“心所法”若依其性质分则有善、烦恼、随烦恼、不定四类共 51 种。“善法”为在佛教价值系统看来可称为善的法，有信、惭、愧、无贪、无瞋、无痴、精进、轻安、不放逸、行舍、不害等 11 种；“烦恼”为在佛教价值系统看来不善的法，有贪、瞋、痴、慢、疑、恶见等 6 种；“随烦恼”为随烦恼所起之法，自然也是不善法，有忿、恨、覆、恼、嫉、悭、诳、谄、害、憍、无惭、无愧、掉举、昏沉、不信、懈怠、放逸、失念、散乱、不正知等 20 种；“不定”为难以善恶论之法，有悔、随眠、寻、伺等 4 种。

色为色法种子现起之法，指有质碍的现象，相当于现代人所谓物质现象，包括有眼、耳、鼻、舌、身等五官（根）和色、声、香、味、触、法等六尘（认知对象）共 11 种。

“心不相应行法”为与心色二法不相应的法，又称为“非色非心法”，共有得、命根、众同分、异生性、无想定、灭尽定、无想报、名身、句身、文身、生、老、住、无常、流转、定异、相应、势速、次第、方、时、数、和合性、不合性等 24 种。

“无为法”是与“有为法”相对的一个概念，指无有造作的法，即“不生不灭、无去无来、非彼非此、绝得绝失”之法（世亲:《百法明门论》）。无为法有实无名，而唯识宗则方便安立六名显示之，故又称为“六无为”。“六无为”即虚空无为、择灭无为、非择灭无为、不动无为、想受灭无为、真如无为。“虚空无为”是指离烦恼所知二障而显现、犹如虚空一样无有障碍的真如；“择灭”是指依佛教修行远离一切烦恼系缚而彰显的真如；“非择灭无为”与前者相对，是指自性本来清净、离诸杂染的真如；“不动无为”是指第四禅显现的无为，因第四禅已远离苦、乐两种受，惟余不动心的舍受；“想受灭无为”是指修禅进入灭尽定时灭尽“想”与“受”示现的无为；“真如无为”是指真实如常的真如本身。虚空、非择灭、真如三无为皆就真如立义，择灭无为乃就佛果立义，不动和想受灭二无为则是就禅定境界立义。

四类有为法加上一类无为法即成五类，唯识宗称“五位”。五位法合在一起共有100种法，故唯识宗称之为“五位百法”。“五位百法”为唯识宗依心识对宇宙世界作的一种独特分类。

唯识宗又依众生迷悟的不同，以“遍计所执自性”、“依他起自性”和“圆成实自性”的“三自性”对宇宙万法作了另一种区分。“遍计所执性”中的“遍计”义为周遍计度，“所执”是指计度的对象，此性指不知因缘而生的诸法本性空寂的真相，而幻起主观的、虚妄的计度，以为其有自性，并妄执此自性而不舍；“依他起自性”中的“他”指因缘，此性谓一切有为法皆依因缘而现起，因此不是具有自性的实法，诸法只有相而无性；“圆成实自性”中的“圆”义为圆满，“成”义为成就，“实”义为真实，此性指尽虚空、遍法界、不生不灭的真如法性，也就是依他起的根本体性。一切凡夫因为染污八识所缚，只能周遍计度依他起的诸法为实有，而停留于假相中；圣人则能转识成智，彻见依他起的诸法本空无性，故遣破虚妄的遍计所执而证入真实不虚的圆成实性。

四、转识成智

“转识成智”，为唯识学的修持论。

唯识学认为，众生之所以能够修成佛道、获得解脱，首先在于其本体中有“无漏种子”。《成唯识论》说：

> 有诸有情，无始时来有无漏种，不由熏习，法尔成就，后胜进位熏令增长，无漏法起，以此为因。（《成唯识论》卷二）

这是说，众生无始以来本有的无漏种子是其现世生起无漏法的根本原因,若没有这样的无漏种子,则解脱之因不具足,解脱就无从说起。

众生虽本有无漏种子,但它不会自然增长并体现为无漏法。要起现无漏法修习成佛,还需要相应的外部条件,即佛学所说的"缘"。佛学非常重视缘在众生离苦得乐的菩提道中的作用,唯识宗尤其如此。依唯识宗,缘共有三种,即"所缘缘"、"等无间缘"和"增上缘"。

所谓"所缘缘",是指的修行者在未到达菩萨初地(欢喜地)之前,未能觉悟我法二空的真如,不能以真如法界为其增长无漏种子乃至现起无漏法之所缘,而只能以佛的教法为所缘缘:

> 本有种亦由熏习令其增盛方能得果,故说内种定有熏习。其闻熏习非惟有漏,闻正法时,亦熏本有无漏种子,令渐增盛,展转乃至生出世心,故亦说此名闻熏习。(《成唯识论》卷二)

"闻熏习"就是指通过听闻佛的教法来熏习。从修行者未断分别心讲,其听闻佛陀教法的活动属于有漏行。而佛陀教法本身却是无漏法。修行者听闻无漏佛法既可熏习其本有的无漏种子,令其渐渐增长,乃至发起出世心,因此,听闻佛法的活动就不是单纯的有漏行,而是趋向无漏行的有漏行。"等无间缘"是指修行者听闻佛法之后,应对佛的教法念兹在兹,并依教奉行,以将佛法无间断地灌输到自己心中,从而一方面削弱乃至消除有漏种子的势力,另一方面增强无漏种子的势力,进而现起无漏行,断烦恼、所知二障,转八识成四智,证我法二空真如,显现极乐圆满的涅槃境界。"增上缘"则是指在修行者转识成智的菩提道上为其提供帮助的善友,尤其是善知识(即老师)。

唯识宗认为,众生因缘具足,就可以走上转识成智之路。众生离苦得乐的次第与其堕入苦海的次第正好相反,必先遣掉外法而归识,后转变内识而成智,这就是所谓"五重唯识观"。

"五重唯识观"是窥基在《大乘法苑义林章》卷一《唯识章》中特别表彰的观法,也是唯识宗的根本观法。因为此观法"以一切法而为自体,通观有无为唯识"(《大乘法苑义林章》卷一),故称为唯识观;又因此观法共有五个层次,故称为"五重唯识观"。第一重观是"遣虚存实唯识观",此观以心境相对言,遣境而归心;第二重观是"舍滥留纯唯识观",此观以心境相对言,舍境而归心;第三重观是"摄末归本唯识观",此观以体用相对言,摄用而归体;第四重观是"四隐劣显胜唯识观",此观以王(心)所(心所)相对言,隐所而归王;最后一重观是"遣相证性唯识观",此观以事理相对言,去事而证理。其中,前四重观为就依他而起的识相观察唯识的真理,后一重为就圆成实性观察唯识的真理,从始至终,从粗到细,展转深入,以证入境智冥合的境界,圆满完成转识成智的过程。

依唯识学,"八识"转成的智慧有四种,即"大圆镜智"、"平等性智"、"妙观察智"、"成所作智"。其中,"阿赖耶识"被转成了清净圆明的"大圆镜智";"末那识"被转成了视诸法无有高下的"平等性智";"意识"被转成了无有分别的"妙观察智";前五识则被转成了任运无碍的"成所作智"。唯识宗主以转识成智修成佛道。

第三节 华严宗的法界缘起观

华严宗为中国唐代又一大佛教宗派,其所依的根本经典为《大方广佛华严经》。因该宗判"此经以法界缘起理实因果不思议为宗"(澄观:《大华严经略策》),故又被称为"法界宗";又因该宗创立者之一法藏曾受武则天赐号"贤首",故复被称为"贤首宗"。

华严宗的思想前驱是6世纪的华严学者和地论师，隋唐之际的杜顺禅师（公元557—640年）则被推尊为该宗初祖。但该宗的真正创始人是被后人分别称为二祖和三祖的智俨和法藏师徒两人。智俨（公元602—668年），天水人，12岁从杜顺出家，受具足戒后，到处参学，并将所得诉诸文字，使该宗教观系统初具规模。法藏（公元643—712年），祖籍西域康居，生于长安，17岁时入山阅方等经典，既而从智俨听受《华严经》，深通玄旨。28岁时，武后召于长安太原寺讲《华严经》，计前后讲新、旧《华严经》三十余遍。讲说之暇，又广事著述，华严一宗之教观因之大备，其影响堪与天台、唯识二家相鼎足。此后，续有四祖澄观（737—838年，或说738—839年）和五祖宗密（780—841年）师徒二人盛弘华严宗旨。

华严宗的主要典籍，除《华严经》外，就是上述华严五祖的著作。杜顺著作如上所列，其余如智俨的《华严经搜玄记》、《华严一乘十玄门》和《华严孔目章》，法藏的《华严经探玄记》、《华严经义海百门》、《华严经旨归》、《华严一乘教义分齐章》、《修华严奥旨妄尽还源观》、《华严发菩提心章》和《大乘起信论义记》，澄观的《华严经疏》、《华严经随疏演义钞》、《贞元新译华严经疏》、《华严经纲要》、《大华严经略策》、《华严心要法门》、《华严法界玄镜》和《三圣圆融观门》，宗密的《华严经行愿品疏钞》、《华严经纶贯》、《华严原人论》、《注华严法界观门》、《圆觉经大疏》和《起信论疏注》等，都是该宗要典。

华严宗依证入佛境果德的圆满与否将佛陀教法分判为"小"、"始"、"终"、"顿"、"圆"五教，而以本宗所依《华严经》开显的法界缘起无碍妙理为"圆教"。因此，该宗教理与偏于就理体彰显不可思议的实相境界的天台宗恰好相对，重于就果位来展示法界性海圆融、相即相入的法界缘起妙境。

一、法界缘起

何为“法界”？何为“法界缘起”？澄观说：

> 法界者，是总相也，包事包理，及无障碍，皆可轨持，具于性分；缘起者，称体之大用也。理实者，别语理也；因果者，别明事也。此经宗明修六位之圆因，契十身之满果，一一皆同理实，皆是法界大缘起门。语理实，则寂寥虚旷。……语缘起，则万德纷然。……此二无碍故，事理交彻，互夺双亡；此二相成，则事理照著。以理实而融因果，则涉入重重；会斯二而归法界，则融通隐隐。（《大华严经略策》）

这里，“理”指万法的空性，“事”则指依性而起之妙有，“理实”指空性真实不虚，“因”指普贤菩萨所修的圆因，“果”指毘卢遮那如来所得满果。澄观的意思是：“法界”是含摄理事的圆满佛界整体，“缘起”则是从这一整体自然现起的妙用，因此“法界缘起”的一切法皆非他家所说的生灭无常法，而是由一真法界之真实体性起现的不生不灭的妙法。这样，缘起之事与空性之理就如如不二，举理则法界空寂无相，举事则法界万有具足。理事如如，则理事相融，理事相融，则事彻于理而事隐，理彻于事而理藏；理事如如，则理事相成，理事相成，则举理事全即理而事彰，举事理全即事而理显。以理融事，则法界重重无尽；摄理事入法界，则法界融通无碍。

华严宗说，这个法界就是一真法界，亦即真心，所谓“统唯一真法界，谓总该万有，即是一心”（《注华严法界观门》）。此“一真法界，本无内外，不属一多”（《华严经随疏演义钞》卷一），即是一切万法本有的超绝言相的如如实相，从理讲它是法性，从行讲它是“佛自穷证”的如来性。华严宗主要是从佛的终极觉悟境界来描述此一真法界的，宗密解释《华严经》的经名时即说：

> 大方广是所证法；佛华严是能证人。大者体也，诸佛众生之心体；方广即体之相用；佛者果也；华严因也，华喻万行，严即大智。大智为主，运于万行，严大方广，成佛果也。（《注华严法界观门》）

此即谓一真法界为佛所证之果。而由于法界中缘起的一切万法本于佛所证真心体性而起，故法界缘起实际上等同于如来性起，即是所谓“依体起用，名为性起”（《修华严奥旨妄尽还源观》）。

二、四种法界

“一真法界”既然超绝言相，即属于一种不可思议境界，不可言说。但是为了方便众生悟人这一法界，只得权且将此法界分为“所证之境”和“能证之智”。“能证之智”即下文将要讲述的“法界观”，“所证之境”即此处所说的“四法界”。

“四法界”由“一真法界”所开。宗密说：

> 统唯一真法界，谓总该万有，即是一心。然心融万有，便成四种法界：一、事法界，界是分义，一一差别，有分齐故；二、理法界，界是性义，无尽事法同一性故；三、理事无碍法界，具性分义，性分无碍故；四、事事无碍法界，一切分齐事法，一一如性融通，重重无尽故。（《注华严法界观门》）

“万有即是一心”之说原为如来藏系教典所立，如《大乘起信论》就说，众生真心本具无量清净功德，惟其受无始无明障蔽而不能证得，因此需要历劫修习转染成净的功夫方能圆满朗显此心。华严宗是从此心的果位开出“四法界”，表显其圆融无碍的胜景的。

文中的“界”字有“性”和“分”二义。“性”指本性或体性；

“分”谓分位，指具体事相间的差异性。“事法界”指一真法界中的一切事法各有其相状，相互间不能混同。“理法界”指一真法界中的一切事法虽然相状千差万别，但无非同具一性即空性。“理事无碍法界”是就理事二法界的关系而说，指一真法界中的事是即理之事，理是即事之理。法藏称：

> 今则理事融通，具斯无碍。谓不异理之事具摄理性时，令彼不异理之多事随彼所依理皆于一中现。（《华严经旨归》）

这即是说，理非离事而为即事之理，事非理外而为即理之事，因此，以一事摄理则理无不尽。这是从理无分别得出的结论。正因为理无分别，所以一一事法皆具足整全之理。一一事法既具足全理，则一一事法重重无尽而一一融通，是谓“事事无碍”。借“理事无碍”而证立“事事无碍”，为华严学之特胜处。

三、事事无碍

华严宗所展示的事事无碍法界的具体内容即谓“十玄缘起无碍法门”或“十玄门”。

“十玄门”有新旧之分，旧十玄由智俨的《华严一乘十玄门》及法藏的《华严一乘教义分齐章》所立，新十玄为法藏的《探玄记》所立。“新十玄”是：

> 一、同时具足相应门；二、广狭自在无碍门；三、一多相容不同门；四、诸法相即自在门；五、隐密显了俱成门；六、微细相容安立门；七、因陀罗网法界门；八、托事显法生解门；九、十世隔法异成门；十、主伴圆明具德门。然此十门同一缘起，无碍圆融，随有一门，即具一切。（《华严经探玄记》卷一）

"同时具足相应门"指法界中的一一事法皆同时具足十义:1."教义具足",即具足能诠法界缘起之教法和所诠法界之道理;2."理事具足",即具足法界一切理事;3."境智具足",即具足所观之境和能观之智;4."行位具足",即具足一切圆妙行法以及与之相应的阶位;5."因果具足",即具足一切妙因和圆果;6."依正具足",即具足佛的正报三身和依报净土;7."体用具足",即具足真性和妙用;8."人法具足",即具足能说之人与所说之法;9."逆顺具足",即具足一切或逆或顺于如来性之法;10."感应具足","感"谓发机、"应"谓赴机,即具足一切感应能力。此门为"十玄门"之总门,已摄尽以下九门,以下九门其实只是从不同侧面朗显此门妙境。

"广"指至大无外的绝对大,"狭"指至小无内的绝对小。"广狭自在无碍门"谓法界中大能入小、小能容大,广大的佛身和净土能自在入于至小无内的微尘,就好像一方镜子纳尽大千景致。

"一"非定一,乃是法界中任何一法;"多"亦非定多,乃是随举一法之外的多。"一多相容不同门"谓法界中任何一法皆摄尽其余诸法,其余诸法亦尽入此一法,反之亦然。因此,一多相摄相入,互容无碍。一多虽然互容无碍,但具多之一仍然是一,入一之多仍然是多,一多又互不相同。一多既兼容复不同的这种情况,就好像一间屋子里千盏灯光交相辉映,灯随盏异,一一不同,灯随光遍,光光涉入。

"诸法"就事相言。"诸法相即自在门"谓一切事相均相即而相入,由此,一即一切,一切即一。

"隐密"指法隐藏自身;"显了"指法显明自身。"隐秘显了俱成门"谓法界诸法或隐或显、或藏或露,俱时即成就,宛如上玄月半隐半显,正显即隐,正隐即显。

"微细"指修行者的一念。"微细相容安立門"谓法界中的一切法于一念中完全具足,同時自在显现,就像琉璃瓶中所盛的芥子炳然齐现。

"因陀罗网"又称作"天帝网"、"帝网",是庄严帝释天宫殿的宝网,网上的每一结皆结有宝珠,每一宝珠皆映现自他一切宝珠之影,此一一影中亦皆映现自他一切宝珠之影,如是珠珠相映、珠影交光,互显互隐,重重无尽。"因陀罗网法界门"比喻华严法界诸法就像因陀罗网一样,一多相即相入、重重无尽,恰似两方铜镜相照,影像重重映现。

"托事"指寄托于事相;"显法"指显明道理;"生解"指生起理解。"托事显法生解门"谓上述法界无尽缘起之理乃是寄托于具体的事相(如莲花)来显明的,因此修行者见此一事相即可见尽缘起的无穷事法。

"十世",即过去、现在、未来为三世,此三世又各自包含过去(过去之过去、现在之过去、未来之过去)、现在(过去之现在、现在之现在、未来之现在)和未来(过去之未来、现在之未来、未来之未来)三世,两者相加即九世,此九世具足于一念,故再加此一念而成十世;"隔法"指相互隔别之法。"十世隔法异成门"谓法界中十世隔别诸法同时具足、同时起现,所以即入无碍,就好像在梦中的一瞬间经历了百年。

"主"指主要的事法;"伴"指助成的事法。"主伴圆明具德门"谓法界诸法相依相成,不会孤立地现起,一法起则其余诸法同时随之而起,而法界诸法没有定主定伴,随举一法为主则余法即为伴,故主即伴、伴即主,主伴圆明,具足功德,就好比摩尼网上的宝珠互相映照互为主伴。

上述十门又有"总别之异",但总摄别、别入总,别摄总、总入别,别摄别、别入别,是谓“同一缘起,无碍圆融,随有一门,即具一切”。

华严宗“十玄门”所展现之境固然高深难测,其旨趣还是非常清楚的:宇宙万法虽展现为一个纷繁复杂的大世界,但此世界中的一切都以相即相入、相互交融的关系存在着,因此它们都是这个和谐的整体中的一分子;它们的功用有隐显、大小的差别,但在价值上则是平等的,没有善恶之别、美丑之分和高下之殊。同时,任何一个事法在组成整体之时并没有丧失自身的独特性,它们依然是圆满自足的这一个。这就是华严宗心向往之的华藏世界海。

四、三重观法

华严宗认为,虽然华藏世界为众生本来具足,但众生要现证此境,还需要有一套正确的观法。该宗开出的观法有“华严三昧观”、“妄尽还原观”、“三圣圆融观”、“唯识观”等多种,但最普遍也最显该宗特色的是“华严法界观”。

“华严法界观”是相应四法界的所观境而成立的能观智,共有“真空观”、“理事无碍观”和“周遍含容观”三重。法界有四,相应的本应有四重观,何以却仅有三重呢?华严宗认为,事法界广大无尽,而一一事相皆可成观,难以穷尽;再者,观一一事法之侧重点也体现于前三观中,所以可以略过不论。

“真空观”观事即理,亦即观色即空;“理事无碍观”进观“理无形相,全在相中,互夺存亡”(《华严法界玄镜》卷上),即观理事无碍,亦即观色空不二;“周遍含容观”观事事无碍,亦即观色色交参无碍。

“真空观”又次第分为四重:

第一真空观法,于中略作四句十门:一、会色归空观;

二、明空即色观；三、空色无碍观；四、泯绝无寄观。（《华严发菩提心章》）

“会色归空观”是就色观色即是空，但不是断灭空，也不是色相空，而是色自性空；“明空即色观”与前一观相对，是就空观空即是色；“空色无碍观”是双观色空，即观色无不即空，观空莫非即色；“泯绝无寄观”是观色空皆为假名，真正的境界超言绝相。

此观前两重是借观排除不正确的见解而显示正确的见解，第三重是由解起行，第四重舍解成行。所以依华严宗，四重观应渐次转进，不可躐等：若不破斥错误见解，则不能建立正确的见解；若不建立正确的见解，就不能起行；若滞守于见解，则不能进入正行。

“真空观”虽然已起正行，仅仅显了真如之理，未显真如妙用。未显真如妙用即未显理事无碍，所以须有“理事无碍观”。

“理事无碍观”细分为“十重”，即理遍于事、事遍于理、依理成事、事能显理、以理夺事、事能隐理、真理即事、事法即理、真理非事、事法非理。

所谓“周遍含容观”即事事无碍观，是在理事无碍观成就后进一步观事事无碍，其内容亦有十门，即理如事、事如理、事含理事无碍、通局无碍、广狭无碍、遍融无碍、摄入无碍、交涉无碍、相在无碍、普容无碍。

华严宗主以此三重观法证入佛境。

第四节　禅宗的顿悟成佛论

“禅”，梵语 dhyana，音译全名禅那或驮衍那，意译弃恶、静虑、思惟修、功德丛林等，或音意合译为禅定。“禅”作为一种修行方法，在佛教中具有重要地位；在佛学理论中，阐述禅修的内容也是

“戒”、“定”、“慧”三学中贯穿戒和慧二学的重要组成部分。不过，禅宗之禅却非此禅，而是直指涅槃妙心为禅。

在佛教看来，涅槃妙心乃不生不灭的诸法实相，因此也可以说禅宗以涅槃妙心为宗，实际上就是直接以诸法实相为宗。不过，禅宗认为，因为此心首先由释迦牟尼在灵山上通过心心相印的方式传与摩诃迦叶，所以又可说禅宗是以“佛语心为宗”。依禅宗的祖统说，以摩诃迦叶为初祖的禅宗，中经 26 代而至菩提达摩(28 代)，始得将此“教外别传，不立文字，直指人心，见性成佛”的宗旨播扬于中国。达摩因此被尊为中国禅宗初祖。经慧可(公元 487—593 年)、僧粲(一作僧璨，？—606 年)、道信(公元 580—651 年)三传而至五祖弘忍(公元 601—674 年)，作为中国佛教宗派意义上的禅宗始得成立。

弘忍之弟子中佼佼者为神秀(公元 606—706 年)和惠能。惠能所作“得法偈”称：“菩提本无树，明镜亦无台，佛性常清净，何处有尘埃。”[①](杨曾文校写：《敦煌新本六祖坛经》，下凡引此本，只标杨校本)此偈直契如来藏清净心，更受五祖赏识。由此惠能得承法统，回岭南传教。神秀作为禅宗另一脉，乃留荆州一带。惠能一脉后经弟子神会等全力护持并往北弘扬，遂渐渐发展为禅宗的正宗，惠能所说禅语则被尊为《坛经》，他本人也被奉为独传弘忍心印的六祖。复经几代人弘传，诸祖分灯，次第形成伪仰、临济、曹洞、云门和法眼五家以及由临济宗开出的黄龙、杨歧两派。

禅宗自称为宗，称其他法门为教，而教必归宗，故宗胜于教。

① 慧能的“得法偈”的“佛性常清净”这一句，《坛经》惠昕本、契嵩本、宗宝本，均作“本来无一物”。这是从“性空”方面说，与“佛性常清净”从如来藏体上说，有所不同，但并非绝不相容。

其他宗派皆有所依根本经典，但禅宗却没有所依的根本经典，禅师们也不主张定依一经一法，而倾向于随缘以一切法门来助成佛道。虽然如此，《楞伽》、《金刚》、《摩诃般若波罗蜜》、《维摩》、《楞严》、《华严》、《法华》、《涅槃》等经，以及《坛经》和其他著名禅师的《语录》，仍然是禅师们说法、印心时较经常举扬的经典。依《坛经》和其他重要的《语录》看，禅宗在体性上的特点是就众生之自性论佛性而主"自性即佛"，在修行上取"无念为宗"和"无相行法"，在果德上倡导"自性佛土"并以"顿悟成佛"。

一、自性即佛

"自性"为梵语 svabhāva 的意译，指一切事物各自具有的体性或体相。在佛学中，自性一词含义非常广，它既指每一事物不同于其他事物的差别性，又指一切事物的真正性质，即觉悟者所现证的超言绝相的空性。后一意义上的"自性"，从理体上复被称为"法性"、"实性"、"实相"、"真如"、"中道"、"第一义空"，从行位上看又有"因果"两位的不同称谓，在因位有"佛性"、"本性"、"本心"、"真心"、"真如心"、"如来藏"、"自性清净心"等名，在果位则有"法身"、"涅槃"、"一真法界"、"无位真人"、"本地风光"等称谓。

禅宗是从实相的角度论"自性"的，以为众生的"自性"就是不二的实性：

> 无二之性，即是实性。实性者，……不断不常，不来不去，不在中间，及其内外，不生不灭，性相如如，常住不迁，名之曰道。(《坛经》宗宝本，下称宗宝本。)

惠能将体性视为不断不常、不来不去、不增不减、不住二边、性相如如的实性，与佛学中任何一家所讲的实性都没有什么差别。但禅宗的独特处在于紧扣众生的成佛这一根本问题，直接将实性归结为众生的自性、本心或本性，所以，尽管佛教如来藏系的其他宗派也不乏使用自性、本心等概念，但真正凸显众生心的佛性意义的还是禅宗顿教。从哲学上看，禅宗所开示的是把本体归于主体、把主体回落于众生个体的路向。

惠能听五祖传授《金刚经》当下大悟所说那段话，显示了禅宗依本于自性的内涵：

> （祖）为说《金刚经》，至“应无所住而生其心”，惠能言下大悟：一切万法不离自性！遂启祖言：“何期自性本自清净！何期自性本不生灭！何期自性本自具足！何期自性本无动摇！何期自性能生万法！”（宗宝本）

“清净”与“染污”相对，染污在佛学中指根本无明以及由之带来的种种烦恼，“自性本自清净”谓自性本来远离根本无明以及由之带来的烦恼所知二障，一尘不染；“自性本不生灭”已如前述，谓自性非有为法，无生灭相；“自性本自具足”谓自性本来具有佛的一切功德；“动摇”指心存妄念、随境转动，因此“自性本无动摇”即谓自性本来没有任何妄念，不随境迁；“自性能生万法”非谓自性为万法之本体或本源，万法皆从中产生，而是说自性本空，万法皆依本空之自性缘起，义同龙树所说“以有空义故，一切法得成，若无空义者，一切则不成”（《中论·观四谛品》）。前三义是就体性说自性清净不染、无念不动、不生不灭，即自性如实空；后二义则是就功能说自性含摄万法，即自性如实不空。

这如实空、如实不空的自性，禅家称为“本然自性天真佛”，即是说众生的自性本然具足佛身和净土；既然如此，自性自然亦具足无相、无念和无住品格。只是为一念所迷的众生对自性佛身和自性净土视而不见，因而需要修习当下“无念”的禅观而已。

二、无念为宗

禅宗既指众生自性本心即佛,就把成佛看做是必然的与绝对的。然禅宗并不否认众生的迷失。这种迷失在惠能看来就是“起念”,它如浮云蔽日,有待慧风吹散。慧风吹散所取的方法,则是“无念”。惠能说:“我此法门,从上已来顿渐皆立无念为宗”(杨校本)。就是说,该宗以“无念”为修行的基本法门。

禅宗作为修行法门的无念法包含三方面的内容,即“无念为宗”、“无相为体”和“无住为本”。“无念”是三者之核心。

“无念”的基本内容是要求修行者“于念而不念”。惠能说:

> 于一切境上不染,名为无念:于自念上离境,不于法上生念;莫百物不思,念尽除却,一念断即死,别处受生。(杨校本)

这是说,人作为一有生命的存在,不可能没有精神心理活动,不可能断去一切心念。众生的修习,不在断去一切心念,而在于念而不起念,不在对境之中生起执著之心。这是以对境之心言。

“于念而不念”,又以本心或心体为说。惠能说:

> 然此教门立无念为宗,世人离境,不起于念。若无有念,无念亦不立。无者无何事,念者念何物?无者离二相诸尘劳;念者念真如本性。真如是念之体,念是真如之用。自性起念,虽即见闻觉知,不染万境,而常自在。(杨校本)

这是说,真如作为心体它本身即表现为一种般若智慧,此亦是“念”。此“念”又当不可断绝。问题在众生本有此般若智慧,却要另起一心去“看心看净”,“起心看净,却生净妄”(杨校本)。故“于念而不念”,于此又指不在心上生心,不在念上起念。简言之,“无念者,无邪念,非无正念”(慧海:《顿悟入道要门论》)。

“无住”是无念的另一种表述。惠能说：

> 无住者，为人本性，念念不住，前念、今念、后念，念念相续，无有断绝，若一念断绝，法身即离色身。念念时中，于一切法上无住，一念若住，念念即住，名系缚；于一切法上念念不住，即无缚也。（杨校本）

这里，“若一念断绝，法身即离色身”，即是“一念断即灭”之意。惠能并不强调累世修行，而更看重现世当体成佛，这就必须从色身的存在及其心当下证入念。所以，修“无念”法，一方面表现为“不起念”，另一方面又表现为“不住于念”。即如明镜本自清净，明镜照物，物来影现，物去影消，不留任何痕迹，仍自清净。

“无念”、“无住”以心言，“无相”则以境言。惠能说：

> 何名为相无相？于相而离相。……外离一切相，是无相。但能离相，性体清净，是以无相为体。（杨校本）

这里，“于相而离相”，与“于念而不念”是相关联的。“于念而不念”为“不起念”、“不住于念”；“念”与“相”对，则“于相而离相”即为“不起相”、“不住相”。惠能说：“虽即见闻觉知，不染万境”。又谓：“无念法者，见一切法不着一切法，遍一切处不着一切处，常净自性。”（杨校本）这都是以不住“相”为“离相”。

惠能不仅在对境的意义上主“于相而离相”，而且还主在宗教修持上也不可住于相，是谓“无相行法”。佛教宗教修持讲“戒”、“定”、“慧”三种功夫，被称为“三学”。“戒”，梵语 Ŝila，义为善行、行为、习惯、性格、道德、虔敬等，在佛学中指皈依佛教者在自度度他的历程中应遵守的规范；“定”，即前文所说净虑，指佛教修行者以住心一境来达到一心不乱的方法；“慧”，梵语 prajña，音译为般若，义为智慧，指对各种现象作出抉择的能力，在佛学中有浅深层次的差异，最高的慧特指佛教修行者追求的通达宇宙人生真相的大智慧，即般若波罗蜜（prajñāparamitā）。包括北宗在内的佛教宗派都将戒、定、慧三者视为一个由低到高、自浅入深的纵向结构，以为必须由持戒而生定、因习定而发慧、依慧满而成佛。但惠能不然。他认为：

> 心地无非自性戒，心地无乱自性定，心地无痴自性慧。（杨校本）

这是把戒、定、慧收归一心，以心地的无非、无乱、无痴立说，而实以刻意遵守外在戒律、坐禅入定等修习方法、读经开悟等途径为住相。惠能反对这种住相。他又说：

> 定慧体不一不二，即定是慧体，即慧是定用，即慧之时定在慧，即定之时慧在定。（杨校本）

这是把定、慧看做是不一不二、相即相入的平等法门，而实以历别修行的定、慧为住相。是为“无相行”。

惠能禅宗的“无念”法门和“无相行法”，对佛教传统的修习观念具有重大突破的意义。

三、自性佛土与顿悟成佛

禅宗在体性上既主张众生的自性即是佛，在修持方法上又主与别家甚为不同的“无念为宗”与“无相行法”，很自然地，它在果位上的证得亦当与别家不同。它是就众生得到圆满显现的自性来显示佛身，而将与此自性相应的世界称为净土，此即自性佛身和自性净土。

传统佛教认为，佛有三种身，即“法身”、“报身”和“化身”。“法身”指“法性”和依法性所成之身，亦即指佛完全证入法性而与法性无二无别的佛身；“报身”指报答佛在因位修无量自利利他善行而获得的相好庄严的佛身；“化身”（又称“应身”和“应化身”）

是应所化众生种种机缘而化现的教化众生的佛身。

禅宗以“佛性常清净”论法身，与佛教各家并无不同。所不同者，是禅宗特别强调此法身即众生之“自性”。因此在如何证入法身佛和如何成就报身佛、化身佛的理解上就与别家有异。惠能说：

> 善知识，听与善知识说，令善知识于自色身见自法性有三身佛。此三身佛，从自性上生。何名清净【法】身佛？善知识，世人性本自净，万法在自性。……自性常清净，日月常明，只为云覆盖，上明下暗，不能了见日月星辰，忽遇惠风吹散，卷尽云雾，万象森罗，一时皆现。……故遇善知识，开真正法，吹却迷妄，内外明彻，于自性中万法皆现。一切法在自性，名为清净法身。

> 何名为千百亿化身佛？不思量性即空寂，思量即是自化。思量恶法化为地狱，思量善法化为天堂，毒害化为畜生，慈悲化为菩萨，智慧化为上界，愚痴化为下方。……一念善，智慧即生。一灯能除千年闇，一智能灭万年愚。莫思向前，常思于后。常后念善，名为报身。……从法身思量，即是化身；念念善，即是报身。（杨校本）

这是说，法身佛即为众生之自性。此自性从体上说它是“常清净”的，从用上说它又能够起现万法。故它是本然具足的，显然，这里的法身佛，是从“理体”上说，而非从“行位”上说。从用上说，自性之起现万法即表显为“思量”，“思量恶法化为地狱，思量善法化为天堂”，由此万法有善恶之别。对于修行者而言，“莫思向前（恶法），常思向后”，“念念善，即是报身”。念念善即是从法身理体应机起现的，“从法身思量，即是化身”。而思量或意念，均为瞬间生发的,故惠能又说:"前念迷即凡,后念悟即佛";"故知不悟,即佛是众生;一念若悟,即众生是佛。"(杨校本)显然,惠能这里主张即身成佛。

即身成佛之证入,全在一念之间。所以惠能又倡导"顿悟成佛"。惠能说:

> 我于忍和尚处,一闻言下大悟,顿见真如本性。是故将此教法流行后代,令学道者顿悟菩提,各自观心,令自本性顿悟。(杨校本)

本来"顿悟"教法非惠能首创。然而,以往的"顿悟"之教往往是在心与理对置,在心证入理的特定阶位上讲的。惠能与以往佛教各家所讲不同在于:惠能最为明确地不把所悟之理体安置在众生心外,而直指众生心为佛性本心;而众生之佛性本心即为一清净心,故所谓"顿悟"并非从外面接受各种关于佛道的知识充填本心,提升本心,恰恰相反,它是要扫去各种知识的遮蔽而回归清净本心,使清净本心在瞬间即得以全体呈现而成就佛果。是谓"顿悟成佛"。

惠能又把"净土"收摄归心。因为此土依自净其心所得,故又被称为是唯心净土。惠能说:

> 迷人念佛生彼,悟者自净其心,所以佛言:随其心净则佛土净。使君,东方人但心净即无罪;西方人心不净亦有愆。迷人愿生东方,两者所在处,并皆一种心地,但无不净。西方去此不远,心起不净之心,念佛往生难到。除十恶即行十万,无八邪即过八千,但行直心,到如弹指。……若悟无生顿法,见西方只在刹那。(杨校本)

这里,惠能是比照西方净土来说唯心净土。西方净土又称弥陀净土或极乐世界、妙乐、安乐、安养、乐邦等,是中国的净土宗特别重视的净土。该宗认为此净土为菩萨所修的因行而得到的报土,也可以说是佛为救度众生而示现的化土,其地在距离此娑婆世界十万亿土西方,众生欲往生此土,只要一心持诵"南无阿弥陀佛"六字,待得一心不乱即可往生。依惠能的慧见,西方净土仍是有相净土,非究竟真实的无相净土,真正的无相净土是"随其心净则佛土净"的唯心净土或自性净土。因此,他劝有能力修习禅宗的顿悟法门的人不必东寻西觅,只需自净其心。若自净其心,则自见其性,自见其性,则"随所住处恒安乐"的自性净土刹那现前;相反,若不净自心,欲生净土终不可得。惠能援引《维摩诘经》的话证信:"直心是道场,直心是净土。"(杨校本)

四、五宗家风

惠能所传禅宗顿教,以其"不立文字,直指本心,见性成佛"的方便教法,深受护戴。惠能之后,禅宗大德辈出。神会(公元668或680—760年)、南岳怀让(公元677—744年)、青原行思(公元671—740年)、马祖道一(公元709—788年)、石头希迁(公元700—790年)等代代相传,产生广泛影响,并于晚唐五代,就教法展开上的差别而形成了禅宗的五家宗风。

最先出现的一家为沩山灵祐(公元771—853年)和仰山慧寂(公元804—890又或840—916年)创立的沩仰宗。该宗常以师弟默契的方法令学人顿悟体用不二的自性。例如灵祐问香严智闲"未出胞胎、未辨东西时本分事",香严数答不契,泣辞而去。后于除草时,因掷瓦片击竹,一时开悟,得以默契灵祐禅旨。最能体现这种传法特色的则是圆相。所谓圆相即"○",慧忠在此圆相中填上"人"、"牛"、"佛"、"云"、"天"、"心"等字或线条而演变成九十六个圆相,分别象征觉悟的不同境界,用以开导学人。慧忠后来将此法传给耽源（生卒年不详），耽源又传给慧寂，遂成本宗主要的门庭施设。慧寂说："我于耽源处得体，沩山处得用，谓之父子投机，故有此圆相勘辨端的。"（智昭:《人天眼目》卷四引）由于沩仰禅法每借师资默契以显体用，因此法眼文益禅师说该宗宗风是"方圆默契，如谷应响，似关合符"（文益:《宗门十规论》）。

第二家为由临济义玄（公元？—867 年）创立的临济宗。该宗常用"四料简"、"四宾主"、"四照用"、"四喝"、"三句"等法门接化学人。"四料简"即"有时夺人不夺境，有时夺境不夺人，有时人境俱夺，有时人境俱不夺"（义玄:《临济录》）。其中"人"指学人的我执、"境"指学人的法执，四料简即视弟子情况分别或除我执、或除法执、或二执皆除、或二执皆不除。"四照用"中的"照"指学人对"法"的认识，用指学人对"我"的认识，"四照用"即先照后用、先用后照、照用同时、照用不同时，根据学人的不同情况灵活用此四句，破除学人我法二执。"四喝"即以四种呵斥接引学人，谓"有时一喝如金刚王宝剑，有时一喝如踞地狮子，有时一喝如探竿影草，有时一喝不作一喝用"（《临济录》）。第一喝如宝剑截物般斩断学人一切情执，第二喝如狮子啸吼般震裂学人小机小见，第三喝如探竿影草般勘验学人修学境界，第四喝则收摄前三喝将学人指归向上一路。"四宾主"即宾看主、主看宾、主看主、宾看宾，其中"宾"指学人、"主"指老师，四句分别谓弟子胜于老师、老师胜于弟子、师弟皆透禅机、师弟皆不透禅机，以令师弟相揖而趋向禅道。"三句"即临济宗常用于接引学人的三句话：第一句是"三要印开朱点侧，未容拟议主宾分"；第二句是"妙解岂容无著问，沤和争负截流机"；第三句是"看取棚头弄傀儡，抽牵都藉里有人"（《临济录》）。"三要"指真佛，"印开"指开显佛心印，"三要印开"即指一念开悟而成佛，故第一句指超言绝虑的真性;“沤和”义为善巧方便,“截流机”指断灭烦恼而得解脱的机缘,故第二句是说虽然妙解超言绝虑,但无碍借各种善巧机缘来求绝对解脱;第三句是专对求道者中不通一、二两句的钝根来说,禅师更慈悲施设种种方便法门,就像傀儡师变现种种神头鬼面般。由于临济宗接引学人时干净利落、疾如闪电,因此宋代智昭禅师(生卒年不详)对该宗宗风生动地描述道:“临济宗者,大机大用,脱罗笼、出窠臼,虎骤龙奔,星驰电激,转天关、斡地轴,负冲天意气,用格外提持,卷舒擒纵,杀活自在。”(智昭:《人天眼目》卷二)

第三家即由洞山良价(公元807—869年)和曹山本寂(公元840—901年)师徒开创的曹洞宗。该宗教法惯用“五位君臣”之说。“五位君臣”中的“君”指代空性(体)、“臣”指代事相(用),君臣交涉,共有“正中偏”(执著空寂)、“偏中正”(执著事相)、“正中来”(初离偏执)、“兼中至”(兼得偏正)和“兼中到”(偏正一如)五种境界,故称“五位君臣”或“君臣五位”。禅师接引学人时,看他来处,或有偏中执正者,或有正中执偏者,或有兼带者,分别示以偏正五位,指归向上一路。故智昭说:“大约曹洞家风,不过体用、偏正、宾主,以明向上一路。”(《人天眼目》卷三)

第四家则是由云门文偃(公元864—949年)开宗的云门宗,该宗常用“云门三句”、“一字关”和“抽顾”等法门接引学人。“云门三句”即“函盖乾坤,截断众流,随波逐浪”,前句谓向学人直显体用一如的自性,中句谓顿断学人一切言语思维,后句谓随机接引学人;“一字关”指云门惜语如金,若学人有所请问,往往以一字相酬,且学人常常难以揣摩此一字之深意,故称一字关;“抽顾”指学人来问道时,云门宗禅师往往先瞪对方一眼,接着说一“鉴”字或“咦”字,让人莫测高深。由于云门禅法密不透风、孤危耸峻,人难

凑泊，号称难以措嘴的"云门饼"。所以智昭说："云门宗旨，绝断众流，不容拟议，凡圣无路，情解不通。"(《人天眼目》卷二)

第五宗即法眼文益(公元885—958年)所立的法眼宗。该宗接人每用华严的"六相圆融法门"。"六相"即总、别、同、异、成、坏六种相，总相指法界整体，别相指法界中的差别事法，同异与成坏则为差别事法之间的关系，同相谓差别事法具有同样的体性，异相谓差别事法各自不同，成相谓差别事法共成一大法界，坏相谓差别事法虽共成一法界而不坏自性。华严宗认为法界每一事法皆具足此六相义，共同构成了缘起无尽的事事无碍法界，所以称为"六相圆融"。法眼宗借此义随机向学人显示禅宗的"一切现成"的境界。凡有人来，先循循善诱以辨其根机，再应机以六相法门破其执著，引之证入事事无碍、体用纯真的如如境界。该宗禅法的特色，文益本人已有透露："大凡佛祖之宗，具理具事，事依理立，理假事明，理事相资，还同目足。"(《宗门十规论》)此谓祖师说法当理事兼顾、理事圆融、事事圆融。此宗近于华严。

五家之后，又有看话禅、默照禅、文字禅等等禅法相继兴起，但那已是宋代以后的事情了。

第五节 佛教与中国本土文化的交融

学界认为，以上所介绍的佛教四宗，除唯识宗外，均为比较中国化的佛教。

天台宗、华严宗、禅宗都属于如来藏学一系。如来藏学亦出自印度，为什么说这三宗为中国化的佛教呢？原因在于，如来藏学虽然出自印度，然而在印度并没有得到很好的开展，只是传到中国后，在中国文化的土壤上，才充分受到重视，并发展为中国佛教的主流。

印度佛教,在其创建的早期,是以“三世轮回报应”说为信仰的根基的。“三世轮回”的因缘关系,被分为十二支。第一支,也即作为众生之所以会堕落在六道中受苦受难的根本原因的一支,为“无明”。“无明”作为众生苦难的总根源,从社会学看,透显着对现实社会人生的反省意识,但“无明”在本性上却是“恶”的。而且众生现世今生的苦难,还不仅是由前一世的“无明”造成的,“无明”是无始时来的,是“无始无明”。然则,众生苦难之深重可想而知!

唯识学虽属后起的大乘有宗,但是它也是以“十二因缘”说为信仰的基础的。唯识学所讲的阿赖耶识,就根源于“无始无明”,是“无明”缘于“行”,由“行”所产生的“业力”熏习而成的种子构成的。故阿赖耶识实则也是“无明”。

唯识学(宗)的特出处在于,它对众生的迷执与沉沦在心识上的原因作了最为深刻、最为细致的探讨和分疏,可以称得上为世界上最古典的心理学哲学。唯识学的困难在于:其一是,如何可以证明有一不依赖于肉身的独立的阿赖耶识的存在?其二是,如果阿赖耶识来自“无明”,它的本性是恶的。而且,“无明”是无始时来的,然则众生之堕落是必然的,难以逆转的。这就是说,作为众生的依持的阿赖耶识,竟然不具备救拔众生得以超脱的力量,那么,众生怎么办?其三是,或如唯识学的一些主张所说,阿赖耶识中另摄有一种无漏种子,可以助人成佛,然则无漏种子与有漏种子共处于识中,它们又是个什么关系呢?唯识学对这些问题,都没有一个很好的说明。唯识宗在唐初盛行一时就很快为其他教宗所遮掩,一方面固因为其对于心识的辨释过于细腻,名相过于繁杂,证入过于烦难;另一方面显然又与其未给予信众在解脱的追求方面以足够的自信心与自度力有关。

相比之下，天台宗自有其殊胜处。

天台宗之教理亦可溯源于般若经教。般若经论以遮诠的方式扫荡众生的一切执著，开显出不着二边的中道实相，圆满展现了佛学的“色即是空”的真空境界和无我的实践追求。而天台宗则依《法华经》中的“正直舍方便，但说无上道”的实相观，将般若经论内涵的“空即是色”这一“妙法”境界和盘托出。天台宗认为，任一事法皆当体即空即假即中，任一念心亦即无明即法性，又以性具净染论即染即净，以性具善恶称即恶即善。他们借“相即”的方法显示的这种教观，一方面仍然认允本始之“无明”而对现实人生的“恶”有一交待且固守着强烈的批判态度，另一方面由于坚信真如“法性”即于“无明”，则使被“无明”遮蔽的众生了达自己本始即具般若之智、明觉之心而生起信力。而且依天台所说，众生本始的这种明觉心与无明心“非二物相合，及非背面相翻，直须当体全是”(知礼:《十不二门指要钞》)。由此显示的天台宗教理，正如他们所自许，便为一圆融之教。

然而天台之被认做圆教，实只就其理体(实相)而言。在宗教的修习上，天台虽以圆顿止观为最高法门，但认为此止观只适合于上根人。对根性中、下之人，天台宗还是以“渐次止观”与“不定止观”教化之。依“性具善恶”说，众生实际上是善恶互即、善恶杂处的，因此，次第修习具有更重要的意义。善恶杂处为面对现实的慧见，次第修习为有取经验(积累)的进路。这与天台的圆融的理体(实相)和圆顿的修习法是不一致的。故圆教仍有所不足。

从哲学看，天台宗的实相观为存在论的，“性具”所表显的即是存在性。与天台有别，华严讲“性起”。“性起”之“性”，是就觉悟者已证入的如来藏清净心体(一真法界或理)而言，因而它是境界论的。既已证入如来藏清净心体，则又是纯善无恶的。在此境界上起现的一一事用，均从纯善无恶的心体开出，为纯善无恶的心体的发用流行，故亦纯善无恶且一一融通。在哲学上，由境界下贯成用，则显示为先验(或超验)的进路。华严宗虽然主要地是就果位上认心体为纯善，然而它实际上还是把果位上溯于因位。法藏说："从自性住来至得果，故名如来；不改名性，显用称起，即如来之性起。"(《华严经探玄记》卷十六)此即从"自性住"论果位如来境界。因此，可以认为，华严不仅从修得的境界上认心体为纯善，而且指心之本始即为纯善。华严之教不仅使修习者具足信力，且为修习者打开了一片澄明之心与光明之境。

然而现实人生毕竟有许多"无明"、许多"罪恶"，华严宗之法界观对此少有触及；面对"无明"、面对"罪恶"，必须有一套可操作的化解(修持)方法，华严宗之法界观似亦未加开展。无疑，该宗亦有其失缺处。

禅宗与华严宗同证心体为如来藏自性清净心。所不同的是，禅宗更多地是从众生当体的角度论心体的自足自明性。面向"众生"(甚至岭南"獦獠")起论，更能贯彻佛教平等一如的本旨；"众生位"不同于华严宗所指"佛果位"，他们善恶杂、善恶混，然而众生心体为佛性真心，故众生之成佛依然为内在的与必然的，"无明"、"恶"只如飘过的浮云，纯属外在、偶然一蔽；众生当体直显真心即成佛道，或在偶然迷失之际一经顿悟即入佛门，又使证入具足现世性与简捷性。无疑，禅宗顿教是把如来藏系的教理贯彻得最为彻底的一大教法。

由天台、华严特别是禅宗传承的如来藏学得以在中国的文化土壤上更好地展开、光扬，取决于中国文化的特殊品格。毫无疑问，佛教有摒弃现实人生、经验事相的一面，从社会学看，这一面向甚至构成为佛教的出发点。佛教的这一面向在借大乘空宗之经论传到中国时，人们往往是依老庄的方式予以接收、作出诠释的。老庄道家虽有斥遂世俗的取向，但终未至于把世界虚幻化。及至大乘有宗如来藏学传入，自更受抱“实在论心态”的中国人所认同。华严宗、禅宗以至善真心论心性、本始，无疑即借资了中国文化源头之一的儒学的价值观念。在禅宗成佛的现世性与当下性观念被受过儒、道二学熏习的学者重新诠释为一种超越的精神追求时，它甚至改变了印度佛学对现实人生的悲观色彩：“常、乐、我、净”的出世追求就见证在我们日常生活的在在处处，我们走过的与面对的时光“日日是好日”。禅师们这种自信、自足、自由与乐观的态度无疑渗透着中国的文化灵性。佛教如来藏学于唐宋以后构成为中国文化的重要组成部分，宋明时期得以与儒、道二学交相辉映，就因为如来藏学本来就受纳有中国本土的文化观念。

第八章

道教的国教化与隋唐道教哲学

佛教经中土文化的洗礼之后,在隋唐时期走向鼎盛。与此同时,道教作为中土本有宗教经进一步的理论提升,亦在隋唐时期走向繁荣。

第一节　由隋入唐道教的繁荣与重玄学

隋唐道教的发展,得力于两朝中央政府的支持。而道教发展采取的理论形态,初为重玄学,后由重玄学走向内丹学。

一、道教的繁荣及其在唐初的国教地位

早在隋朝时期,文帝杨坚即已十分看重道教。文帝“开皇”年号就取自道经。炀帝杨广钦羡神仙的长生不老和逍遥自在,还曾招来数千道士花巨资烧炼金丹。

及至唐代,道教甚至被视为国教。唐高祖在平定天下之后,曾两次亲自拜谒终南山老子庙。唐太宗于贞观十一年(637)颁布诏令自称“朕之本系起自柱下”(相传老子曾为西周柱下史),让道士女冠在宗教活动和公共场合排列于僧尼之前。高宗于乾封元年

(666)拜谒亳州老君庙,追封老子为"太上玄元皇帝",唐玄宗于天宝二年(743)进而封老子为"大圣祖玄元皇帝"。道教和道家的一些经典在唐代也受到了前所未有的重视,玄宗亲自注疏《道德经》,令学者温习,并于开元二十九年(741)置崇玄学生徒,学习《老子》、《庄子》、《列子》、《文子》,以上述"四子"开科取士;在天宝元年(742),又封庄子为南华真人,《庄子》为《南华真经》;文子为通玄真人,《文子》为《通玄真经》;列子为冲虚真人,《列子》为《冲虚真经》;庚桑子为洞虚真人,《庚桑子》为《洞虚真经》。唐玄宗命崇玄馆道士编纂的《开元道藏》,成为中国最早的道藏。官民信奉道教成了一种时尚,全国道观林立,道徒众多,公主妃嫔多入道为女真,不少朝臣至弃官乞为道士。道教信仰在很大程度上支配了人们日常的精神生活与活动。

道教在义理上的发展,则得力于一大批知识精英加入了道教行列。这种发展的第一阶段,表现为由重视炼形固体的外丹学,走向偏于精神修炼的重玄学。

二、成玄英、李荣建构的"重玄学"

唐初之"重玄学",是借鉴了佛教中观论的思想资源,通过重新注疏《老子》、《庄子》等经典的基础上发展起来的。代表人物为成玄英(生卒年月不详,曾被唐太宗加封为"西华法师"),主要撰述有《老子道德经注》(已佚,近人蒙文通辑得佚文编为《道德经义疏》)、《庄子疏》;李荣(生卒年不详,唐高宗时期人物),主要撰述有《道德经注》。

以"重玄为宗"概括《道德经》(即《老子》)的旨意,依成玄英的看法早已见于曹魏时期的道士孙登的注疏中。成玄英于注释《道德经》首章"玄之又玄"句时称道:

> 有欲之人，惟滞于有；无欲之人，又滞于无，故说一玄，以遣双执。又恐学者滞于此玄，今说"又玄"，更祛后病。既而非但不滞，亦乃不滞于不滞，此则"遣之又遣"，故曰"玄之又玄"。

这是说，修道之人，不仅要遣去"有"，亦要遣去"无"，做到有无双遣，此为"一玄"。且非但有无双遣以至于"玄"，更需把"玄"亦遣去，是谓"玄之又玄"。此即"重玄"。

李荣在注《老子》"玄之又玄"句时也有相似的说法：

> 道德杳冥，理超于言象；真宗虚湛，事绝于有无。寮言象之外，托有无之表，以通幽路，故曰"玄之"。犹恐迷方者胶柱，失理者守株，即滞此玄，以为真道，故极言之，非有无之表，定名曰玄。借玄以遣有无，有无既遣，玄亦自散，故曰又玄。（《道德经注》，见蒙文通：《道书辑佚十种》，巴蜀书社2001年8月版，下同。）

李荣这里同样以有无双遣为"玄"，以"玄"亦遣去为"重玄"（又玄）。

很显然，成玄英、李荣对老子"玄之又玄"的这种解释，一方面有得于庄子，另一方面亦有取于佛教的中观。庄子《齐物论》论世界本始称："有始也者，有未始有始也者，有未始有夫未始有始也者；有有也者，有无也者，有未始有无也者，有未始有夫未始有无也者。俄而有无矣，而未知有无之果孰有孰无也。"庄子此间使用的其实就是"遣之又遣"的方法论。佛教中观论则常以"非有"、"非无"、"非非有"、"非非无"这种"双非"的语式言说。庄子、佛教中观以此种方式言说或者立论，意在使人的心灵不断摆脱对存在物的执著，从而不断地得以超脱。这属于一种精神生命的追求，有别于早期道教对肉体生命的追求。成玄英、李荣借庄子、佛教中观重新解释《老子》而建立"重玄学"的努力，在形而上学层面上便是把老子的宇宙论（本源论）转变为本体论，在修习宗旨上则把神仙道教转变为心性道教了。

成玄英、李荣对形体的看法明显地表现了他们的这种转变。成玄英称：

水火金木，异类相假，众诸寄托，共成一身。是知形体，由来虚伪。（《庄子·大宗师》疏）

把"身"看做是众缘和合而有，这种说法来自佛教。佛教以此视"身"（我）为"无自性"为假有。成玄英称"是知形体，由来虚伪"亦同此意。我们知道，早期道教依元气化生说，不仅把元气及其化生过程看做是实在的，而且把元气化生而成的每一形体、身物亦看做是实在的。成玄英以形体、身物为"虚伪"，显然改变了早期道教的理论基础。

形体、身物既为虚伪，则所谓修习亦自非如早期道教所说为炼形固体。成玄英称：

既知形质虚假，无可欣爱，故能内则忘于脏腑，外则忘其根窍故也。（《庄子·大宗师》疏）

凡天下难忘者，己也。而己尚能忘，则天下有何物足存哉！是知物我兼忘者，故冥会自然之道也。（《庄子·天地》疏）

这是说，修习即以"物我兼忘"为功夫。李荣亦称：

夫以生为有而厚养过其份，遂致伤生，此未能重生也。达至道者，视身非有，悟理无生，不见虚假之形，自祛染爱之累，与虚净而合德，共至道而同根，虽不养生而生养，此所谓能重生也。

早期道教以元气宇宙论为理论建构，最看重"生"与"身"。李荣此间"视身非有,悟理无生"实亦有取于佛教。修习的功夫既以忘弃身形为事,修习的宗旨亦自非即身成仙,而仅为一种纯精神性的追求。

成玄英、李荣之"重玄学"改变了道教的理论基础与修习宗旨,固然提高了道教的精神品味,但同时亦偏离了道教原有的思想特色。

第二节　盛唐时期道教的性命说

进入盛唐(玄宗开元年间),回归道教独具特色的神仙追求,成为道教徒回护本教与发展本教的内在要求。由此道教理论又出现一个转向:由偏重精神修习的"重玄学",发展为"性命"双修之学,并由性命双修学,进而过渡到内丹学。

一、司马承祯、吴筠的"性命"理论

"性命"双修之学的理论代表人,为著名道教人士司马承祯(公元647—735年)、吴筠(公元?—778年)等辈。前者主要的撰述有《坐忘论》、《天隐子》等,后者著有《玄纲论》、《神仙可学论》、《心目论》等,部分著作今已不存。

回归道教的神仙追求,必先回归其由以立论的基础宇宙论。司马承祯称:

> 夫气者,道之几徵也。几而动之,徵而用之,乃生一焉,故混元全乎太易。夫一者,道之冲凝也。冲而化之,凝而造之,乃生二焉。故天地分乎太极。是以形体立焉,万物与之同禀;精神著焉,万物与之齐受。在物之形,唯人为正;在象之精,唯人为灵。并乾坤、居三才之位;含阴阳、当

五行之秀。故能通玄降圣,炼质登仙。(《服气精义论》)

这里,司马承祯指“气”为“道”而非以“玄之又玄”论“道”,即从本体论回归到宇宙论;以“生”、“化”叙说宇宙由气到物的过程,即肯定“生”、“化”的实在性而拒斥“无生”论;再以“在物之形,唯人为正,在象之精,唯人为灵”这一“人”在宇宙中的独特性观点论定人可以“通玄降圣,炼质成仙”,由此而重新认肯了仙道追求的可靠性。

吴筠也有相似论说。《玄纲论·以有契无章》记:

或问曰:“道本无象,仙贵有形,以有契无,理难长久,曷若得性遗形之妙乎?”

愚应之曰:“夫道至虚极也,而含神运气,自无而有。故空洞杳冥者,大道无形之形也;天地日月者,大道有形之形也。以无系有,以有含无,故乾坤为存而仙圣不灭。故生者天地之大德也。所以见六合之广、三光之明者,为吾有形也。若一从沦化,而天地万物尽非吾有,即死者,人伦之荼毒也。是以炼凡至于仙,炼仙至于真,炼真合乎妙,合妙同乎神,神与道合,即道为我身,所以升玉京、游金阙,能有能无,不终不殁,何为理难长久乎?若独以得性为妙,不知炼形为要义者,所谓清灵善爽之鬼,何可与高仙为比哉!”

这里,“问者”所持的观点,显然为只重精神(心性)修习者的观点,此亦即唐初融会了庄子、佛学的“重玄学”的观点。吴筠的回应强调:“道”虽是“至虚极”的,但却是“含神运气”的,即它虽然是无形的,却是实有的;“道”的功能或德性便是“生”;由“生”而成“形”,“形”不仅不应该被看做是可恶、可弃的,而且反倒应该被视为是可贵的、可珍视的;因此,修道者不可“独以得性为妙”,而“不知炼形为要”。吴筠由此亦回归了仙学。

司马承祯、吴筠既回归到道教借以立论的元气论和道教借以显示其特色的神仙论,则又必重视作为炼形功夫的养气说和炼丹术。司马氏称:

> 神仙之道以长生为本,长生之道以养气为先。夫气受之于天地,和之于阴阳,阴阳神虚谓之心,心主昼夜寤寐谓之魂魄。如此人之身,大率不远乎神仙之道。(《天隐子·序》)

这是以“养气”为修道的主要途径。司马氏由此而发展出一套如何依不同的节气作炼养的功夫论。

然而,司马承祯、吴筠虽然回到了道教的神仙说和养气炼形论,却并没有抛弃成玄英等人倡设的凝神收心之学。他们依然认肯提升精神的重要性。司马承祯说:

> 学道之初,要须安坐,收心离境,住无所有,不著一物,自入虚无,心乃合道。(《坐忘论·收心》)

这就是把“收心”视为通向仙道的一种基本功夫。吴筠称:

> 夫生我者道,秉我者神,而寿夭去留由于己,何也?此性动为情,情反于道,故为化机所运,不能自持也。将超迹于存亡之域,棲心于自得之乡,道可以为师,神可以为友。何为其然乎?夫道与神无为而气自化,无虑而物自成,入于品汇之中,出乎生死之表,故君子黜嗜欲,隳聪明,视无色,听无声,恬淡纯粹,体和神清,虚夷忘身乃合至精。此所谓返我之宗,复与道同。(《玄纲论·性情章》)

吴筠认为,人本禀“道”(气)与“神”而生,为何不能使“道”、“神”永固而至长生不死?那是因为为“情”所动,逐物欲而不返。故修仙之方,必须要“黜嗜欲,隳聪明……”至于“体和神清”,乃可“复与道同”。此亦以凝神收心为成仙的基本前提。

凝神收心为“性”学，养气炼形为“命”学。司马承祯、吴筠所主，实为性命双修。“神”之“性”为一种内在性的精神操守与心理体验，以凝神住性为修身续命的基本前提与基本途径，即意味着道教的宗教修持由面向外在经验和实验到直面内在运营和体验的转变。由此，道教的神仙学由外丹学走向内丹学。

二、仙道理论的转向与内丹学的兴起

外丹学向内丹学的转变，从实验的角度看，与服食金丹并未达到预期效果乃至不时引发死亡的失败后果有关。内丹学的理论渊源，道教学者常常追溯到《周易参同契》。但实际上人们很难说《周易参同契》不讲外丹炼冶。把《周易参同契》的炼冶功夫与规则作为内在运营与体验的解释，是唐末以降内丹家之所为。从思想资源看，大体可以说，《老子》思想在依庄子与佛学的观念作出解释而有重玄学，在与《周易参同契》联结作出解释后转出内丹学。

内丹学的真正开创者，应为生活于隋朝的道士苏玄朗，或称苏元朗。苏玄朗开创内丹学的事迹，见于《古今图书集成·博物汇编·神异典》所引《罗浮山志》的一段记述：

> 苏玄朗，尝学道于句曲，得司命真秘，遂成地仙。生于晋太康时，隋开皇中来居罗浮，年已三百余岁矣。居青霞谷，修炼大丹，自号青霞子。作《太清石壁记》及所授《茅君歌》。又发明太易丹道，为《宝藏论》。弟子从游者闻朱真人服芝得仙，竞论灵芝春青夏赤，秋白冬黑。惟黄芝独产于嵩高，远不可得。玄朗笑曰：“灵芝在汝八景中，盍向黄房求诸？谚云：天地之先，无根灵草，一意制

度，产成至宝。此之谓也。”乃著《旨道篇》示之。自此道徒始知内丹矣。又以《古龙虎经》、《周易参同契》、《金碧潜通秘诀》三书，文繁义隐，乃纂为《龙虎金液还丹通玄论》，归神丹于心炼。其言曰：“天地久大，圣人象之。精华在乎日月，进退运乎水火，是故性命双修，内外一道。龙虎宝鼎即身心也。身为炉鼎，心为神室，津为华池。五金之中，惟用无铅。阴中有阳，是为故性命双修，内外一道。龙虎宝鼎即身心也。身为炉鼎，心为神室，津为华池。五金之中，惟用无铅。阴中有阳，是为婴儿，即身中坎也。八石之中，惟用砂汞，阳中有阴，是为姹女，即身中离也。铅结金体乃能生汞之白，汞受金炁然后审砂之方。中央戊已，是为黄婆，即心中意也。火之居木，水之处金，皆本心神。脾土犹黄芽也。修治内外，两弦均平，惟存乎真土之动静而已。真土者药物之主，斗柄者火候之枢，白虎者铅中之精华，青龙者药物之主，斗柄者火候之枢，白虎者铅中之精华，青龙者砂中之元气。鹊桥河车，百刻上运，华池神水，四时逆流。有物之时，无为为本，自形中之神入神中之性，此谓归根复命，犹‘金归性初’而称还丹也。”内视九年道成，冲举而去。

依此记述，苏玄朗是最早提出内丹之学的。内丹之学的基本观点是：人是天地宇宙至精至灵的产物，因而，人无需假求身外之浊物以炼精固神；金丹之提炼，就在人的一念（一意）之中，人们只应“归神丹于心炼”；人之一身即为炉鼎，一心即为神室，珍液即为丹池；炼丹的方法便是如何依五行生克之理、四时轮替之秩、八卦变化之序，运营身内阴阳之气，“自形中之神入神中之性”，使“归根复命”而丹成。

何谓“自形中之神入神中之性”？概指修习的三个渐次上升的层级：从炼形（气）进至于“炼神”，从“炼神”进至于“复性”。后来的内丹道把这种修习的层级归之为“炼精化气”、“炼气化神”、“炼神返虚”即是。以“复性”为“返虚”，这显示了道与儒、释对“性”的不同理解。儒家多以“善”论“性”，此“性”是与“情”（欲）对置而被赋予价值超越意义的；佛徒以“真心”论“性”，此“性”一方面是与被视为虚幻的身形和事相对置而言，另一方面则实又指有一不灭的真体。道徒有别。道教神仙论以宇宙论为依托，始终认信天地人物的实存性，其以“虚”指“性”而求“复性”，固然是指在精神追求上不落于物欲的超越性，然此种超越追求决不可被认做为否弃身形的实存意义。在道教这里，很少强调灵与肉、真性与身形的二元对立。《云笈七籤》卷七十二收录有唐代道士撰写的《真元妙道修丹历验抄》。该书称：

> 夫至道真旨，以凝性炼形长生为上。所谓凝性者，心灵也，乃内观不动，湛然无为焉。虽云凝心，乃有二德。二德者，谓住心空心。若凝住心，则身境与道同，形性俱超，此真得长生不死高真妙道也。若凝空心，即性超而身沉，此得脱腔尸解之下法也。盖住心无心，即真道自会，名虚无之身，实有之质矣。此得性遗形之妙，不得炼形之要，名为清虚善爽之鬼。……凝住心，神形气俱得。得者寿延万岁，名曰仙人。

这里所谓“以凝性炼形长生为上”，讲“形性俱超”、“神形气俱得”，即突出地显示了道教即便发展到内丹学亦不以灵与肉为对立物，其以性命双修证入仙境仍为道教的基本立场。

内丹学自苏元朗正式提出之后，经历盛唐时期性命双修学说的展开，至唐末五代又得杜光庭、彭晓等人的光扬，入宋之后，遂成为道教仙学的一大主流。

第三节　道教信仰提供的思想史意义

道教由于坚信宇宙本源之气具有灵性，坚信人可以通过修炼形神（命性）证入仙界，其修炼方法又多借资于各种巫术与民间的各种鬼神禁忌，由此，近代以来，不仅常常被斥为反科学的、迷信的，而且还是杂芜的、低俗的。直至20世纪末，学界才开始注意到对道教的正面的认知与评价。

实际上，道教是中国文化宗教精神和宗教实践的集中代表。宗教是人类的一种基本的生活方式，宗教文化是人类文化的重要组成部分。没有道教的中国文化是不完整的。很长时期以来，儒学被当成整个中国文化的代表，很多人讨论儒学或者儒教是不是宗教的问题，我们认为，中国文化的结构是多元一体的，儒学是典型的思想传统之一，然而道教在中国文化的地位亦应该得到充分的重视。

道教为中国文化贡献了丰富的思想资源。在哲学上继承和发展了道家学说，道家思想在隋唐以后依托道教得以广泛流传；道教积极探索道体与性体的根本特征、万物的有无动静、个体的生死祸福、社会的常变兴衰等问题，在生命的延展、自然的改造、历史的变革等多方面作出了重要贡献。特别是中国古代的自然科学，在理论上和实践上，道教的贡献都属最突出的。“天下太平”的理想也是出自道教的。道教在音乐、建筑、绘画等方面也成就辉煌。

道教为中国文化保存了丰富的历史史料，特别是民间和非主流的历史史料。道教虽然被指责为“杂而多端”，但是这恰好反映了道教的兼容并包。道教的《列仙传》保存了大量的民间传说；道教的劝善书和道经保存了大量鲜活的民间伦理,道教的方术保存了民间大量的医学、建筑学、化学、物理学等方面的知识积累;《道藏》保存了《墨子》等古代典籍。这些贡献也都是应该充分肯定的。

在理论上,如上所述,道教神仙学立论的一个基本点,是直接面对和认肯人的身体、人身体所处的世界,以及作为身体与世界的起源的真实性的。这是道教与佛教乃至许多其他宗教的重要区别。佛徒道安所写《二教论》称:"佛法以有生为空幻,故忘身以济物;道法以固我为真实,故服饵以养生"。道安显然即从佛教的立场揭示了这种区别。

道教既认肯身体与世界、万物与本源存在的真实性,便立意要去探究它的存在形式,它的生化机制,冀求把握自然世界的奥秘,用人工的方法重现宇宙的生化过程。道教这里所开启的,无疑是认知的思想路向,其力图把握自然宇宙奥秘的精神,凸显出一种科学冒险的精神。

道教依其直面宇宙世界、把捉宇宙世界的努力,确认宇宙大生命与人体小生命具有同一性,以为人体小生命是宇宙大生命的缩影。这种见解,在认识的大方向上,我们至今不以为非:每个个人的生成过程,重复着整个自然宇宙的演变过程,或自然演变过程的各种机制,就以密码的方式储存于每个个人的生命体中。中国传统的医学,即立足于宇宙与人体的这种同一性和可交流性。中医的有效性显示道教在认识的大方向上提供的独特价值。

显然,道教的问题并不在它的认知的努力与认识的大方向上,而在它提供的认识的具体内容与具体说明上。

首先的问题无疑是,道教(含整个元气本源论)以"元气"作为宇宙世界的生化本源,这"元气"到底是什么?它化生万物的判定，能不能经受得起经验与实验的考问？我们知道，在道教思想家的信念中，“气”是与“神”混而为一的。“气”与“神”合一的意义上的“气”，指向的是一种宇宙生命力，而非如宋代理学家朱熹所说的“生物之具”。在“生物之具”意义上的“气”只是构造事物的一种质料，它没有生命。它只有获得“理”，为“理”所支配，才获得生命，被赋予意义。比较之下，人们可以说，朱熹让“气”丧失了自身的生命力去服从于统一的“理”，即丢失了由“气本论”营造的精神文化的生命力、激发力和活泼性。然而，如果“气”为“神气”，为指向神奇生命力的一种象征，那么它实际上是难以捉摸的、难以实证的，以这样的“气”作为生化本源，又如何可以为知识所确认，具有在知识上可以成立的意义呢？

其次的问题是，道教把“气”的炼养与阴阳、四时、五行等观念结合起来，这又是如何可能的呢？如果把“气”认做像原子一样构成的要素，那么它在组构成物的时候，物的特质只取决于结构的形式与数量，而不取决于特定的时间（四时）与方位（空间），与此相联系，对某物的特质的认知亦主要借分析其在组构的形式和数量上与他物的差别或不同去求得，就像近代科学所做的那样。道教由气化生物的宇宙论缺少结构的观念，在其把气化生物与炼气成仙和阴阳、四时、五行相关联时，所取的认知路向便不是分析差别的与寻找确定性的，而是归类求同的（把单个事物归入五行、四时、阴阳之大类中把握）与寻找变动性的（在归入五行、四时、阴阳之后随对待关系不同而变易）。因而，道教的认知追求无法导出近代意义上的科学。从近代科学的角度看，道教提供的知识确难成立。

也许就是因为道教提供的知识缺失近代以降科学认知的意义，道教多为近人所轻忽？与道教有别，佛教、基督教、儒教（学）

等教(学)的起点和进路主要不是知识的,而是价值的。如佛教对“苦难”的关切,儒学对“不安之心”、“不忍之心”的认定,基督的“原罪”观念,这些都表现为一种价值的反省。人类的知识,会是不断地变换的。所以以创设知识为职事的人或学派会渐次被遗忘。而人类的苦与罪是人类永久的话题,因此以关切苦与罪为情志的宗教与圣者便获得恒常的意义。这就不难理解,近世道教何以陷入困顿而其他宗教仍然得以薪传薪乃至有复兴之势头!

然则,道教是不是完全没有精神文化上的功能或价值了呢?显然不是的。

首先,如上所说,道教致力于探求宇宙的奥秘,表现出一种认知的追求,但道教并不排斥精神的追求,其性命双修之性修学,即具心灵提升的意义。实际上,道教在这一方面的追求,已构成宋明儒家心性学的思想源头。从现代的视野看,更值得关注的还在道教性命双修学对精神与身体、灵与肉的独特理解。精神与身体、灵与肉的对置,通过排斥、鄙视乃至虐待肉身以求得心灵的超拔,显然属于一种古典的价值观。这种古典价值观曾经培育过古人崇高的理想追求和献身热忱。但是如果以重视身体、不忘养生乃至不轻视感性生活世界为现代价值观的一种趋向的话,那么作为思想资源之一,最可以与现代相衔接的,似乎应该是道教。道教作为养生学日渐受到重视,即表明了这一点。

其次,从近代意义上的科学的角度看,道教提供的丹道学固然难具知识的意义,却具人类学的意义。以“气”作为本源和强调“生殖”的而非形式构成的观念,以及以阴阳、四时、五行(五方)的交变关系摹状宇宙的生生化化,所显呈的是传统社会中人与自然、人与社会、个我与他人的亲和关系,以及由这种关系确认的自然主义的生存格调。现代工业文明抛离传统农业文明与强调人的占有欲的结果,是带来了人与自然、人与他人和社会的严重分立与对置,以及由分立与对置引发的离弃感与孤独感。因而,如果回归传统、寻找家园已成为当今社会的一种价值选择的话,那么,传统道教和道家崇尚的自然主义的生存格调,无疑亦将获得现代意义。

第九章

经学的重整与唐代儒家哲学

南北朝时期,佛教、道教处于兴盛状态,儒家则几乎没有多少发展。汉代经学十四博士的设置,已为各朝所废弃,各家传注之典籍,亦多不存。即便有少数坚执儒学理念的学者以不懈的努力为儒家信奉的经籍作义疏的工作,但是能够留传下来、传播开来的,为数甚少。由此,可见儒学的式微。

在这段历史时期,在儒学营垒中,在理论上可以被称道的,是为回应佛学而开展出来的神灭论思想。儒学作为正统思想得以有所重整与振兴,则有待于国家重新走向统一与稳定的隋唐时期。

第一节 儒家对佛学的回应与唐初经学的重整

南朝佛教学者僧佑在其所撰《弘明集后序》中曾称:

> 详检俗教,并宪章五经。所尊惟天,所法惟圣。……一疑经说迂诞,大而无征。二疑人死神灭,无有三世。三疑莫见真佛,无益治国。四疑古无法教,近世汉出。五疑教在戎方,化非华俗。六疑汉魏法微,晋代始盛。以此六疑,信心不树。

僧佑所谓“俗教”，主要指“宪章五经”之儒家。儒家学者对佛教提出的质疑，僧佑归为六点。其中，“二疑人死神灭，无有三世”之论，当以范缜为代表。

一、范缜对佛学的回应及其《神灭论》

范缜（约公元450—515年），字子真。他“博通经史，尤精三礼”（《梁书·范缜传》）。可见，大体上说他属于儒家学者。范缜所撰《神灭论》，分四个层次论定人死而神灭。

第一层论形神关系。范缜称：

> 形者神之质，神者形之用。……神之于质，犹利之于刃。形之于用，犹刃之于利。……未闻刃没而利存，岂容形亡而神在也。（《梁书·范缜传》，下同）

这是确认形神相依，形存神灭，形谢神亡。

第二层论人物关系。范缜称：

> 人之质，质有知也。木之质，质无知也。人之质，非木之质也。木之质，非人之质也。

这是确认神为人这种特殊形质的特殊功能。

第三层论生死关系。范缜称：

> 死者有如木之质，而无异木之知。生者有异木之知，而无如木之质。……生形之非死形，死形之非生形，区已革矣。

这是确认神为在生的人的特殊形质的特殊功能。

第四层论知虑关系。范缜称：

> 手等能有痛痒之知，而无是非之虑。是非之虑，心器所主。

这是确认神虽然包含知（感知）和虑（思考）两种构成部分，但虑却是在生的人的特殊器官(心)的特殊功能。

范缜由此论证,神既为在生的人的这种特殊形体中特殊器官的特殊功能,它自当会随着人这种特殊形体和它的特殊器官的消亡而消亡。因而,他坚持"神灭"论。

范缜的论证,无疑透显有科学认知的精神。这是中古前期难得一见的对人的生死问题的理智态度。然而,尽管人的精神活动与人体的特殊构造密切相关,人的精神活动与作为物质存在的人体活动却有着非常不同的时空形式,这是范缜所没有注意到的。而且,宗教信仰问题决不仅属认知问题,更重要的还是心理情感与价值信念的问题。事实上,凡是具有持久影响力的宗教,都包含有对人生苦难的道德反省和对丑恶现实作社会批判的一面。这也是范缜所没有注意到的。范缜依其无神论的自然观,不仅把人的生死问题归之于自然化生过程中的偶然禀赋,而且把人的贫富贵贱也予自然化与偶然化。这对世间苦难便缺少一份同情心,失却一份正义感。

范缜对世间苦难问题所持的态度,近于东汉时期的王充,已偏离儒家之学。"宪章五经,所尊为天,所法唯圣"的儒家之学作为正统思想的地位的恢复和社会正义观念的重新确立,乃在唐初。

二、儒学的重振与唐初的《五经正义》

唐朝中央政权,均实行三教并重的政策。但佛、道二教偏重于个人的修为,在公共事务的建构上少有贡献。所以,唐朝政府在国家治理层面上,实更倚重于儒家。

唐初的统治者,高祖李渊即"故好儒臣",唐太宗李世民尤甚。李世民即位第二年,便宣称:"朕今所好者,惟在尧舜之间,周孔之教,以为如鸟有翼,如鱼依水,失之必死,不可暂无耳"(《贞观政要·慎所好》)。

李世民之所好在儒学，出自于他的清醒的历史意识。他曾对侍臣说：

> 看古之帝王，有兴有衰，犹朝之有暮，皆为蔽其耳目，不知时政得失，忠正者不言，邪谄者日进，既不见过，所以至于灭亡。……天子者，有道则人推为主，无道则人弃而不用，诚可畏也。(《贞观政要·政体》)

这就是说，天下是“公共”的，某个个人或家族之得天下或失天下，取决于他是否有“道”。“道”是超越于每个个人的，它体现为一种正义性。李世民认为，“有道则人推为主，无道则人弃而不用”，即是对“道”的正义性与超越性的清醒意识。南北朝的许多帝王把国家天下看做自己的或自己一家的，他们的政权都不能长久。李世民的这番说话表明，他重新意识到了政权的社会正义性问题。他认为社会正义就体现在儒家的“民为邦本”的观念中，故他要重振儒教。

然而，汉魏之后，儒学推崇的《五经》不仅有不同版本，不同承传，不同家法，而且许多注疏，又或散失，又或错杂，显然不利于教学。为此，唐太宗李世民诏令颜师古考订《五经》，理正出一个标准的版本，又令孔颖达主持对《五经》作义疏的工作，成书后名《五经正义》共一百八十二卷。唐太宗曾称赞此书为：“博综古今，义理该洽，考前儒之异说，符圣人之幽旨”(《旧唐书·孔颖达传》)。唐高宗初年，《五经正义》正式颁行全国，从此，诵读《五经》和考试取士，均以此为依据。至此，西汉以后杂散的经学终于归为一统。儒学之经典，又重新被皇帝钦命而成为官方指定的阅读文献，儒学作为官方统治思想的地位亦又一次得到了恢复与确认。

然而，就思想史的角度看，《五经正义》所做的只是一种综合与整理的工作，少有创新性的见解。它采用的理论框架，基本上还

是汉代以来流行的宇宙论。如在疏释《易·系辞上》“是故易有太极,是生两仪”一说时称:

> 太极谓天地未分之前,元气混而为一,即是太初太一也。故老子云“道生一”,即此太极是也。又谓混元既分,即有天地,故曰“太极生两仪”,即老子“一生二”也。不言天地而言两仪者,指其物体下与四象相对曰两仪,谓两体容仪也。(《周易正义》卷七)

孔颖达这里把“太极”释为元气,把“太极生两仪”释为宇宙生化过程,即本原于汉代。只不过,因为李唐王朝奉老子为祖先,所以亦把老子的宇宙论融会进来而已。

又在疏释《易·乾卦·彖传》“乾道变化,各正性命”句时,孔颖达称:

> 乾之为道,使物渐变者,使物率化者,各能正定物之性命。性者,天生之质,若刚柔迟速之别;命者,人所禀受,若贵贱夭寿之属是也。

这是讨论“性命”问题的。孔颖达以“天生之质”为“性”,并以“刚柔迟速之别”称“性”。这显然亦是汉代人的见解。所不同的是,汉代儒学融入了谶纬神学,其巫术色彩甚浓;孔颖达的《五经正义》对谶纬之学多所不取,在使经学理性化方面迈出了可贵的一步。

第二节　韩愈的“道统”观

韩愈(公元768—824年),字退之,邓州南阳(今河南省孟县)人,自谓郡望昌黎,故称“昌黎韩愈”。唐德宗贞元八年(24岁时)选进士。唐宪宗时,曾随同裴度平定淮西藩镇之乱。在刑部侍郎任上，敢于上疏皇帝谏迎佛骨，触怒了唐宪宗，被贬为潮州刺史。后历官国子监祭酒、京兆尹及兵部、吏部侍郎等。韩愈是唐代著名的文学家、诗人，古文运动和复兴儒学的倡导者。所著被编为《韩昌黎集》，其中《原道》、《原人》、《原性》、《原鬼》、《与孟尚书书》和《谏迎佛骨表》等，比较集中反映他的哲学思想。

韩愈出身低微，自称为"布衣之士"(《韩昌黎集·与凤翔刑尚书书》，以下只注篇名)，在政治立场上，维护中央集权的政治制度，但反对王叔文为代表的革新派；在思想文化上，力主复兴儒学，俨然以孟子之后儒学的传道者自诩，宣称如果经过他而使"道"大致流传下去，死千万次也不后悔。韩愈本人对儒学义理的发展贡献不大，但他的"道统"说却对宋代儒学的发展起到了承前启后的作用。

一、"道统"建构与担当意识

中唐时期，国家名义上仍在中央王朝的控制下，可是社会危机日益加重，藩镇割据、权臣倾轧之状况有增无减。韩愈认为必须重新振兴儒学，强化儒学在封建社会中的正统地位，拒斥魏晋以来流播广泛的佛道思潮，才有可能重振李唐王朝。受佛教的法统论和传法世系的做法的影响，他构造了一个儒家的传授系统。他称道：

> 尧以是传之舜，舜以是传之禹，禹以是传之汤，汤以是传之文、武、周公，文、武、周公传之孔子，孔子传之孟轲。轲之死，不得其传焉。(《原道》)

韩愈构造的这个"道统"，对于复兴儒学，抗衡佛教的"法统"，至少起到如下作用：一是确认先王之道从尧开其端，在时间上早于由释迦牟尼创始的佛教法统，因而比之佛教更加源远流长；二是强调儒家道统植根于自己的国土之中，比自西夷传入的佛教更具正统性；三是宣示儒家道统经过历代"圣贤"相传，已浸润到社会各个领域,比佛教更具有权威性。然而,在韩愈看来,这个可贵的“道统”在孟子之后中断了,结果是佛道学说大盛。韩愈以儒家正统的继承者自居。他说:“天不欲使兹人有知乎,则吾之命不可期;如欲使兹人有知乎,非我其谁哉?”(《重答张籍书》)这无疑体现了他在儒家文化的承传上的强烈担当精神。

那么韩愈心目中的“道统”,其具体内涵是什么呢?就是孔孟所讲的仁义之道。他说:

> 博爱之谓仁,行而宜之之谓义,由是而之焉之谓道,足乎己无待于外之谓德。(《原道》)

这四句斩钉截铁而又浩大的判语,成为韩愈思想体系的理论基础和拒斥佛道、“扶持名教”的纲领。

依照韩愈的看法,“仁”就是普遍地“爱人”,“义”就是处事合适而得当,二者具有确定的伦理内容。这是儒家的基本理念。“道”与“德”两个名称,则是各家都使用的,虽然它们经常地被用以指称“形而上”的东西,但是,由于没有确定的内容,可以被看做是很空泛的。韩愈依其儒家的立场称:“凡吾所谓道德云者,合仁与义言之也,天下之公言也。”(同上)就是说,道德应以仁、义为内容。所谓“道”,即是依着仁义的要求去做;所谓“德”,即是指仁义本来具足于人的本性之中。二者应该是合一的。

经由韩愈的这种解释,道、德具有了确定的伦理内容,仁、义则被赋予了形上学的意义。我们知道,先秦时期,在孔、孟那里,仁、义虽被视为本心本性,但并未真正获得形上架构。两汉之后,仁、义的正当性是被诉诸于宇宙论的。韩愈以仁义为道德而直接赋予其形上学意义,这意味着,儒家的形上学形态,开始由宇宙论转向以仁义为道德的本体论。汉唐时期儒家的宇宙论多与宗教信仰相联系,而本体论却多借理性开出。因而这种转向同时又体现为由宗教信仰向道德理性的过渡。宋明儒学正是沿着这一方向发展的。宋以后儒家学者被称为“道学家”，亦是因为他们在以仁、义、礼、智释“道”之后，以“道学”、“道统”的承传者自诩。

既然道德不离仁义，而仁义无非即日常的人伦关系与生活秩序。因此，道德亦必不离于百姓日用。所以，韩愈在进一步阐明何谓仁义道德时说：

> 其文《诗》、《书》、《易》、《春秋》，其法礼乐刑政，其民士农工贾，其位君臣、父子、师友、宾主、昆弟、夫妇，其服麻丝，其居宫室，其食粟米、果蔬、鱼肉，其为道愈明，而其为教易行也……曰：斯道也，何道也？曰：斯吾所谓道也，非向所谓老与佛之道也。(《原道》)

这就是说，以“仁义”为内容的“道”，就体现于礼乐教化与刑政施设之中，体现于君臣、父子、夫妇的日常交往之中，体现于士、农、工、贾的日常生产生活方式之中。韩愈认为，正是在这一点上可以看到儒家与佛、道的区别。佛、道二教之“道”，是“外天下国家，灭其天常，子焉而不父其父，臣焉而不君其君，民焉而不事其事”(同上)的“道”。这样的“道”似乎是极“高明”，然而无用于世，那是不足称羡的。

韩愈紧扣日常人事和人伦论“道”的取向，后来被宋明儒学展现为体用关系：“体”不离“用”，于“用”中见“体”，是谓“极高明而道中庸”。

二、“天命”旧说与性情原论

然而，应该看到的是，韩愈毕竟没有完成由宇宙论向本体论、由宗教信仰向道德理性的过渡。他的许多观点，依然夹带有自董仲舒以来流行的神学观念。譬如，他仍然承认天是有意志的。他说："天之与人，必异其所好恶无疑也。合于天而乖于人，何害？"（《与崔群书》）。乃至称："人之坏元气阴阳也亦滋甚，……吾意有能残斯人使曰薄岁削，祸元气阴阳者滋少，是则有功于天地者也；繁而息之者，天地之仇也。"（柳宗元《天说》引韩愈"天之说"）这就不仅把有意志的天看做是绝对至上的，而且对人的努力还是极其排斥的。

韩愈不仅承接董仲舒的神学思想建立"天命"观，而且亦承接董子的"性三品"说而构筑其人性论。

韩愈在《原性》一文中，首先明确了"性"与"情"的关系。他说："性也者，与生俱生也。情也者，接于物而生也。"（《原性》）就是说，性是生来就有的、本然的、先天的，而情是接触外物产生刺激引起的反应。这即自董仲舒以来儒家学者的基本看法。

那么，人与生俱来的"性"是怎样的呢？韩愈亦依董仲舒，区分为"三品"，但具体内容有别。在他看来，上品的人性，"善焉而已矣"（同上）。因为"上焉者之于五也，主于一而行于四"（同上）。就是说，上品的人性生来就有仁、义、礼、智、信五种道德，而且能以一德为主，通于其他四德。中品的人性，"可导而上下也"（同上）。因为其性"一不少有焉，则少反焉，其于四也混"（同上）。即是说，中品之性对五种道德中的一德有所不足或违背，而对于其余四种道德也都杂驳不纯。下品的人性，"恶焉而已矣"（同上）。因为其性"反于一而悖于五"（同上）。即既违反一德也不符合四德。这就是"性"之"三品"。

至于接触外物而产生的情，韩愈按通常说法亦别之为七：喜、怒、哀、惧、爱、恶、欲。韩愈对七品的评价又依"性三品"说作了细致的区分。他认为，上品的性必发上品的情，"上焉者之欲七也，动而处其中”(同上),即七情之发都会合乎中道,没有过甚或缺失;中品的性则发中品的情,“中焉者之于七也,有所甚,有所亡”,(同上)即七情之发,有的会过甚,有的会缺失;下品的性必发下品的情,“下焉者之于七也,亡与甚,直情而行者也”(同上),即七情之发或者都过甚,或者都缺失,这种“性”只管直情而行,一由情欲所支配。

可以看到,韩愈虽然在具体的说法上,与董仲舒诸儒有了差别,但把善与恶、性与情的问题都归之于先天所得,却是相同的。这段时期的儒家学者,把人的性情的差别归之于天成,一方面显然投射有中古前期依身份、门第区分人才等级高下的影子;另一方面,又与中古前期儒家学统占主导地位的宇宙论有关。宇宙论讲气禀。气的禀赋既造就了人的精神品格,也造就了人的强弱身体。然则,在以气禀论性情的状况下,并不过分强调灵与肉的对立,甚至还十分重视各别的先天才情。及至宋明儒学,主张变化气质,虽然主体精神价值追求的一面凸显了,但肉身与个性的一面却被忽略了。

三、圣人创制与圣教观念

韩愈依据其性情说,以为上品的性必发为上品的情,又建立起他的圣教观。韩愈称:

> 有圣人者立,然后教之以相生养之道。为之君,为之师,驱其虫蛇禽兽而处之中土;寒,然后为之衣;饥,然后为之食;木处而颠,土处而病也,然后为之宫室;为之工以赡其器用,为之贾以通其有无;为之医药以济其夭死,为之葬埋祭祀以长其恩爱;为之礼以次其先后,为之乐以宣其壹郁;为之政以率其怠勧,为之刑以锄其彊梗。相欺

也，为之符玺斗斛权衡以信之；相夺也，为之城郭甲兵以守之。(《原道》)

这就是说，惟有"圣人"出现，社会的物质生产才得以发展，社会的群体性的生活秩序才得以形成，社会的一切才会变得文明。我们知道，先秦儒家讲的"内圣"，本指一种道德修为与人文教养，并以为这是人人都有可能做到的；由"内圣"而开"外王"，则指以道德理想转化、提升现实政治。但这中间有一个"时命"的问题，即便"圣人"也不一定可以如愿。显然，圣人只是道德的化身，他在事功方面是受限制的，但是到了韩愈这里，"圣人"却已被赋予创造一切的救世主的意义。这大概是与汉唐时期浓重的宗教信念有关吧！

第三节 李翱的《复性书》

李翱（公元 772—841 年），字习之，陇西（今甘肃泰安一带）人，与韩愈有一种亦师亦友的关系。李翱出身寒门，中进士后，历任国子博士、中书舍人、山南东道节度使等职。他的著作被收为《李文公集》，其中《复性书》是他的主要哲学著作。

一、性善情惑之说

"性"是李翱哲学的核心范畴。与此相关，他同时也论"情"。性善情扰是他的哲学的中心思想。他称道：

人之所以为圣人者，性也；人之所以惑其性者，情也。喜、怒、哀、惧、爱、恶、欲七者，皆情之所为也。情既昏，性斯匿矣。非性之过也，七者循环而交来，故性不能充也。水之浑也，其流不清；火之烟也，其光不明，非水火清明之

过。沙不浑,流斯清矣;烟不郁,光斯明矣。情不作,性斯充矣。(《复性书》上)

显然,李翱与韩愈的"性三品"说不同。在李翱看来,性原本是善的,只是由于情的干扰,它才会变得不善,正如水本来是清的,火本来是明的,只因"浑沙"才使水变浊,"郁烟"才使火不明。水之不清、火之不明,其罪过不在水、火自身,而在"浑沙"和"郁烟"。与此相似,人性之不善,其罪过不在性自身,而在情的干扰。情既会迷惑、干扰本善之性,所以,李翱有时也直指之为"妄也,邪也"(《复性书》中)。

但是,实际上李翱对情的看法也不完全是负面的。他还提出过另外两种见解:其一称,"情有善有不善"(《复性书》中);其二称,"情不自情,因性而情;性不自性,由情以明"(《复性书》上)。依照这第一种见解,情就不全是恶的;依照这第二种见解,情因性并明性,则显然是说,情与性是一致的。情与性既然是一致的,为什么李翱又会认为情能够迷惑、干扰性呢?

原来,在李翱那里,还有一个圣人与凡人的区分问题。李翱认为:

情者,性之动也,百姓溺之而不能知其本者也。圣人岂其无情邪?圣人者寂然不动,不往而到,不言而神,不耀而光,制作参乎天地,变化合乎阴阳,虽有情,未尝有情也。然则百姓者岂其无性者也?百姓之性与圣人之性弗差也。虽然,情之所昏,交相攻伐,未始有穷,故虽终身而不自睹其性焉。……故圣人者,人之先觉者也。觉则明,否则惑,惑则昏。(《复性书》上)

这就是说,圣人与凡人不仅在本性上是同一的,而且也都有情。所不同者,在如何用情。圣人用情,然而不溺于情,故有情亦似无情;

百姓之用情，却为情所昏，以至于终身不见其善之性。显然，李翱不是以性而是以情的相异来区分圣凡的。这一区分之于董仲舒、韩愈的“性三品”说所提供的不同的思想史意义在于：在承认善恶皆性的情况下，善固然是先验的、绝对的，恶亦是先验的、绝对的，恶是无法为后天经验性的努力所改变的；而在确信善为性、恶起于用情的情况下，善是先验绝对的，恶是由外物引发的、经验的和相对的，则此恶必然是可以克服的。难怪董、韩都不关切变化气质乃至汉唐人多纵任先天才情，而李翱却极主去情复性，得以成为宋明人变化气质说的先导。

二、去情复性之方

《复性书》中的“复”，有回复、恢复之意。在李翱看来，普通人因性为情所扰、所昏，故需排扰去昏而复性。其具体方法是怎样的呢？李翱写道：

> 或问曰：人之昏也久矣，将复其性者，必有渐也，敢问其方？曰：弗思弗虑，情则不生；情既不生，乃为正思。正思者，无虑无思也。此斋戒其心者也，犹未离于静焉。有静必有动，有动必有静。动静不息，是乃情也。……知本无有思，动静皆离，寂然不动者，是至诚也。（《复性书》中）

依上所言，复性之方分为两步。第一步是斋戒其心，不思不虑。如做到了这一步，情似可不生。但是，在李翱看来，做到这一步还是不够的。斋戒其心，不思不虑只是求静，尚未离于静。动静相对而言，有静必有动。动静皆有，便意味着仍在用情。既然如此，怎能说已复性？因此，他认为还要有第二步：“知本无有思，动静皆离”。动静皆离，是对动和静的超越，这才是真正的静。

那么，超越动静的真正的绝对的静，是否意味着绝对的不见不闻呢？李翱答曰："不睹不闻，是非人也。视听昭昭而不起于见闻者，斯可矣。无不知也，无弗为也，其心寂然，光照天地，是诚之明也。"(《复性书》中)就是说，人不可以不见不闻，只是不可以为见闻所蔽。人只要不为见闻所蔽，不为情欲所困，则其本然之心便是诚明的，这就是《中庸》所说的由诚而明了。达到"诚明"之境，也就复归于善的本性，得以成为圣人了。

李翱这里所说的复性的功夫，显然有取于佛教禅宗。其"知本无有思，动静皆离"的提法，"其心寂然，光照天地"的提法，都明显地脱胎于六祖慧能所教。当然，李翱援释入儒，并不意味着他使儒学完全释家化。他对修身、齐家、治国、平天下的牵挂，对人伦日用的注重，都表明他依然是儒者。李翱援释入儒而又坚持儒家基本立场的做法，为宋代理学家所继承；其性善情蔽论则对理学的心性论产生了直接的影响；其《复性书》中常引《大学》、《中庸》之语，又开宋代理学对这些文献予以关切的先河。无疑，李翱对宋明理学的产生和《四书》作为经典的地位的确立，起到了重要的作用。

第四节 柳宗元的"元气自动"说

柳宗元(公元773—819年)，字子厚，河东解县(今山西运城县)人，故被称为柳河东先生。德宗贞元九年中进士，授校书郎，调蓝田尉，升监察御使。顺宗永贞元年，受革新集团的重视，入为礼部员外郎，参与"永贞革新"，失败后被贬为永州司马，后迁柳州刺史，故又被称为柳柳州。在长期的贬谪生涯中，他写下了许多著作，汇编为《柳河东集》，其中《天说》、《天对》、《非国语》、《答刘禹锡天论书》、《封建论》等为他的哲学著作。

一、"元气自动"的自然主义路向

在中国哲学史上,把天地宇宙看做为没有目的、没有意志的自然主义传统具有悠久的历史。老子的名言"人法地,地法天,天法道,道法自然"(《老子》第二十五章)和"天地不仁,以万物为刍狗"(《老子》第五章),即是自然主义的经典表述。后来,荀子、王充等都是自然主义的著名代表人物。但在南北朝隋唐时期,这一思潮沉寂了。

柳宗元哲学的最大特色就是复活了以上诸人的自然主义思想。他说:

> 彼上而玄者,世谓之天;下而黄者,世谓之地。浑然而中处者,世谓之元气。寒而暑者,世谓之阴阳。是虽大,无异果蓏、痈痔、草木也。……天地、大果蓏也;元气,大痈痔也;阴阳,大草木也。其乌能赏功而罚祸乎?功者自功,祸者自祸,欲望其赏罚者大谬;呼而怨,欲望其哀且仁者,愈大谬矣。子而信子之仁义以游其内,生而死尔,乌置存亡得丧于果蓏、痈痔、草木邪?(《天说》)

柳宗元这番话是针对韩愈而说的。韩愈把"天"人格化,认为人有功于天,天会赏之;造祸于天,天会罚之。与此相反,柳宗元认为,天是自然之存在,绝对不能赏功罚祸。他把天地比喻为"大果蓏",把元气比喻为"大痈痔",把阴阳比喻为"大草木",以为都是自然之物。就人而言,"功者自功,祸者自祸",其功祸根本与天无关。人的生死,对于天地、元气、阴阳也都没有影响。

应当指出,中国古典的自然主义传统,固然是在否定神的创造地位与支配作用的意义上开出的,然而在后来的发展中,其实已区分为二途:一途为,把"自然"与"人工"(人为)对置,追求一种自我自由的精神价值,庄子是这一途的代表人物;另一途为,借

“自然”把外界客观化、对象化，并以“天人相分”说为“人工”腾出位置，而得以认肯人在认知与力作上的主体价值，荀子是这一途的殊胜者。柳宗元无疑有取于荀子一途。柳宗元指出：“生植与灾荒，皆天也；法制与悖乱，皆人也。二之而已，其事各行不相预。”(《答刘禹锡天论书》)这也是强调天人相分而为人的努力确定地盘。

柳宗元的天人相分思想，还表现在他撰写的《非国语》和《天对》两文中。《非国语》一文立旨在批评西周末年的伯阳父把地震看做是亡国的征兆。他指出：

> 此川者，特天地之物也。阴与阳者，气而游乎其间者也，自动自休，自峙自流，是恶乎与我谋？自斗自竭，自崩自缺，是恶乎为我设？(《非国语》)

这里的多个“自”字(“自动自休，自峙自流”、“自斗自竭，自崩自缺”)，尤其值得注意。这一方面是指元气的自然存在自然运化而不假外力(包括人力、神力等)，另一方面又是指的它们不会干预人事。自然物的“不谋”、“不设”，表明了它们的无目的、无意识性。

《天对》是为回答屈原的《天论》而撰的。在文中，柳宗元也表达了类似的思想。他说：“本始之初，……惟元气存，而何为焉？”(《天对》)宇宙的本始是一种元气状态，它是无为的。他还认为，天“无中无旁”。天在空间上既没有中点，也没有边界。显然，柳宗元还意识到空间的无限性。这种对“天”的界说方式所透显的无疑均为客观化、自然化的路数。

二、“势”的观念与历史变迁的客观性辩

柳宗元还企图通过对自然世界的客观原因进行探讨的思维理

路入手来解释人类历史。这主要体现在他为专门讨论中国历史上的分封制(封建制)问题而撰的历史哲学著作《封建论》之中。在该著作里,他提出了"封建非圣人之意也,势也"的著名命题。他写道:

> 彼封建者,更古圣王尧、舜、禹、汤、文、武而莫能去之。盖非不欲去之也,势不可也。势之来,其生人之初乎?……彼其初与万物皆生,草木榛榛,鹿豕狉狉,人不能搏噬,而且无羽毛,莫克自奉自卫。荀卿有言:必将假物以为用者也。夫假物者必争,争而不已,必就其能断曲直者而听命焉。其智而明者,所伏必众,……由是君长刑政生焉。故近者聚而为群。群之分,其争必大,大而后有兵、有德。……是故有里胥而后有县大夫,有县大夫而后有诸侯,有诸侯而后有方伯、连帅,有方伯、连帅而后有天子。自天子至于里胥,其德在人者,死必求其嗣而奉之。故封建非圣人之意也,势也。(《封建论》)

这段话包含有几层意思:第一,封建制不是依据圣人的主观意愿产生的,它也不会因圣人主观上想消除它而消亡;第二,封建制的产生和延续有客观的原因,柳宗元称这种客观的原因为"势";第三,具体来说,这种客观原因就是,远古初民的生存状态("生人之初")决定了只可取封建制的组合方式。在说明这一层意思时,柳宗元显然吸收了荀子和韩非子的思想。柳宗元明确引用了荀子的"假物以为用"的观点。他关于"争"的看法,似也源自荀子。柳宗元认为,初民的各级首领就是从止争的需要中产生的。这些首领于是成为封建制下的各级官员:里胥、县大夫、诸侯、方伯、连帅、天子。这些人既作出了贡献,其职位便由子孙世袭。这是"势"所使然的。

在柳宗元看来，不仅封建制的产生是“势”使之然，而且郡县制代替封建制也同样如此。在周朝，封建制使诸侯的力量越来越大，终致尾大不掉，天子受制于诸侯，最后为其分封之国——秦国所灭。“秦有天下，裂都会而为之郡邑，废候卫而为之守宰，……此其所以为得也。”（《封建论》）就是说，秦朝变封建制为郡县制是“势”所必然。柳宗元肯定此举为“得”。汉朝初期，封建制与郡县制并行，各居其半。但是，事实表明，实行郡县制的一半要比实行封建制的另一半为好，“时则有叛国而无叛郡。秦制之得亦以明矣。”（《封建论》）

柳宗元更富独创性的地方还在于，他看到了个人的主观愿望与历史发展的客观之势存在着深深的不一致。他指出：“秦之所以革者，其为制，公之大者也；其情私也，私一己之威也，私其尽臣畜于我也。然公天下之端自秦始。”（《封建论》）就是说，在封建制下存在的世袭惯例，在郡县制下不再存在。这跟封建制相比，郡县制无疑公多而私少，因为它不再实行世袭制而是根据个人的能力选官。但是，这种具有“公”的性质的制度，却源自秦始皇想要树立个人权威、管治所有臣民的私心。秦始皇主观愿望上的“私”，却促成了客观效果上的“公”，这再一次表明，历史发展的客观之势，远非人们的主观愿望所能控制得了的。柳宗元对历史变迁的客观之“势”的认识，无疑透显有一种清醒的理性精神。

第五节 刘禹锡的“天与人交相胜”论

刘禹锡（公元772—842年），字梦得，自述为中山无极（今属河北）人，晚年定居洛阳，与柳宗元同一年中进士，并一同参与“永贞革新”，后又同遭贬谪。两人之间许多共同的经历，使他们成为相知,故人们也常以"刘柳"并称。刘禹锡的著作被汇编为《刘宾客集》,其中,《天论》上、中、下三篇是他的哲学代表作。

一、从"天人相分"到"天与人交相胜"

刘禹锡和柳宗元一样,坚持"天人相分"的立场:

> 天之所能者,生万物也;人之所能者,治万物也。(《天论》上)

> 天之道在生植,其用在强弱;人之道在法制,其用在是非。阳而阜生,阴而肃杀;水火伤物,木坚金利;壮而武健,老而耗眊;气雄相君,力雄相长:天之所能也。阳而艺树,阴而揫敛;防害用濡,禁焚用洒;斩材窾坚,液矿硎铓;义制强讦,礼分长幼;右贤尚功,建极闲邪。人之能也。(《天论》上)

就是说,天、人之能各不同,天、人之用亦各不同。天能在生物,而人能在治物。例如,春夏时节万物生长,秋冬时节草枯木萎,这是天之能;而春夏种植秋冬收获,这是人之能。水、火伤物,这是天之能;而用河水来防止旱灾,或用水来救火,这是人之能。在动物界中,强者为王,这是天之能;在人类社会中强暴者要受到道德和法律的制约或制裁,这是人之能。刘禹锡这里对天人相分的述说,与柳宗元的观点显然是互相呼应的。

然而,刘禹锡比柳宗元更有所展开的在于,他在天人相分的基础上明确地提出了"天与人交相胜"的命题,并对之作了论证。他认为,天与人既然各有不同的作用和功能,那就意味着:"天之所能,人故不能也;人之能天亦有所不能也。故余曰:天与人交胜耳,还相用耳。"(《天论》上)所谓"天与人交相胜"、"还相用"者,就是

说天有胜于人的地方,人也有胜于天的地方,天人之间,可以互相配合,互相利用。刘禹锡列举具体例子来说明这种情况:

> 夫旅者,群适乎莽苍,求休乎茂木,饮乎水泉,必强有力者先焉;否则虽圣且贤莫能竞也。斯非天胜乎?群次乎邑郛,求荫于华榱,饱于饩牢,必圣且贤者先焉;否则虽强有力莫能竞。斯非人胜乎?(《天论》中)

依刘禹锡的看法,人的生理质体属"天",人的道德行为和社会行为属"人"。人们在原野上行走,无论是要赶着往树下休息,还是要赶着到泉边饮水,无疑都会是身强体壮者胜,这就是"天胜"。但是,如果到了城里,情形就会很不相同:在食的方面也罢,在住的方面也罢,圣贤都将被置于更优先的地位。这就是"人胜"。

刘禹锡又指出,尽管天与人交相胜,但是,"天非务胜乎人者也。何哉?人不宰则归乎天也。人诚务胜乎天者也。"(《天论》中)"务",是指力求,有目的地追求。人有目的,天则无目的。正是人类特有的这种目的性,决定了人务胜乎天。因为天无目的,所以,天胜人,不是天务求的结果,而只是一种自然的作用。但是,人胜天,却是人类有目的活动的结果。因此,在天人交相胜的比较中,刘禹锡其实更关心的是人胜天。

那么,人何以能胜天,或在什么范围内人更能够胜天呢?刘禹锡称:"人能胜于天者,法也。法大行,则是为公是,非为公非,天下之人蹈道必赏,违善必罚。"(《天论》上)在他看来,正是在社会领域里,在人可以立法、依法行事这点上,人得以胜天。这里,刘禹锡如此看重法的作用,并把法和赏罚联系起来,显然可以看到先秦法家对他的影响。

刘禹锡在《天论》中,又讨论了"天命"信仰与人的认识的相互关系问题。他认为,在"理明"的情况下,人们都不会言"天",而在

"理昧"的情况下,人们多言"天"。例如,在小河行船,不管航行得顺畅与否,"舟中之人未尝有言天者,何哉?理明故也"。但是,如果在大江中行船,"舟中之人未尝有不言天者,何哉?理昧故也"(《天论》中)。就是说,对外界事物的理认识得越清楚,人们对自己越自信,便越不会把自己行事的成败得失归之于天;反之,如果对外界事物的理认识得越不清楚,人们对自己越失去信心,便越会依赖、归究于"天"并把"天"神秘化。这表明"天命"信仰与人的认识状况有关,亦会随认识状况的改变而改变。

二、"天人关系"话题的终结与哲学的再转向

韩愈、李翱、柳宗元、刘禹锡等人都是唐朝由盛转衰时期带有儒家倾向的思想家。他们以天人关系为主要话题开展讨论,这似乎又回到了春秋战国年代。然而,这两个不同的时段,毕竟有着不同的社会历史的与精神文化的背景。春秋战国年代,社会历史经历着由贵族为基本构成向由平民为基本构成的转变,国家政治的更革与重新整合成为最突出的问题。与此相应,精神文化由信仰向理性的转变且工具理性成为战国末年的思想主导,就是自然之事。

与先秦时期不同,入汉以后,中国古代社会进入小农经济蓬勃发展的时期。小农业经济的生成长养离不开天地宇宙、阴阳大化、四时交替、五行生克。因此,宇宙论成为入汉以后精神文化的主导力量,它不仅构成为民间社会的基本知识与基本信仰,体现为普通百姓的生活方式,而且,亦笼罩着国家政治,以至于每一朝代的更革,都需要从中提取合法性的依据。在这种社会历史背景和精神文化氛围下,柳宗元、刘禹锡宣传"天人相分",把"天"自然化,从而将"天"排除在国家政治之外,企求在国家管治领域引入认知理

性,其不可能获得人们更多的认同,那是不足为奇的。

作为中国传统的话题一方面,"天人相分"既不足以成为气候,而另一方面,"天人合一"、"天人相与"又毕竟过于粗疏,它的粗疏不仅使它难以抗衡更重形上学的理论建构的佛、道二教,而且自身也常常荒诞不经。如图谶,其荒诞带来的祸患曾引发多个王朝宣布将其禁绝。[①] 思想史要获得新的发展,不可以不转变话题。于是入宋以后,借宇宙论确立的"天人关系"及与之相关的如阴阳、四时、五行、气禀、才情等概念,退居于次要地位,理、性、心、诚、敬等概念上升为主要概念。本体论取代了宇宙论。哲学重新由信仰走向理性,但不是认知理性而是价值理性。借理性的细致的分疏与道德修为上的细微的体证,宋明哲学无疑是精致化了。然而宇宙论所特许的想像力及由漫天想象培植起来的浪漫精神却又被道德苛求的内敛性与自省性所压抑、所遮蔽了。思想史总是使自己处于进退两难之中。

① 《隋书·经籍志》记:"宋大明中,始禁图谶。天鉴已后,又重其判。及高祖受禅,禁之愈切。炀帝即位,乃发使四出,搜天下书籍与谶纬相涉者皆焚之。为吏所纠者至死。自是无复其学。秘府之内,亦多散之"。"大明"为南朝宋孝武帝年号,"天鉴"为南朝梁武帝年号。"高祖"为隋文帝。